[제3판]

자원봉사론

[제3판]

자원봉사론

박태영 · 채현탁 · 정진석 · 조미정

KNOWLEDGE COMMUNITY 공동체

| 제3판 머리말 |

지난 1년 동안 우리 사회는 코로나19로 많은 변화를 겪고 있다. 자원봉사 영역도 예외가 아니다. 코로나19 방역을 위한 자원봉사활동과 코로나19로 인한 사회적 약자의 긴급지원 자원봉사활동이 늘어난 것은 당연한 일이다. 그동안 대면방식 위주로 이루어져 오던 다양한 자원봉사활동이 비대면 혹은 혼합 방식으로 바뀌게 되었다. 일부 기관에서 비대면 방식으로 진행해 온 자원봉사활동은 참여자가 큰 폭으로 증가하였다.

코로나19로 인한 자원봉사활동 참여방식의 다양화는 자원봉사활동의 참여 확산이라는 긍정적인 측면이 있는 반면에 자원봉사활동의 특성과 성격이 자칫 왜곡될 수 있는 우려스러움도 가지고 있다. 따라서 자원봉사활동의 특성과 원칙, 자세 등 자원봉사활동의 기반에 대한 강조가 더 필요한 때이다.

이번에 제3판으로 개정하면서 중점을 둔 것은 자원봉사활동의 발전과정 및 현황에 대한 자료를 보완하였다. 특히 제8장부터 제11장에 이르는 자원봉사조정 과정에 대한 부분을 대폭 수정하였다. 자원봉사활동 현장에서 활용하기 쉽도록 과정과 내용을 전면적으로 손질하였다.

이 책에서는 자원봉사'조정'이라는 용어를 쓰고 있다. 이는 영어의 Coodination을 의미하는 것이다. 통상 자원봉사'관리'라는 용어를 사용하지 않고 '능능하게 연결한다'는 의미로 조정이라는 용어를 사용하고 있다. 또한 일반적으로 자원봉사 희망자가 자원봉사활동을 잘 할 수 있도록 조정하는 것에 초점을 맞추는데, 이 책에서는 자원봉사 희망자의 자원봉사활동 부분은 물론이고, 클라이언트의 자원봉사 활용 부분을 별도로 다루고 있다. 자원봉사활동은 자원봉사 희망자의 선의로 이루어지는 것이기도 하지만, 클라이언트 또한 자원봉사활동의 중요한 측면이기 때문에 이들의 조정도 한 장에서 다루고 있다. 점차 '클라이언트의 볼런티어화'가 중요해지는 시기이므로 눈여겨보아야 할 부분이다.

이 책은 대학에서 자원봉사론 교재로 사용하기에 적합하도록 구성하였다. 그뿐만 아니라 자원봉사 현장에서도 활용할 수 있을 것이다. 특히 사회복지 현장에서 자원봉사자를 활용한 다양한 프로그램의 개발과 실천에 도움을 줄 것이다.

끝으로 이 책의 개정판을 낼 수 있도록 허락해 주시고 적극적으로 지원해 주신 도서출판 공동체 김동훈 사장님께 감사를 표한다.

2021년 3월
집필자를 대표하여 박태영 씀

| 제2판 개정 머리말 |

지난 몇 년 동안 우리나라의 복지는 큰 폭으로 변화를 겪고 있다. 하지만 자원봉사활동은 지난 10여 년 동안 큰 변화를 보이지 않고 있다. 이러한 현상을 어떻게 해석해야 할지 살짝 고민에 빠지게 된다. 결과적으로 자원봉사 부분이 정체 현상을 겪고 있는 것은 사실이다.

복지영역이 확대될수록 자원봉사 영역의 활동도 커지기 마련이다. 그런데 나타난 현상은 반대적인 것이어서 필자는 이를 급격한 제도 변화에 적응하기 위한 숨고르기로 보고 싶다. 가급적 빠른 기간 안에 숨고르기를 통해 멀리뛰기로 이어져야 할 것이다. 지역사회복지를 함께 연구하고 있는 필자로서는 이러한 현상이 안타깝고 때론 불안하기까지 하다.

감시와 진정, 고소, 고발이 많은 사회는 좋은 사회가 아니다. 우리가 생활하는 동네에는 여러 불편한 생활과제들이 있다. 이를 해결하는 방식은 신고, 진정, 감시와 같은 부정적인 접근방식으로 하는 경우가 많다. 궁극적으로 자기 자신도 신고와 감시의 대상이 될 수 있다. 지역의 생활과제는 긍정적으로 접근해야 공동체가 형성되고 강화될 수 있다. 이러한 긍정적 접근방식이 바로 자발적인 주민참여이고, 다른 표현이 자원봉사활동이다. 나아가 사회서비스 이용자들까지 자원봉사활동에 참여하게 되면 우리 사회는 한 차원 더 성숙해질 수 있을 것이다.

개정판을 낸 지도 수년이 흘러 개정에 대한 요구가 그동안 여러 차례 있었지만, 차일피일 미루다 보니 이제야 서둘러 제2판 개정판을 정리하게 되었다. 제2판 개정판에서는 내용을 크게 바꾸었다. 그 내용을 간략하게 소개하면 다음과 같다.

전체적으로 3부 13장으로 정리하여 15주 대학강의 편제에 적합하도록 구성하였다. 물론 각 장마다 다루는 내용에 따라 차이가 있어서 다소 분량이 많은 장이 있지만, 15주라는 큰 틀 안에서 조정하여 진행할 수 있을 것으로 본다.

제1부에서는 자원봉사활동에 대한 기초적인 내용을 다루었다. 이 부분은 누구든지 자원봉사자가 되기 위해서 알아야 하는 부분으로 가급적 쉽게 구성하려고 하였다. 아울러 최근에 자원봉사와 관련하여 이슈가 되는 부분도 일부 기술하였다.

제2부에서는 사회서비스 현장에서 자원봉사자를 활용한 서비스를 제공하기 위해 필요한 기본이해 부분과 실천기술 부분으로 구분하여 제시하고 있으며, 현장에서 필요한 다양한 서식이나 사례, 팁까지 제안하고 있다.

제3부에서는 자원봉사의 앞으로 나아갈 방향과 이에 따른 과제를 제시하고 있다.

이번 제2판 개정판은 4명의 연구자들이 참여하였다. 한 권의 책으로 정리하기 위해서는 논지의 일관성이 중요한데 이를 위해 몇 번에 걸쳐 조율하였다.

이 책은 대학에서 사회복지를 전공하는 학생들의 교재로 활용될 수 있을 것이다. 나아가 자원봉사 관련 대학원생과 연구자들에게도 도움이 될 것으로 본다. 이 책을 통하여 우리나라 자원봉사의 재도약에 조금이나마 도움이 되었으면 하는 바람을 가져본다.

끝으로 이 책을 빠른 시간 내에 출판할 수 있도록 허락해 주시고, 적극적으로 지원해 주신 도서출판 공동체의 김동훈 사장님께 감사드린다.

2015년 9월

집필자를 대표하여 박태영 씀

| 제2판 머리말 |

지난 몇 년 사이 우리나라에서 많이 변한 영역이 여러 가지가 있는데, 그 가운데 자원봉사 영역을 빼놓을 수 없다. 자원봉사의 양적인 확대뿐만 아니라 질적인 충실화와 아울러 제도적인 뒷받침이 이루어진 시기였다.

물론 아직까지 형식적이고, 개별적이며, 이벤트 중심의 자원봉사가 없는 것은 아니지만, 바람직한 방향으로의 빠른 개선이 이루어지고 있다. 앞으로의 자원봉사는 활동량과 질의 조화를 기하면서 내실화해 나갈 것으로 보인다.

특히 사회복지 영역에서의 지역사회 중심의 복지실천으로의 그 방향을 설정하고 지난 몇 년 동안 매진해 왔다. 아직 이에 대한 경험과 노하우가 적어 가시적인 성과를 확인하기에는 무리가 있지만, 장차 지역주민의 상당수가 양질의 자원봉사자로 바뀌어야 실질적인 성과를 기대할 수 있을 것이다.

따라서 대학의 사회복지사학과 및 지역사회와 관련된 학과에서 공부하고 있는 학생들은 자원봉사에 대한 올바른 인식과 자원봉사조정 역량을 갖추어야 하며, 자원봉사실천 분야에 대한 포괄적인 지식을 갖추어야 한다. 이 책은 이러한 시식과 역량을 학생들에게 갖추도록 하기 위한 의도로 만들어진 것이다.

2004년에 초판을 출판한 이후 여러 가지 변화된 현상들을 반영하여 이번에는 몇몇 내용들을 보완하였으며, 저자들도 좀 늘어났다. 특히 다음과 같은 자료들, 즉 박태영(2004), 대구자원봉사활동의 발전방향, 대구자원봉사포럼; 박태영(2006), 자원봉사관리자의 전문성 강화방안, 대구광역시 등이 이 책 일부에 수정 · 게재되었음을 밝혀둔다.

여러 집필자가 참여함으로 인하여 일관성을 잃을 것을 우려하여 여러 가지로 관심을 기울였다. 또한 각 단원 서두에 '학습목표'와 단원 끝에 '생각거리'를 실었다. 각 단원마다 보다 내실 있게 학습하는 데 도움이 되었으면 좋겠다.

나아가 이 책이 대학에서 자원봉사를 학습하는 학생 본인과 자신이 생활하는 지역사회, 나아가 보다 넓은 공동체의 복지를 증진시키는 수단으로 자원봉사를 적절하게 활용할 수 있는 능력을 키울 수 있게 되기를 소망한다. 끝으로 이 책을 출판할 수 있도록 허락해주신 도서출판 공동체 김동훈 사장님께 감사드린다.

2008년 2월

집필자들을 대표하여 박태영

| 제1판 머리말 |

21세기는 자원봉사의 시대라고 한다. 이는 자신이 관심을 가지고 있는 영역에서 스스로 참여하여 긍정적인 변화를 주도해 감으로써 자기실현을 해나감과 아울러 공동체의 복지증진을 추구해 나가는 시대라는 의미일 것이다. 이러한 의미에서 자원봉사자는 우리 사회를 바람직한 방향으로 변화시키는 조용한 혁명이라고 할 수 있다.

이러한 시대적 요청에도 불구하고 우리 사회의 자원봉사 수준은 과거보다 나아진 것이 사실이지만 아직은 양적으로나 질적으로 미흡한 수준이다. 특히 그 인식 수준은 불쌍한 사람을 일시적으로 도와주는 행위 정도로 생각하는 경우가 적지 않아 심각한 실정이다. 이러한 현상은 자원봉사현장에서 자원봉사의 단명화 · 수단화 · 왜곡화 등과 같은 부작용을 빈번하게 발생시키고 있다.

따라서 이 책에서는 자원봉사에 대한 올바른 인식을 갖도록 하기 위한 내용이 들어있다. 자원봉사에 대한 기본적인 지식과 경험을 갖고 이를 생활화하는 것은 그 사회구성원 일원으로서 기본적으로 해야 하는 사회적인 책무인 것이다. 여기서는 이에 대한 개괄적인 내용을 다루고자 한다.

또한 자원봉사는 자원봉사활동을 필요로 하는 자(분야)와 자원봉사자 간의 사회적인 응답관계이다. 그러나 이러한 관계를 적절히 형성 · 유지해 나가는 것은 생각처럼 그렇게 쉬운 것이 아니다. 이 책에서는 선의가 선의로 전달될 수 있도록 자원봉사자와 클라이언트 간의 관계를 가꾸어가는 여러 노력들을 다루고자 한다.

끝으로 이 책에서는 자원봉사의 실천 분야에 대하여 다루고자 한다. 자원봉사는 흐르는 물과 같아서 자원봉사가 필요한 분야에는 자연스럽게 자원봉사가 행해지는 것이다. 자원봉사의 분야에 대하여 안내한다는 의미에서 연구자들이 관심을 가지고 있는 분야를 중심으로 소개하고자 한다.

이 책은 이상과 같은 내용으로 구성되어 있으므로 자원봉사에 대한 이해를 높이고자 하는 일반 시민에서부터 사회복지현장에서 자원봉사 프로그램을 만들어 운영하는 실무담당자들에게까지 각자의 관심 영역을 중심으로 참고할 수 있는 자료가 될 수 있을 것이다. 특히 자원봉사에 대하여 공부하는 학생들에게는 그 안내서로서 활용될 수 있을 것이다.

이 책은 제1부 자원봉사 개관, 제2부 자원봉사 관리, 제3부 자원봉사 분야로 구성되어 있으며 총 15장으로 구성되어 있다. 집필자들의 관심 영역을 중심으로 분담 집필하였다. 우선 제1장 자원봉사의 이해, 제4장 자원봉사조정의 이해, 제5장 클라이언트에 대한 조정, 제11장 노인 자원봉사 부분은 본인이 맡아 집필하였다. 그리고 제2장 자원봉사의 발전과정, 제9장 청소년 자원봉사, 제10장 여성 자원봉사, 제14장 기업 자원봉사 부분은 이경은 교수가, 제3장 자원봉사의 현황, 제6장 자원봉사자에 대한 조정, 제12장 가족 자원봉사는 장덕희 교수가, 제7장 자원봉사센터, 제8장 자원봉사정보망, 제13장 대학 자원봉사, 제15장 전문직 자원봉사는 채현탁 교수가 각각 맡아 집필하였다.

집필 과정에서 각 영역들의 초점을 분명히 하여 자칫 공동 집필로 인해 발생할 수 있는 내용의 중복을 최소화하고 사회복지 현장에 바로 적용할 수 있는 구체적인 활동 아이디어와 다양한 활동 사례들을 소개함으로써 현장감을 살리고자 노력하였다.

그러나 이 책은 각 영역에서 아직 부족한 부분이 많이 있으며, 부분적으로는 독자들의 생각과 다른 부분이 있을 수 있으므로 독자 여러분들의 기탄없는 질책을 부탁드리며, 앞으로 계속 보완해 나갈 것이다. 이 책을 통하여 보다 많은 사람들이 자원봉사에 참여하여 자신은 물론이고 자신이 살고 있는 지역사회가 살기 좋은 곳이 되는 데 기여할 수 있기를 희망한다. 끝으로 이 책을 출판할 수 있도록 배려해 주신 백산출판사 진욱상 사장님께 감사드린다.

2004년 3월
집필자들을 대표하여 박태영 씀

Contents

PART 3 자원봉사의 방향과 과제

Part 1

자원봉사의 개관

Chapter 1 사회복지와 자원봉사

Chapter 2 자원봉사의 이해

Chapter 3 자원봉사의 발전과정

Chapter 4 자원봉사의 현황

Chapter 5 자원봉사의 추진체계

CHAPTER 1

사회복지와 자원봉사

사회복지와 자원봉사는 불가분의 관계를 갖고 있다. 초기의 사회복지활동은 자원봉사자들에 의해 이뤄졌다. 자원봉사활동 가운데 일부는 제도화되어 전문가들에 의해 제공되는 체제로 바뀌었고, 지금도 자원봉사활동 가운데 일부가 제도화과정을 거치고 있으며, 나머지 활동들은 자원봉사활동으로 이어지고 있다. 여기서는 사회복지와 자원봉사의 관계를 알아보고, 자원봉사자, 자원봉사 대상자, 자원봉사와 관련한 주요 이슈에 대하여 살펴보고자 한다.

1. 사회복지에서 자원봉사

우리는 복지사회에서 살기를 원한다. 이는 우리 모두가 그런 곳에서 건강하고 문화적인 삶을 영위할 수 있다고 믿기 때문이다. 이러한 복지사회는 누군가가 만들어서 우리에게 가져다 주는 것이 아니라 우리 스스로 사회문제, 즉 빈곤, 질병, 범죄, 실업, 요지원 상황, 부적응, 갈등, 장애, 약물남용 등을 해결하거나 예방하는 노력을 함께 기울여서 만들어 가야 하는 것이다.

사회문제의 해결 · 예방을 위해 기울이는 노력에는 크게 두 가지가 있다(小田兼三 · 松原一郎, 1987).

그 하나가 보장하는 복지이다. 정부가 사회문제를 해결하기 위해 법률이나 조례를 만들고, 이를 바탕으로 행정적인 조치나 전문가에 의한 서비스를 제공하는 등의 노력을 의미한다. 사회문제를 효과적으로 해결하기 위하여 사회복지사업법, 국민기초생활보장법, 아동복지법, 장애인복지법, 노인복지법, 영유아보육법 등을 만들고, 이러한 법적 근거 위에서 전문가를 고용하여 전문적인 서비스를 제공하거나 직접적인 서비스(현금, 현물의 지원)를 제공하는 것이다. 이때 조세를 통해 확보된 재원을 사용하므로 소득재분배의 효과가 있다.

보장하는 복지의 대표적인 예가 읍면동 행정복지센터의 사회복지전담공무원이 수급자에게 각종 서비스, 즉 생계보호, 의료보호, 자활보호, 교육보호 등을 제공하는 것이다.

다른 하나는 참여하는 복지이다. 볼런타리즘(voluntarism)과 상호부조 정신을 바탕으로 한 주민의 자발적인 참여에 의해 주민 스스로 사회문제를 해결하거나 예방하기 위해 기울이는 노력이다.

참여하는 방식에는 세 가지의 형태가 있다. 먼저 운동적(social action) 참여는 기존의 잘못된 사회제도나 관행을 변혁하여 합리적인 형태로 바꾸려는 노력을 의미한다. 최근에 나타나는 사회복지시설 인권옹호단의 활동 같은 것이 이에 속한다.

둘째로 제도적 참여는 기존의 제도 내에 들어가서 의견 제시, 모니터링, 자문, 협력 등의 노력을 기울이는 것이다. 예를 들면, 지역사회보장협의체의 위원이나 사회복지법인의 외부이사, 정부기관의 각종 위원 등으로 참여하여 활동하는 것을 의미한다.

셋째로 활동적 참여는 사회적인 서비스가 현실적으로 필요하지만 기존 제도 내에서 감당할 수 없는 부분에 개입하여 제공해 나가는 노력이다. 요지원자들에게 인간다운 삶의 유지를 위해 필요한 각종 서비스, 즉 일상적 · 정서적 · 교육적 · 금전적 서비스를 제공하는 것이다. 지금 이루어지고 있는 대부분의 자원봉사가 활동적 참여에 해당된다.

보장하는 복지와 참여하는 복지는 각각 단독으로 혹은 상호 협력적으로, 때로는 상호 대립적인 관계를 가지기도 하면서 궁극적으로는 사회문제를 해결하거나 예방하여 복지사회를 이루어 가는 힘인 것이다.

상호 협력적인 관계를 통하여 활동하는 대표적인 것이 읍면동 지역사회보장협의체의 활동을 들 수 있다. 정부와 지자체에서는 복지사각지대 발굴과 민간자원 개발을 위한 근거 마련와 기반 조성을 하고, 협의체 위원들과 지역복지리더들은 자원봉사자로 참여하는 형태를 취하고 있다.

상호 대립적인 관계를 통하여 활동하는 것은 각종 감시단이다. 예를 들면, 환경감시단, 사회복지시설 옴부즈만 제도, 사회복지시설 인권옹호단 등의 활동이 이에 속한다.

보장하는 복지와 참여하는 복지는 인권존중과 민주주의 정신, 지방자치 정신을 기반으로 다양한 활동을 하게 된다. 이상의 내용을 그림으로 나타내면 다음과 같다.

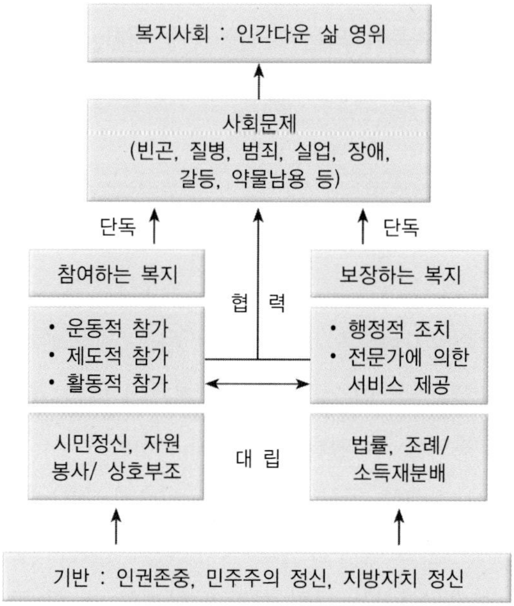

|그림 1-1| **참여하는 복지와 보장하는 복지**

혹자는 보장하는 복지만 확장시키면 모든 사람이 인간다운 삶을 영위할 수 있을 것으로 주장하지만 이러한 주장은 이미 복지 선진국에서 잘못된 것으로 검증된 바 있다. 정부의 단독 노력만으로 복지사회를 이루는 데는 한계가 있다. 정부의 노력이란 대체로 사회문제가 심각하게 만연했을 때, 상당한 피해자가 발생했을 때, 자신들의 의견을 강하게 주장하는 집단의 요구가 있을 때 개입하는 특성을 지니고 있다.

그러므로 소수를 대상으로 하는 복잡 · 다양한 사회문제가 발생하는 오늘날 보장하는 복지인 정부의 노력만으로는 적절하게 대처할 수가 없다. 따라서 정부의 노력과 함께 민간의 참여가, 즉 기업, 종교단체, 사회단체, 주민 등의 자발적인 참가를 통하여 복지사회를 만들어 가야 하는 것이다.

보장하는 복지와 참여하는 복지는 복지사회로 나아가기 위한 수레의 양 바퀴와 같다. 한 바퀴가 크고 다른 바퀴가 작으면 제대로 앞으로 나아갈 수 없게 된다. 이제까지 우리는 보장하는 복지에 대한 관심과 요구는 많았지만, 상대적으로 참여하는 복지에 대한 관심은 적었던 것이 사실이다. 이제부터는 참여하는 복지의 주축이 되는 자원봉사에 대한 중요성을 새롭게 인식하고 생활화를 위한 노력을 꾸준히 펼쳐 나가야 할 것이다.

2. 자원봉사자

사람들은 왜 자원봉사활동을 하는가? 그 답은 행복해지기 위해서이다. 행복은 다양하게 규정할 수 있으나, 시간의 경과에 따라 즐거움과 목적의식을 경험하는 것으로 정의할 수 있다(Paul Dolan, 2015).

독일과 미국에서 진행한 일상재구성법을 이용한 조사에 따르면, '자원봉사'와 '자녀와 함께 시간 보내기'가 즐거움과 목적의식을 가장 높이는 것으로 나타났다. 아울러 자원봉사는 다른 사람과 함께할 때 더 큰 즐거움과 목적의식을 느끼는 것으로 나타나 있다.

마법의 시간, 100시간의 법칙이라는 말이 있다(Adam Grant, 2013). 연간 100시간 정도를 자원봉사에 쓰는 사람들은 그렇지 않는 사람들보다 행복감, 만족도, 자부심이 더 커지는 것으로 나타났다. 연간 100시간은 일주일에 2시간으로 세분할 수 있다. 주당 2시간의 자원봉사는 우선순위에 있는 다른 일을 희생시키거나 무리하지 않으면서 의미 있는 변화를 이끌어 낼 수 있는 스위트 스폿(sweet spot)으로 제시하고 있다.

직장인들이 자원봉사를 하게 되면 직장생활에 득이 될까? 아니면 독이 될까? 제대로 된 자원봉사를 하게 된다면 득이 될 것이다. 한 주간의 피로를 풀기 위해 휴식을 취해야 할 주말을 자원봉사로 보냈다면 몸은 좀 피곤할 것이다. 하지만 자신이 하고 싶은 일을 하면서 느끼는 즐거움과 공동체 강화 또는 이웃과의 교류라는 목적의식으로 인하여 행복감이 충만하게 될 것이고, 이러한 행복감을 계속 맛보기 위해서 직장에서 더욱 열심히 일하게 될 것이다.

일면식이 없는 사람과 스스럼없이 대화할 수 있는 연령대가 어떻게 될까? 단언하기는 어렵지만 50대 후반 정도는 되어야 할 것 같다. 최근에 읽은 소설의 한 대목에 이러한 글이 있다(Fredrik Backman, 2015).

> 시간은 묘한 것이다. 우리 대부분은 바로 눈앞에 닥친 시간을 살아갈 뿐이다. 며칠, 몇 주, 몇 년, 한 사람의 인생에서 가장 고통스러운 순간 중 하나는 아마도 바라볼 시간보다 돌아볼 시간이 더 많다는 나이에 도달했다는 깨달음과 함께 찾아올 것이다. 더 이상 앞에 남아 있는 시간이 없을 때는 다른 것을 위해 살 수밖에 없다. 아마도 그건 추억일 것이다. 누군가의 손을 꼭 쥐고 있던 화창한 오후, 이제 막 꽃들이 만개한 정원의 향기, 카페에서 보내는 일요일, 어쩌면 손자들… 사람은 다른 이의 미래를 위해 사는 법을 발견하게 된다.

인생에서 바라볼 시간보다 돌아볼 시간이 많은 세대들이 할 수 있는 가장 값진 것이 자원봉사이다. '다른 이의 미래를 위해 사는 법을 발견하는 것'은 자신의 남은 삶도 충실하게 마무리할 수 있게 될 것이다.

3. 자원봉사의 대상자(클라이언트)[1]

1) 자원봉사의 대상자 = "불쌍한 사람?"

자원봉사를 하고 싶다고 자원봉사센터에 찾아온 사람 가운데는 "볼 수 없다든가 걸을 수 없는 불쌍한 사람을 돕고 싶다"는 말을 하는 사람이 있다. 이것이 지나치게 되면 방문한 시설에서 "불쌍한 가운데서도 약해지지 않고 밝게 걷는" 아이들의 자세에 감동하여 눈물을 흘리는 사람도 나올 것이다. 그들은 지극히 진지하고 선의에 충만해 있다. 그러나 자원봉사자의 서비스를 요청하는 사람은 과연 "불쌍한 사람"일까? 조정자의 역할은 "불쌍한 사람을 도와주는" 것이라고 할 수 있을까?

어떤 장애인은 "불쌍하다"는 말이나, "신체가 부자유스러운데도 잘 견뎌낸다"라고 말하는 사람이 가장 싫다고 표현하고 있다. "불쌍하다"라는 언어 자체는 물론 차별어가 아니지만, 그 언어를 사용하는 사람과 그렇게 불리는 사람의 감정에 따라서 극히 차별적인 영향을 주게 된다.

다음의 시는 어떤 장애인단체의 기관지에 투고된 것이다. "좋은 것"으로부터 출발한 자원봉사가 결과적으로 상대방의 자립을 저해하게 되어 버린 것을 예리하게 고발하고 있다.

---

1 이 부분은 박태영 · 최경익(1993)이 번역한 '자원봉사조정자-이론과 실제-'의 일부 내용을 수정 · 보완한 것임

「자원봉사자 거부선언」

하나다 에구보(花田えくぼ)

자원봉사자는 나의 적
나는 자원봉사자 그놈들을 거부한다.

자원봉사자 그놈들은 나를 교묘하게 자멸시킨다.
자원봉사자 그놈들은 능숙하게 응석부리도록 만든다.
자원봉사자 그놈들은 바라지도 않은 것을 해주려 한다.
자원봉사자 그놈들은 겨우 남아 있는 힘마저도 약화시킨다.
자원봉사자 그놈들은 나를 액세서리로 만들어 거리를 활보한다.
자원봉사자 그놈들은 내 휠체어의 덕을 톡톡히 보고 있다.
자원봉사자 그놈들은 나를 멋진 젊은이들의 결혼식을 장식하는 가련한 도구로 쓴다.
자원봉사자 그놈들은 나를 여름휴가의 과제로 여긴다.
자원봉사자 그놈들은 그들의 자녀들에게 관찰일기를 쓰게 한다.
자원봉사자 그놈들은 내 방자함과 완고함을 확실한 권리라고 우기게 한다.
자원봉사자 그놈들은 오만과 무지를 가장 소중한 개성이라고 믿게 만든다.
자원봉사자 그놈들은 비협조와 몰상식을 늠름한 행동이라고 부추긴다.
자원봉사자 그놈들은 고급주택가 한복판에 자립의 깃발을 꽂아 사람들을 모이게 한다.
자원봉사자 그놈들은 사회 속에 환상의 섬을 만들어 나를 그 속에 고립시킨다.

나는 그놈들에게 꼬리를 쳤다.
그놈들은 교묘하고 능숙하게 나를 사육하여 길들였고,
더러운 손으로 나의 턱을 어루만졌다.
나는 더 이상 그놈들의 기분을 맞추어 주지 않을 것이다.
또 나는 그놈들의 손이 뻗쳐오면
나는 반드시 그놈들의 손을 깨물어 버릴 것이다.

"아무것도 할 수 없는 사람", "불쌍한 사람", "항상 누군가의 도움이 필요한 사람"이라고 단정하는 것은 자원봉사의 본질을 왜곡시키는 것이다.

분명히 현재 그들은 도움을 필요로 한다. 그러나 "도움을 받는 측"이라는 고정적으로 받아들이는 방식만 있는 것은 아니다.

2) "공동으로 기획"하는 참여자

자원봉사조정자는 사회복지서비스 전문가, 즉 "사회복지사"의 범주에 들어가야 한다고 생각한다. 그러나 클라이언트를 받아들이는 방식이라는 점에서는 사회복지관이나 읍면동 행정복지센터에서 근무하는 사회복지사와 자원봉사조정자와는 약간의 차이가 있다고 생각한다. 그것은 "클라이언트"라는 사람이 자원봉사센터에서는 친숙하지 않다는 것도 아마 같은 이유일 것이다.

클라이언트란 말할 필요도 없이 고객, 요컨대 서비스의 이용자라는 의미이다. 엄밀하게는 자기 자신의 문제를 해결하기 위하여 주체적으로 사회복지기관에 서비스를 요청해 온 사람을 가리킨다. 그런 의미에서는 자원봉사센터에서 "클라이언트"라는 호칭을 사용하더라도 틀렸다고 할 수는 없다. 자원봉사도 하나의 서비스로 분명히 받아들일 수 있고 그 서비스를 제공하고 있는 자원봉사센터로 서비스를 이용하기 위해 온다는 형태일 것이다.

여기에서 주의하지 않으면 안 되는 것은 조정자 혹은 자원봉사센터는 자원봉사자의 서비스를 "소유"하고 있는 것이 아니다. 사회복지전담공무원이 "가지고 있는" 여러 가지 생활보장서비스나 사회복지관의 사회복지사에 의해 제공되는 서비스나 치료, 민간기관에서 요금을 받고 제공하는 서비스 등과 자원봉사자에 의한 서비스와는 이 점이 다르다. 자원봉사센터가 갖고 있는 서비스는 어디까지나 자원봉사자의 서비스 그 자체가 아니다. 자원봉사자에 의한 서비스는 본래 센터로부터 독립된 것이다.

그러나 자원봉사자의 서비스를 의뢰해 오는 사람 가운데는 자원봉사센터는 항상 수십 명의 자원봉사자를 대기시켜 놓고, 의뢰하면 곧장 자원봉사자를 "파견"해 줄 것으로 오해하고 있는 사람이 있다. 마치 인력파견회사처럼 자원봉사센터가 자원봉사자를 소유하고 있어서 자유롭게 자원봉사자를 동원할 수 있다고 잘못 생각하고 있다.

자원봉사자에 대한 오해는 다른 데도 많다. 예를 들면, 자원봉사자를 편리한 무료의 잔심부름꾼으로 받아들이는 유형이다. 실제로 경제적으로 여유가 있으면서도 "유급 간병인은 과분하기 때문에 무료의 자원봉사자를 이용하려는" 클라이언트도 있다.

앞에서 언급한 것처럼 자원봉사자의 도움을 필요로 하는 사람을 항상 "도움을 받는 측=약자"로 고정하여 받아들이는 것은 잘못된 것이다. 더욱이 서비스를 필요로 하는 사람은 자원봉사자에 의해 제공되는 "무료의" 서비스를 단지 이용만 하는 사람으로 보는 것도 잘못된 것이다.

결론부터 말하면 기본적으로 자원봉사자와 클라이언트는 함께 사회적 불의나 불공평을 해결하기 위해 "공동으로 기획"하는 참여자로 이해되어야 할 것이다.

물론 조정자의 실천장면에서는 클라이언트가 극히 소극적인 사람이 있기도 하고, 욕구가 긴급을 요하는 경우 "공동으로 기획"하는 참여로 나아가는 것은 일단 접어두고 서비스 제공기관의 사회복지사와 마찬가지로 즉각적으로 서비스를 제공하기 위하여 자원봉사자를 소개하는 일도 있다. 또 중환자나 중증 장애인에게 이 "공동의 기획"으로의 참여를 호소하는 것도 현실성이 없는 것이다. 그러나 기본적으로 자원봉사조정자는 자원봉사자의 도움을 필요로 하는 사람들을 "공동으로 기획"하는 참여자로 받아들이는 관점을 가지고 있어야 한다.

3) "도움"을 받는다는 것

그런데 "자립"이란 무엇일까? 여자의 자립, 남자의 자립, 경제적 자립, 정신적 자립 등 사용되는 것에 따라 미묘하게 뉘앙스가 다르지만, 넓게 본다면

"다른 사람에게 의존하지 않는 것"이라고 할 수 있을 것이다.

사회복지실천은 물론 "자립으로의 도움"이다. 자원봉사에 있어서도 똑같다. 자원봉사자 측의 동정이나 제멋대로 생각하여 불필요하게 과잉보호하는 것은 의존심을 키우게 되고 결과적으로 "자립으로의 도움"이 되지 않는다.

이 점은 대단히 중요하지만 여기서는 좀 다른 관점에서 살펴보기로 한다. 과연 이 세상에서 "전혀 다른 사람의 도움을 빌리지 않고 혼자서 생활하는" 사람이 존재할 수 있을까? 그런 것은 가능할까? 산 속의 신선과 같은 생활이라면 가능할지도 모르겠지만, 인간사회에서 살고 있는 이상 그런 것은 있을 수 없다.

예를 들면, 자녀양육 하나를 살펴보더라도 부모는 물론 친구, 친척, 이웃, 동료와 여러 사람의 손을 빌려서 행하고 있다. "누군가의 도움을 빌리지 않고 혼자서 생활할 수 있는 것"을 자립이라고 한다면 인간은 결코 자립할 수 없는 동물이다. 병약한 사람이나 신체에 장애가 있는 사람은 그 으뜸이 된다.

여기에서 우리들은 다소 발상을 바꿀 필요가 있을 것이다. 자립은 "고립"을 의미하는 것이 아니다. 인간사회에서 도움받지 않는 것을 목표로 하기보다도 "필요할 때에 적절한 도움을 받는 것"이 오히려 중요한 것이라는 발상이다. 다른 사람을 집으로 맞아들인다는 것, 더구나 손님으로서가 아닌 도움을 제공할 사람을 받아들인다는 것은 즐거운 일이 아니다. 개방적인 교제에 익숙해져 있지 않아서인지 이웃이나 자원봉사자가 집에 들어오는 것에 대해 강한 저항을 느끼는 사람이 많다. 또 일단 맞아들인다 해도 그 사람에게 철저하게 의존해 버리거나, 반대로 "혹사시키는" 현상도 생긴다.

이렇게 "다른 사람, 특히 가족이나 친척 이외의 사람으로부터 도움을 받는다"는 것은 매우 어렵다. 그렇기 때문에 억지로 버티지 않고, 폐쇄적이지 않고, 비굴하게 되지 않고, 의존하지 않고, 주종관계가 되지 않고, 적절한 서비스를 받는 사람만이 오히려 인간으로서 성숙한 것이고 자립하고 있다고 말할 수 있을 것이다.

그러면 적절한 도움을 받는 방법, 바꾸어 말하면 자립에 필요한 도움을 받는 방법이란 구체적으로 어떻게 하는 것일까? 여러 가지가 있겠지만 한 가지는 도움을 받는 측이 도움을 주는 자에게 "도움 내용, 도움 방식에 대하여 적절하게 설명할 수 있는 것"이라고 생각한다. "도움"을 "보호"로 바꾸더라도 같은 것이다. 요컨대 자기 자신이나 자신의 생활에 대한 책임을 스스로 진다는 것이다.

좀 길지만 뇌성마비로 양손을 움직일 수 없는 장애인의 책에서 기술하고 있는 일부를 인용해 보고자 한다.

> 부모님의 집을 나와서 혼자 아파트 생활을 시작하면서 나는 여러 가지 방법으로 자원봉사자를 찾아왔다. 특별한 행사장에서 호소하는 것도 하나의 방법이지만 근처의 집을 한 집 한 집 돌면서 "좀 도와주세요"라고 부탁하며 돌아다니는 것도 하고 있다. 거절하는 곳도 많지만 상냥하게 도와주는 사람과 만났을 때의 기쁨은 정말로 크다.
>
> 장애인의 보호를 대단히 어려운 것으로 생각하는 사람이 많이 있지만 내 경우에는 70세의 할머니가 와준 적이 한 번 있었다. 껴안아서 이동시키는 경우를 제외하면 70세의 할머니한테도 충분히 보호를 받을 수 있었다.
>
> 보통사람이 일상적으로 생활하는 것에 대하여 도움을 받는 것이다. 식사준비를 하더라도 내가 여러 가지 지시를 하고 그에 따른 도움을 받는다. "단무지를 잘라 주세요"라든가, "무는 은행잎 꼴로 썰어 주세요"라든가, "더욱 두껍게, 더욱 얇게" 등 하나하나 자신이 만들 때와 같이 지시한다.
>
> 만들려고 했던 요리가 잘못되었다면 그것은 내 자신의 책임이다. 남편이나 아이가 "오늘 된장국은 짜군요"라고 하면 "도와주는 사람이 만들었기 때문에"라고 대답하는 것은 가정부나 도와주는 사람이 만든 것으로 되어버린다. 보호를 받는다는 것과 가사의 도움을 받는다는 것은 다른 것이다.
>
> 자원봉사자 가운데는 그 차이를 모르고 무엇이나 해 주는 것이 좋은 것이라고

생각하는 사람이 있다. 친절한 마음으로 해 주는 것임을 알지만 거절하기 힘들다. 아마 그 사람은 자기 집에서 매일 창문을 닦는 것 같다. 그렇기 때문에 당연하게 내 방의 창문도 닦는 것으로 생각된다. 그러나 나는 매일 닦지는 않는다.

그런 때에 상대방의 기분을 상하게 하지 않고 거절하는 것은 어렵다. 내 경우는 참지 않고 그러나 완곡하게 거절한다. "필요할 때에는 전화를 걸겠습니다. 돌아가 주십시오." 자원봉사자들 가운데는 아무리 해도 생각이 맞지 않는 자원봉사자도 있다. 그런 때에도 "이런 시간에는 자원봉사자가 필요 없습니다. 고맙습니다. 또 부탁할 일감이 있으면 연락하겠습니다"라고 말해서 거절한다. 그러나 이런 예는 많지 않다. 이것저것하고 있는 가운데 내가 하고 싶은 것, 하는 방법을 이해하게 된다.

잊지 말아야 할 것은 보호를 받는 측이 결정권을 가진다는 것이다. 요컨대 나는 자신의 손으로 가정의 일을 할 수 없지만 스웨터의 세탁을 의뢰할 때도, 물의 온도나 양, 세제의 양이나 말리는 방법까지 알아서 지시하지 않으면 안 된다. 그렇지 않아도 부족한 자원봉사자에 대하여 결정권을 주장하는 것은 실제로 두려운 일이다. '기분이 나빠서 거절해 버린다면…'과 같은 공포와 싸우지 않으면 안 된다.

그러나 자원봉사자와의 접촉은 긴장만 있는 것이 아니다. 즐거운 일이나 배우는 것도 많다. 가사를 전문적으로 하는 주부가 올 때도 있다. 그런 때에는 내가 하는 방식대로만 하는 것은 아니고 "가르쳐 주세요"라고 솔직하게 말한다.

반대로 부엌칼을 잡아 보지도 않은 학생이 올 때도 있다. 그런 여학생인 경우에는 보고 있는 편이 조마조마하다. 그 여학생이 할 수 없다고 생각되면 메뉴를 간단한 것으로 바꾼다. 무채를 만들 예정이었지만 은행잎 꼴로 썰기도 하고, 조린 요리를 만들려고 한 생선을 굽는 것으로 변경하기도 한다. 내 지시대로 생전 처음 카레라이스를 만들게 되어 감격하고 돌아간 여학생도 있다. 나에게 도움을 주는 가운데서 그녀가 조금씩 요리를 배워 가는 것도 즐거운 일이다. 그런 것에는 상대방에게 맞추려는 유연성도 필요하다고 생각한다.

처음부터 잘 도울 수 있는 사람도 적고, 적절하게 도움을 받는 사람도 적다. "하여간 무엇이라도 좋으니 도와달라"라고 하는 절박한 의뢰가 있어서 기본적으로 자신의 생활을 잘 이끌어 가지 못하는 사람의 경우도 많다. 그러나 자원봉사자와의 사이에서 조금씩 좋은 서비스 관계를 형성해 가는 예도 많이 있다. 인간은 인간과의 관계 속에서 성숙하고 자립해 나가는 것이다.

"도움을 받는다"는 것이 결코 나쁜 것 혹은 부정적인 것이 아니라는 것, 그리고 더욱이 적절하게 도움을 받는 방법이 있다는 것을 우리 모두는 알고 있어야 한다.

4. 자원봉사의 주요 이슈

1) 지역사회의 재구성[2]

자원봉사의 궁극적인 목적은 지역사회를 만들고, 이를 풍성하게 가꾸는 것이다. 오늘날 지역사회는 과연 존재하는지에 대한 의문을 가지게 한다. 그 구체적인 예를 들면 다음과 같다.

이사 떡이 사라졌다. 내가 사는 아파트에 이사 온 지 20년이 넘었는데, 약 10여 년 전부터는 이사 떡을 본 적이 없다. 그런데 2015년 2월경에 5층에 새로 이사 와서 떡을 가지고 왔다는 소리가 들려, 하도 반가워서 나도 집사람과 함께 덩달아 현관으로 나간 적이 있다. 같은 떡이어도 참 맛있었다.

2014년에 '이사 떡, 다시는 안 돌릴래요'라는 기사가 다루어졌다. 분명히 집 안에 사람이 있었는데 이사 떡을 가지고 왔다니 문을 안 열어주거나, 겨우 재운 아기가 깬다고 문 밖에 두고 가라고 하고, 전세 사는 주제에 이사 떡을 돌린다고 비아냥거림까지 듣고 나면, 다시는 이사 떡을 돌고 싶지는 않을 것 같다. 옛말 '세 닢 주고 집 사고, 천 냥 주고 이웃 산다'는 말이 무색해진다.

---

2 박태영 · 채현탁(2014). 지역사회복지론. 제1장의 내용 중 일부를 수정 · 보완한 것임

밤길 다니기가 무섭다. 그래서 서울시에서는 2013년 5월부터 '여성 안심귀가 스카우트' 제도를 실시하고 있다. 귀가시간 30분 전까지 전화로 신청하면, 오후 10시부터 다음날 오전 1시까지 지하철이나 버스에서 내려 집까지 가는 길을 안심 스카우트가 동행해 주는 서비스이다. 밤늦게 집으로 가는 길에 만나는 사람은 이웃이 아니라 잠재적 범죄자로 취급하는 시대이다.

이사를 와도 떡을 돌리지 않는 사회, 누가 이사를 왔는지 아니면 손님으로 잠시 다니러 왔는지 몰라서 인사 안 하는 동네, 밤길에 만나는 이웃이 범죄자로 여겨지는 사회에 사는 사람들은 지역사회 또는 이웃에 대한 귀속감이나 다정다감을 갖기 어려울 것이고, 삶의 질이 떨어질 것이다.

왜 이렇게 되었을까? 과거에는 우리 사회도 이웃과 지역사회에 대한 소중함을 간직해 왔다. 공동체주의적 성향(communitarianism)이 강하게 작용하였다. 그러다가 산업화 · 도시화 · 핵가족화되면서 자유주의 내지는 개인주의적 성향(liberalism)이 강해지게 되었고, 그 결과로 지역사회의 소중함이 점차 줄어들게 되었다.

그러면 무엇이 우리의 지역사회를 이렇게 붕괴 또는 와해시켜 놓았는지에 대한 검토가 필요할 것이다. 이에 대한 연구로는 미국의 것이지만, Putnam (2009)의 자료를 통해 일정 부분 그 원인을 파악할 수 있다.

지역사회의 핵심요소라고 할 수 있는 사회적 자본과 시민참여가 지난 100년간 2/3 정도(1900년부터 1960~1970년 정도까지)는 증가하였지만, 나머지 1/3 정도(1960~1970년부터 2000년까지)는 현격히 감소한 것으로 다양한 자료를 통하여 분석하고 있다.

이렇게 지역사회가 붕괴된 원인으로는 크게 네 가지, 즉 세대변화, TV, 직장, 도시팽창을 들고 있다. 각 요소가 미친 영향력을 정리하면 다음과 같다.

① 세대변화 · 세대교체 : 50% [세대변화(35%), 세대변화와 TV(15%)]

② TV : 25% [TV(10%), 세대변화와 TV(15%)]

③ 직장 : 10% 시간과 돈의 압박

④ 도시팽창 : 10% 교외지역의 도시화, 장거리 출퇴근
⑤ 기타 : 20% 정도는 다른 요소로 추정됨

竹之下典祥(2016)는 지역사회의 붕괴 원인으로 ① 사유화 : 자기 신변관심 지향성, 사회가 강화하는 과도한 프라이버시, 고립화 된 육아와 밀실화 된 가정, ② 쾌적성(amenity)의 과도한 추구 : 에너지 과소비, 지구온난화, 인간 오감 둔화, 인내심과 지구력의 둔화, ③ 생명과 평화의 경시 : 전쟁과 폭력, 범죄의 빈발로 보고 있다.

지역사회의 이완 또는 붕괴의 결과로 예측되는 것은 다음과 같이 들고 있다.
① 시민들 사이의 정겨움이 사라지고, 범죄와 폭력성이 증가함
② 이웃 간의 관계가 작동되지 않게 됨
③ 경제적 효율성을 떨어뜨리게 됨
④ 건강과 낮은 사회적 자본과의 강한 상관성이 있음

한 가지 실례를 들어보자. 다른 특징이 동일하다면 사회적으로 단절된 사람들과 긴밀한 유대관계를 갖고 있는 사람들을 서로 비교해 보면, 전자는 후자에 비해 어떤 원인에서이든 사망할 가능성이 2배에서 5배 높은 것으로 제시하고 있다.

또한 자기 건강을 증진시키고 싶은 사람은 사회적 자본이 높은 지역으로 이사 가면, 담배를 끊는 것과 거의 같은 효과를 거둘 수 있는 것으로 제안하고 있다.

우리나라의 경우에는 지역사회에 대하여 그동안 많은 변화를 겪어 왔지만, 최근에는 지역사회에 대한 관심이 증가한 이유가 무엇인지 궁금증이 생긴다. 이에 대하여 몇 가지로 정리해 보고자 한다(박태영, 2013).

첫째, 우리나라는 2012년 6월 23일 '20~50클럽(1인당 국민소득 2만 달러, 인구 5천만 명)'에 가입하게 되었다(조선일보, 2012.5.28). 이는 우리나라가 확실한 선진국 대열에 진입했다는 신호이다. 우리 사회가 전통사회에서 성장사회로, 나아가 성숙사회로 진입하고 있음을 의미하는 것이다. 성숙사회의 핵심적 과제는 사회적 자본의 확충이고, 이는 새로운 커뮤니티[새로운 공공(公共)]의 창조를 통하여 가능한 것이다(廣井良典, 2011).

또한 이는 공생 · 상생, 동반성장, 기업 사회공헌 · 사회책임 강화 등의 움직임과 맥을 같이하고 있다.

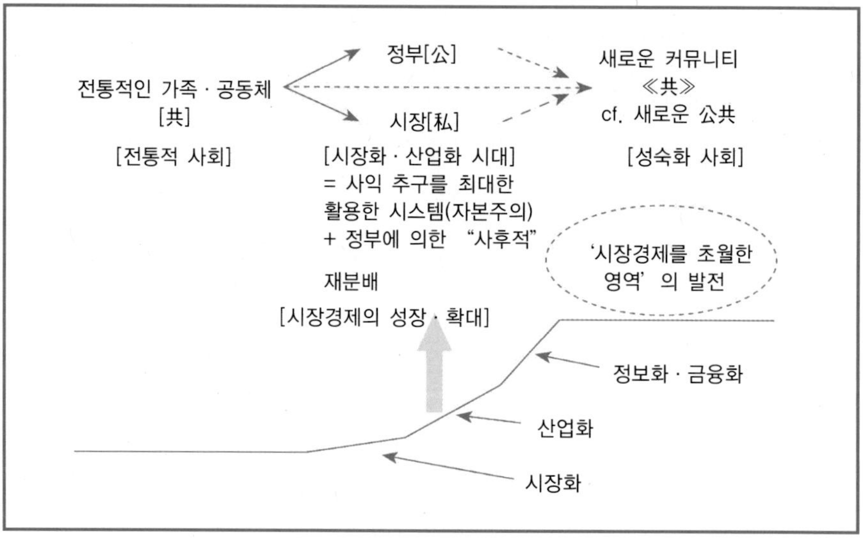

|그림 1-2| **[公-共-私]를 둘러싼 구조변화**

둘째, 우리 사회의 중요한 화두인 고령화의 진전은 지역밀착형 세대의 증가를 의미하는 것이고, 이에 따른 인프라의 구축과 운용은 지역사회를 기반으로 하지 않으면 안 될 것이다(廣井良典, 2011).

셋째, 위험사회의 도래로 인하여 개인 혹은 가족이 단독으로 대처하기에는 한계가 있다. 세월호 사건을 비롯하여 각종 안전사고와 자연재해, 사건들이 발생하였고, 이러한 현상은 앞으로 더욱 심각해질 것으로 보인다.

2011년 동일본 대지진의 피해지역인 후쿠시마현 재건위원회의 스즈키 히로시(鈴木博) 의장은 '재건비전 세 가지 원칙' 가운데 하나로 고향에 대한 자긍심을 부활하는 방식, 즉 공동체의 결속력이 재해극복에 매우 중요하므로 이를 강화하는 방식으로 재건을 추진하겠다고 밝히고 있다. 1인 가구가 늘어나고 나홀로족(族)들이 증가하고 있지만, 역설적으로 지역사회에 대한 필요성과 그리움이 커져가고 있는 것이다.

넷째, 복지의 시장화로 인하여 이용자의 권리의식 고양, 서비스의 고급화 추구로 인하여 지역사회 중심의 복지인프라 구축 및 운용이 중요하게 될 것이다. 복지서비스는 정시서비스 중심에서 정시 및 수시 서비스의 조화로운 서비스 제공시스템으로 전환될 것이다.

다섯째, 우리가 자주 들어온 [생애주기별(시간축 : 태아-영아-아동-청소년-장년-노인) 맞춤형 복지]의 구현은 [개인-가정-지역-국가단위]로 이어지는 공간축의 핵심인 지역사회의 재구성을 통해 완성될 수 있을 것이다.

그렇다면 지역사회의 재구성은 필연적으로 다루어야 하는 시대적 역할일 것이다. 각 영역에서 지역사회의 재구성 혹은 재구축을 어떻게 구현하느냐에 따라 우리 미래의 삶의 질이 결정될 수 있을 것이다. 여기서는 Putnam(2009)의 자료에서 제시하고 있는 일곱 가지의 방안을 소개하고자 한다.

① **청소년과 학교** : 청소년들이 사회의 모든 분야에서 성인이 되었을 때, 이들의 시민참여 수준을 할아버지 세대의 그 나이 때의 수준에 필적하도록 끌어올리고, 동시에 연계형 사회적 자본은 할아버지 시대보다 실질적으로 더 크게 만들 수 있는 방법을 찾아야 한다.

② **일터** : 일터가 실질적으로 가족적이고 친근하며 공동체와 조화를 이루도록 보장할 수 있는 방법을 찾아야 한다.

③ **도시설계** : 출퇴근 시간을 덜 쓰고, 이웃과 유대관계를 맺는 시간을 더 많이 가지도록 구축되어야 한다. 또한 직장과 생활공간이 보다 통합되

고, 보행자가 친화적인 지역에서 살 수 있도록 도시가 구성되어야 하며, 친구와 이웃들과 늘 가볍게 만나 사귈 수 있게 공동체를 설계하고 공공장소를 마련해야 한다.

④ **종교** : 각자가 정신적 공동체에 더 깊이 참여하는 동시에 다른 사람들의 신앙과 행동에는 더 관용적인 새롭고, 다원적이며, 사회적으로 책임지는 '신앙부흥운동'에 나서도록 해야 한다.

⑤ **매스미디어와 인터넷** : 반짝이는 스크린 앞에 맥없이 앉아 보내는 여가시간을 줄이고, 동료 주민들과의 적극적인 연계에 더 많은 시간을 사용할 수 있는 방법을 강구해야 한다. 매스미디어와 인터넷은 공동체 참여를 방해하는 것이 아니라 오히려 강화하는 새로운 형태의 도구로 활용되어야 한다.

⑥ **문화와 예술** : 보다 많은 주민들이 다양한 경연대회, 노래자랑, 동네연극, 랩 페스티벌 등의 문화활동에(단순히 소비하거나 '감상'하는 데 그치지 않고) 직접 참여할 수 있도록 해주는 방법을 찾아야 한다. 다양한 주민집단들을 불러 모으는 원동력으로 예술을 이용할 수 있는 새로운 방법을 찾아내야 한다.

⑦ **정치와 정부** : 공직후보 출마, 공공회의 참석, 위원회 위원으로서의 봉사, 선거운동 참여, 심지어는 투표 등 공동체의 공적 생활에 더 많은 시민들이 참여하도록 보장하는 방법을 찾아내야 한다.

지역사회의 재구성은 영역에 따라 다양한 과제가 있지만, 주민의 입장에서는 자원봉사활동이 기반이라는 사실이다. 삶의 주체인 주민이 지역사회의 다양한 생활과제에 대하여 실질적인 참여를 함으로 해결하거나 예방하게 되어 현대적인 지역사회 모습을 갖추어 나가야 할 것이다.

2) 공공복지와 자원봉사와의 관계

자원봉사의 활성화를 언급함에 있어서 대두되는 것이 자원봉사와 공적 사회복지 발전 간의 관계이다. 즉, 자원봉사에 대한 지나친 강조는 복지예산을 감축하려는 숨은 의도를 가지고 있으므로 아직 초기 단계에 있는 공적 사회복지의 발전을 저해할 수 있다고 우려하는 입장에서 본다면, 자원봉사는 사회복지가 좀 더 제도화된 이후에 활성화되어도 늦지 않은 정책적 우선순위가 낮은 분야에 지나지 않는다.

그러나 사회복지의 발전을 국가에 모두 의존할 수는 없으므로 공공과 민간의 협력관계를 통해서 사회복지를 이루어야 한다는 측면에서 자원봉사의 활성화란 국민의 복지수준을 높이기 위한 중요하고 시급한 과제일 수 있다.

사실 우리나라는 사회보장 및 복지 부문에 투자되고 있는 예산은 낮은 상태에 있으므로, 사회복지정책의 우선순위는 아직 공적 책임의 확대, 사회복지 전달체계의 확립 및 전문인력의 확보 등에 두어야 하며, 국가가 해야 할 일을 촉구하는 것이 매우 중요하다. 따라서 공적 사회복지가 해야 할 일을 자원봉사를 통해 해결해서는 안 되며, 자원봉사가 부족한 공적 사회복지예산을 메워주는 수단이 되어서는 안 될 것이라는 지적은 타당하며, 깊이 유념해야 할 부분이다.

그러나 다른 한편으로 한 사회가 가진 다양하고 복잡한 문제를 국가가 해결해 줄 때까지 기다리는 것은 바람직하지 않을 뿐 아니라, 급속한 사회변동을 통하여 발생한 우리 사회의 산적한 문제들과 특정 개인이나 지역사회의 개별적이고 특수한 문제들까지 모두 국가가 개입하여 해결하는 것은 거의 불가능에 가깝다는 지적 또한 설득력 있게 제기되고 있다.

더 나아가 자원봉사가 공적 사회복지의 발전에도 기여한다는 주장도 있다. 선도성 이론에 의하면, 현대사회에는 국가가 당장 직접적으로 제공하기에는 적합하지 않은 유형의 서비스가 있기 마련인데, 이러한 서비스의 필요성을 자각한 시민들이 자발적으로 먼저 서비스를 제공하기 시작하면 일반인들도 그 서비스의 가치를 인식하게 되고, 효과가 좋은 것으로 검증되면 궁극적으로 국가가 맡게 된다는 것이다.

역사적으로도 이러한 자원봉사의 선도적이고 실험적인 시도를 통해서 국가부문으로 흡수된 복지서비스의 종류는 헤아릴 수 없을 정도로 많다. 예를 들면, 학대받는 아동을 위한 프로그램들은 아동학대 문제를 심각하게 인식한 시민의 자원봉사로부터 시작되었다고 해도 과언이 아니다.

또한 자원봉사는 사회복지의 발전을 위한 장기적인 투자이므로 오히려 현 시점에서 자원봉사는 매우 필요하다. 자원봉사자들이 봉사활동 과정에서 사회복지 대상자들과 접촉하게 됨으로써 그들의 문제와 욕구가 얼마나 절실한 것인지를 느끼고 깨달아서 사회복지 발전의 필요성을 확실히 인식하게 될 것이다. 이러한 인식의 확대는 국가에 대한 압력으로 작용할 것이며 그에 따라 사회복지는 크게 발전할 것이다.

결론적으로 설명하면, 자원봉사의 활성화는 공적 사회복지의 발전을 지체시킨다는 주장은 자원봉사의 역할을 혼동하거나 오해한 데서 비롯된 것이다. 공공의 역할을 자원봉사로 해결하려는 것 그 자체가 잘못된 것이고, 현실적으로 자원봉사를 통하여 해결할 수밖에 없을 때에는 서비스 제공과 더불어 반드시 공공의 책임 이행을 위한 활동(action)도 수반되어야 한다.

3) 복지시장화와 자원봉사

사회서비스 일자리가 늘어나고 있다. 2007년부터 시작된 사회서비스 바우처사업과 2008년부터 도입된 노인장기요양보험제도가 이를 주도하고 있다. 바우처사업은 사회서비스가 공급자 중심에서 이용자 중심으로의 전환이라는 측면이 있고, 장기요양보험제도는 가족중심의 돌봄이 사회화된다는 측면이 있다. 이 두 가지 모두 복지공급 주체로서 민간사업자의 참여를 허용하는 복지의 시장화라는 새로운 방법을 도입한 것이다.

새로운 제도 도입에 대한 장단점은 있기 마련이다. 여기에서 논의하고 싶은 것은 복지시장화로 인하여 사회서비스를 공급하는 인력의 상당 부분이 기존 자원봉사자와 겹치는 부분이 있을 것이라는 점이다. 단순하게 정리해 보면, 전에는 자원봉사활동을 하던 중년여성들이 이제는 필요한 자격증을 취득하여 사회서비스의 공급을 위한 활동에 참여한다는 것이다.

2005년에서 2017년까지 우리나라 자원봉사 참여율은 21~22% 수준에 머물고 있고, 자원봉사활동의 질적 수준도 향상되지 않고 있다. 우리나라 자원봉사활동의 이러한 상황에 영향을 미친 것 중에 하나가 복지의 시장화라고 본다.

우리 삶의 과정에서 나타나는 복지과제에 대하여 사회규범으로 대응할지, 아니면 시장경제로 대응할지에 대해서는 여러 변수들을 고려하여 결정해야 할 것이다. 복지과제를 대응하는 시스템만 잘 만들면, 사회규범으로의 대응이 저비용 고효율일 수 있다. 복지과제의 해결을 위해 한 번 시장경제 방식을 사용하면, 다시 사회규범 방식으로 되돌아갈 수 없기에 신중할 필요가 있다(Dan Ariely, 2008).

복지시장화에 연관된 인력과 자원봉사 참여자 간의 관련성은 일부 있지만, 질대직인 깃은 이니리고 본다. 오히려 복지시장하루 인하여 사회적 자본(이웃 간의 신뢰, 공동체 정신, 배려, 우리 의식)의 유실이라는 측면이 보다 심각한 것으로 보인다. 복지시장화의 진전은 자원봉사활동의 활성화를 더욱 필요로 하는데, 우리 사회는 자원봉사활동의 동력이 복지시장화로 오히려 위축되는 것 같아 안타깝다.

복지시장화라는 체제에서는 지불능력에 따라 서비스의 질과 선택에 상당한 차이를 가져올 수 있다. 특히 상대적으로 지불능력이 떨어지는 사람에게는 실제로 필요하지만 제도적으로 허용된 서비스 외에는 이용할 수 없게 되고, 때로는 역선택을 당할 수도 있다. 이를 보완하기 위해서는 반드시 자원봉사자의 지원이 필요하다.

생각해 보기

1. 자신의 삶에서 가장 행복했던 일은 무엇이었는지 이야기 나누어 봅시다.

2. 자원봉사 대상자에 대한 생각이 자원봉사활동 전후로 나누어 볼 때 달라졌나요? 자원봉사 대상자에 대한 생각을 나누어 봅시다.

3. 지역사회(공동체)와 자원봉사의 관계에 대하여 논의해 봅시다.

CHAPTER 2

자원봉사의 이해

자원봉사는 매스컴에서의 보도나 자원봉사와 관련된 행사, 일상생활 속에서의 실천에 이르기까지 다양하게 접할 수 있는 용어가 되었다. 이러한 자원봉사의 확산이 자원봉사에 대한 올바른 이해를 바탕으로 이뤄지고 있는지는 의문스럽다. 여기서는 자원봉사에 대한 이해를 높이기 위해 자원봉사의 개념, 필요성, 역할, 자세, 동기, 형태 등을 중심으로 자원봉사의 개괄적인 내용을 살펴보고자 한다.

1. 자원봉사의 개념

1) 자원봉사의 용어

자원봉사는 영어로 'Volunteer'라고 쓰는데, 라틴어의 'Voluntas(자유의지)'에서 유래된 용어이다. Volunteer의 사전적 의미는 '독지가', '지원병', '부상 봉사자', '자발적인', '~를 자진해서 한다' 등으로 표현되어 있다.

우리나라에서는 자원봉사에 관련된 용어를 몇 가지로 사용하고 있다. 한국여성개발원에서는 '자원활동'이라고 쓰고 있다. 자원봉사는 '봉사'라는 말 때문에 자선 혹은 구제라는 의미가 있고, 가진 자가 일방적으로 베푸는 소극적인 뉘앙스를 풍긴다고 파악하여, '우리가 살고 있는 지역사회의 공동체를 위해 참여한다'는 보다 폭넓고 적극적인 의미를 지닌 자원활동으로 사용하고 있다. 그러나 자원활동이라는 용어에는 자원봉사의 특성 가운데 하나인 공익성을 찾을 수가 없는 단점이 있다.

김영호(1997)는 '자원복지활동원'으로 쓰고 있다. 자원봉사의 '봉사'라는 용어 속에는 종교적인 섬김과 경제적 이해관계의 서비스, 유교적 상하관계에서의 시종이나 복종, 여유 있는 자의 자선적이고 시혜적 행위 등과 같은 의미가 강하므로 볼런타리즘 정신에 적합한 '자원복지(自願福祉)'로 사용할 것을 제안하고 있다.

그러나 앞에서 들고 있는 이유들이 용어를 바꾸어야 할 만큼 설득력 있는 것으로 생각되지 않으며, 바꾼다 하여도 자원복지라는 단어는 기존의 민간복지와 그 의미가 겹치기 때문에 적절하지 않다. 사회복지는 공공부분(statutory sector)과 민간부분(private sector)으로 나눌 수 있고, 또한 민간부분은 비영리부분(voluntary sector)과 영리부분(private sector)으로 나눌 수 있다. 자원복지는 민간부분, 즉 비영리부분과 영리부분 모두를 포함하는 의미로 받아들여지며 자원봉사의 비영리부분만의 의미와 혼동을 초래할 수 있으므로 부적절하다.

YMCA나 YWCA와 같은 사회교육기관에서는 '자원지도자'로, 대한적십자사에서는 '봉사자' 혹은 '봉사원'으로, 그 외의 여러 기관에서는 '자원봉사자'로 쓰고 있으며, 영어인 'Volunteer'로 사용하는 곳도 있다.

각기 용어를 다르게 사용하는 데는 이유가 있겠지만, 여기서는 보편적으로 사용하는 '자원봉사' 혹은 '자원봉사자'로 쓰기로 한다. 자원봉사에 대한 편향적 사고나 사회복지에 대한 자선적 인식 등 이제까지 자원봉사를 둘러싼 개념들에 대한 올바른 이해의 한계가 있는 것은 사실이지만 이를 극복하기 위해 새로운 용어를 마련하는 것보다는 기존의 용어를 사용하면서 그 용어의 정립을 위해 노력하는 것이 현실적이라고 본다.

2) 자원봉사의 정의

그러면 자원봉사 혹은 자원봉사자란 무엇을 가리키는 것일까?

한국사회복지협의회에서는 '자원봉사활동이란 사회문제의 예방 및 해결 또는 국가의 공익사업을 수행하고 있는 공사의 공식조직에 자발적으로 참여하여 영리적 보상을 받지 않고서도 인간존중의 정신과 민주주의 원칙에 입각하여 낯선 타인들을 상대로 필요한 서비스를 제공함으로써 사회의 공동선을 고양시킴과 동시에 이타심의 구현을 통해 자기실현을 성취하고자 하는 활동'으로 규정하고 있다.

일본 현대사회복지사전(仲村優一, 1985)에서는 '자원봉사활동을 자유로운 의지에 의한 자발성에 기반을 둔 실천행위 그 자체이고, 복지사회를 만들어 가기 위해 적극적으로 노력하는 의도적이고 계획적인 일상활동'으로 보았다.

미국 사회사업백과사전(NASW, 1977)에서는 '자원봉사자란 개인, 집단, 지역사회에서 발생하는 여러 가지 사회문제를 예방하고 통제하며, 혹은 개선하는 일에 종사하고 있는 공 · 사의 여러 조직체에 대하여 주어진 여러 가지 참여활동에 대한 가치에 상응하는 보수 없이 자발적으로 참여하는 개인'으로 정의하고 있다.

Trecker는 '자원봉사자란 지역사회의 복지향상에 관여하는 사회기관에서 무보수로 자발적인 노력을 하는 사람'으로 정의하고 있다.

김영호(1997)는 '자원복지(voluntarism)란 공동체 혹은 지역사회에 있어서 주민들이 다양한 지역사회 문제들을 해결하고 예방하며, 전인적 인간화와 복지공동체 문화를 형성하며, 공동의 복지목표(사랑 · 평화 · 행복)를 달성하기 위하여 무보수로 자발적인 참여 혹은 지원하는 창조적 · 가치적 · 사회적 조화노력임과 동시에 질적인 삶 그 자체'라고 보았다.

한국여성개발원(1984)에서는 '자원봉사활동을 민주사회의 한 시민으로서 지역사회에서 발생하는 사회문제를 예방, 통제, 개선하기 위해 자발적으로 반대급부 없이 기관 또는 개인으로 참여하는 일체의 활동'이라 하였다.

호주 전국자원봉사센터의 소장인 Sha Cotdingley(2003)는 '자원봉사활동은 비영리단체나 프로젝트를 통한 활동을 말하며, ① 지역사회와 자원봉사자 자신에게 혜택이 돌아가고, ② 강제가 아니라 자원봉사자의 자유의지에 의한 것이며, ③ 금전적 보상을 위한 것이 아니고, ④ 지정된 자원봉사 직무에서 활동하는 것'으로 정의하고 있다. 여기에서 네 번째의 '지정된 직무'란 자원봉사자의 증가로 인하여 유급직원의 일자리가 줄어든다는 이들의 불평과 위기의식을 해소하기 위해 서로 간의 직무에 대한 역할분담을 명확하게 설정하기 위함이다.

이상과 같이 자원봉사활동의 정의는 다양하게 언급되고 있지만 활동범위의 차이를 제외하면 대부분의 정의는 자발성과 복지성, 무보수성의 공통점을 갖고 있다.

따라서 여기서는 자원봉사자를 '공익증진 활동에 자발적으로 반대급부 없이 참여하는 사람'이라고 할 수 있는데, 이해를 높이기 위해 좀 더 구체적으로 살펴보고자 한다.

우선 '공익증진 활동'으로, 자원봉사는 사회복지 영역에서 주로 활동되고 있지만 이제는 환경, 노동, 방범, 선거, 교육, 의료, 문화, 스포츠, 과학(박람회), 국제협력 등 다양한 분야에서 활용되고 있다. 따라서 자원봉사는 사회복지활동뿐만 아니라 공익증진 부분의 모든 영역으로 확대되고 있다.

다음의 '자발적으로'와 '반대급부 없이'의 무보수성은 자원봉사의 특성에서 다루기로 한다.

그리고 '참여'라는 의미는 일반적으로 자원봉사자가 요지원자에게 서비스 제공이나 부족한 자원의 보충이라는 소극적인 의미로 통용되지만, 참여라는 단어 속에는 이러한 소극적인 의미와 더불어 제도의 변혁이라는 운동형(action)의 적극적인 노력도 포함되어 있다. 예를 들면, 사회복지시설에서 부족한 일손을 돕는 것도 자원봉사이지만, 시설에 인력을 더 배치하도록 제도를 바꾸는 노력도 자원봉사이다. 물론 그 접근방법은 매우 다르지만 둘 다 반드시 필요한 것이다.

만약 서비스만 있고 사회활동이 없으면, 자원봉사는 행정의 시녀화 또는 제도화의 방해물이 될 수 있다. 반면에 사회활동만 있고 서비스가 없으면, 자원봉사는 공허한 것이 되기 쉽다. 특히 복지영역은 생활과 직결되어 있기 때문에 서비스가 개선될 때까지 삶을 중단할 수가 없다. 부족한 부분은 그때그때 곧바로 보충해 주어야 하는 것이다. 따라서 서비스와 사회활동을 동시에 고려한 자원봉사가 필요한 것이다.

참여의 내용적인 측면에서 보면, 시간과 재능을 제공하는 것은 자원봉사이고, 재원을 제공하는 것은 자원봉사가 아니라고 보는 시각이다. 공동체의 복지 증진을 위해서는 재능과 재원 모두가 필요하지만, 시간과 재능을 제공하는 것만 자원봉사로 지칭하고, 재원이나 물품의 제공에 대해서는 기부금품 혹은 후원금품으로 분리하여 표기하고 있다.

끝으로 '사람'으로 자원봉사는 모든 인간이 해야 하는 활동이라고 하지만 자신의 행동에 대하여 스스로 판단하고 결정을 할 수 있는 능력, 즉 자기결정권이 있는 사람이어야 진정한 자원봉사자일 것이다. 우리나라는 만 19세가 되어야 선거권이 주어지고, 만 14세 이하는 어떠한 형사적 처벌도 받지 않으며, 아동으로서의 보호도 만 18세까지만 받게 되어 있다.

그러면 과연 몇 살부터 자원봉사자가 될 수 있는 것일까? 외국의 경우 자원봉사사를 셀 때 국가에 따라서 다르지만 14세 이상, 15세 이상, 16세 이상, 18세 이상, 성인 등으로 나이를 제한한 자료들이 나와 있다. 우리나라의 경우 1991년 통계청 자료에 의하면, 15세 이상으로 제한하여 자원봉사 참여율을 보고하고 있으며, 2005년 자원봉사활동 현황 조사연구에서는 만 20세 이상으로 한정하고 있으나(볼런티어21, 2005), 아직 자원봉사자의 연령에 대한 논의는 미흡한 상태이다.

3) 자원봉사의 특성

이러한 자원봉사는 자발성, 주체성, 공익성, 복지성, 무보수성, 선구성, 개척성, 지속성, 연대성, 민간성, 다양성, 개별성 등의 여러 특성을 가지고 있다. 이를 자원봉사의 특성을 강조하는 측면에 따라 구분하면 다음과 같다(岡本榮一, 2006).

자발성이나 주체성은 자원봉사자 측면에서 강조하는 특성이고, 공익성이나 복지성은 자원봉사활동 목적이나 내용 측면을 강조하는 특성이다. 무보수성이나 무급성은 직업 혹은 보상 측면을 강조하는 특성이다. 그 외에도 우리나라에서 강조되고 있는 지속성은 시간의 흐름을 강조하는 특성이고, 복지교육이나 학습성은 교육적 측면을 강조하는 것이며, 개별성은 NGO의 조직성과의 차이를 강조하는 것에서 나온 특성으로 이해할 수 있을 것이다.

〈표 2-1〉 **자원봉사의 강조하는 측면에 따른 특성**

강조점	주로 표현되는 용어	기타 표현용어
자원봉사자 측면을 강조하는 특성	자발성, 주체성	자유성, 자유의지
활동의 목적 · 내용 측면을 강조하는 특성	공익성, 복지성	선구성, 연대성, 개척성, 사회성, 공공성, 변혁성, 이타성, 다양성
직업(보수) 측면을 강조하는 특성	무보수성, 무급성	
기 타	지속성(시간적 관점을 강조) 교육성, 학습성(교육적 관점을 강조) 개별성(NGO의 조직성과의 차이 강조)	

여기서는 자발성, 공익성, 무보수성을 중심으로 그 내용을 좀 더 살펴보고자 한다.

(1) 자발성

자원봉사는 타의에 의해 강제로 하는 활동이 아니라 자신이 생각하고 판단하여 스스로 행동하는 것이다. 자발성은 자신이 결정한 것에 대하여 책임감을 가지게 하고 자신이 선택한 것에 대하여 능동적이고 적극적으로 임하게 하는 원동력이 된다. 따라서 자발성은 자원봉사의 생명과 같은 것이다.

학교에서 자원봉사를 교과목으로 설정하여 강제로 활동하게 하거나, 대학에서 교양필수로 자원봉사 과목을 설정하여 모든 학생이 반드시 자원봉사에 참여하게 하거나, 기업에서 강제성이 수반된 자원봉사는 '사회봉사 또는 강제봉사'이지 자원봉사는 아니다. 그러나 학생의 경우 한 인간이 자신이 살고 있는 공동체의 이익 증진을 위해 어떻게 공헌하면서 살아야 하는지를 가르치는 복지교육 또는 봉사학습(service learning)의 의미는 있다고 생각된다.

또한 자발성은 자원봉사자 스스로 활동을 그만둘 수 있다는 의미도 포함하고 있다. 이것은 자원봉사의 특성임과 동시에 한계이다. 언제든지 그만둘 수 있는 자발성이 자원봉사자에게 있다고 해서 자원봉사가 무책임한 활동으로 전개되어도 좋다는 의미는 아니다. 자원봉사는 개인의 자발성에 기초를 두고 있지만, 공익증진 영역에 기여하는 활동이므로 사회적 책임성을 가지고 있다. 따라서 약속한 활동에 대한 실천은 반드시 이루어져야 한다.

(2) 공익성

사람이 자발적으로 하는 모든 활동을 자원봉사라고 하지는 않는다. 자신의 이익이나 일시적 감상, 취미활동, 특정인의 이익 등을 위한 활동은 자원봉사라고 할 수 없다. 불특정 다수인의 복지증진에 기여하는 영역의 활동이어야 자원봉사인 것이다.

지역에 있는 개인이나 단체로부터 자원봉사를 해 주도록 요청받았을 경우, 혹은 자신이 소속한 모임에서 자원봉사를 하고자 할 때 자원봉사 일감 여부를 판단하는 기준이 바로 공익성이다.

어떤 청소년단체의 자원봉사캠프에서 중학생이 동네 세탁소에서 세탁물을 배달한 것이나, 대학생이 자원봉사 과목 이수를 위해 여름방학 동안 고향 형님댁 과수원에서 일을 도와준 것이나, 장기간 여행하는 집의 강아지 먹이를 주는 일 등은 공익성이 없기 때문에 자원봉사가 아니다.

(3) 무보수성

자원봉사는 자신이 한 활동에 대하여 정신적인 보상과 만족 외에 물질적인 보상이나 대가를 바라지 않는 것이다. 자발성과 공익성의 요건을 충족시킨 활동이라도 그 활동에 상응하는 금전적 대가를 지급받으면 이미 자원봉사의 영역을 벗어나는 것이다. 의사의 진료나 변호사의 법률상담이 무료로 이루어질 때 자원봉사가 될 수 있다.

최근에는 자원봉사자에게 실비를 지급해야 한다는 주장이 있으나 이것은 자원봉사의 기본 정신에 어긋나는 것이다. 외국에서도 자원봉사의 유급화로 지칭되는 'Paid-volunteer'나 'Arbeiteer(아르바이트와 볼런티어의 합성어)'라는 용어가 사용되고 있으나 이들은 순수한 자원봉사자가 아니다.

그러나 일정 기간 전적으로 자원봉사를 하는 이들에게 활동에 필요한 기본적인 비용을 지불하는 것은 필요할 것이다. 또한 자원봉사활동 과정에서 필요한 경비나 교통비, 식비 등의 활동비를 지급하는 것은 금전적 보상이라고 볼 수 없다.

이상의 특징은 자원봉사를 하려는 사람이라면 누구든지 활동을 하기 전에 반드시 확인해 보아야 한다. 이러한 기준을 바탕으로 자원봉사 여부가 분명하게 구분되는 활동도 있지만 그렇지 못한 경우도 있다. 예를 들면, 병원에서 소독한 거즈를 접는 활동, 선거에서 특정 후보를 지지하는 활동, 시위에 참여하는 활동 등은 과연 자원봉사일까? 자발성과 무보수성은 쉽게 파악할 수 있겠지만 공익성은 그렇게 간단하지 않다. 시나리오를 만들어 가면서 토론해 보기 바란다. 중요한 것은 위의 세 가지 특성을 모두 갖추고 있어야 자원봉사인 것이다.

4) 자원봉사의 원칙

자원봉사를 하려는 사람은 최소한 다음과 같은 세 가지 원칙들을 체득하고 있어야 한다.

(1) 인권의 존중

모든 인간은 그 무엇과도 바꿀 수 없고 그 무엇으로부터도 침해받거나 무시될 수 없는 존엄성을 가지고 있다는 인식과 이해가 자원봉사의 기본 출발점이다. 자원봉사자는 활동 대상자인 사회적 약자를 대할 때 그들의 인권을 존중하는 자세로 임해야 한다.

인권의 존중에 관련된 한 이야기가 있다. 성경 요한복음 9장 1~12절을 보면, 나면서부터 소경된 사람(선천성 시각장애인)이 구걸하고 있는 앞을 예수님과 그 제자들이 지나가게 되었을 때 제자들이 예수님에게 '이 사람이 나면서부터 소경으로 태어난 것은 누구의 죄 때문입니까? 이 사람의 죄입니까? 부모의 죄입니까?'라고 물었다. 예수님은 '이 사람이 태어나면서부터 소경된 것은 자신의 죄나 부모의 죄 때문이 아니라 하나님께서 하시는 일을 그에게 드러나게 하시려는 것이다'라고 답하신 후 눈을 뜨게 해 주었다.

사회적 약자를 쓸모없는 인간으로, 항상 다른 사람에게 짐이 되는 인간으로, 좀 모자라는 인간으로(sub-human) 보는 것은 잘못이라는 것을 우리에게 가르쳐 주는 내용이다. 우리가 보기에는 자신과 신체 외형이 다르고, 삶의 방식이 다르고, 생각의 수준이 다르다고 '별 볼일 없는 사람'으로 취급해서는 안 된다. 우리에게는 아무리 '별 볼일 없는 사람'으로 보일지라도, 신(神)께서는 그에게도 할 일(달란트)을 주었다는 사실을 가르쳐 주는 것이다. 우리 사회에는 별 볼 일 없거나 불필요한 사람은 없다. 다만, 그런 사람이 있다고 생각하는 사람이 있을 따름이다.

신께서는 이런 사람 저런 사람들이 함께 더불어 생활할 때 모든 것이 어우러져 선(善)을 이루게 되도록 만들어 놓았는데, 무지한 인간이 그것을 깨닫지 못하고 자신과 다른 것을 빌미로 삼아 편견과 차별을 만들어 내고 있는 것이다. 사회적 약자를 존중해야 하는 이유는 이들도 우리 자신만큼 소중한 인격체이기 때문이고, 신의 형상을 좇아 창조되었으며, 이들도 할 일을 가지고 태어난 인간이기 때문이다. 또한 사회적 약자는 우리와 함께 더불어 살아가야 하는 우리 자신의 또 다른 모습이기 때문이다.

진정한 의미의 자원봉사는 가진 자가 못 가진 자에게 베푸는 것이나 도와주는 것이 아니라, 자신에게 있는 것을 필요한 사람과 나누는 것이고 친구가 되는 것이다.

(2) 민주주의 정신의 존중

자원봉사는 민주주의를 바탕으로 하여 존재하는 것이므로 민주적인 생각과 방법을 자원봉사에 잘 활용하여야 한다. 특히 단체로 자원봉사에 참여하는 사람들은 그 단체의 조직과 운영에 있어서 민주적인 방식과 절차를 따라야 할 것이다.

(3) 자원봉사의 목적화

자원봉사는 그 자체가 목적이지 다른 목적을 성취하기 위한 수단으로 이용되어서는 안 된다. 특정 종교의 전파수단이나 선거에서 득표하기 위한 수단으로, 기업의 PR 수단으로, 전문기술을 연마하기 위한 수단으로, 점수나 학점을 따기 위한 수단으로 이용되어서는 안 된다.

어려운 형편에 처해 있는 사람에게 교회나 성당, 절에 나오도록 하기 위하여 금품을 제공하거나 돕는 것은 전교나 포교활동은 되겠지만 자원봉사는 아니다. 신께로부터 받은 은혜에 감격하였다면 신의 형상을 쫓아 창조된 인간에게 신께 하듯 봉사하고 더 이상의 조건을 붙이지 않는 것이 진정한 자원봉사이다. 이것과 관련이 있는 한 사례를 소개한다.

어느 겨울 성당 인근에 위치한 집에 화재가 발생하여 집을 모두 태우고 애석하게도 주부가 죽음을 당한 사고가 생겼다. 안타깝게도 일가친척도 찾을 수 없었고, 남편마저도 화재의 원인과 부인의 죽음에 대한 조사를 받기 위해 경찰서에 구류된 상황이었다. 화재로 인해 한 가정이 몰락하였고 인명피해도 생겼지만 가장은 경찰서 조사 중이라 시신은 폐허가 된 집의 잿더미와 함께 차가운 겨울바람에 놓여 있게 되었다.

소식을 접한 인근 성당의 사회복지회에서는 현장을 방문하여 상황을 알아본 후 어려움에 처한 이 가정을 회원 모두가 하나가 되어 돕기로 하였다. 몇몇 회원들이 경찰서와 협조하여 사망신고를 하고 장의절차를 확정하고 준비하는 사이 나머지 회원들은 빈소를 마련하여 영하의 날씨에도 불구하고 시신을 지키며 연도를 하였다.

회원들의 정성과 사랑으로 무사히 장례를 마치게 되었을 때, 지방에서 달려온 친척들은 눈물로 고마움을 표하고 신앙인들의 사랑에 감화하여 스스로 가톨릭 신자가 되겠노라고 약속하였다. 침묵하던 이웃들도 신앙이 보여준 사랑의 행위를 경험하고는 성당을 다시 보게 되었고, 몇 명의 냉담자는 다시 성당에 나오게 되었다.

출처 : 밀알(1997. 09), 통권 제108호.

과거에 어느 미용학원에서 시설아동에게 파마를 해 주겠다며 시설을 소개해 달라는 케이스가 있었다. 사정을 자세히 파악해 보니 교육받고 있던 수강생들이 시설아동에게 파마를 해 준다는 것이었다. 수강생들은 가발을 대상으로 파마 연습을 해야 하는데 가발 대신에 시설아동의 머리를 연습 대상으로 하겠다는 것이었다. 정중하게 거절한 후 앞으로 자격증을 따고 수련을 한 후 유명한 미용사가 된 다음에 시설아동을 대상으로 파마 자원봉사를 해 줄 것을 요청한 적이 있다. 왜냐하면 시설아동은 일반아동보다 더 예쁘고 멋있어야 사회적 경쟁에서 그나마 공평해지기 때문이다.

수지침을 배운 한 주부가 수지침 기술 연마를 위하여 시술 대상자를 찾기 어려우니 자원봉사를 하겠다는 것이나, 대학에서 배운 지식과 기술을 수련할 의도로 자원봉사에 참가하는 것이나, 취업이나 점수를 따기 위하여 자원봉사에 참가하는 것은 올바른 자원봉사가 아니다.

이러한 자원봉사의 원칙은 우리의 관념 속에 인식되어 있을 뿐만 아니라 우리의 일상생활 가운데서 자연스럽게 표출될 수 있도록 체질화되어 있어야 한다.

자원봉사활동과 연애와의 유사점과 차이점

① 유사점

- 자발적인 무상의 행위이다.
- 대상을 선택한다.
- 좋아하는 것이 선택의 중요한 기준이 된다.
- '기능' 이상으로 '존재'에 의미가 있는 관계이다.
- 만남은 우연스럽게 이루어지는 경우가 많다.
- 힘든 일도 있지만, 스스로 힘을 내게 되는 활동이다.
- 자신만 만족하는 것으로는 잘 진행되지 않는다.
- 그만둘 때, 헤어질 때가 힘들고 어렵다.
- 마음이 바뀌는 경우가 있다.

② 차이점

- 효과와 대상의 개방 정도가 다르다. 연애는 두 사람만을 위한 것이지만, 자원봉사활동은 공공적 성격을 가진다.
- 시작 동기에 차이가 있다. 자원봉사활동은 좋아하기 때문에 시작하는 경우도 있지만, 분노, 의분으로 참여하게 되는 경우도 적지 않다.

2. 자원봉사의 필요성

자원봉사의 필요성을 다룬 자료는 다양하게 있지만, 여기서는 대표적인 내용을 중심으로 몇 가지를 살펴본 후 필자 나름의 필요성을 정리하고자 한다.

김영호(1997)는 자원복지활동의 필요성을 일반적 필요성과 특수분야별 필요성으로 구분하였다. 일반적 필요성으로는 첫째, 인간의 기본적 욕구 충족과 사회문제의 치료와 예방을 위하여, 둘째, 인간관계적 서비스 요구의 증대를 위하여, 셋째, 공적 서비스의 한계성 보완을 위하여, 넷째, 복지교육 훈련과 자원개발을 위하여, 다섯째, 새로운 복지관의 보편화를 위하여, 여섯째, 인간성 회복과 민주복지공동체문화 창조를 위함으로 제시하고 있다. 특수분야별 필요성은 사회복지기관 · 시설, 대학교육, 기업, 교회, 어린이집 등에서의 자원복지활동의 필요성을 제시하고 있다.

한국여성개발원(1994)에서는 '자원활동의 필요성'을 다음과 같이 들고 있다.

① 핵가족화의 문제점(공동체 의식의 상실, 가족이기주의, 세대의 단절 등)을 극복하기 위한 한 대안으로 지역사회 공동체의 필요성이 강조된다.
② 여가의 건전한 활용방안으로 바람직하다.
③ 자원봉사자 개인이 가지는 의의로는 생활의 가치를 발견하고, 개인의 발전을 도모할 수 있다. 또한 자신의 문제해결, 지식의 증가, 소속감, 건전한 시민정신을 배양할 수 있다는 측면에서 의의를 찾을 수 있다.
④ 사회복지 전문화의 측면, 즉 자원활동자가 시설의 업무를 보조할 때 직원은 전문적인 업무에 주력할 수 있다.
⑤ 유휴자원의 활용 측면에서 의의를 가진다.

학생들에게 '자원봉사활동의 필요성'을 적시한 자료를 살펴보면 다음과 같다(서울특별시교육연구원, 1998).

① 인간 존중 정신과 태도 형성

자원봉사활동은 학생들로 하여금 건전한 인격 형성을 도모할 수 있도록 도움을 주며, 아울러 학생들에게 자기 존재의 의미와 자기 존중감을 깨닫게 해 준다. 또한 인간의 존엄성과 가치를 인식하게 하며 사회화를 돕는 계기가 된다.

② 사회성 개발

자원봉사활동을 하는 동안 학생들이 다른 사람들과 협력하며 원만한 인간관계를 유지하게 함으로써 사회성을 기르고 자아를 실현하게 된다.

③ 자신감과 지도력 배양

자원봉사활동은 학생들로 하여금 자신감을 가질 수 있도록 해주며, 또한 잠재적인 지도력을 개발할 수 있는 계기가 된다. 자원봉사활동을 하는 동안 자기를 표현할 기회를 가지게 되어 자신감이 생기며, 다른 사람들과 집단적으로 협동하여 함께 일하는 가운데 자기도 모르는 사이에 잠재적인 지도력을 발휘하게 된다.

④ 공동체 의식의 함양

학생들이 자원봉사활동을 통해 다른 사람들을 도우면서 더불어 살아가는 공동체 의식을 기를 수 있다. 요즘 우리 사회가 도시화·산업화되면서 점차 자기중심적이고 가족이기주의적인 생활의 경향을 보이고 있다. 자원봉사활동은 이러한 자기중심적이고 이기적인 태도를 극복하고 구성원들이 서로 돕고 살아가는 사회를 이룩하려는 공동체 의식을 길러준다. 또한 가치 있는 삶을 직접 체험하면서 그 의미를 깨닫고 실천과정에서 기쁨과 보람을 느끼게 하며 이상적인 지역 공동체 건설에 대한 기초를 마련해 준다.

⑤ 민주시민으로서의 책임감 형성

자원봉사활동은 학생들에게 바람직한 민주시민의 자질을 함양시켜 준다.

자원봉사활동에 적극적으로 참여함으로써 학생들은 자발성, 협동정신, 책임감과 같은 민주시민으로서의 자질을 함양하게 된다.

⑥ 보람 있는 여가생활

취미 향상을 도모하고 여가를 활용할 수 있다. 학생들은 자원봉사활동을 하면서 의미 있는 여가시간을 보낼 수 있다. 학생들이 여가생활로 자기 취미에 맞는 자원봉사를 하면서 보람을 찾을 수 있을 뿐만 아니라, 학생들의 탈선이나 비행도 예방할 수 있다. 그리고 신체적 · 정신적 · 정서적 건강을 지닌 전인적 인간으로 성장할 수 있도록 도움을 준다.

⑦ 진로 선택에 도움

자원봉사활동은 학생들이 자신의 적성을 발견할 수 있는 기회를 제공해 주며, 새로운 기술을 학습할 수 있게 하고, 이미 가진 기술은 더욱 발전시킬 수 있도록 해 준다. 자기가 좋아하는 활동 터전에서 여러 가지 활동을 경험하는 동안 학교에서는 배우지 못했던 사회를 경험하게 되고 다양한 직업을 탐색할 수 있는 기회를 갖게 된다. 즉, 자원봉사활동은 학생들의 장래 진로 선택에 도움을 준다.

⑧ 지역사회의 이해

학생들은 자원봉사활동을 통해 지역사회에 대한 이해를 넓힐 수 있다. 지역사회에서의 다양한 자원봉사활동은 학생들이 학교에서 배운 것을 보충하고 심화시킬 수 있게 해 준다. 곧 자원봉사활동은 교육의 장을 학교뿐만 아니라 지역사회에까지 확대하는 효과를 줄 수 있다.

⑨ 체험적 교육 기회의 확대

학교에서는 제한적으로 제시할 수밖에 없는 체험을 통한 교육의 기회를 자원봉사를 통해 풍부하게 제공할 수 있다. 학생들이 자원봉사를 통해 체험교육의 기회를 가짐으로써 성인 생활을 준비하는 데 도움을 얻을 수 있다.

⑩ 미래의 자원봉사자 육성

학생들이 자원봉사활동 지도를 받음으로써 장차 지역사회의 문제를 담당할 인재로 성장하게 될 것이며, 장차 지역사회에서 활발하게 자원봉사활동을 펼치게 될 것이다. 따라서 지역사회에서는 미래의 자원봉사자를 기른다는 거시적 안목에서 가능한 한 학생들의 자원봉사활동을 적극적으로 도와주어야 한다.

몇 해 전에 어느 장애인복지시설을 방문한 적이 있는데, 그 시설 원장님이 대안학교 여고생이 자원봉사를 한 후 스스로의 다짐을 기록해 둔 글을 보여 주었는데 그 일부를 소개한다. 청소년들에게 자원봉사의 중요성을 잘 보여 주고 있다.

장애인복지시설에서 자원봉사를 한 어느 대안학교 여학생의 글

여기 와서 여태껏 학교에서 방황하며 할 일 없이 하루하루를 때우던 내 모습이 여지없이 부끄러워진다. 하루하루 충실하고, 항상 열심히 생활하는 선생님들, 그것이 모여 삶의 자세가 되지 않나 싶다.

지금까지 먼 곳에만 있다고 생각해 왔던 봉사자의 꿈, 이젠 바로 내 앞에 있다. 내가 정말 하고 싶었던, 꿈꾸어 왔던 일 바로 '간호과'다. 앞으로 평생토록 할 것이라는 각오, 그 꿈에 도달하기 위해 노력할 거다. 지금도 몸이 괜히 피곤하지만 마음은 벅차오르고 있다.

학교로 돌아가게 되면 내 목표를 위해 피 터지게 공부할 거다. 이런 재활원이나 다른 어떤 곳에서 일할 거다. 그래! 이게 바로 내가 찾던 그것이다!

이상과 같이 자원봉사의 필요성은 여러 가지로 설명할 수 있지만 여기서는 자기성숙과 지역사회의 공동체 의식 형성, 공적 서비스의 한계성 보충, 새로운 복지관의 대두 등으로 나누어 살펴보기로 한다.

첫째, 자기 성숙을 위해 자원봉사가 필요하다.

인간의 기본적인 욕구는 생리적인 욕구와 사회 · 심리적인 욕구로 크게 구분할 수 있다. 사회 · 심리적인 욕구는 사랑을 받고 싶어 하는 애정의 욕구, 단체나 유력한 존재의 일부가 되고 싶어 하는 소속의 욕구, 사회적으로 가치 있는 것을 이루고 싶은 성취의 욕구, 남의 간섭을 받지 않고 자주적으로 행동하고 선택하려는 독립의 욕구, 자신의 존재를 인정받고 싶어 하는 승인의 욕구 등으로 구성되어 있다.

이러한 사회 · 심리적인 욕구를 적절하게 충족하지 못하면 부적응 행동을 일으키게 되고, 이는 자신과 그가 속한 공동체의 안녕을 파괴하게 된다. 사회 · 심리적인 욕구를 아주 효과적으로 충족시킬 수 있는 활동이 바로 자원봉사이다.

오늘날 더욱 늘어나고 있는 여가시간을 선용하여 정신적 안정과 삶의 보람을 느낄 수 있는 좋은 활동이 바로 자원봉사인 것이다. 이는 자칫 여가생활을 누릴 시간적 여유가 없는 사람은 자원봉사를 하지 않아도 괜찮은 것으로 생각할 수 있는데 결코 그렇지 않다. 누구나 인간이라면 반드시 해야 하는 것이 자원봉사이다. 다만, 여가시간이 있으면 활동 일감의 선택의 폭이 보다 넓은 정도의 차이일 뿐이다.

인간의 능력은 무한하나. 오늘날 우리의 교육체제하에서는 경험하기 어려운 체험학습의 기회를 자원봉사를 통하여 폭넓게 가질 수 있고, 또한 자신이 가지고 있는 잠재능력을 개발하거나 발견할 수 있는 계기가 될 것이다.

이상과 같은 효과적인 사회 · 심리적인 욕구 충족, 보람 있는 여가활동, 자신의 잠재능력 개발 등은 그 자신을 성숙하게 만들고 나아가 공동체의 바람직한 구성원인 '자격 있는 복지시민'으로 변화하게 만들 것이다.

둘째, 지역사회의 공동체 의식을 형성하기 위해 자원봉사가 필요하다.

이상적인 지역사회(ideal community)는 지리적 · 공간적 영역을 가지고, 그 영역 내에 생활환경 기반이 잘 정비되어 있고, 주민들의 상호교류와 그 지역에 대한 주민의 귀속의식이 있어야 한다. 오늘날 우리가 사는 지역사회의 물리적 환경은 대체로 갖추어져 있지만 정신적 환경은 황폐화되어 가고 있다.

밤중에 한 아가씨가 앞서가고 있고 그 뒤에 한 아저씨가 따라가고 있는데 아가씨는 아저씨가 자신을 따라오고 있는 것으로 생각하여 더욱 빨리 걷는데도 아저씨는 계속 따라오는 것이다. 아가씨가 잔뜩 겁먹고 긴장된 표정으로 자신의 아파트 앞에 도착했을 때 뒤따라 온 아저씨도 옆집 아파트 입구에 도착하여 들어가려다가 서로 눈이 마주쳐서 빙긋이 웃는 공익광고가 있었다. 이러한 지역사회가 살기 좋은 지역사회는 결코 아닐 것이다.

'내가 이곳으로 이사 올 때부터 큰길 입구의 하수도는 넘쳐 있었고, 골목 안에 있는 전봇대에는 지린내가 나고 있었어. 굳이 내가 나서서 해결할 필요는 없잖아. 반드시 해결된다는 보장도 없고, 내가 또 언제 다른 곳으로 이사 갈지도 모르는데…. 또한 내게 직접적으로 피해를 주는 것도 아니고, 그곳을 지날 때만 잠시 참으면 되는 거지.' 이러한 주민들만 사는 지역사회도 결코 살기 좋은 곳은 아닐 것이다.

어느 아파트 단지의 부녀회에서 재활용품을 모아 판매한 수익금으로 아파트 경로당에서 경로잔치를 열기로 결정하였다. 아파트 주부들이 재활용품을 모으고, 판매하기 위한 바자회를 준비하고, 직접 팔기도 하고 사기도 하며, 판매한 수익금으로 경로잔치를 준비 · 진행하는 과정 가운데서 주민 상호 간의 교류가 이루어지게 되었다. 경로잔치를 열고 남은 돈으로 꽃모종을 사다가 아파트 화단에 심게 되었다. 그 전에는 화단에 관심이 없던 주민들이 꽃모종이 조금만 시들해도 물을 주는 관심을 보이게 되었다.

자원봉사는 주민 상호 간에 서로 도우며 살아가게 만들고, 이 지역사회의 주인이 바로 자신이라는 주인의식을 가질 수 있게 만드는 것이다.

셋째, 공적 서비스의 한계를 보충하기 위해 자원봉사가 필요하다.

인간의 욕구는 무한한 데 반하여 그 욕구를 충족하기 위한 공적인 서비스는 유한하다. 인간의 욕구와 그 충족을 위한 노력 사이에는 늘 차이(gap)가 있기 마련이다. 이 차이를 메우기 위해 자원봉사가 필요하다. 만약 이 차이를 메우지 않는 상태가 지속된다면 욕구불만의 사회적 약자는 증가하게 되어 우리 사회는 복지사회와는 점점 멀어지게 될 것이다.

시설아동이 이번 겨울방학 동안 스키장에 꼭 한번 가고 싶다고 한다. 개학하면 다른 친구들은 방학 동안 다녀온 곳에 대하여 많은 이야기를 하는데 이 아이도 이번에는 무언가 이야깃거리를 만들고 싶다는 것이다. 그러나 스키장에 갈 수 있는 비용은 시설운영비 어디에도 계상되어 있지 않다.

이들의 욕구를 전혀 충족시켜 주지 못할 때 이 아동들은 정상적인 과정과 절차를 통하여 자신의 욕구를 성취하는 것은 한계가 있는 것으로 판단하게 될지도 모른다. 만약 그렇게 되면 비정상적인 방법, 한탕주의식의 방법을 이용하게 될 것이고, 이는 그 아동 자신이나 한탕의 대상이 되는 모두에게 있어서 불행이다.

자원봉사의 역할 가운데 보충적 역할이 있다. 현실적으로 필요하지만 기존 제도 내에서는 감당할 수 없는 부분이나 제도가 미비한 영역에 대하여 필요한 서비스를 제공하여 보충하는 역할이 자원봉사자에게 주어져 있다. 특히 복지영역은 삶과 직결되어 있기 때문에 지체할 수 없는 영역이다. 서비스가 향상될 때까지 요보호아동의 성장을 정지시킬 수도 없고 요보호노인의 사망을 늦출 수도 없다. 따라서 제도의 탓만 하고 있을 것이 아니라 자원봉사를 통하여 이들의 삶의 질을 높여 나가는 노력이 필요한 것이다.

넷째, 새로운 복지관(福祉觀)의 대두로 인하여 자원봉사가 필요하다.

전통적으로 일반인들은 사회적 약자에 대하여 일방적으로 서비스를 베푸는 대상으로 여겨왔다. 그래서 그 표현도 사회적 약자를 '위한(for)'으로 사용해 왔다. 그러나 1981년 '세계 장애인의 해' 이후부터 사회적 약자와 '함께 하는(with)'으로 점차 바뀌어 오고 있다.

이러한 현상은 정상화(normalization) 이념의 대두에서 비롯된 것이다. 이 정상화 이념은 사회적 약자를 특정한 곳에 격리하여 분리시키는 것이 아니라 일반인과 같은 정상적인 생활을 영위할 수 있도록 하기 위해 일반인과 통합해 나가는 것을 의미하고, 가치 이하로 평가되는 사람에게 가치 있는 사회적 역할을 수행하도록 지지하는 것이다. 이는 자원봉사의 뒷받침 없이는 어려울 것이다.

3. 자원봉사의 역할

일본 전국(全國) 볼런티어(活動振興)센터에서는 '자원봉사활동의 성격과 역할'을 다음과 같이 정리하고 있다.

① 자원봉사활동은 지역복지에 주체적으로 관계하여, 다른 사람과의 관계에서 자신을 보다 잘 실현하는 활동이다.

② 자원봉사활동에서는 지역복지에 있어서 창조적 · 선구적 활동이 중시된다.

③ 자원봉사활동은 개인의 구체적 문제를 해결하는 것에만 머무르지 않고, 그 활동은 파급적 · 개방적이다.

④ 자원봉사활동의 계기는 부수적이었더라도, 자원봉사활동은 일상생활 가운데서 계획적 · 계속적인 위치를 점해 나가야만 한다.

⑤ 자원봉사활동은 원칙적으로 그 활동에 의한 금전적 대가를 요구할 수 없다.

⑥ 자원봉사활동이라는 것은 행정과 협력하는 주민의 주체적 활동이다.

⑦ 자원봉사활동은 행정에 대하여 적극적으로 문제를 제기하고, 이를 행정에 반영시키는 활동이다.

⑧ 자원봉사활동은 지역복지를 위하여, 주민생활에 있어서 문제를 조사하고 관심을 환기하여 주민이 참가할 계기를 제공하는 활동이다.

⑨ 자원봉사활동은 자유로운 활동이므로 제도적 서비스로는 해결할 수 없는 면을 보다 세밀하고 개별적인 서비스를 제공하는 활동이 될 수 있다.

⑩ 자원봉사활동은 개인의 구체적 정보 및 서비스가 행정과 주민 사이에서 부드럽게 이어지도록 모체의 역할을 한다.

부성래 · 유판수는 자원봉사자의 역할을 열두 가지로 정리하고 있다(1987).

① 문제발견자(outreach worker)의 역할이다. 개인이나 집단이 어려움을 겪

고 있거나 위험한 상황에 처해 있을 때 이를 미연에 방지하기 위하여 문제를 적극적으로 찾는 역할이다. 문제발견에 따른 가치기준은 그 사회의 보편적 통념과 문화척도에 의거한다.

② 중개인의 역할이다(broker). 어떤 장애요소의 제거, 사회관계의 회복·대체, 기능적 회복을 위하여 다른 자원과 연결, 연계시켜 주는 역할이다. 조직과 조직, 개인과 조직 간의 조정적 기능을 의미한다.

③ 변호자(advocator)의 역할이다. 인권존중의 대변자 역할을 함으로써 제도적·기술적 내용을 개선하는 데 이바지한다. 자연보호 운동, 공해 방지, 소비자보호 운동, 소년소녀가장의 권리 옹호 등이다. 이것은 심리적·사회적 변화 못지않게 입법적 개선을 위해서 새로운 법 제정을 촉구하고 호소하고 제언해야 한다는 것을 의미한다. 소년가장돕기, 이웃돕기 운동 등이라고 하겠다.

④ 평가자(evaluator)의 역할이다. 정보나 통계의 수집, 분석, 평가, 변화가능성을 전망하는 역할이다.

⑤ 동원자(mobilizer)의 역할이다. 현존하고 있는 사회복지자원, 즉 인적·물적 자원, 제도·조직 자원 등을 동원하기 위해 동기를 부여함으로써 공동체나 지역사회 전체 목표에 이바지할 수 있도록 하는 것이다.

⑥ 교사(teacher)의 역할이다. 인간의 삶은 배움의 연속이다. 생활 속에 새로움을 주고 연구 개발을 촉진하는 역할이다. 노인의 경험을 활용할 수 있고, 클라이언트들에게 문화·오락을 가르침으로써 이들에게 사회적 재활을 촉진할 수 있다.

⑦ 행동에 변화를 가져오게 하는 자(behavior changer)의 역할이다. 어떤 자극이나 충격을 통해서 일정한 습성이나 편견, 선입관, 안일, 자만심 등에서 깨어나게 하는 것이다. 소비자보호운동은 생산자에게 자극과 충격을 줌으로써 가치변화와 표준상승 효과를 가져온다.

⑧ 자문가(consultant)의 역할을 한다. 각종 자문위원으로 위촉되어 전문지식과 기술을 활용하여 자문하는 역할이다.

⑨ 기획가(planner)의 역할이다. 바람직한 목적을 달성하기 위하여 기획에 참여하는 역할을 한다. 단순한 변화, 무계획적 변화를 의식적 · 계획적으로 개입하여 변화시킴으로써 효율의 극대화, 효율적인 변화를 도모하는 것이다.

⑩ 통계자료 관리자(data manager)의 역할이다. 가치 있는 정보를 체계적으로 정리, 분석, 제공, 해설하는 역할이다. 지역사회에 종합정보센터, 정보은행 등을 설치하기도 한다.

⑪ 행정가(administrator)의 역할이다. 조직이 방대해지면 체계적 관리능력이 요구된다. 초창기 '생명의 전화'의 사무국장(무급의 관리자)과 같은 역할이다.

⑫ 보호자(care giver)의 역할이다. 장애인, 노인 등의 거택보호자에 대한 보호역할을 분담 · 지원하는 역할이다.

미국 사회사업백과사전에서는 자원봉사자가 하는 일(role)을 다음과 같이 적시하고 있다(NASW, 1987).

① 서비스(service)는 다른 사람을 돕는 전통적인 활동이다. 그것은 개인적 지원(식사배달, 시장보기 돕기, 우호방문 등), 기능 제공, 기술적 지원까지 포함한다.

② 변화와 옹호(change and advocacy)는 일반적으로 기관 운영, 시설의 기능, 그리고 보호되거나 확대되어야 할 권리 측면에 있어서 변화를 추구하기 위한 폭넓은 영역의 활동을 의미한다.

③ 시민참여(citizen participation)는 각종 위원회를 통한 기획과 정책 발전, 의사소통 · 정보 전달, 공적 프로그램에 대한 모니터링과 평가 등의 정부기능에 관련된 자원봉사활동을 폭넓게 포함하고 있다.

④ 관리(governance)는 민간단체의 각종 위원장이나 정책결정자로서 자원봉사활동에 참여하는 것을 의미한다.

⑤ 자조활동(self-help activity)은 일반적으로 두 가지로 이해할 수 있다. 하나

는 한 지역이나 주민의 삶을 개선시키거나 주민들에게 권한을 부여하는 자원봉사활동을 의미하고, 다른 하나는 단주모임(alcoholics anonymous)과 같은 개인의 문제를 다루는 자조집단과 관련된 활동을 의미한다.

⑥ 모금활동(fundraising activity)은 공동모금(united way)캠페인이나 대학동창 기금마련캠페인에 참여하는 것과 같은 영역에 참여하는 활동이다.

한국여성개발원(1994)에서는 자원활동자의 역할을 개인적 역할과 사회적 역할로 구분하여 제시하고 있다.

우선 개인적 역할로는 다음과 같다.

① 직접 서비스를 제공한다.
② 기관의 사무적 · 행정적 업무를 지원해 준다.
③ 섭외 · 홍보활동 또는 모금활동에 참여한다.
④ 기관의 정책결정에 참여하거나 자문의 역할을 한다.

사회적 역할로는 다음과 같다.

① 직접적 · 보완적 서비스 활동에 참여함으로써 사회문제를 예방, 치료, 해결한다.
② 클라이언트에 대한 대변자 및 해설자 또는 협력자로서의 역할을 한다.
③ 기관과 지역사회와의 협조를 위한 매개적인 역할을 한다.
④ 인간성 회복을 실현할 수 있도록 돕는 역할을 한다.
⑤ 숨겨진 사회문제의 발견과 해결에 도전하는 선구적 역할을 한다.

필자가 생각하는 자원봉사자의 역할을 정리해 보면 다음과 같다.

① 보완적 · 보충적 역할 : 공적 제도의 미비를 보완 · 보충하는 역할이다. 제도, 시책만으로 추구할 수 없는 “인간미”, “정”, “정서 안정”을 제공할 수 있다.
② 교량적 · 조정적 역할 : 각종 제도와 주민의 욕구(지역의 문제)를 연결시

키는 역할을 한다. 모르는 것을 알리고, 알고 있더라도 장애, 환경, 여건상 이용이 불가능할 때 가능하도록 돕는다. 그 방법으로는 각종 정보지 발행, 상담기관 이용, 매스컴의 이용 등이 있다.

③ 선구적 · 개척적 역할 : 서비스의 다양화, 전문화의 개척, 개발을 위한 역할을 한다.

④ 평가적 · 비판적 역할 : 제도, 행정, 프로그램, 서비스에 대한 평가와 건설적인 비판의 역할을 한다.

⑤ 교육적 역할 : 자기실현, 자격 있는 복지시민의 양성(육성)과 보다 살기 좋은 사회 만들기에 참여 증진, 상호부조 정신의 보급 등의 역할을 한다.

4. 자원봉사자의 자세

자원봉사는 한 인간으로서 누구나 언제나 어디서나 실천해야 하는 활동이다. 즉, 행사나 활동으로서의 자원봉사가 아니라 생활 속에서 체질화된 자원봉사가 바람직한 것이다. 자원봉사를 생활화하기 위해서는 다음과 같은 자세를 갖추어야 할 것이다.

① 자신이 관심 있는 일부터 시작한다

사람은 각자 자신이 잘하고 좋아하는 영역이 있다. 이러한 관심 있는 영역에서부터 자원봉사를 시작하여야 한다. 그래야만 흥미를 가지고 활동에 임할 수 있게 되고 지속적으로 활동할 수 있기 때문이다.

컴퓨터에 관심이 있는 사람들이 모여서 헌 컴퓨터를 수집하고 수리하여 사회복지시설에 제공한 후 일주일에 한 번씩 컴퓨터를 가르쳐 주고 있는 단체가 있다.

② 자기 주변에 가까이 있는 일부터 시작한다

자원봉사 일감은 다양하게 산재해 있다. 가능하면 자신의 생활근거지 주변에 있는 활동거리를 선택하는 것이 좋다. 왜냐하면 자원봉사 일감의 변동 상황을 쉽게 파악하여 적시에 개입할 수 있고 활동을 위해 이동하는 데 소요되는 시간과 비용을 최소화할 수 있기 때문이다.

먼 곳에 있는 장애인복지시설에 가서 자원봉사활동을 하는 것도 때로는 필요하지만, 가까이 있는 장애학생을 대상으로 한 활동도 의미 있는 자원봉사가 될 것이다.

③ 상대방이 필요로 하는 활동을 해야 한다

자원봉사자는 대체로 사람을 대상으로 활동하게 된다. 선의로 활동에 임하지만 간혹 반대의 결과가 나타나게 된다. 이러한 결과는 상대방이 필요로 하는 것이 무엇인가를 파악하지 못하고 자원봉사자 자신의 생각대로 활동한 데서 기인하는 것이다. 자원봉사자는 엄연히 조연(extra)이다. 주연(star)은 상대방이라는 사실을 잊어서는 안 된다.

자원봉사자의 생각과 방식대로 활동하는 것은 자원봉사가 아니다. 자원봉사자의 생각이 아무리 옳다고 해도 사회적 약자에 대한 설명과 납득이 없이 행해지는 것은 진정한 자원봉사가 아니다.

④ 자원봉사 대상자를 자신과 동등하게 여겨야 한다

자원봉사는 결코 동정적인 자선활동이 아니다. 우월감의 반대적인 표현인 동정은 그것을 받는 사람에게 있어서는 굴욕이다. 정성이 실리지 않은 자원봉사는 그 크기만큼의 상처를 줄 수 있으며, 때로는 대상자를 타락시킬 수도 있다. 감상적이고 알량한 동정심에서 자신은 베푸는 우월자이고, 상대방은 시혜의 대상인 열등자로 생각하는 것에는 인간 차별의식이 숨어 있다.

자원봉사자는 우월감을 느끼거나 칭찬받기 위해 활동하는 것이 아니다.

주위에서 칭찬해 줄 때 조심해야 한다. 자칫 자원봉사를 할 때마다 칭찬을 기대하는 타성에 젖지 않도록 유의해야 한다.

⑤ 자원봉사는 가늘고 길게 해야 한다

일회성이나 단기간의 자원봉사도 있지만 대개는 장기간에 걸쳐 진행되는 자원봉사가 많다. 인생은 굵고 짧게 살더라도 자원봉사는 가급적 오래 지속적으로 활동하는 것이 좋다. 자원봉사의 효과는 대개 장기간이 경과한 후에 나타나게 되며, 상대방과의 관계형성에서도 처음에는 오해가 있어서 활동에 어려움이 있을지라도 계속적으로 활동하면서 점차 신뢰를 쌓으면 원만한 활동이 이루어지게 된다.

⑥ 약속은 반드시 지킨다

자원봉사는 자원봉사자와 자원봉사를 필요로 하는 사람(기관)과의 사회적 응답관계이다. 이러한 관계가 잘 형성되어 지속되려면 약속 이행이 필수적이다. 만약 약속을 지킬 수 없는 상황이 발생하였을 경우에는 빨리 담당자나 기관에 연락하여 활동의 공백을 최소화해야 할 것이다.

또한 지킬 수 없는 약속은 인사치레일지라도 하지 말아야 한다. 시설 방문 후 헤어질 때의 아쉬운 감정에서 '다시 오겠다'는 인사성 약속은 돌아오는 이들에게는 인사였지만 남아 있는 이들에게는 약속으로 받아들여져 기다리게 된다. 오랜 기다림으로 지쳐버린 마음속에는 불신이 자리잡게 된다.

⑦ 활동에 한계를 그어야 한다

자원봉사를 하기 위해서는 활동에 필요한 인원 수, 시간, 능력 등의 제약이 있으므로 적절한 수준에서 활동의 한계를 정해 두어야 한다. 간혹 활동의 한계가 불분명하여 상호 간의 오해와 갈등을 유발하는 경우가 있다. 특히 자원봉사조정자가 없을 경우에는 활동의 한계를 정하는 것이 매우 어렵게 된다. 따라서 자원봉사를 시작하기 전에 이에 대한 확인이 반드시 필요하다.

⑧ 활동을 기록하고 점검해야 한다

자원봉사의 내용을 평가하고 보다 효과적인 활동이 되도록 하기 위해서는 활동의 기록이 필요하다. 자원봉사에 대한 기록은 자신에게 활동의 반성자료로 활용될 수 있고, 다른 사람에게 자원봉사지침서의 기능을 할 수도 있으며 사회적 인정의 기초가 되는 것이다. 또한 우리 사회 전체적으로 볼 때는 자원봉사의 경향과 흐름을 파악할 수 있는 소중한 자료가 되는 것이다.

⑨ 자신의 성장을 위해 지속적인 노력을 기울여야 한다

자신이 관여하는 자원봉사 분야에 대한 지속적인 관심을 기울여야 한다. 많은 정보와 새로운 기술을 익히기 위한 노력이 필요하고, 스스로 매너리즘에 빠지지 않도록 자신의 활동영역에 관련된 세미나, 워크숍, 공청회 등에 참석하여 새로운 지식과 기술을 습득해 나가야 한다. 일정 기간 활동을 한 후에는 난이도가 높은 활동으로 옮겨가는 노력도 필요하다.

⑩ 겸손한 태도와 감사하는 마음을 가져야 한다

아직까지도 우리 사회의 일각에서는 자원봉사를 물질적 · 시간적으로 여유 있는 사람의 자기 과시적인 활동으로 보는 경우가 있다. 자신이 곧 이 나라의 자원봉사자를 대표한다는 생각으로 항상 겸손한 태도를 가지도록 노력해야 한다. 자원봉사를 통해 자원봉사자는 삶의 풍요로움과 만족감, 나눔의 기쁨을 맛보게 되므로 감사의 마음도 잊지 말아야 할 것이다.

⑪ 가족과 직장의 이해를 얻어야 한다

자원봉사를 할 때는 본의 아니게 가족이나 직장에 소홀하게 되기 쉽다. 자원봉사를 하기에 앞서 먼저 가까운 사람들로부터 협조를 얻어야 한다. 자신이 해야 할 일을 다른 사람에게 전가시키고 자원봉사에 참여하는 사람은 바람직한 자원봉사자로 보기 어렵다.

아동양육시설에서 겨울방학 동안 학습지도 자원봉사를 한 여대생이 평가회 때 "활동을 시작한 지 2주일쯤 되었을 때 어머니가 '좋은 일하는 것도 좋지만 세수 좀 하고 다니고, 식사 좀 제대로 하고, 아침에 방 정리 좀 하고 다니라'는 이야기를 들었다"는 말을 하였다. 자원봉사자는 활동에 앞서 먼저 성실한 생활을 해야 한다.

특히 대학생의 경우 강의시간과 자원봉사 활동시간이 겹쳐져서 담당 교수를 찾아와서 자원봉사 때문에 출석할 수 없으니 출석으로 인정해 줄 것을 요구하는 경우가 있다. 이러한 자세는 바람직하지 않다.

⑫ 기관의 직원과 좋은 관계를 유지해야 한다

사회복지기관에서 자원봉사를 하게 되는 경우 직원과의 관계가 나빠져서 물의를 일으키는 경우가 있다. 사회적 약자에게 기관의 직원과 자원봉사자가 공히 서비스를 제공하기 때문에 상호 대립적인 관계가 형성되기 쉽다. 직원과의 솔직한 대화를 통하여 좋은 관계를 형성하고 유지해 나가도록 노력해야 한다.

⑬ 활동 중에 알게 된 비밀은 반드시 지킨다

자원봉사자가 오랜 기간 활동하게 되면 기관의 업무나 대상자에 대한 비밀을 알게 된다. 이런 경우 그 비밀을 지켜주는 것이 자원봉사자의 도리이다. 물론 그 내용이 반사회적인 행위나 불법적인 것이라면 관계 기관에 알려서 적법한 절차를 밟아야 하겠지만, 그렇지 않은 일반적인 사항은 사생활 보호 차원에서 비밀을 반드시 지켜야 한다.

자원봉사활동 현장에는 항상 바람직한 태도로 활동에 임하는 자원봉사자만 있는 것은 아니다. 가끔은 잘못된 태도로 자원봉사활동에 임하는 자원봉사자도 있다. 여기서는 바람직하지 않는 태도를 중심으로 정리하고자 한다(高橋陽子, 1999).

① '해 준다'는 자원봉사자

- 공짜로 해 준다는 태도를 가지고, 상대의 긍지나 명예를 훼손한다.
- 자원봉사활동을 받는 사람이 받고 싶은 서비스를 요구하면 '자원봉사자는 그냥 해 주는 것이므로 그런 것을 요구하면 해 주지 않겠다'라고 한다.
- 자신이 상대방의 입장에서 생각해 보아야 한다.
- 상대방이 필요로 하는 것을 돕는 것이 진정한 자원봉사활동이다.

② 특권 자원봉사자

- '나는 자원봉사자이다'라고 특권의식을 가지고 있는 사람이 있다.
- 회의나 활동 등에서 자신을 중심으로 이루어지지 않으면 불만을 가지는 사람이 있다.

③ '자기중심'의 자원봉사자

- 상대방의 입장보다 자원봉사자 자신의 편리함이나 자신의 생각, 활동의 흥미나 가치관을 중심으로 활동한다.
- 자원봉사사라고 해서 상대방의 어려움이나 괴로움을 생각하지 않는다.

④ '자신은 단순히 돕는 사람'이라고 생각하는 자원봉사자

- 자원봉사센터나 사회복지관 등의 단체로부터 활동을 의뢰받았기 때문에 활동하는 것이지 자신이 생각해서 활동하지 않는다.
- 자원봉사활동을 '한다 혹은 안 한다'는 의사결정을 자원봉사자 본인이 할 수 있다는 것을 잊고 있다.

⑤ 활동하고 싶을 때, 하고 싶은 활동을, 하고 싶은 방법으로 하는 자원봉사자

- 자발성을 의미를 잘못 이해하여 상대방의 괴로움이나 어려움을 고려하지 않는다.

- '자원봉사자는 기대할 수 없다', '자원봉사자는 무책임하다' 등의 이야기를 듣게 된다.
- 상대방의 어려움을 생각하는 것은 자원봉사자이기 때문에 하는 것이 아니라 사회인으로서 상식적으로 생각해야 하는 것이다.

⑥ 강요하는 자원봉사자

- 볼런타리즘을 일부러 신성화하여 '자원봉사활동은 무상으로 해야만 한다'고 하여 자신의 자원봉사관을 다른 사람에게도 강요한다.
- 또한 주민참가형의 복지서비스 등의 상호부조적인 활동을 하는 사람을 비난하거나 경멸하는 사람이 있다.
- 자원봉사활동을 하는 사람 가운데는 교통비나 식비 등 여러 경비를 스스로 부담할 수 없는 사람도 있고, 활동을 추진하기 위해 비용을 단체에서 부담하는 곳도 있다.
- 많은 사람이 참가할 수 있고 자원봉사활동의 근본을 벗어나지 않는 지혜가 필요하다.

⑦ 선의를 강요하는 자원봉사자

- 상대방의 기분을 무시하고 '힘껏(애써) 해 주었는데 감사를 표하지도 않는다'고 하기도 한다.
- 어떤 좋은 결과를 얻기 위한 것이라도 상대방이 부담을 느낀다면 강요하지 않아야 한다.

⑧ 불쌍하게 보는 자원봉사자

- 장애인이나 요지원아동을 일방적으로 '가엽구나'라고 불쌍하게 본다.
- 이것이 상대방의 자존심을 상하게 한다는 사실에 대해서는 관심이 없다.

⑨ 비판적인 자원봉사자

- 노인복지시설이나 장애인복지시설 등에 처음 방문하여 시설 사정을 알지도 못하고 시설 직원을 비판한다.
- 또한 '행정은 무엇을 하고 있나?', '복지수준이 이 정도밖에 안 되나' 등 행정을 비판하기도 한다.
- 함께 활동하고 있는 동료 자원봉사자에 대한 욕(험담)을 한다.

⑩ 협박 자원봉사자

- '그렇게 이야기하면 자원봉사활동 따위는 하고 싶지 않다'고 말하는 사람이 있다.
- 또한 기분에 맞지 않으면 '나는 안 한다'라고 말하는 사람이 있다.

5. 자원봉사의 동기

자원봉사의 동기를 검토하는 이유는 다음과 같은 기본적 가정을 가지고 있기 때문이다(조휘일, 1996). 첫째, 자원봉사자들이 실제적으로 자원봉사활동에 참여하는 것은 그들이 자원봉사활동에서 충족될 수 있는 욕구를 가졌기 때문이다. 둘째, 만약 자원봉사자들이 활동을 통하여 그들이 가진 요구(주관적)를 충족시킨다면 그들은 만족감 또는 보상을 받았다는 감정을 가지게 될 것이다. 셋째, 만약에 한 자원봉사자가 나름대로 만족감 또는 보상의 감정을 가지게 되면 그는 그에게 배정된 업무에 계속 머무르게 될 것이다. 넷째, 따라서 개인들의 요구가 실제 업무의 상황에 잘 부합된 자원봉사자는 잘 부합되지 못한 자원봉사자처럼 그렇게 빨리 자원봉사활동을 떠나지 않을 것이다.

이러한 자원봉사 동기의 유용성 때문에 그 연구가 다양하게 이루어져 오고 있다. 여기에서는 자원봉사의 동기를 검토하는 의미와 그 유형, 파악방법 등을 중심으로 살펴보고자 한다.

1) 동기의 검토 의의

자원봉사의 활성화를 위해서는 자원봉사의 동기에 대한 다각적인 검토가 필요한데, 그 구체적인 의미를 살펴보고자 한다(조휘일, 1996).

첫째, 자원봉사자 개인의 입장에서 볼 때에는 자원봉사의 동기 및 욕구를 확인함으로써 자원봉사에 대한 합리적인 태도를 확립하게 도와줄 수 있다.

둘째, 사회복지단체 · 기관 · 시설의 입장에서는 과학적인 동기 및 욕구에 대한 지식을 바탕으로 효과적인 모집, 오리엔테이션, 업무배치, 지도감독 체계 또는 운영체계를 확립하는 데 도움을 줄 수 있다.

셋째, 사회복지 증진을 위해 주도적인 노력을 해야 할 전문 사회사업 입장에서 볼 때는 도움행위로써 사회적 행동의 본질을 규명할 수 있다는 학문적 의의와 이를 개발, 활용하는 데 도움이 된다는 실천적 의의를 가진다.

넷째, 사회 내의 인간관계와 사회구성원이 누리는 삶의 질에 영향을 주는 제반 조치에 관한 과정이라는 사회복지정책의 차원에서 볼 때 한국 자원봉사자의 동기 확인은 한국 사회복지정책 수립에 중요한 요소가 될 수 있다.

다섯째, 전통적인 가족주의, 자본주의, 이기주의, 개인주의가 팽배해 가는 사회분위기에서 국민의 위화감 해결, 국민의 연대의식 및 공동체 의식을 육성할 수 있는 자원봉사의 동기를 확인하는 것은 중요한 과제라고 할 수 있다.

2) 동기 유형

자원봉사의 동기는 크게 이타주의적 동기와 이기주의적 동기로 구분한다. 혹은 타인지향적 동기와 자기지향적 동기로 표현되기도 한다. 사실 자원봉사의 동기는 이타적인 극점과 이기적인 극점 사이의 어느 한 점에 위치하게 되며, 이 양자는 혼합적의 성격을 띠고 있다. 여기서는 동기의 특성을 중심으로 살펴보고자 한다.

첫째, 종교적 동기로 종교적 특성에 따라 다르지만 이웃 사랑의 차원으로, 혹은 자비의 실천으로 이타적 성격이 강하다. 간혹 전교, 포교의 성격을 가지기도 하지만 이는 종교의 사회봉사 부분과 연결된 동기로 볼 수 있다.

둘째, 인도주의적 동기로 박애정신이나 자발적 참여정신에 기인하여 자원봉사에 참여하게 되는 것으로서 클라이언트와 자원봉사자는 대등 · 평등한 관계를 유지하려는 경향이 있다.

셋째, 상부상조적 동기로 계(契), 품앗이, 길드(gulid) 등 주고받는 차원으로 접근하므로 이기적 성격이 강하다고 볼 수 있으나 클라이언트와 자원봉사자는 대등한 관계를 유지할 수 있는 장점도 있다. 초기의 자원봉사는 대체로 상호 부조적 동기로 출발하는 경향이 많다.

넷째, 자기성장적 동기로 자신의 기술을 연마하기 위한 수단으로, 경험을 쌓기 위한 기회를 갖기 위해, 혹은 보다 폭넓은 인간관계를 쌓기 위해 자원봉사를 하는 경우가 있다.

나섯째, 직업적 동기로 아무런 경험이 없는 사람보다 자원봉사 경험이 있는 사람이 직업적 역량이 우월하다는 인간자원론에 근거하여 직업을 구하기 위한 수단으로 혹은 직업과 관련된 업무의 경험을 쌓기 위하여 자원봉사에 참여하는 경우가 있다.

여섯째, 죄의식의 해소로 선의를 행함으로써 악업의 소멸을 꾀하는 이기적 성격이 강하다. 비도덕적 수단으로 재산을 축적했거나, 비인간적 · 반사회적 행위로 인한 죄의식의 경감 수단이 되는 경향이 있다. 중세 지장수멸 사상이나 고려 초기 불교 번성(숭불정책)이 이에 해당한다.

일곱째, 다양한 압력으로 자원봉사 권유자와의 관계상 거절할 수 없어서, 어떤 지위에 있거나 어떤 단체에 소속되어 있기 때문에, 혹은 매스컴이나 정치적 압력 등 다양한 압력으로 인하여 자신은 원하지 않지만 어쩔 수 없이 자원봉사에 참여하게 되는 경우도 있다.

3) 동기 파악 방법

자원봉사 동기의 파악은 다음과 같은 방법으로 할 수 있을 것이다.

① 자원봉사활동 과정에서 파악하는 방법
② 자원봉사자, 가족, 비공식체계 속에서 파악하는 방법
③ 자원봉사 그룹과 기관의 활동을 통해서 파악하는 방법
④ 관계 기관 · 단체와의 유대관계를 통해서 파악하는 방법
⑤ 기존 문헌과 자료정리 분석을 통해서 파악하는 방법
⑥ 언론기관의 매체를 통해서 파악하는 방법
⑦ 그 외의 자원봉사기관 · 민간사회복지기관 직원과의 인간관계를 통해서 파악하는 방법

자원봉사의 동기는 자원봉사자의 다양한 요인들에 의해 형성되므로, 단독동기로 구성되는 경우는 극히 드물고, 대부분은 복합동기로 나타나게 된다. 또한 처음 가진 자원봉사의 동기가 계속 이어지는 경우도 많지 않고, 자원봉사활동을 하는 과정에서 동기가 바뀌는 경우가 많다. 따라서 동기를 파악하는 것도 정기적으로 할 필요가 있으며, 이에 따라 적절한 동기 충족 방법을 강구해야 할 것이다.

4) 동기 충족 방안

자원봉사자도 욕구가 있는 사람으로 자원봉사활동 과정에서 그들의 자원봉사 동기가 충족되어야 활동의 지속성을 담보할 수 있다. 이를 위해서는 다음과 같은 방법을 생각할 수 있다.

첫째, 자원봉사자의 동기를 충족할 수 있는 프로그램을 개발 · 실시해야 한다. 자원봉사자 활용기관은 자원봉사자를 이용하는 곳이지 자원봉사자에게 무엇을 제공하는 곳이 아니라고 생각하는 경우가 있다. 자원봉사자도 지

역의 복지자원이므로 이를 잘 활용하기 위해서는 일정한 관리가 필요하다는 사고의 전환이 필요하다. 따라서 자원봉사자 활용현장에서는 클라이언트의 욕구, 활용기관의 욕구, 자원봉사자의 욕구를 상호 고려한 프로그램을 만들어 실시할 필요가 있다.

둘째, 자원봉사자를 조정할 전문가를 배치하는 것이다. 자원봉사자들의 동기를 충족하는 것은 일련의 과정으로 연결되어 있으므로 이를 관리할 전문인력의 배치가 되어 있지 않으면 효과적인 동기 충족은 어려울 것이다.

6. 자원봉사의 형태

자원봉사는 현행 사회적 서비스의 부족한 부분 혹은 틈새를 메우는 것, 즉 서비스 영역뿐만 아니라 사회제도의 변혁을 가져오게 하는 사회행동(action) 영역도 함께 가지고 있다. 사회행동이 없는 서비스 활동은 제도화에 방해가 되거나 무의미한 것이 될 수 있으며, 구체적인 서비스가 없이 사회행동만을 주장하는 것은 공허한 것이 될 수 있다.

여기서는 현재 이루어지고 있는 자원봉사의 활동형태를 서비스 영역과 사회행동 영역이 한 부분에서만 혹은 둘 다에서 이루어지고 있는지와, 클라이언트 상호 간의 협력관계 형성 여부를 기준으로 구분하여 자원봉사의 형태를 살펴보고 바람직한 자원봉사의 형태를 제안하고자 한다(박태영 · 최경익 공역, 1993).

(1) 한 케이스 완결 형태

이 형태는 자원봉사자가 클라이언트에게 직접적인 서비스만을 제공하는 것이다.

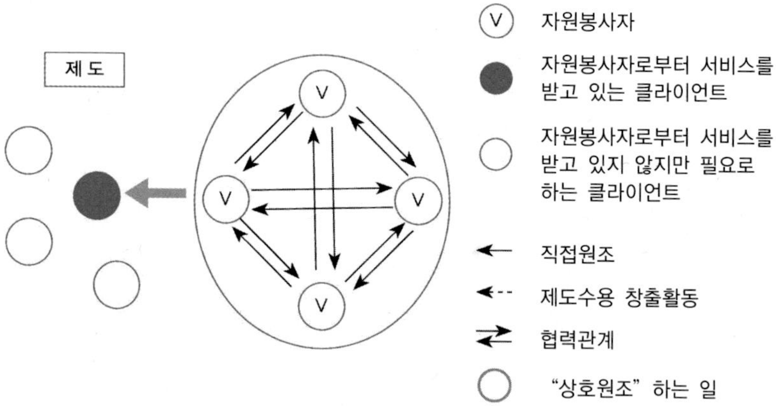

|그림 2-1| **한 케이스 완결 형태**

이 경우 활동은 성립되었지만 자원봉사자 측과 클라이언트 측 모두가 제도 변혁을 위한 노력, 즉 사회활동(action) 영역에 대한 노력은 기울이지 않고 있다. 또한 유사한 상황에 처해 있는 다른 클라이언트와의 협력관계도 만들어져 있지 않다. 이 형태는 다음에 소개될 형태들의 가장 기본형이다.

(2) 자원봉사자 중심 형태

이 형태는 자원봉사자가 직접적인 서비스를 클라이언트에게 제공하면서 제도의 변혁을 위해 노력하는 것을 의미한다.

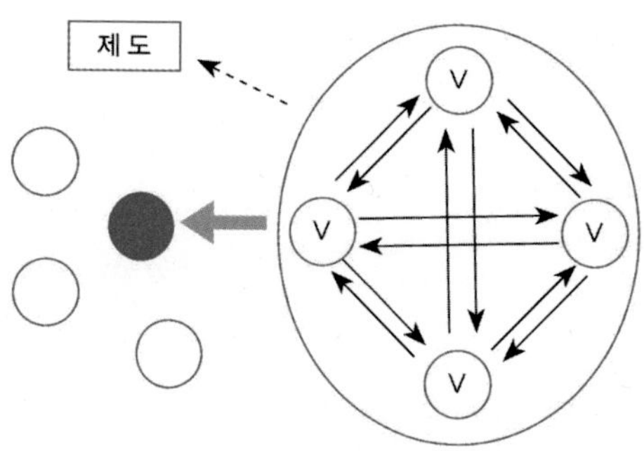

|그림 2-2| **자원봉사자 중심 형태**

이 경우는 한 케이스 완결형태보다 진일보한 활동이 전개될 수 있지만 클라이언트 측의 노력이 결여되어 있어서 클라이언트가 자원봉사자에게 의존하게 되고, 자원봉사자의 독선적인 활동이 될 위험성이 있다. 자원봉사자는 많은 반면에 활동의 장이 부족한 요즈음 우리나라에서 전개되기 쉬운 형태이다.

(3) 한 케이스 집중 형태

이 형태는 자원봉사자가 한 케이스에 깊게 관여하여 서비스 제공뿐만 아니라 클라이언트와 자원봉사자가 협동하여 제도의 변혁을 위해 노력을 기울이는 것이다.

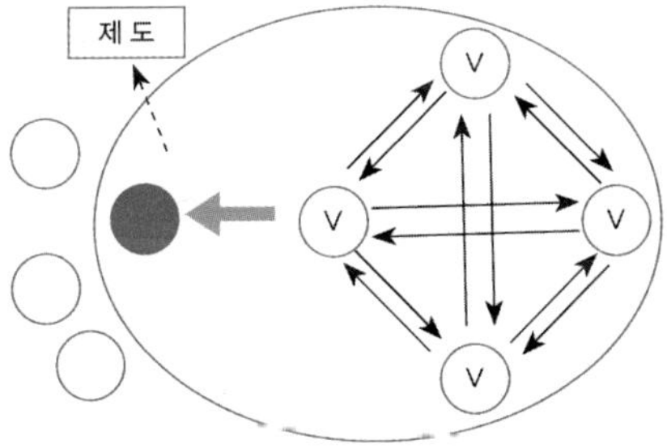

|그림 2-3| **한 케이스 집중 형태**

이 경우 클라이언트 자신의 주체적인 행동은 강화되지만 클라이언트 간의 조직화가 이루어지지 않는 취약점이 있다.

(4) 집단 내 완결 형태

이 형태는 자원봉사자가 클라이언트에게 직접적인 서비스를 제공하고 그 서비스를 받은 클라이언트가 중심이 되어 다른 클라이언트와 집단을 만들어 집단 내에서 서로 돕는 것이다.

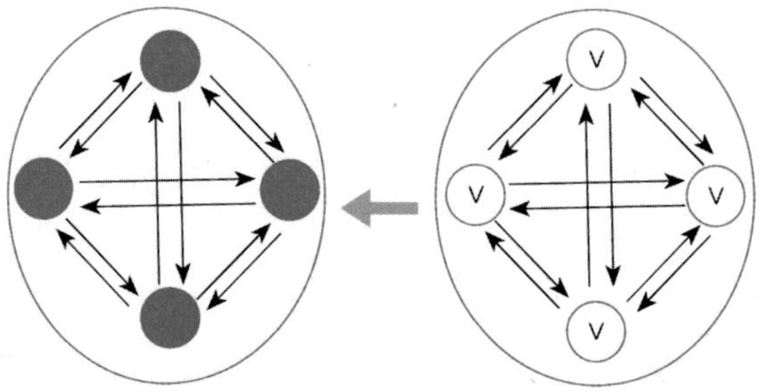

|그림 2-4| **집단 내 완결 형태**

이 경우 당사자 간의 '자조집단(self-help group)'이 형성된 의미는 크지만, 제도의 변혁을 위한 노력은 보이지 않으므로 자칫 '집단이기주의'에 빠질 위험이 있다.

(5) 바람직한 형태

이상의 네 가지 형태에 대한 검토를 통하여 바람직한 형태라고 생각되는 것을 제시하면 다음과 같다.

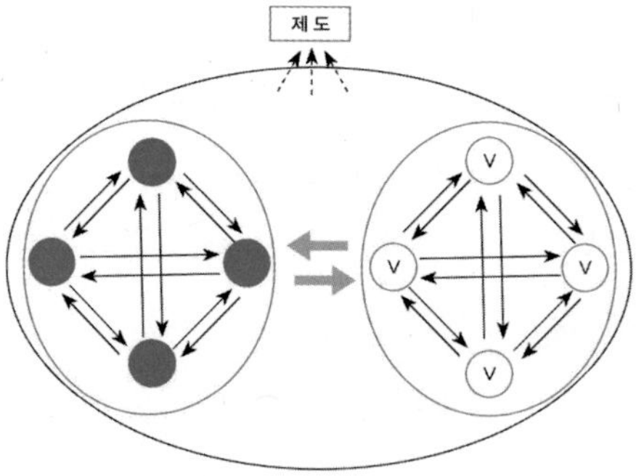

|그림 2-5| **바람직한 형태**

즉, 자원봉사자의 조직과 클라이언트의 조직 간의 협력적 관계뿐만 아니라 제도 변혁을 추구하는 활동을 통합한 형태이다.

물론 마지막의 바람직한 형태만 좋은 것이고 앞의 네 가지 형태는 잘못된 것이라고 말할 수 없다. 앞의 각 단계에서 실천의 축적이 있어야 바람직한 자원봉사의 형태가 자리잡을 수 있다. 조정자는 이러한 사고를 가지고 자원봉사자나 클라이언트와 관계를 형성 · 유지해 나갈 필요가 있다.

『나눔에 대한 묵상기도』(이해인) 중 일부

나눔은 언제나 자신을 주는 행위입니다
나의 생각, 나의 말, 나의 미소
나의 기쁨, 나의 재능, 나의 지식
그리고 나의 물건과 그 밖의 모든 것을 나누는 것이
바로 내 생명의 일부를 주는
경건한 행위임을 잊지 않게 하소서

나의 정성과 나의 노력과
나의 시간과 나의 마음을
더 많이 바칠수록
남에게 더욱 빛나는 선물이 됨을
항시 기억하게 하소서

나눔은 언제나 겸손의 행위입니다
당신과 이웃에게 나를 주려 할 때엔
잘난 체하는 마음 없애시고
오히려 자신을 낮추고 비우는
겸허하고 진실된 마음을 주소서

나눔은 숨어서도 만족하는
기도의 행위입니다
자신의 선을 과장하여 떠벌리고 다니거나
타인에게 은근히 보답을 강요하여
인사받길 좋아하는 유혹에서
우릴 지켜 주소서
나눔은 언제나 용기 있는 행위입니다
남의 비위를 맞추려 눈치를 보며
체면 따위에 얽매여 움츠러 드는
비겁한 겁쟁이가 아니 되게 하소서

나눔은 끝없는 사랑의 행위입니다
주고 또 주어도 줄 것이 남는 연인들의 마음처럼
더 주지 못해서 안달을 하고
더 나누지 못해서 고민을 하는
풍요한 사랑의 마음을 우리에게 주소서

생각해 보기

1. 자신이 현재 활동하고 있거나 활동해 본 자원봉사에 대하여 발표해 봅시다.

2. 자원봉사의 특성 가운데 '공익성'에 대하여 토론해 봅시다. 다음의 활동, 즉 병원에서 거즈 접기, 특정 후보 선거지원 자원봉사, 각종 정치 이슈 관련 시위참가 등은 공익성이 있을까요?

3. 현장에서 아직 한 번도 실행해 본 적이 없는 새로운 자원봉사활동을 발표해 봅시다.

CHAPTER 3

자원봉사의 발전과정

자원봉사활동은 복지사회를 향한 현대사회의 기본 과제이며, 사회복지 분야에서는 민간복지자원으로서의 가치를 가지고 있다.

영국에서의 자원봉사활동은 무보수성과 자발성을 강조하면서 개인의 자유로운 선택에 의해 수행되는 활동으로 정의되고 있고, 미국에서는 개인, 집단, 지역사회에서 발생하는 다양한 사회문제의 영향력을 예방·통제하고 개선하기 위해 존재하는 공공 또는 민간의 조직활동에 대가 없이 자발적으로 참여하는 행위로 정의하고 있다. 아울러 일본은 자유로운 개인의 자발적 실천행위 그 자체로서 복지사회를 구현하기 위해 적극적으로 노력하는 의도적이고 계획적인 일상활동으로 정의하면서 생활 속의 연속적 개념을 강조하고 있다(박세경 외, 2010).

사회적 현상과 사회복지의 발전과 함께 자원봉사활동도 변화되어 왔으며, 나라별로도 다양한 특징을 가지고 있다. 여기서는 우리나라와 더불어 외국의 자원봉사활동이 어떻게 시작되었고, 발전되어 왔는지에 대해 구체적으로 살펴보고자 한다.

1. 우리나라의 자원봉사활동[1]

우리나라의 자원봉사활동은 영국과 미국, 일본에 비하여 비교적 짧은 역사를 가지고 있다. 물론 삼한시대부터 근대화 이후인 1970년까지 전통적인 상부상조의 정신을 바탕으로 하는 계, 향약, 품앗이, 두레 등의 전통이 존재해 왔으나, 이는 자발성과 무보수성 정신에 입각한 현대적 의미의 자원봉사라기보다는 서로 품을 팔아 상부상조하는 공동의 노력으로 해결하려는 개념을 강하게 지니고 있다.

여기서는 현대적 의미에서의 자원봉사가 시작되어 체계화되기 시작한 시기를 중심으로 우리나라의 자원봉사활동의 변천과정을 구체적으로 살펴보기로 한다.

1) 1980년까지의 자원봉사활동

현대적 의미의 자원봉사가 도입된 것은 1903년의 YMCA(기독교 청년회) 창립을 계기로 대한적십자사(1903)가 설립되고, 1921년에 마이어스(M. D. Myers) 선교사에 의해 한국 최초의 인보관인 태화기독교 사회관이 설립되면서부터이다. 태화기독교 사회관에서 여성계몽과 어린이 건강을 위한 봉사활동으로 전개하였으나 기독교의 전파에 따라 기독교 사상, 민주주의 철학 등이 유입되면서 교회 및 관련 단체의 자선적 · 박애적 성격을 띠는 초보적 형태의 자원봉사활동이 시작되었다. 이후 1960년대 전쟁의 복구가 끝나면서 기독교와 많은 외원단체를 중심으로 자원봉사활동이 조직적 · 체계적으로 발전되기 시작하게 된다.

1970년대 농촌계몽운동과 함께 전개된 새마을운동은 지역주민들의 생산기반과 생활능력을 개발하여 소득수준을 향상시키고 의식개발을 포함한 사회

1 박태영 외(2008). 자원봉사론. 제3장의 내용 중 일부를 수정하고 최근의 자료를 보완한 것임.

개발에 기여를 하였을 뿐만 아니라 자원봉사 정신의 확산 및 고취에 영향을 미쳤다. 이러한 흐름은 1978년 한국사회복지협의회에서 5개 지역의 사회봉사안내소를 설치하게 되고, 자원봉사자 교육훈련을 실시하여 사회복지 분야에 배치하면서 본격화되기 시작하였으며, 각종 사회복지단체를 중심으로 자원봉사활동이 전개되었다.

특히 이 시기는 적십자운동이 활성화되었고, 생활보호법, 아동복리법 등의 사회복지 관련법이 입법되었으나, 사회복지 측면의 자원봉사활동과 국민적 관심은 그다지 크지 못하였다.

2) 1980~1995년까지의 자원봉사활동

자원봉사활동에 대한 관심이 본격적으로 생겨난 것은 1980년대부터이다. 이 시기는 경제수준의 향상, 국민의식의 증대, 가족구조의 변화와 함께 지방자치제도와 같은 정치 민주화운동이 활발히 이루어졌으며, 시민의식도 많이 발달하여 인권에 대한 사회운동과 특히 여성의 사회참여가 많이 이루어졌다. 제5공화국까지의 권위주의 체제에서는 시민사회의 욕구가 억압된 상태로 잠재해 있었지만, 1987년 민주항쟁으로 복지수요층의 욕구가 표출되었다(고수현, 2001).

첫째, 1984년 한국여성개발원에 의하여 자원봉사인력은행이 설치되어 자원봉사를 위한 전문화된 기관이 생겼고, 이후에 1991년 정부 지원의 여성자원센터가 주요 도시를 중심으로 설립되어 여성의 자원봉사를 조정하고 교육하는 역할을 수행하였다.

둘째, 일회적 · 행사적인 자원봉사로 '1986 아시안게임'과 '1988 서울올림픽'의 개최로 인한 거국적인 자원봉사자 활용은 전국적으로 자원봉사를 인식시키고 확산시키는 데 크게 기여하였다.

셋째, 민간단체의 적극적인 참여로 한국자원봉사능력개발연구회, 생명의 전화, 사랑의 전화, 각종 사회복지단체, 시설 등에서 자원봉사자 교육을 받고 자원봉사활동을 하는 자원봉사자의 수를 증가시켰다(류기형 외, 2000). 이러한 민간단체의 자원봉사를 활성화하기 위하여 1994년에는 한국자원봉사단체협의회가 창립총회를 가짐으로써 전국 최초의 전문적인 민간자원봉사단체가 설립되었다. 1997년에는 아시아태평양지역 국제자원봉사 행사를 마쳤으며, 1995년에는 학계, 정부, 기업, 사회복지관 등 각계 자원봉사전문가들이 모여 '한국자원봉사포럼'을 구성, 자원봉사 관련 현안에 대해 정책대안을 제시해 왔다.

넷째, 국제 자원봉사가 시작되었다. 1989년에는 한국국제기아대책기구가 설립되어 인도주의를 바탕으로 지구촌 이웃들에게 긴급식량 원조, 의료활동, 교육사업 등을 펼쳐 국제적 영역으로 확장시켰다.

다섯째, 공공영역에서 자원봉사에 관심을 가지고 활동하기 시작하였다. 1992년에 보건복지부는 한국사회복지관협회에 전국사회복지관 부설 재가복지봉사센터의 관리업무를 위탁하였다. 1994년에는 자원봉사 관련 전산정보체계 구축, 자원봉사자활동 지도자 교육, 자원봉사활동 조사, 연구와 교재발간, 홍보, 정책건의를 목적으로 하는 사회복지협의회 부설 사회복지자원봉사정보안내센터를 설립하였다.

이 시기는 사회복지 측면에서 유명무실하게 있었던 각종 사회보장제도가 실행되어 복지국가로의 노력이 가장 활발히 이루어졌으며, 특히 사회복지전담공무원의 채용과 지역복지 중심의 재가복지시설센터 건립은 미국와 일본에서의 경험과 같이 우리나라에서도 자원봉사 발전에 많은 영향력을 미쳤다.

3) 1995~2005년까지의 자원봉사활동

이 시기는 경제적으로 IMF를 비롯하여 불황으로 많은 어려움을 겪은 시기이다. 인구구조적으로는 인구가 급속도로 노령화되고 출산율이 많이 떨어지는 등 고령화사회로 진입하여 많은 사회문제를 야기하였다. 정치적으로 우리 사회는 정치적 비리사건이 많이 폭로되면서 시민단체의 적극적 정치참여가 이루어진 시기라고 볼 수 있다.

1995년 고용보험의 실시로 4대 사회보험이 완성되었으며, 2000년 국민기초생활보장제도를 실시하여 빈민보호가 아닌 권리 차원의 구호로 변화되었다. 이러한 사회적 분위기와 사회복지의 발달은 시민의 목소리에 힘을 실어주게 되어 시민의 자율적인 사회참여인 자원봉사를 더욱 활성화시키게 되었다.

1994년 11월 언론사 최초로 중앙일보 주최의 전국자원봉사대축제 자원봉사 캠페인을 개최하였다. 또한 자원봉사활동을 통합 관리하는 행정체계 구축이 필요하다고 판단하여 1995년부터 내무부 사회진흥과에서 자원봉사활동 관련 업무를 총괄 관리하도록 하였으며, 1996년부터 20억 원을 지원하여 전국 12개 시·도에 20개소의 자원봉사센터를 설립하여 현재 250여개소에 설치·운영 중이다. 이것은 기존의 자원봉사활동 영역이 주로 사회복지 분야에서 이루어졌으나 환경, 문화 등의 전 사회영역으로 확산시킬 필요성을 인식하여 정부정책도 자원봉사활동 영역의 확대와 활성화 방향으로 나아가겠다는 의지를 나타낸 것으로 보인다. 정부와 지방자치단체는 이것을 계기로 자원봉사에 적극적으로 참여하였다.

그리고 청소년 자원봉사는 교육적 가치를 인정받아, 1995년 5월 31일 교육개혁의 일환으로 초·중·고 청소년자원봉사활동이 등장하여 입시에서 내신성적으로 인정되어 1996년 청소년자원봉사센터가 개소하여 운영하게 되었다. 또한 언론매체가 국민의 의식전환을 위하여 노력하기 시작하였다. 1994년 중앙일보사에 의한 자원봉사캠페인은 자원봉사자의 날(12월 5일)을 기념하여 '자원봉사축제' 주간을 설정하여 우수자원봉사자들에게 시상하였다(김범수 외, 2003). 자원봉사활동에 있어 대중매체의 적극적 참여로 자원봉사활동의 저변 확대에 크게 공헌하였다.

또한 자원봉사의 필요성에 대한 공감대가 넓어지면서 사법부, 행정부가 자원봉사를 공무원 연수과정의 필수과정으로 택했고, 대법원은 법관 임용 때 사회봉사활동 실적을 반영하기로 하였으며, 대학에서도 자원봉사에 대해 깊은 관심을 가지게 되어 강남대학교가 최초로 1979년 2학기부터 사회사업학과 내에 전공선택과목으로 자원봉사를 채택한 것을 시작으로, 1995년부터는 보다 많은 대학이 교양과목 형식으로 개설하여 강의하기 시작하였다. 그러다 1996년 9월에는 대학사회봉사활동의 활성화를 위해 총장들의 모임인 한국대학사회봉사협의회가 발족되었다.

자원봉사활동의 필요성에 대한 공감대가 확대되면서 대기업들에 있어서도 신입사원 채용과 직원연수의 경우에 자원봉사 실적을 반영하고 있으며, 실제로 삼성그룹의 사회봉사단(1994) 등이 창설되었다. 또한 이러한 기업의 자원봉사로 직능중심의 전문 자원봉사가 시작되게 된 계기를 제공하였다(이수철, 2002).

정부에서는 국민복지기획단을 구성하여 '삶의 질' 세계화를 위한 국민복지 기본구상(안)(1996. 12. 29)을 발표한 바 있다. 이 안에 의하면, "한국사회복지협의회를 자원봉사활동 진흥 등 민간복지의 중추기관으로 육성하기 위하여 순수한 민간기관협의체로 재편성하고 지역사회의 욕구를 반영할 수 있도록 297개 사회복지관에 지역단위 자원봉사센터를 신설하여 민간복지의 구심점이 되도록 한다"고 되어 있다(조휘일, 2002).

문민정부 이후 NGO에 대한 정부지원이 이루어지면서 우리 사회에 다양한 영역에서 사회운동을 개척하고, 이러한 NGO 활동의 대부분이 자원봉사로 이루어짐으로써 자원봉사의 영역이 사회복지 영역뿐 아니라 정치영역을 포함한 다양한 영역으로 확장해 나가는 기회를 제공하였다.

그리고 행사적 자원봉사는 2002년 월드컵 대회의 붉은 악마와 2004년 유니버시아드 대회의 시민의 적극적인 자원봉사로 인하여 국민의 인식은 많이 성숙되어 이러한 경험을 토대로 대구지하철 참사 등 다양한 재난현장에서도 폭넓고 적극적인 자원봉사가 이루어졌다.

4) 2005년~현재까지의 자원봉사활동

2005년 8월에는 10여 년 이상 준비해 오던 자원봉사활동 기본법 제정을 통해 봉사활동이 법적인 지원과 보상을 받을 수 있게 되면서 국민생활 속에 자리 잡기 시작한다.

2006년 2월 자원봉사활동 기본법 시행령이 제정되고, 같은 해 연말에는 진흥위원과 실무위원이 위촉되었다. 이렇게 자원봉사활동 기본법이 법으로 제정되면서 자원봉사활동이 더욱 체계적으로 발전하게 되었다.

또한 주 5일 제도가 정착되어 가면서 많은 사람들이 자신의 소중한 시간을 의미 있게 활용하는 방안을 고민하게 되어 자원봉사 관련 기관은 다양한 프로그램 개발에 노력하게 되었고, 각 지방자차단체별 자원봉사활동 지원 조례 제정을 위한 노력은 물론 사회지도층 인사들의 노블레스 오블리주 정신이 확대되었다.

특히 2008년부터 자원봉사활동 기본법 제9조 제1항에 의거하여 정부가 자원봉사 진흥을 위한 국가기본계획을 책정하게 되고, 관계 중앙행정기관의 장과 협의하여 국가기본계획 및 연도별 시행계획을 수립하도록 하였다. 그 내용으로 자원봉사 문화와 참여, 자원봉사 지원인프라, 자원봉사 관리와 개발, 자원봉사 연구와 평가, 자원봉사 국제교류 협력의 5개의 정책영역으로 구분하고, 이에 따른 각 영역별 세부과제를 구체화하였다.

1차 국가기본계획(2008~2012)에서는 “자원봉사 국가, 행복한 사회”의 비전을, 2차 국가기본계획(2013~2017)에서는 “참여와 나눔, 지속가능한 미래”로 정하여 현재를 넘어 미래지향적으로 발전시켰다. 또한 3차 국가기본세획(2018 2022)은 “성장하는 자원봉사, 함께 가는 대한민국”으로 비전을 정하고 시민성과 공공성 기반의 자원봉사 가치 확장, 협력과 책임의 자원봉사거버넌스 구현, 연결과 순환의 자원봉사생태계 조성에 역점을 두고 있다.

자원봉사와 관련한 특징은 지구온난화에 따른 기후 변화로 폭우, 태풍, 폭설 등의 자연재해나 태안 앞바다 기름유출과 같은 인재의 피해를 복구하는 다양한 자원봉사활동이 급증하고 있다. 특히 최근에는 코로나19로 인한 지역사회 감염 환경 속에서 코로나 이전에는 교통안전 봉사, 쓰레기 줍기 및 청소, 연탄 나르기 등 현장봉사를 통해 봉사활동을 인정받을 수 있었으나, 포스트코로나 이후 펜데믹 시대에서는 온라인 플랫폼을 이용한 비대면, 마이크로 자원봉사활동 등 자원봉사의 트랜드의 변화 또한 중요한 변화 가운데 하나이다.

이러한 국내의 변화와 함께 2009년부터는 여러 정부부처가 개별적으로 추진해 오던 해외봉사단사업(외교부의 KOICA봉사단 · KOICA자문단, 과학기술정보통신부의 IT봉사단 · 과학기술지원단, 교육부의 청년봉사단, 산업통상자원부의 NIPA자문단, 보건복지부의 한방봉사단, 문화체육관광부의 태권도평화봉사단)을 단일 브랜드인 WFK(World Friends Korea)로 통합한 새로운 이름을 통해 전 세계 이웃을 돕고 국가브랜드 가치를 높이는 우리나라 대표 해외봉사단으로 그 영역을 확대해 나가고 있다.

[태안 기름유출 10년] 내 인생을 바꿔놓은 단 한 번의 자원봉사

태안 앞바다 기름유출 사고 직후 해변 뒤덮은 기름 제거하는 자원봉사자들 [연합뉴스 자료사진]

2007년 12월 11일 충남 태안으로 가는 버스 안. 당시 여대생이던 오송이(32)씨는 덜컥 겁이 났다. 기름유출 사고 현장에서 자원봉사를 하겠다며 호기롭게 서울에서 태안으로 가는 버스를 탔지만, 태안에 도착하기 30분 전부터 기름 냄새가 코를 찔렀다.자신이 계획했던 대로 자원봉사를 제대로 할 수 있을지 걱정이 됐다. 태안이라는 곳에 한번도 와 본 적이 없을 뿐 아니라 현장에 도착하더라도 어떤 일을 해야 할지도 몰랐기 때문이다. 전날 기말고사를 마친 그는 친구들과 함께 저녁을 먹거나 영화를 보며 시험 스트레스를 해소할 나이였다. 막상 태안 만리포해수욕장에 도착하니 다시 힘이 났다.

"자원봉사하러 왔는데, 뭘 해야 할까요?"

"아이고 고마워유. 정말 고마워유. 우선 마스크랑 고무장갑부터 쓰셔유~"

구수한 충청도 사투리를 쓰는 주민들은 오씨를 친절하게 맞아 주었다.

전국에서 온 자원봉사자들과 함께 바닷가로 이동했다. 책에서 본 파란 바다는 없었다. 온통 검은 기름뿐이었다. 봉사활동을 시작도 하지 않았는데 코를 찌르는 기름 냄새에 머리가 어질어질했다. 처참한 바다를 보고 있노라니 무엇을 할 수 있을까 하는 걱정부터 들었다. 오씨는 그렇게 이틀 동안 태안에 머물며 바다에서 기름을 퍼내는 봉사를 한 뒤 서울로 돌아왔다.

하지만 자신이 있을 곳은 서울이 아니라 태안이라는 생각이 들었고, 두꺼운 옷을 챙겨 다시 태안으로 갔다. 학교에는 휴학원을 제출했다. 오씨에게는 환경단체에서 운영하는 '상황실 시민간사'라는 자리가 주어졌다. 역할은 전국에서 걸려오는 전화를 받으며 자원봉사자들을 방제 현장 곳곳으로 나눠서 보내는 일이다.

"새벽 1시 30분에 상황실로 전화가 옵니다. 전화를 받으면 지금 서울에서 50명씩 탄 차량 9대가 출발한다는 내용입니다. 모두 기름을 닦으러 오는 소중한 분들이었습니다."

그렇게 2개월 넘게 기름 유출 현장에서 자원봉사를 했다. 오씨는 "밤새 잠도 제대로 못 자고 온 사람들은 한나절 동안 기름을 닦아 놓고 오히려 미안해했다"며 "그렇게 수많은 사람이 모여 서해의 기적이 만들어졌다"고 회상했다.

이어 "환경문제에 막연하게 관심이 있었지만, 현장 활동을 통해 사람들을 만나면서 많은 것을 배웠다"며 "환경의 소중함을 제대로 느끼는 계기가 되어 지금도 환경단체에서 활동하고 있다"고 말했다.

10년이 지난 지금 22살 여대생은 두 아이의 엄마가 되었다. 그는 지난해 가족들과 함께 태안을 찾았다. 자원봉사했던 기억을 떠올리며 가족들에게 당시의 처참했던 상황을 얘기해 줬다.

그는 "환경 파괴가 어떠한 결과를 초래하는지 경험했고, 보상금 문제를 놓고 지역 주민들이 갈등하는 모습을 봤다"며 "기름 유출 사고 10주년을 맞아 우리의 삶의 우선순위가 무엇인지 다시 한 번 생각하는 계기가 되길 바란다"고 말했다.

–이하 생략–

(연합뉴스, 2017. 9. 13)

2. 외국의 자원봉사 발달과정

1) 영국의 자원봉사 발달과정

영국의 자원봉사활동은 중세 이후 종교적 자선으로부터 출발하여, 19세기 인보관운동과 20세기 정상화 이념을 바탕으로 발전하였고, 최근에는 사회적 공생으로서의 자원봉사활동으로 정리할 수 있다. 이러한 영국 자원봉사활동의 발달과정을 구체적으로 살펴보면 다음과 같다.

첫째, 16~18세 말(1501~1800)에 자원봉사라는 용어가 1647년 스튜어트 왕조 때 처음 등장하였으나 현대적 의미의 지원봉사활동은 민간사회복지사업의 발달과 함께인 19세기 이후부터이다. 또한 자원봉사활동의 철학적 기반이 되는 휴머니즘 철학 및 사상이 18세기 Thoma Hobbes, John Locke, Shaftesbury 등에 의해 형성되었고, 이는 이후 근대적인 사회복지로 전환하게 하는 토대를 제공하였다.

둘째, 이후 빅토리아 황금시대인 동시에 민간협회의 황금기인 19세기까지는 경제적 · 정치적 자유주의의 출현과 더불어 자유방임 사상이 팽배하여, 개인의 자조를 강조한 시대였다. 산업혁명 이후 급속한 산업화로 인한 실업, 범죄, 질병, 비위생적인 환경 등의 도시빈민 등 많은 사회문제에 당면하게 되는데, 당시 영국은 사회 최고의 가치를 자조에 두었고, 이에 대처하기 위해 많은 민간 차원의 구제활동들이 활발하게 이루어졌다. 그러나 민간 차원의 이러한 노력에도 불구하고 빈민 수는 줄어들지 않게 되며, 각종 자선활동의 중복과 누락, 비전문성 등 민간사회복지의 비판에 대한 대안으로 자선조직협회가 생겨나게 된다.

1869년에 세워진 자선조직협회는 다양한 자선단체들을 조직화하여, 빈민에 대한 체계적이고 효율적인 구호사업의 필요성과 급여를 합리화하고 과학적인 방법으로 자선을 조직화할 목적으로 설립되었다.

또한 자본주의 사회의 성립·발전과 더불어 이를 비판하는 사회주의가 등장하면서 사회개량운동의 일환으로 인보관운동이 생성되었는데, 인보관운동의 창시자인 Samuel Barnett는 교회 주변 빈곤지역 개선의 필요성을 인식하고, 그의 모교인 옥스퍼드 대학 학생들과 교회 청년들에게 교육을 통하여 구제활동에 자원봉사자로 참여할 것을 권유하였으며, 이러한 요청에 많은 젊은이들이 교회를 중심으로 세틀먼트라 불리는 활동을 전개하기 시작하였다. 이와 같이 빈곤자를 위해 사회개량운동을 하던 인보관이 몇 년 동안 영국 전역으로 확산하여 설립되었다.

즉, 19세기부터 영국의 자원봉사활동은 자선조직협회의 우애방문원을 통해 등장하여 인보관운동을 통해 현대적 의미의 자원봉사활동으로 일반인에게 확대되기 시작하였다.

셋째, 19세기까지가 민간 차원의 조직화 단계였다면, 1901부터 1978년까지의 영국은 복지국가가 되면서, 여러 학자의 사회조사 결과(Booth, Rowntree, Mean 외)를 토대로 산업화에 따른 사회문제에 있어 민간 차원의 개입이 실패하였음을 지적하고, 국가의 적극적인 개입 필요성 등 국가책임을 강조하게 된다.

그러나 베버리지의 보고서 Voluntary Action 중에서 국가만의 십권적인 활동만으로는 전후 영국의 재건을 가로막는 궁핍, 질병, 무지, 타락, 게으름 등을 뿌리 뽑기가 충분하지 않다고 지적하고, 복지국가의 서비스를 보완하기 위해 개인의 자발적 노력이 계속적으로 필요하다고 했다.

이후 1960년 제정된 자선법(Charity Act)은 자원봉사활동의 토대가 되었으며, 1968년 시봄보고서의 주전에 따라 지방 차원에서 자원봉사활동을 지원하기 위한 목적으로 1970년 지방정부사회복지서비스법(Local Authority Social Service Act)을 제정하여 효과적인 서비스 전달을 위한 종합적 사회복지서비스국을 설치하게 되었다. 또한 1971년 사회복지부 출현을 통해 지방자치단체 수준에서 자원봉사활동의 지원조직이 정비되게 되고, 전문적으로 책임을 가진 직원인 민간서비스 연락관을 임명·배치하였다.

즉, 이 시기 영국은 국가책임을 강화하면서 민간사회복지기관의 역할을 새롭게 전환하여 자원봉사활동에 대한 근거를 마련하고, 중앙 및 지방조직 등 자원봉사활동의 추진체계를 정비하였다는 점에서 긍정적으로 평가할 수 있으나, 자원봉사활동 자체가 지나치게 전문화 및 관료화되는 등의 부정적인 현상 또한 나타나게 된다.

넷째, 1970년 석유파동과 경제위기로 인한 복지국가 위기론이 대두되면서 다시 자원봉사활동의 중요성이 재인식되었고 이는 현재까지 영국사회에서 중요한 역할을 차지하고 있다.

특히 1979년 대처정권의 민영화정책은 공공재정 지출의 축소를 목표로 기존 지역사회보호 정책에 대해 강하게 비판하였고, 이로 인해 자원봉사활동의 육성을 더욱 강조하게 된다. 이에 공적 서비스보다 자원봉사활동이 재정적으로 효과적이며, 자조와 개인의 책임을 강조하기 때문에 자원봉사활동은 공적 서비스의 보완적 기능이라는 주장을 펼치게 된다. 이로 인해 자원봉사활동의 주요 활동영역이었던 사회서비스, 공공서비스 및 복지서비스 등의 영역에서 민간중심의 자원봉사활동이 더욱 활성화되었다. 또한 경제대공항으로 인한 실업문제에 자원봉사활동을 연결시켜, 민간뿐 아니라 공공서비스 분야까지 확대됨으로 인해 자원봉사활동에 정부, 기업 및 민간조직의 협력이 강화되었다.

이후 노동당 보고서와 대처정부를 이은 Tony Blair 총리 등이 자원봉사활동에 대한 정부 개입의 필요성을 지적하고, 1997년 국가자원봉사활동조사(National Survey of Volunteering)의 결과, 자원봉사활동에 대한 청년층의 시민의식과 활성화의 필요성이 대두되면서 영국정부는 1999년 새천년자원봉사 (MV : Millenium Volunteers) 프로그램을 도입하여 젊은 청년층을 대상으로 다양한 자원봉사활동에 참여하도록 지원하게 되었다.

영국 자원봉사활동의 특징은 국가책임에 의한 무차별 평등과 최저생활보장을 지향하는 사회보장제도를 바탕으로 국민생활 전반에 걸쳐 공공정책이 개입되었으며 이는 현재까지도 정부와 민간의 협력관계를 통해 여전히 지속되고 있다. 이러한 영향으로 자원봉사활동에 있어서도 각 지방정부가 독자성을 가지고 자원봉사활동을 추진하고 있다. 특히 18세 이상 인구의 51%가 넘는 국민이 조직적으로 봉사활동을 하고 있으며, 자원봉사와 관련된 별도의 법률은 없으나 사회보장 및 자선사업에 관한 법률인 자선법, 지방정부 사회복지 서비스법, 중앙정부 보건사회보장부 산하의 자원봉사 서비스국을 바탕으로 이를 지원하고 있다.

2) 미국의 자원봉사 발달과정[2]

미국은 자원봉사의 제도화와 함께 사회적으로는 시민의식이 발달된 선진국가이다. 기독교 문화를 기반으로 선교사에 의해서 시작된 봉사와 희생 활동이 그리스도적 정신으로서 현재도 깊게 뿌리내리고 있으며, 일찍이 시민사회를 확립하고 자신들의 힘으로 사회를 변혁시켜 온 시민운동의 역사도 있다. 또한 다민족 국민으로 구성된 이질적 사회문화를 통합하기 위해 자원봉사활동과 자원봉사정신이 그 원동력이 되었으며, 이는 미국의 자원봉사 제도와 의식이 발전하게 된 배경이 되었다.

이러한 미국 자원봉사활동의 발달흐름을 살펴보면, 첫째, 자원봉사활동의 기초기에 해당되는 18세기 말까지로 이때의 미국 사회복지는 영국 구빈법의 영향, 청교도들의 칼빈주의, 자유방임주의의 영향을 받아 국가는 최소한의 책임을 지고 지역책임제와 가족책임제를 적용하여 빈곤의 책임을 개인에게 두었다. 이에 미국으로 정착한 이민자들은 새로운 땅에서의 생존과 공동체 생활을 위해 서로 협력하지 않으면 안 되었고, 이러한 공동체를 위한 활동은 궁극적으로 자신을 이롭게 한다는 생각에 의해 사회적으로 적극 지지 · 권장되었으며, 이러한 분위기는 현대사회에까지 영향을 미쳐 미국 국민들이 활발하게 자원봉사에 참여하고 있다.

2 박태영 외(2008). 자원봉사론. 제3장의 내용 중 일부를 수정하고 최근의 자료를 보완한 것임.

둘째, 1801년에서 1950년까지의 미국은 남북전쟁, 1·2차 세계대전을 거치면서 사회적 혼란을 극복하기 위해 다양한 민간단체가 활동하게 되었다. 사회경제적으로 자본주의가 발달하면서 빈민문제가 사회문제화되고, 진보주의에 따라 지식인 등의 개혁정신을 가진 사람들을 중심으로 사회개혁을 강조하게 되며, 자립을 강조하는 개인주의의 팽배로 무분별한 자선보다 민간 차원의 자발적 자선만이 사회적응을 돕는다고 보았다.

이러한 영향으로 다양한 민간단체들이 설립되고, 이들의 활동을 조직화하는 우애방문원, 인보관운동, 자원봉사센터, 자원봉사협의회, 공동모금회 등의 민간기관들이 급격히 증가하게 되면서 이를 중심으로 자원봉사활동이 확대되게 된다.

셋째, 1950년에서 1980년까지 미국은 2차 세계대전 종식과 함께 경제적 성장으로 인해 자유진영을 대표하는 강대국으로 급부상하게 되면서 미국정부의 위치가 세계 안에서 재정립되었고, 한국전과 월남전의 전쟁으로 인한 경제적 호황을 누리게 되었다. 그러나 내부적으로는 학생들의 반전운동, 흑인 및 소수인종 문제에 관한 시위가 끊이지 않았다. 새롭게 대두된 사회문제 해결을 위해 민간의 적극적인 참여는 물론 자원봉사법이 제정되면서 평화봉사단과 VISTA 등의 관주도형 민간사회복지활동이 개발되었으며, 전국자원봉사센터 설치 및 자원봉사 조정을 지원하는 기구 및 조직이 형성되어 활동하였다.

이처럼 미국의 자원봉사에 대한 정부지원은 공화당 Richard Nixon이 집권하면서 1971년 다시 3개 부처에서 운영되어 오던 연방 프로그램의 7개 봉사 프로그램을 하나의 독립기구가 맡아 관장하도록 하고, '정부 내의 독립기관'인 ACTION을 창설, 이를 지원하기 위하여 1973년 국내자원활동법(Domestic Volunteer Service Act)이 만들어졌다. 특히 미국의 자원봉사활동은 자원봉사활동법에 의해 실행되었으며, 특히 새로운 대통령이 선출될 때마다 새로운 형태로 발전되어 왔음을 볼 때 자원봉사활동을 공공정책으로 다루고자 하는 정부의 강력한 의지를 엿볼 수 있다. 그러나 민간의 자발적인 활동과 움직임을 통제하거나 압력을 가하는 것이 아니라 자원봉사활동이 민간에 의해 적극적으로 발전될 수 있도록 지원 · 육성하고 있음을 주목할 필요가 있다.

넷째, 1981년부터 현재까지의 미국사회는 점차 보수화되는 경향과 맞물리면서 신연방주를 주창하는 사회운동이 대두되고, 사회복지비용 증가로 인한 연방정부의 부담을 줄이고 주 혹은 지방정부의 책임을 강조하게 되었다. 이에 지방 차원에서는 지역자원봉사센터를 조직, 설치하고 중앙에는 이들 센터를 지원하고 추진하는 중심조직인 촛불재단(Point of Light Foundation)[3]을 설치하였다. 지역자원봉사센터를 지원하는 중앙조직인 촛불재단은 1990년 5월 부시 대통령의 선거공약으로 설립된 것으로 회장을 대통령이 직접 임명하고 국회에서 독립적인 예산편성을 받는 전국규모의 민간기구이다.

촛불재단은 25년간의 폭넓은 경험과 거의 400명의 지역회원과 56개 기업자원봉사협의회(Corporate Volunteer Council)와 회원 1,200명을 가진 전국자원봉사센터(National Volunteer Center)를 합병해서 조직되었기 때문에 창립 초부터 탄탄한 지역 구성체를 가지고 있으며, 현재 미국에는 지역단위로 450여개의 자원봉사센터와 4000개의 지부가 있다(Point of Light Foundation, 한국사회복지관협회, 1997 : 206).

그러나 중앙조직과 지방조직은 상하수직적이 아닌 상호 독립적이고 협력적인 관계를 유지하며 지방의 자원봉사센터는 촛불재단의 가입단체일 수도 있고 비가입단체일 수도 있다. 1990년대에 들어서는 부시행정부의 전국지역사회봉사법(National and Community Service Act)의 제정으로 보다 확고한 정부민간체계가 형성되었으며, 자원봉사활성화를 위한 법적 지위가 강화되었다. 국가 및 지역사회봉사난은 아메리콥스(AmeriCorps)[4], 봉사학습(Learn & Serve America)[5], VISTA(Volunteers in Service to America)[6], 전국 노인 자원봉사 프로

---

3 미국 전역에 있는 민간봉사단체들을 회원단체로 하고 운영자문 등의 기능을 수행하는 대표적인 민간기구로서 자원봉사활동의 활성화에 크게 기여하였다.

4 자원봉사자(17~24세)에게 학비를 지원하는 국가봉사단의 핵심 사업이다.

5 유치원, 초 · 중 · 고교 및 대학에 이르는 각급 학교의 봉사학습 지원사업이다.

6 각급 정부, 비영리기관들이 자원봉사로써 빈곤퇴치와 휴먼서비스를 제공한다.

그램(National Senior Volunteer Program)[7]의 4대사업을 중심으로 조직되어 있다.

1993년에는 클린턴 행정부가 전국자원봉사활동법(National Service Trust Act)을 새로이 제정하여 자원봉사활동을 위한 별도의 전담기구 및 예산지원이 행해지고, 기존의 두 단체인 국가 · 지역서비스위원회와 1971년 창설된 ACTION으로 프로그램을 통합하여 새로운 단체인 전국서비스연합(Corperation for National Service)기구를 설립했다(김성이 외, 2003).

또 다른 흐름은 자원봉사의 인정과 관련된 것으로 자원봉사를 통한 학습이 학점으로 인정되었고, 정부는 물론 교육계와 기업으로부터도 지원을 받았다. 이렇게 해서 봉사학습은 유치원에서 대학원까지 다양한 학점제도를 적용하면서 들불같이 전국으로 번졌다. 학생들은 지역사회 봉사활동을 장려하기 위해서 청소년자원봉사센터(NICOV)를 세우고 고교생들의 교과과정에 자원봉사에 대한 개념을 넣게 된다.

기업체에 대해서도 봉사학습에 참여한 사람들의 경험을 경력으로 인정해야 한다는 여론이 조성되기 시작하였고, 70년대 중반부터 고용지원서에 자원봉사 경력란을 처음으로 삽입하였다. 이 시기 미국의 자원봉사는 거주 지역사회 중심의 공공기관과 민간 사이의 협력을 극대화하였고, 또한 자원봉사활동은 민간분야뿐 아니라 공공분야에까지도 정부의 지원을 받아 중요한 부분을 담당하게 되면서 이들의 협력관계가 더욱 강조되고 있다.

자원봉사활동 영역도 공공서비스 분야에까지 확대되었고, 그 종류도 은퇴노인의 자원봉사, 전문직 자원봉사, 문화 및 환경 영역으로 확대되어 일상생활 전체 영역으로 확장되는 경향을 보인다. 또한 자원봉사활동에 대한 보상차원에서도 봉사은행의 도입, 학점인정제, 경력인정제 등으로 체계화되었다.

미국의 자원봉사활동이 생활화된 가장 큰 이유는 국가 및 지방자치단체에서 국민들에게 자원봉사를 적극적인 권유와 지원으로 사회적 보상체계를 통해 타인을 위한 헌신에 대해 어떠한 형태로든 되돌려 준다는 미국사회의 사

7 노인 자원봉사자가 참여하는 프로그램으로 은퇴노인봉사 프로그램, 결손아동지원 프로그램, 결손노인지원 프로그램, 노인봉사시범 프로젝트 등 네 가지 독립된 프로그램으로 구성된다.

회적 약속이 있었으며, 어려서부터 봉사정신 함양과 실천을 위한 시민교육이 가정에서, 교회에서, 학교에서, 사회에서 이루어지고 있기 때문이다. 또한 봉사자들의 발굴, 봉사활동에 대한 기술적인 교육, 훈련, 봉사자 관리, 보상 체계가 고도로 조직화되어 운영되고 있다.

3) 일본의 자원봉사 발달과정

일본의 자원봉사활동은 영미권 국가와는 달리 사상적 기반이 다소 약하고 가족이나 행정이 정책적으로 개입을 통하여 추진되어 온 경향이 강하다.

근대국가시대(메이지 시대부터 대정시대)에 들어서며 유럽과 미국의 자선조직협회와 인보관운동의 영향을 받아 인보운동이나 방면위원(현 민생위원) 활동이었던 민생구제형의 활동이 나타나면서 사회사업의 역사와 함께 발전해 왔다. 또한 메이지유신 이후 신분제도 폐지 및 교육 보급 등에 의해 자원봉사를 할 수 있는 인적자원들이 성숙할 수 있는 사회적 기반이 이루어졌다. 세틀먼트 활동에서 그 기원을 찾아볼 수 있으며, 사회적으로 확대되기 시작한 것은 제2차 세계대전 이후부터이다.

이러한 일본 자원봉사활동의 흐름은 첫째, 패전 이후로 사회경제적 혼란 수습에 있어 국가적 공권력에 의존할 수밖에 없는 배경에서 생활이 어려운 사람들의 구제와 원조가 급선무였다. 이를 위해 세틀러들과 일본적십자사의 관계자, YMCA · YWCA 관계자, PAT 관계자 등에 의해 가족을 잃은 아동을 보호하고, 가사원조, 아동구제 등의 활동이 주로 이루어졌다. 그러나 전후 자원봉사활동이 대동하기 시작하였으나 사회의 관심은 그다지 밝지 않았으며, 그 행위를 자선으로 규정하고 있어, 자원봉사라는 용어가 본격적으로 사용되지는 않았다.

둘째, 1950년대부터 일본은 세틀먼트 활동과 아동보호 활동이 학생을 중심으로 활발하게 이루어지는 한편 VYS 운동[8], 희망, 좋은 그룹 등 일본의 자원봉사활동에 선두적 역할을 한 자원봉사 그룹이 결성되었다.

또한 1951년 사회복지사업법의 제정에 따라 사회복지사무소가 개설되고, 사회복지법인이 공적복지의 일선을 담당하게 되면서 사회복지가 전문화 및 국민의 복지향상에 큰 역할을 하게 된다. 또한 시민참가 조직으로 사회복지협의회가 전국에 창설되어 사회복지 영역 중심의 자원봉사활동이 적극적으로 추진되게 되는 토대가 마련되었다.

특히 1962년 이후 사회복지협의회에 선의은행[9]을 설치, 오사카자원봉사협회, 후지자원봉사협회, 일본청년봉사협회 등 민간주도의 자원봉사사무국이 활발히 개설되어 운영되면서 자원봉사활동 추진기관의 시대가 열리게 되었고(김영호, 1998), 이후 전국의 사회복지협의회로 확대되었다.

1965년에 설립된 오사카자원봉사협회는 일본 최초의 민간자원봉사협회로 교육·훈련에 주력하기 시작했는데, 이것은 일본자원봉사학교의 전형이 되었고, 이로써 민간중심이기는 하나 자원봉사의 운영관리체계가 정비되었다고 볼 수 있다.

셋째, 1970년부터 1990년까지의 일본 자원봉사활동의 특징적 움직임은 네 가지로 정리할 수 있다. ① 일본 청소년봉사협회주최의 제1회 전국청소년봉사연구대회에 대표되는 자원봉사활동에 관한 연수회 및 모임이 개최되고 이러한 활동을 통해 시·도단위 또는 전국단위의 자원봉사단체가 조직화되기 시작했다. ② 매스컴이 자원봉사활동에 대한 참가의 장을 만들기 시작하였고, 공동모금 등과 같은 복지캠페인이 생겨나게 되었다. ③ 이제껏 학생이나 근로청년 중심의 자원봉사활동이 70년대 이후부터는 주부층을 중심으로 자원봉사활동의 지도가 변화되었다. 또한 활동내용도 아동은 물론 노인 및 장애인을 포함하여 그 범위가 확대되었고, 시설에서 지역지원 활동으로 변화하는 양상을 보이게 된다. 이러한 변화요인으로는 1967년과 1970년에 실시된

8 Voluntary Youth Social worker(VYS)로 아동의 건전육성활동으로, 아동은 우애정신을 가진 건전한 사람으로 육성시키는 것을 목적으로 하는 자원봉사단체이다.

9 자원봉사서비스의 조정을 행하는 자원봉사사무소의 한 형태로서 봉사활동 및 사회복지 기부금품의 예탁·관리 등 지역사회 욕구에 맞는 활동알선 등을 수행하는 거점으로 활동되었으며, 이후 자원봉사센터로 재편성되었다.

전국민생위원협회와 도도부현 사협이 협력하여 실시한 중증노인조사와 독거노인조사에 의해 고령화사회에 대한 노후생활의 실시가 현존화되고, 주부층이 노인문제를 자신의 문제로 강하게 인식하게 되었다. ④ 후생성이 도도부현 · 시정촌의 사회복지협의회에 자원봉사센터 설치를 장려하고, 보조금을 교부하게 되며, 이에 따라 대부분의 선의은행이 자원봉사센터로 바뀌면서 사협이 자원봉사활동의 개발 및 알선기관으로서 역할을 하게 되었다.

이 시기 일본은 재가복지사업에 대처하기 위해 자원봉사활동이 확대되면서 행정과 사회복지협의회의 적극적인 지원이 시작되었으나, 자원봉사활동 고유의 특성인 주체성, 개발성, 비판성을 약화시켜 수동적 자원봉사활동으로 변질되었다는 것은 부정할 수 없다.

넷째, 1980년대 후반부터 중앙정부에 의해 복지개혁이 추진되었던 일본은 1990년대에 들어서면서 저출산 · 고령화에 따른 문제를 해결하기 위하여 40년 만에 복지관계 8법을 개정하고, 노인 및 아동을 중심으로 재가복지서비스를 주민생활을 직접적으로 담당하고 있는 시정촌에서 일원적 · 계획적으로 제공하는 지역중심의 체제 정비를 추진하게 된다.

그러나 일본 역시 상대적으로 여성자원봉사자의 비율이 높고, 젊은층의 참여가 적어, 자원봉사자의 고령화가 일본 전역에서 문제로 지적되었다 이에 일본정부는 1993년 자원봉사활동 중장기 진흥방안을 발표하고, 아동, 노인에 대한 자원봉사활동을 도모함은 물론 기업의 사회공헌활동의 일환으로써 자원봉사활동이 강조되었다.

이러한 노력은 1995년 한신 · 아와지 대지진을 경험하면서 그동안 정체기에 있던 자원봉사활동에 큰 변화를 가져오게 되었다. 즉, 위기중심에서 자원봉사활동이 일본 국민들에게 부각되었고, 젊은이들의 적극적인 참여는 물론 전국적으로 130만 명의 자원봉사자가 참여하면서 자원봉사원년으로 불려질 정도로 자원봉사활동에 대한 관심이 높아지게 된다. 또한 민간활동의 활용과 긴급 시 대처의 문제점을 보완하기 위해 1998년 NPO활동촉진법과 자원봉사활동 지원기금이 제정되면서 자원봉사단 체계가 증가하게 되는 계기가 된다.

한신 · 아와지 대지진을 통해 다수의 극히 평범한 일반시민들이 자원봉사자로 활동하게 되고, 네트워크형 지원조직이 유기적으로 활동을 전개해 왔다면, 2011년 동일본 대지진은 보다 주민중심 돌봄의 필요성을 강조하게 되고, 지역사회 내 주민 상호 간의 공조(共助)를 활용한 위기상황 대응 및 주민 간 지원 네트워크 형성의 필요성을 보다 강조하게 되었다.

한국과 일본의 자원봉사활동은 전쟁 후 생활구제를 중심으로 사회복지가 발달하게 되었고, 이후 급속한 산업경제 발달을 경험하면서 자선적 자원봉사활동에서 공생적 자원봉사활동으로 변화되어 왔다는 점에서 그 유사성을 가지고 있다. 특히 최근 우리 사회에서 제기되고 있는 사회적 고립 · 고독사, 코로나19와 같은 사회적 재난 등의 문제는 위기 중심에서 주민 상호 간의 공조를 활용한 지원활동의 중요성을 재인식시켜 주고 있으며, 지역사회 속에서 자원봉사활동의 중요성을 다시 한번 더 일깨워 주고 있다.

위기 속에 하나된 일본

일본 남서부 시코쿠(四國)의 마쓰야마(松山)시에 15일 평일임에도 수백 미터의 줄이 생겼다. 동일본 대지진으로 피해를 본 환자에게 긴급수혈이 필요하다는 소식이 전해지면서다. 젊은이를 중심으로 하루에 300명이 넘는 헌혈자가 몰려 헌혈까지 한 시간 넘게 기다려야 할 정도다. 헌혈된 혈액은 바로 일본적십자사를 통해 피해 지역으로 보내지고 있다.

사회에 냉소적이고 개인적이던 일본 젊은이들이 이번 지진을 계기로 적극적인 사회참여형으로 변화하고 있는 현장이다. 일본 전국으로 번지고 있는 헌혈운동은 태평양전쟁 당시 일본인들의 모습과도 흡사하다. 자발형이라는 점만 다르다.

전후 최대의 국가적 위기에 놓인 일본을 살리기 위해 "우리 모두 하나가 되어야 한다"는 운동도 확산되고 있다. TV 아사히는 14일 밤 뉴스 프로그램을 통해 "일본이란 나라는 예부터 상부상조하면서 지켜온 나라다. 자신이 조금 힘들고 짜증나더라도 불평하지 말고 이번 재해로 막대한 피해를 본 분들의 처지를 생각하자"는 메시지를 반복해 방영했다. 아사히(朝日) 신문도 15일 석간 1면에서 "집도 식량도 부족하다. 가족을 잃은 사람도 있다. 일본 사회 전체가 그들의 버팀목이 되어야 한다"고 호소했다.

도쿄와 인근 지방자치단체에서 부분적인 계획정전이 실시된 15일 아침에도 교차로마다 몰려나온 차들로 붐볐지만 접촉사고는 거의 없었다고 한다. 니혼게이자이(日本經濟) 신문은 15일 "인력 부족으로 교차로마다 교통경찰이 배치되지 못했지만 운전자 한 명 한 명이 서로 양보하며 질서를 지키는 모습이 눈에 띄었다"고 전했다.

자원봉사도 이어졌다. 신문은 또 "센다이(仙臺) 공항에서 피난 중인 한 남성(70)은 공항 인근 주민 30여 명이 자발적으로 아침마다 갖다 주는 주먹밥을 먹으며 '나는 내 인생에서 가장 맛있는 주먹밥을 먹고 있다'며 감격해했다"고 보도했다.

이러한 일본의 모습에 해외 언론들은 격려와 감탄을 쏟아내고 있다. 뉴욕 타임스의 칼럼니스트 Nicholas Kristof는 고베 대지진 당시 도쿄 지국장으로 현장 취재를 했던 경험을 되살려 '일본을 향한 슬픔, 그리고 감탄'이라는 칼럼을 썼다. 그는 "이번에 더 큰 재앙 앞에서도 질서의식을 잃지 않는 일본인들에게 놀라움과 존경의 마음을 담아 보낸다"고 찬사를 보냈다.

출처 : 중앙일보(2011. 3. 16).

생각해 보기

1. 자원봉사활동의 생활화를 위한 전략에 대해 논의해 봅시다.

2. 사회복지환경의 변화와 자원봉사활동의 발달과정을 비교하여 살펴봅시다.

3. 본 서에서 제시한 4개 국가의 자원봉사 발달과정의 공통점과 차이점들에 대해 정리해 봅시다.

CHAPTER 4

자원봉사의 현황

자원봉사의 현 실태와 향후 방향을 가늠해 볼 수 있는 실태조사는 행정안전부에서 1999년부터 3년 주기로 연차적으로 실시하고 있는데, 이 장에서는 전국 만 19~79세 일반국민 2,059명을 대상으로 온라인으로 실시한 행정안전부의 2020년 연구결과 등[1]을 중심으로 성별, 연령, 교육수준, 소득수준, 직업에 따른 자원봉사 특성별 현황과 활동시간과 기간, 활동분야, 참여동기, 참여경로, 만족 및 불만족, 미참여 이유 및 향후 참여의향, 인정보상에 따른 자원봉사 분야별 현황을 살펴보고자 한다.

1. 자원봉사 특성별 현황

1) 지난 1년간 자원봉사 참여율

지난 1년간(2019.7~2020.6) 우리나라 국민의 자원봉사활동 참여율은 33.9%로 나타났다. 이는 2017년의 21.4%에 비해 12.5p% 높게 나타난 수치이다. 자원봉사활동 실태조사가 시작된 1999년부터의 추이를 살펴보면, |그림 4-1| 과 같이 1999년 자원봉사 참여율이 14%에서 시작하여 2005년 20.5%로 20%

1 이 장에서는 행정안전부에서 2020년 실시한 '자원봉사활동 실태조사 및 법 개정 연구' 결과를 중심으로 2014년과 2017년 실시한 '자원봉사활동 실태조사 및 활성화 방안 연구' 결과의 일부 내용을 참고하여 제시함

대에 진입한 이후 2017년의 21.4%까지 20% 내외로 참여율이 정체되었지만 2020년에는 33.9%로 급격하게 상승한 것으로 나타났다. 이러한 결과는 기존 대면조사에서 온라인조사로 조사방법이 변경되면서 응답자의 특성 변화와 같은 여러 가지 요소가 반영된 것으로 추정할 수 있다.

한편 통계청 사회조사에서는 최근 2015년, 2017년, 2019년 참여율이 각각 18.2%, 17.8%, 16.1%로 20%를 넘지 않는 것으로 나타나 행정안전부의 2020년 조사결과 활용 시에는 주의가 요청된다.

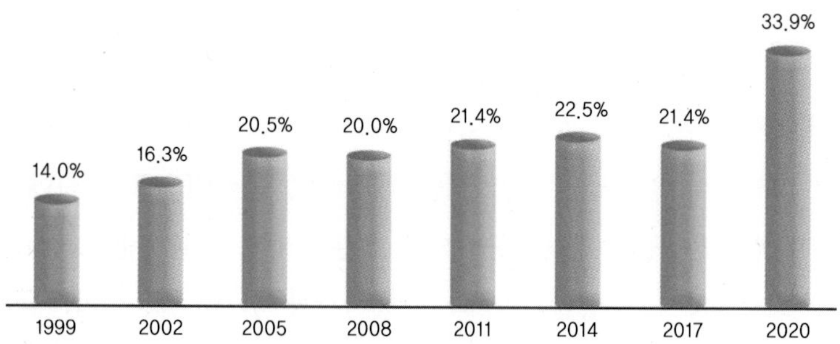

|그림 4-1| **자원봉사 참여율**

2) 자원봉사자 특성별 참여율

(1) 성별 참여율

자원봉사에 참여한 성별의 연도별 차이는 전반적으로 여성이 남성보다 자원봉사에 많이 참여하고 있지만, 여성은 1999~2005년 기간에 참여율이 증가하다 차츰 줄어들어, 2008년과 2011년에 남녀 차이가 없는 균등화가 잠시 이루어지다 2014년에 와서 다시 여성이 상승하는 그래프를 보여주고 있다. 2017년에도 역시 여성(24.6%)이 남성(18.1%)보다 더 높았으나, 2020년에는 남성(34.9%)이 여성(33.0%)보다 더 높게 나타나 과거와는 다른 결과를 보여주고 있다.

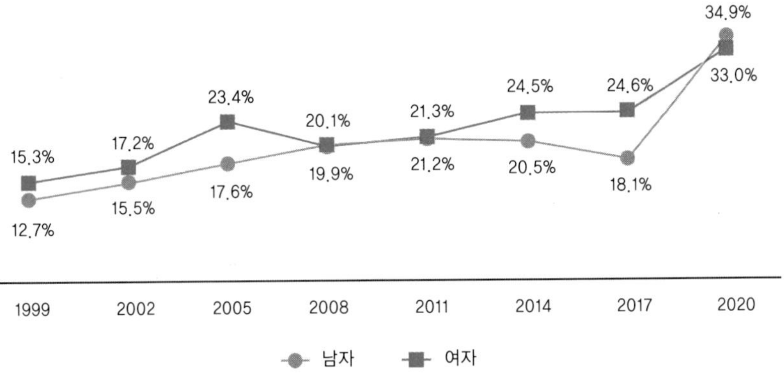

|그림 4-2| **성별 자원봉사 참여율 추이**

(2) 연령별 참여율

자원봉사의 연령별 참여율은 2017년에는 40대 참여율(24.8%)이 가장 높았던 반면, 2020년에는 20대(39.2%)와 60~70대(38.4%)의 참여가 가장 높게 나타났다. 여기서 20대의 참여율이 높은 것은 조사대상 연령을 만 20세에서 19세로 낮추면서 학생 시절 자원봉사활동 참여경험이 반영되었을 것으로 추정되며, 60대 이상의 참여율이 높게 조사된 것은 온라인 활동에 익숙한 역동적인 대상자의 참여가 많았던 특징이 반영된 것으로 추정된다.

(단위 : %, 2017년 n=1,500, 2020년 n=2,059)

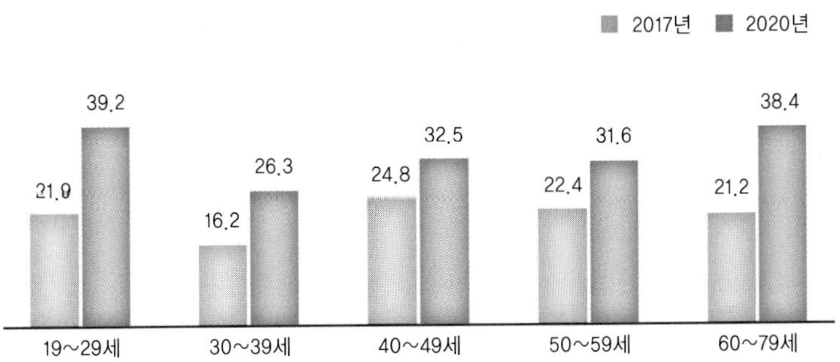

|그림 4-3| **연령별 자원봉사 참여율**

노인의 자원봉사 참여율

노인의 자원봉사활동 참여율은 2005년 16.5%, 2008년 15.6%, 2011년 19.3% 수준으로 지속적으로 정체되었다가 2011년 19.3% 수준으로 증가하였으며, 2014년 조사에서는 17.2%로 타 연령층에 비해 참여가 감소한 것으로 나타났다. 하지만 2017년 조사에서는 21.2%로 전 연령층 평균에 근접하였으며, 2020년 조사에서는 38.4%로 큰 폭으로 증가하여 20대의 39.2%에 근접한 참여율을 보였다. 2011, 2014년 기간에 60대 이상 참여가 감소된 것과 비교하면 비약적인 반전으로서 노인층이 전 연령대 중에서도 높은 상승세를 보인 것은 새로운 동향이라고 할 수 있다.

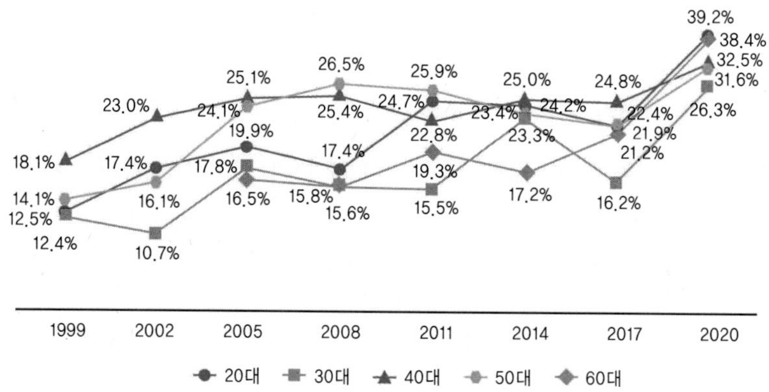

|그림 4-4| **노인의 자원봉사 참여율 추이**

출처 : 행정안전부(2017), 행정안전부(2020) 재구성.

(3) 교육수준별 참여율

자원봉사의 교육수준별 참여율은 2005년부터 2014년까지 학력이 높을수록 자원봉사 참여가 높아지는 것으로 나타났으나, 2017년 중졸 이하와 고졸의 참여율 차이가 근사하게 좁혀진 이후 2020년에는 다시 대재 이상 35.6%, 고졸 28.7%로 크게 증가하였다. 이러한 결과는 2020년의 총참여율 증가와 유사한 양상으로써 2014년까지는 고학력층 참여만 늘고 저학력층 참여는 줄어들면서 계층 간 참여의 불균등이 심화되는 듯한 추이가 나타났지만 2017년부터는 모든 학력에서 참여율이 증가하여 긍정적으로 평가된다.

특히 1999년에 19.4%로 가장 많은 참여를 보였던 중졸 이하 참여율은 2002년 28.8%로 급속히 증가하였다가 이후 2011년과 2014년 각기 13.2%와 10.7% 수준에 머물다가 2017년에 19.8%, 2020년 17.4% 수준으로 높아진 것은 특이한 점인데 이는 저학력층이 많은 노인층 참여의 확대와 관련성이 있는 것으로 추정된다.

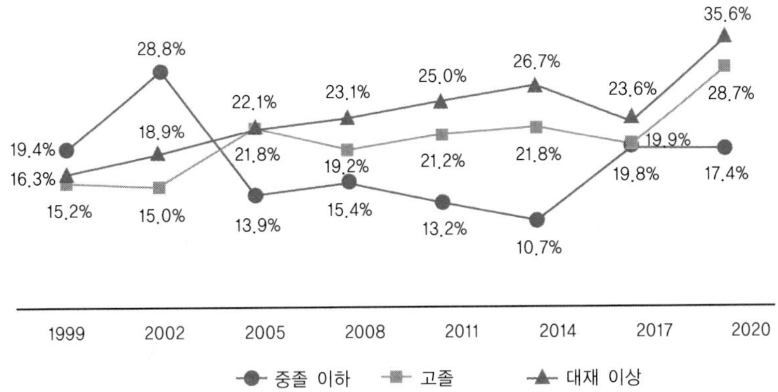

|그림 4-5| **교육수준별 자원봉사 참여율 추이**

(4) 소득수준별 참여율

자원봉사의 소득수준별 참여율은 2005년에 6.0%로 가장 낮았던 500만 원 이상 소득층의 참여율이 2008년 28.7%로 급속히 증가한 이후 2011년 18.7%로 다소 감소하였지만 이후 꾸준한 증가세를 보이고 있다. 하지만 월소득 199만원 이하 소득층의 참여는 2005년 30.6%로 가장 높았으나 이후 계속 줄었다가 2020년에 와서는 다소 증가한 것으로 나타났다. 200~299만원의 소득층 참여 또한 2005년 28.4% 이후 2014년까지 계속 줄었다가 2017년부터 증가한 것으로 나타났다. 그리고 300-399만원의 소득층 참여는 2011년 31.8%로 가장 높았지만 2017년 17.5%로 크게 줄어든 것으로 나타나 경기침체의 영향으로 중소득층의 참여가 위축된 것으로 보여진다.

이처럼 소득에서는 고소득층 참여가 높고 저소득층 참여는 낮은 추이가 지속되는 것으로 나타나 참여율은 소득수준이 낮을수록 줄고, 소득수준이 높을수록 늘고 있는 추세를 보여주고 있다.

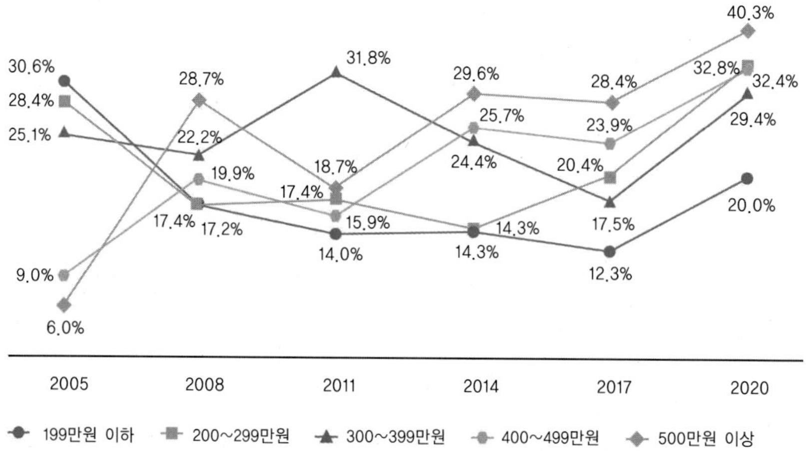

|그림 4-6| **소득수준별 자원봉사 참여율 추이**

(5) 직업별 참여율

자원봉사의 직업별 참여율은 2017년에 반전문기술직(전문/자유직)(34.8%), 관리직(33.2%), 학생(30.0%)의 순으로 참여율이 높게 나타났는데, 관리직을 제외하고는 2005년부터 2017년까지 30%를 상회하는 높은 참여율을 보였다. 반전문기술직(전문/자유직)과 관리직의 경우 샘플수가 각기 13명과 6명으로 매우 적다는 점을 감안하여 결과를 해석해야 할 필요가 있다. 반면에 전업주부(25.2%), 사무직(사무/기술직)(22.0%), 자영업(20.0%)의 참여는 20%를 상회하는 수준으로 나타났다. 특이한 점으로는 농어민의 참여가 2014년 2.6%에서 2017년 43.3%로 대폭 증가하였는데, 이 수치 또한 조사대상자 샘플 수(23명)가 작은 한계가 있어 결과 해석에 주의가 요망된다.

이처럼 직업에서도 노블리스 오블리주의 특성이 나타나고 있지만, 계층간 참여의 불균등이 심화된 추세는 앞서 분석한 소득수준별 불균등 추세와 연관성이 있는 결과라고 할 수 있다.

〈표 4-1〉 직업별 자원봉사참여율 (단위 : %)

구 분	2017년	2014년	2011년	2008년	2005년
관리직	33.2	43.0	33.3	36.8	16.7
학생	30.0	30.2	32.5	21.9	28.1
반전문기술직(전문/ 자유직)	34.8	28.7	30.4	31.4	42.9
사무직(사무/ 기술직)	22.0	24.8	23.4	21.5	21.0
전업주부	25.2	24.3	19.7	20.2	24.0
자영업	20.0	20.2	18.9	22.3	21.6
판매/ 서비스직	16.5	16.6	18.1	15.8	13.4
무직	12.3	16.2	25.8	20.6	21.3
생산직(기능숙련공)	13.5	12.1	13.0	9.3	14.3
농어민	43.3	2.6	35.1	23.0	21.1
일반 작업직		–	–	–	6.1

2. 자원봉사 분야별 현황

1) 활동시긴과 기간

(1) 1년간 활동시간

2008년부터 2020년까지 참여시간과 참여횟수 변화 추이는 |그림 4-7|과 같이 1회당 평균시간은 2008년(3.87시간)부터 2017년(3.39시간)까지는 2014년 5.2시간을 제외하고는 4시간 미만이었다가 2020년 7.2시간으로 크게 증가하였다. 그리고 평균횟수는 2008년 21.7회에서 2011년 15.9회, 2014년 5.63회로 큰 폭으로 줄었다가 2017년 10.5회로 다소 상승하였지만 2020년에는 다시 5.2회로 낮아진 것으로 나타났다. 마지막으로 1인당 1년간 평균시간은 2008년 84시간, 2011년 62시간, 2014년 29시간으로 크게 낮아졌다가 2017년 35시간, 2020년 37.6시간으로 다소 상승한 것으로 나타났다. 이상과 같이 2020년

자원봉사자의 1년간(2019.07~2020.06)의 활동시간은 1회당 평균 7.2시간, 1인당은 연 평균 37.6시간, 평균 5.2회 활동한 것을 알 수 있다.

1년간 자원봉사자 전체(명)의 연간 자원봉사시간은 1999년에 4억 9,892만 시간에서 2008년 9억 1147만 시간으로 계속 증가하였으나 2011년 8억 3,455만 시간, 2014년 3억 9248만 시간으로 낮아졌다가 2017년 4억 2432만 시간으로 다소 증가한 것으로 나타났다.

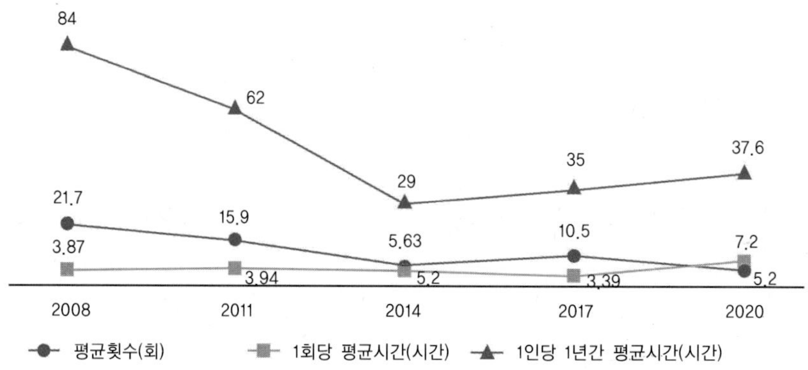

|그림 4-7| **자원봉사 참여횟수와 참여시간의 변화 추이**

(2) 일생동안 활동기간

일생동안 수행한 자원봉사활동 기간은 2020년에 '1년 미만'(28.9%)이 가장 많았으며, '1~3년 미만'(26.5%), '4~5년 미만'(12.7%) 등의 순으로 응답 비율이 높았으며, 2017년 결과와 비교하더라도 전체적으로 일생 동안 활동기간이 증가하였음을 알 수 있다. 특히 10년 이상(10.2%)의 경우가 높은 비중을 보여 장기 자원봉사자가 증가하고 있음을 알 수 있는데 미국, 영국 등에서 노인의 자원봉사활동시간과 기간이 다른 연령층에 비해 훨씬 높은 것을 고려해 볼 때 우리나라도 노인층 참여가 늘면서 활동시간 뿐만 아니라 활동기간도 증가할 것으로 예측되므로 은퇴자와 노인에 대한 참여 증진 방안을 다각화하려는 노력이 필요하다.

반면 평생 자원봉사활동 경험이 '없다'는 응답은 2017년 48.9%에 비해

2020년 13.9%로 대폭 줄어든 것으로 나타난 것은 2017년까지 정체되던 자원봉사 참여율이 최근 몇 년 동안 큰 폭으로 증가한 것과 무관하지 않은 것으로 판단된다.

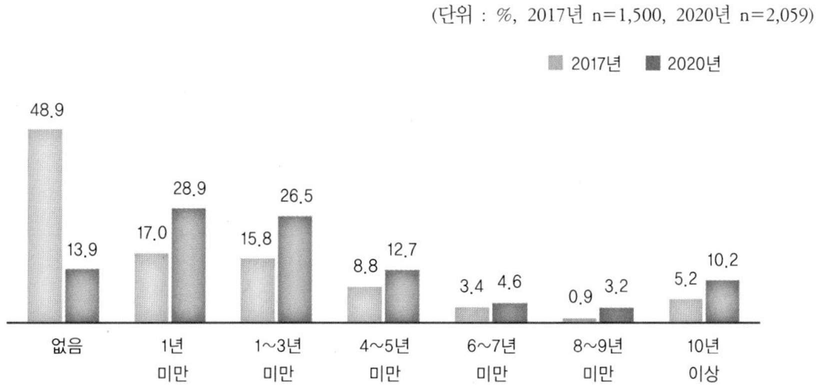

|그림 4-8| **일생동안 자원봉사활동기간**

자원봉사의 경제적 가치 비교

2017년 자원봉사의 경제적 가치는 2014년보다는 늘었지만 2011년에 비하면 높지 않다. 2017년의 자원봉사의 가치는 금전적 가치로 8조 3,802억원이며, 물가상승을 감안하면 2011년의 절반 수준이다. 경제적 가치 방정식에서 가장 중요한 활동시간이 2011년의 절반 수준이기 때문이다.

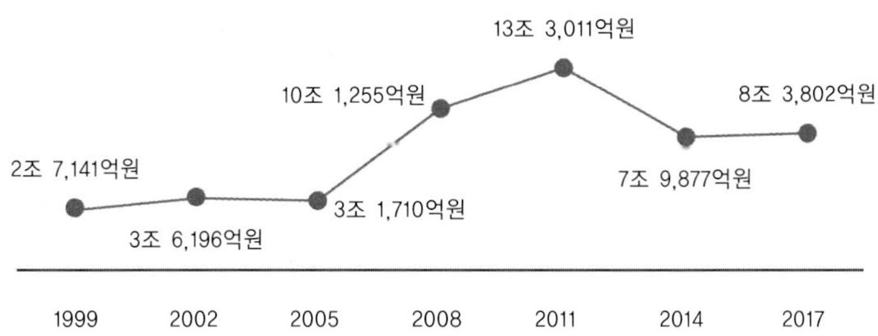

|그림 4-9| **자원봉사의 경제적 가치**

〈표 4-2〉 연간 자원봉사시간과 가치*

구 분	2017년	2014년	2011년	2008년	2005년	2002년	1999년
1년간 자원봉사자 1인당 주간 평균활동시간	0.95시간[1]	0.81시간	1.92시간	2.37시간	1.02시간	1.9시간	2.1시간
전체 자원봉사자의 연간 자원봉사 시간	4억2432만 8209시간[2]	3억 9248만 5629시간	8억 3455만 1405시간	9억 1147만 6582시간	3억 8756만 3699 시간	5억 3237만 6609시간	4억 9892만 시간
전체 자원봉사자 봉사활동의 연간 금전적 가치	8조 3802억원[3]	7조 9877억 원	13조 3011억 원	10조 1255억 원	3조 1710억 원	3조 6196억 원	2조 7141억 원
GDP (국내총생산) 대비 비율	0.51% (1,637.4조 원 – 2016년)	0.56% (1,428.3조 원 – 2014년)	1.13% (1,172.800조 원– 2010년)	1.27% (798.057조 원 – 2007년)	0.46% (693.995조 원 – 2004년)	0.6% (600.866조 원 – 2001년)	0.56% (487.184조 원 – 1998년)

* 1999년, 2002년, 2005년은 지난 1개월 자원봉사자들의 활동시간을 기준으로 1년 자원봉사자들의 활동시간을 추정하여 계산하였다. 이는 앞서 설명한 대로 응답자들의 기억이 상대적으로 정확한 지난 1개월간 어떤 영역에서 몇 회, 몇 시간 자원봉사를 했는지에 대한 응답을 바탕으로 한 것이다. 이는 미국의 Independent Sector(인디펜던트 섹터)와 국제노동기구(ILO)의 조사방법을 차용한 것이다. 실제로 인디펜던트 섹터는 1개월 자원봉사자들의 응답시간을 기준으로 1년 자원봉사자의 시간을 추정하여 계산하였다. 이러한 시간 추정이 실제 1년간 자원봉사자의 활동시간과 차이가 있을 수 있어서 2008년부터는 지난 1년간 어떤 영역에서 몇 회, 몇 시간 자원봉사를 했는지를 따로 질문하였다. 이는 1개월간 자원봉사 시간에 대한 응답에 비해 정확성이 떨어질 수 있으나, 1개월을 기준으로 1년 자원봉사자의 시간을 추정하는 것에도 정확성이 떨어지므로, 2008년부터는 1년 자원봉사자의 시간을 기준으로 자원봉사 시간을 계산하였다.

〈2017년〉

1) 1년 자원봉사자의 연간 총활동시간 = 15,980시간
   1년 자원봉사자 1인당 주간 평균 자원봉사활동시간 = 15,980시간÷321명÷52.14주 = 0.95시간
2) 연간 자원봉사자 추정치 = 8,566,576명
   0.95시간 × 8,566,576명 × 52.14주 = 424,328,209시간
3) 전 산업 남녀 시간당 평균임금(19,749.5원) × 424,328,209시간 = 8,380,269,963,645.5원
   전 산업 남녀 시간당 평균임금=월 평균임금(3,406,787원)/월평균 근로시간 수(172.5시간) =19,749.5원(2016년 기준, 고용노동통계)
   ※ 월 평균임금 출처 : 고용노동통계(http://laborstat.molab.go.kr), 국가통계포털(KOSIS)
4) 국내총생산 출처 : 2016년 국내총생산(E-나라지표 : www.index.go.kr)

출처 : 행정안전부(2017).

2) 활동 분야

자원봉사의 활동 분야는 2020년에 식사, 외출, 가사와 같은 '대인 서비스'(45.8%)가 가장 많았고, 학습지도, 방과 후 교실 등의 '교육'(22.4%), '행정 및 사무보조'(19.6%), 문화재 보호, 해설 등의 '문화예술'(14.9%) 등의 순으로 응답 비율이 높게 나타났다. 2017년에도 '대인서비스(일손돕기)'의 참여가 66.4%로 가장 높지만 2020년 조사의 45.8%와 비교하면 2017년 조사에 비해 2020년의 조사 결과가 20.5p% 감소한 것으로 나타났다.

이와 같이 대인서비스(일손돕기)는 감소하였지만 다른 활동 분야의 고른 증가는 특이한 점인데 이는 자원봉사자들이 다양한 활동 분야에 관심을 두기 시작했다는 것이며, 특히 전통적으로 대인서비스(일손돕기)가 여성, 특히 주부층 그리고 노인층의 참여가 많은 것으로 나타나고 있으므로 이들 계층의 활동양상에 관해 주목할 필요가 있다.

(단위 : %, 2017년 n=1,500, 2020년 n=2,059)

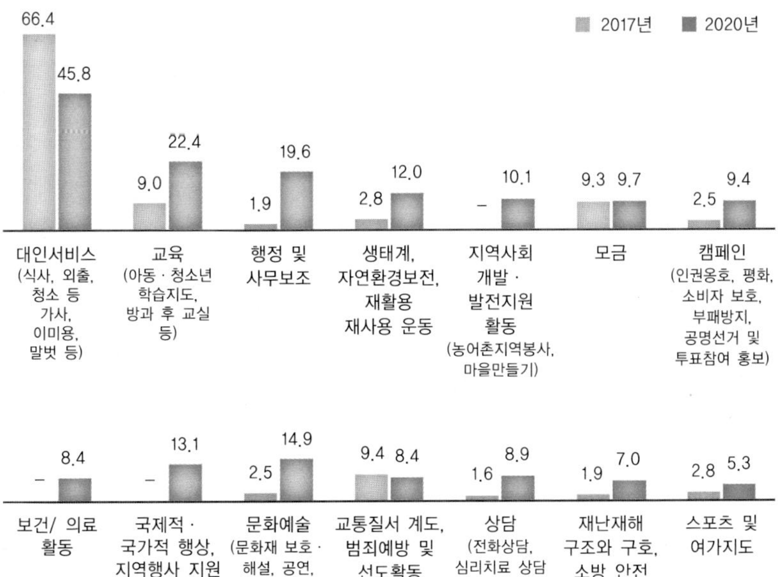

|그림 4-10| **자원봉사 활동분야**

COVID-19 대응 보건의료 자원봉사활동 사례

2020년 전세계를 공포로 몰아넣은 'COVID-19'는 우리의 일상을 많이 변화시켰다. 사람들이 'COVID-19'로 인해 필수로 마스크를 쓰고 다니고, 접촉을 최대한 피해 다니며 누군가가 기침을 하면 혹시 'COVID-19'에 걸린 게 아닌가 의심을 하며 생활하는 현재를 과연 상상이나 했겠는가? 또한 집안에서만 지내기 답답한 날들이 흘러넘쳐 이제는 TV를 보아도 휴대폰을 보아도 흥미를 못 느낄 시기에 다가온 것 같다.

나는 '대구광역시자원봉사센터'에서 실시하는 '안녕, 대구! 굿바이 코로나! 방역자원봉사활동'을 신청하여 봉사를 하게 되었다. 처음에는 단순히 집에서 사이버강좌를 듣는 것에 대한 답답함이 너무나 컸다. 물론 집에서 사이버강좌를 듣고 과제를 하고 시험공부를 하는 것도 나쁘지 않지만, 'COVID-19'가 빨리 끝나 밖에서 친구들과 모여서 같이 여행도 마음 편하게 가고 싶고 다양한 활동에 참여하고 싶었다. 그래서 'COVID-19'를 빨리 종식시키기 위해서 조금이나마 도움이 될 만한 행동이 무엇이 있을까 고민을 하게 되었고 그 결과 위의 방역봉사활동을 신청하게 되었다.

자원봉사자로써 봉사활동 주변 구역이나 내부 구역 방역을 실시하고, 어르신들 체온을 체크하고 손 소독 젤을 나누어드렸다. 'COVID-19' 극복도시락 배부를 진행하면서 사회적 거리두기가 지켜지도록 어르신들 간격을 띄우도록 안내하였다. 마지막으로 봉사활동을 한 구역을 다시 방역을 하고 마무리 하였다.

어떻게 보면 단순하고 쉽게 보일 수 있다. 하지만 나는 쉽고 단순해 보이는 이 봉사활동을 통해서 내가 조금이나마 'COVID-19' 극복에 도움이 된다는 보람을 느끼게 되었다. 그래서 이 봉사활동을 한 번만 하고 끝낸 것이 아니라 내가 가능한 시간대에 여러 번 신청하여 해당 봉사활동을 진행하게 되었다.

그 결과 근린공원, 문화예술회관, 사회복지시설 등 다양한 곳에서 방역봉사활동을 진행하게 되었다. 이러한 봉사활동이 나를 바쁘게 만들었지만 바쁘게 봉사한 만큼 많은 것을 배울 수 있었다.

김○○(○○대학교 간호학과)

COVID-19 대응 자원봉사활동 현황(2020년 1월 ~ 11월)

(단위 : 명, %)

방역소독	홍보 캠페인	공공장소 검역지원	상담	격리자 지원	현장 관계자 지원	취약계층 지원
451,057 (29.9)	130,641 (8.6)	43,599 (2.9)	10,589 (0.7)	7,016 (0.5)	40,623 (2.7)	226,404 (14.9)
마스크 제작배부	**공적 마스크 배부지원**	**농촌 일손돕기**	**착한소비**	**환경 정비**	**재활용 · 분리수거 지원**	**기타**
210,931 (13.9)	40,451 (2.7)	57,913 (3.8)	20,211 (1.3)	85,973 (5.7)	16,287 (1.1)	170,356 (11.3)

출처 : 한국중앙자원봉사센터(2020).

자원봉사센터의 COVID-19 대응 업무체계

〈step 1〉 시민들의 안전한 자원봉사활동과 대응을 위한 자원봉사활동 매뉴얼 배포 → 자원봉사활동 업무 매뉴얼 배포

〈step 2〉 지역사회 네트워크를 활용한 다양한 체계의 가동능력 협업을 통해 물자자원 적재적소 지원 → 초기 확진자 대거발생에 따른 전국의 후원물품(금) 집중됨에 따라 정확한 정보 및 지역 내 협업을 통해 물자를 배분

〈step 3〉 코로나19 종식을 위한 올바른 정보제공 및 높은 시민의식을 위한 시민운동분위기 조성 → 감염병 재난에 대해 시민들이 올바른 정보를 통해 위기를 극복할 수 있도록 지속적인 정보 제공

〈step 4〉 코로나19 대응 자원봉사활동 전개 → 자원봉사자의 안전을 고려하여 활동시기 확인 및 영역별 대응현황 파악

〈step 5〉 뉴노멀 시대의 자원봉사활동 방향 재조명 → 코로나19 확산 방지를 위한 비대면 자원봉사활동 강화 및 온라인 자원봉사정보 제공, 채널 신규 개설

출처 : 대구광역시자원봉사센터(2020).

3) 참여동기

자원봉사 참여 동기는 매우 다양한데, 일반적으로 시민으로서의 의무나 책임 등의 도덕성, 타인을 위한 이타주의, 그리고 자신의 경력이나 경험, 개발 등의 도구주의로 구분될 수 있다.

(단위 : %, 2017년 n=1,500, 2020년 n=2,059)

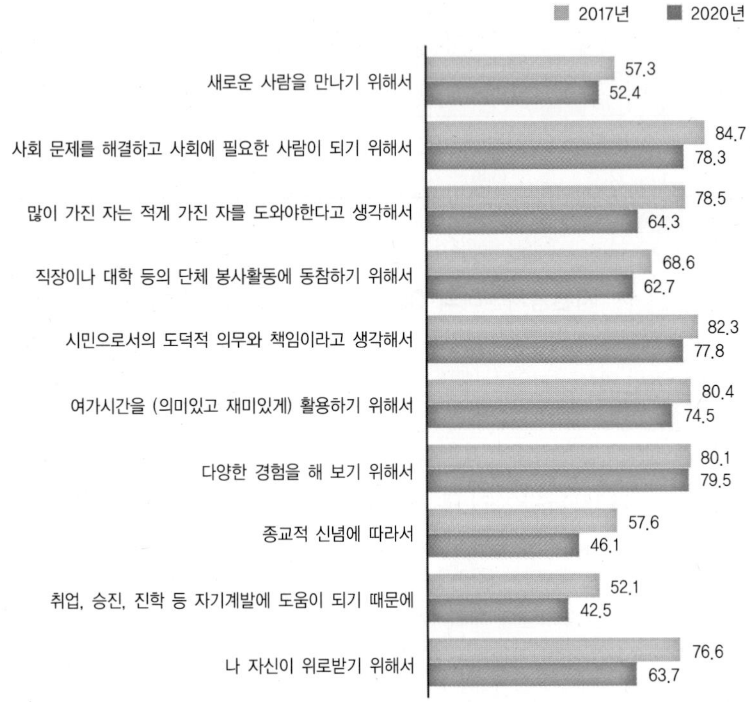

|그림 4-11| **자원봉사 참여동기**

2020년에 자원봉사의 참여동기가 높은 응답은 '다양한 경험을 해보기 위해서'(79.5%), '사회 문제를 해결하고 사회에 필요한 사람이 되기 위해서'(78.3%), '시민으로서의 도덕적 의무와 책임이라고 생각해서'(77.8%), '여가 시간을 활용하기 위해서'(74.5%) 등의 순으로 나타났지만 각 동기별로 응답율의 차이는

크지 않았다. 반면에 2017년에는 '사회 문제를 해결하고 사회에 필요한 사람이 되기 위해서'의 사명감 동기가 84.7%로 나타나 두드러진 특징을 보였다. 이것은 당시 정치권의 불신과 연결된 촛불 집회 등의 영향으로 시민의식이 크게 성장한 것과 무관하지 않은 것으로 판단된다.

이처럼 2017년과 2020년의 참여동기에 대한 응답순위의 차이는 있지만 다양한 경험, 사명감, 도덕적 책임, 여가활용이라는 참여동기의 유형은 공통적이라는 특징이 있다. 자원봉사 참여동기는 시대 상황에 따라 시계추처럼 변화한다는 점을 항시 고려해야 할 것이다.

4) 참여경로

자원봉사활동을 처음 접하게 된 경로 중 상위응답은 2020년과 2017년에 동일하게 '자원봉사에 참여하도록 누군가로부터 요청이나 권유를 받았다', '소속된 단체나 조직, 학교 및 직장을 통해 알게 되었다', '자원봉사 활동에 참여한 가족이나 친구들의 활동을 보고 하게 되었다'의 순으로 나타났다. 다음으로 응답이 많은 '자원봉사센터나 그 홍보물', '자원봉사 포털', '인터넷이나 소셜네트워크' 및 '라디오/ TV 등의 광고'를 통한 참여 또한 2020년과 2017년 모두 동일한 경향을 보였는데, 특이한 점은 2017년에는 합산 응답이 8.9%였으나 2020년에는 51%로 약 5.7배 정도 늘어난 점이다. 이와 같은 결과는 소속된 집단이나 개인적 관계를 통해 자원봉사에 참여하는 경향이 여전히 높으면서도 공적인 홍보나 온라인, 미디어 홍보/ 광고를 통한 자원봉사 유입이 늘어나고 있음을 보여주고 있다. 그 중에서도 자원봉사포털이나 인터넷, 소셜 네트워크를 통한 경우는 2017년에는 공통적으로 0.9%의 응답률을 보였으나 2020년에서는 각각 13.7%, 12.3%로써 10배 이상 증가한 것으로 나타나 온라인에 익숙한 젊은 세대들의 적극적인 참여현상을 보여주고 있다. 향후 온라인 중심의 자원봉사 참여 경향은 더욱 증가할 것이므로 이를 위한 다양한 아이디어 개발과 기술적 개선이 필요하다.

(단위 : %, 2017년 n=1,500, 2020년 n=2,059)

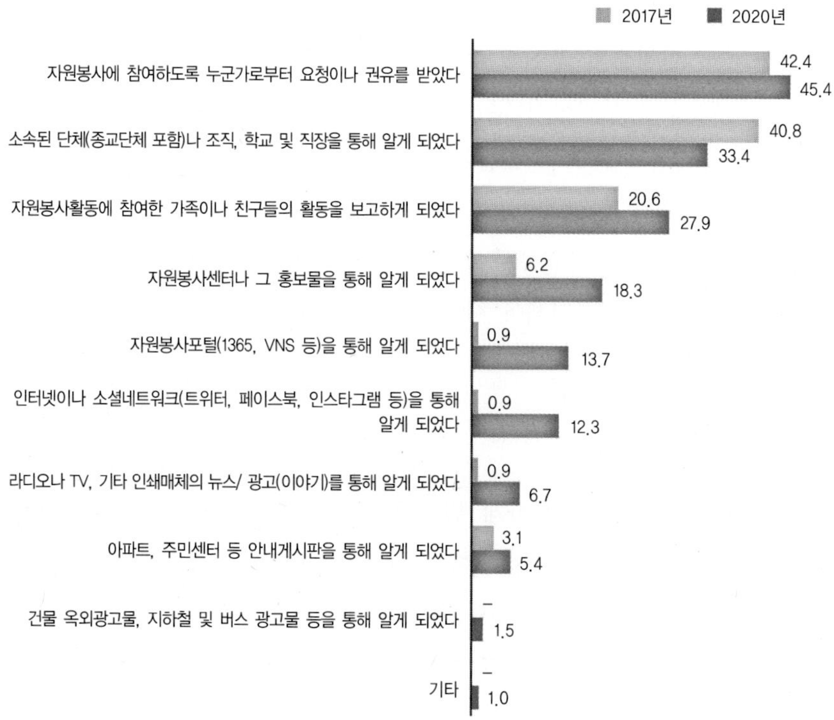

|그림 4-12| **자원봉사 참여경로**

5) 만족 및 불만족

(1) 만족

2002년부터 2020년까지 자원봉사활동의 만족도 추이는 |그림 4-13|과 같이 2002년(89.4%)과 2005년(84.9%)에는 90%에 근접한 만족도 수준을 보였으며 이후 2008년(90.4%)과 2011년(94.8%) 조사에서는 90%를 넘어서서 계속 상승하였다. 이후 2014년(89.4%) 조사에서 만족도가 다소 낮아졌으나 2017년 조사에서는 97.2%로 역대 최고 수준이었다. 그리고 2020년 조사에서는 95.2%로 약간 낮아졌으며, 4점 척도로는 3.29점으로 나타났다.

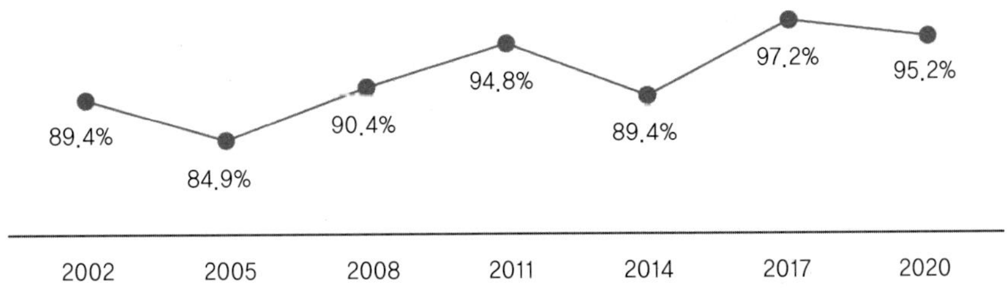

|그림 4-13| **자원봉사활동 만족도 추이**

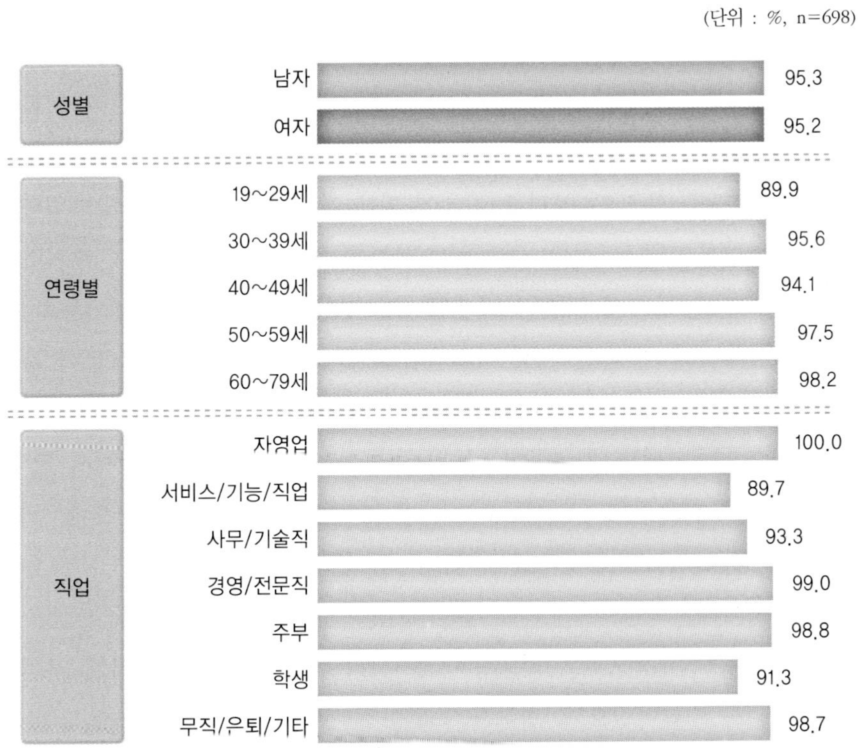

|그림 4-14| **자원봉사자의 특성별 만족도**

자원봉사의 만족도를 응답자 특성별로 살펴보면 |그림 4-14|와 같은데, 먼저 성별로는 남자 95.3%, 여자 95.2%로 차이가 거의 없었으며, 연령별로는

50대 이상 고연령층(50대 97.5%, 60대~70대 98.2%)의 만족도가 20대(89.9%)의 저연령층보다 높게 나타났다. 직업별로는 자영업(100%), 경영전문직(99.0%), 주부(98.8%), 무직/은퇴/기타(98.7%)의 만족도가 높은 반면, 상대적으로 학생(91.3%), 서비스/기능직(89.7%)은 낮은 것으로 나타났다.

응답자 특성별 만족도 중 특징적인 부분은 연령에 있어서 주로 대학생이 많은 수를 차지하는 20대의 비율이 상대적으로 낮은 것은 자원봉사활동에 대한 다양한 개별화 욕구에 비해 적합한 일감을 매칭하지 못하는 이유 등이 있을 수 있으며, 직업별로는 사무직의 만족도가 낮은데, 이는 기업 차원의 단체 활동에 의무적으로 참여하는 경우가 많은 모습 등을 반영해 주고 있다.

(2) 불만족

자원봉사활동 시 느낀 불만족 이유에 대해 2020년에는 '기관은 고마워하기보다는 당연한 것으로 여겼다'(18.2%), '봉사를 하는 물리적 환경이 쾌적하지 못했다'(14.8%), '나에게 적합한 봉사활동에 배치되지 않았다'(14.3%) 등의 순으로 불만족 응답이 높았으며, '아쉬움을 느낀 적이 없음'은 36.3%로써 자원봉사자의 63.7%는 어떤 이유이든지 불만족을 느낀 것으로 나타났다.

그리고 지난 1년간 자원봉사활동의 중단을 생각한 경험에 대해서 '있다'라고 응답한 비율은 2014년에 17.1%에서 2017년 14.6%로 낮아졌으나, 2020년에는 다시 25.7%로 증가하였다. 이는 2017년의 14.6%에 비해 11.1p%나 증가한 수치이다.

이와 같이 전체적으로는 자원봉사 참여율은 높아졌으나 미미하게 자원봉사의 만족도는 낮아졌으며, 만족도가 낮아진 만큼 불만족 정도도 높아진 것으로 보인다. 특히 중단을 생각한 경험이 증가하였다는 데 자원봉사 조정자는 주목해야 할 것이며, 자원봉사 조정과정에서 불만 요인들을 줄이기 위해 노력해야 할 필요가 있다.

(단위 : %, N=698)

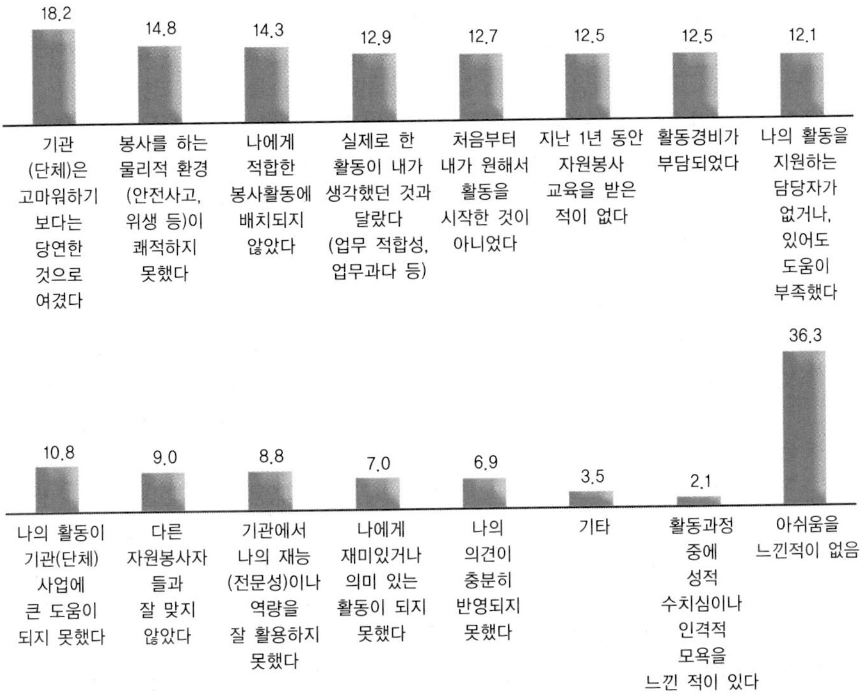

|그림 4-15| **자원봉사활동 시 느낀 불만족 이유**

(단위 : %)

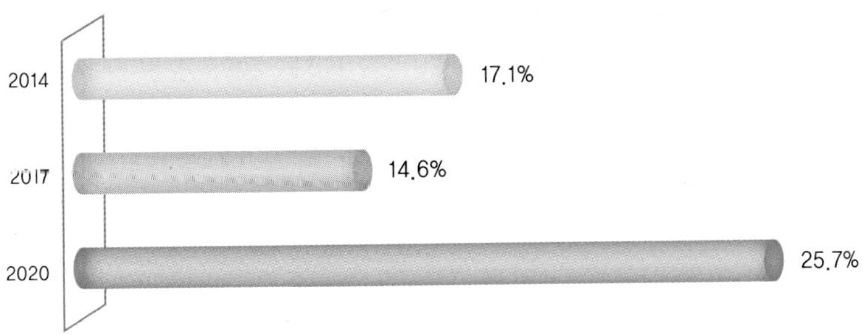

|그림 4-16| **자원봉사활동 중단을 생각한 경험**

6) 미참여 이유 및 향후 참여의향

(1) 미참여 이유

자원봉사활동에 참여하지 않는 이유에 대해 2020년에는 '시간적 여유가 없어서'가 47.5%로 가장 높았으며, '어떻게 참여하는지 방법을 몰라서'(14.8%), '관심(흥미)이 없어서'(11.1%), '건강상의 문제나 신체적인 문제로 인해서'(8.3%) 등의 순으로 나타났다.

(단위 : %, 2017년 n=1,500, 2020년 n=2,059)

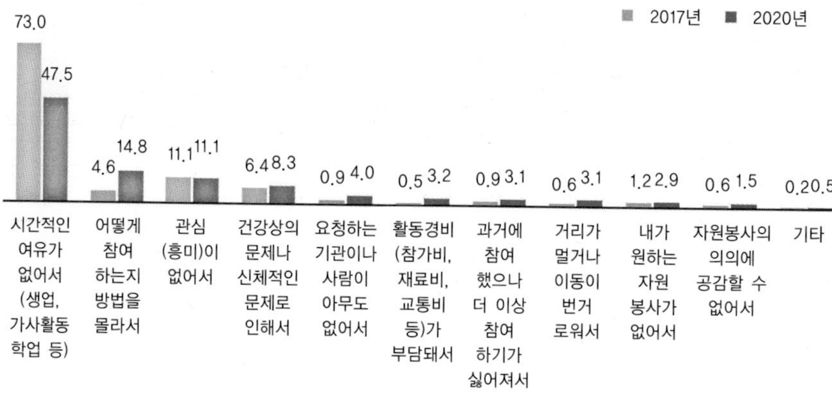

|그림 4-17| **자원봉사활동에 참여하지 않는 이유**

반면에 2017년에는 '시간적 여유가 없어서'가 73.0%, '어떻게 참여하는지 방법을 몰라서'가 4.6%로써, 2020년 결과와 비교해보면 '시간적 여유가 없어서'는 73.0%에서 47.5%로 현격하게 줄어들었지만 '어떻게 참여하는지 방법을 몰라서'는 4.6%에서 14.8%로 크게 높아졌다. 이 가운데 참여방법 관련으로는 앞서 참여경로에서 언급한 공적인 홍보나 온라인, 미디어 홍보/ 광고 등의 확대에도 불구하고 효과적인 정보의 전달이 미흡했기 때문으로 설명할 수 있을 것이다.

(2) 향후 참여의향

향후 1년 이내에 자원봉사 참여의향은 〈표 4-3〉과 같이 2011년에 35.7%, 2014년 34.1%, 2017년 31.1%로써 시기마다 소폭 하락하였지만 30%를 상회하는 수준이었으며, 2020년에는 크게 증가한 74.2%로 나타났다. 이는 2017년과 비교하면 43.1p% 상승한 것으로써 2020년의 자원봉사 참여의향이 높게 나타난 것 또한 자원봉사 참여율이 높게 나타난 것과 관련된 것으로 추정된다.

〈표 4-3〉 **향후 1년 이내 자원봉사 참여 의향**

(단위 : %)

구 분	2020년	2017년	2014년	2011년
전혀 없다	6.5	24.8	21.9	25.3
별로 없다	19.3	34.6	35.6	29.7
조금 있다	54.9	26.8	30.1	31.5
많이 있다	19.3	3.3	4.0	4.2
모르겠다/무응답	-	10.5	8.4	9.3

7) 인정보상

(1) 받은 경험

자원봉사에 대한 인정보상은 제2차 국가기본계획에서 관련 실태조사의 필요성이 강조되었고, 인정보상 영향에 대한 김숙경(2001), 이강현 외(2006), 정진석 외(2009) 등의 연구결과에서도 인정보상 경험이 자원봉사자의 활동적극성과 지속성에 미치는 영향이 큰 것으로 나타난 바 있다. 이처럼 자원봉사자들이 활동하고 있는 대부분의 기관·단체에서는 다양한 형태의 인정보상이 시행되고 있기에 2014년부터 국가 단위 조사에서 처음으로 인정보상 영역이 설계된 이후 정기적인 조사가 이루어지고 있다.

인정보상에 관하여 '지난 1년간 받은 경험이 없다'는 응답이 2014년 53.2%에서 2017년 29%로 크게 하락하였으나 2020년에는 39.2%로 다시 증가한 것으로 나타났다. 이처럼 2017년에 비해 2020년에 10.2%가 증가한 것은 인정보상이 자원봉사의 만족이나 지속성에 영향을 미친다는 현실을 적극 반영하고 있는 것으로 보인다. 향후 자원봉사 참여율을 제고하고 만족스러운 자원봉사가 될 수 있도록 인정보상 분야의 정책적 개선이 필요함을 시사해 주고 있다.

인정보상을 받은 경험이 있을 경우 받은 유형에 대해 2020년에는 '개인적 감사 표시나 연락'(24.0%), '봉사활동의 결과에 대해 알려줌'(18.1%), '공식적인 인정 제공'(15.1%), '봉사자 모임, 교육기회 제공'(12.3%) 등의 순으로 응답 비율이 높았다.

(단위 : %, N=698)

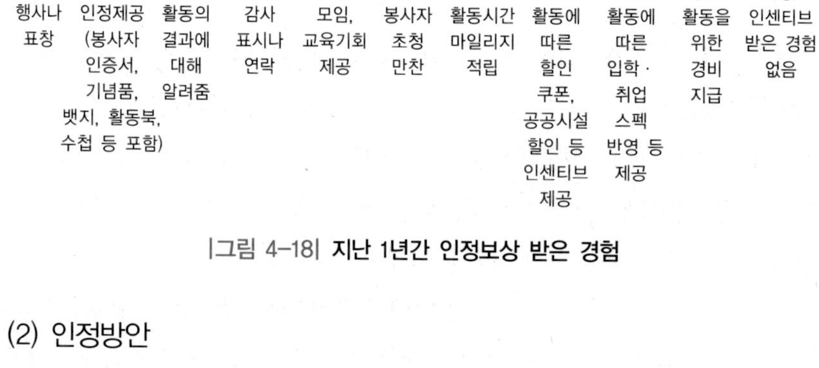

|그림 4-18| **지난 1년간 인정보상 받은 경험**

(2) 인정방안

자원봉사자의 활동을 격려하기 위한 인정방안에 대한 2020년에는 '봉사활동의 결과에 대해 알려줌'이라는 응답이 70.9%로 가장 높았으며, '봉사자 모임, 교육기회 제공(64.1%)', '자원봉사 활동에 따른 할인쿠폰, 공공시설 할인 등 인센티브 제공(62.7%)' 등의 순으로 나타났다.

2020년의 결과를 2017년과 비교해 보면, '공식적인 인정 제공', '봉사활동의 결과를 알려 줌', 그리고 '봉사자 모임, 교육기회 제공'에 대한 선호도가 증가한 것으로 나타났다. 특히 교육이나 모임에 대한 기대가 증가한 것은 2020년 상반기 코로나19의 영향으로 모임이나 교육이 제한적이었기 때문으로 보인다.

이와 같이 인정방안의 필요성에 대해서는 자원봉사자나 국민 대부분이 동의하고 있으므로 향후에는 자원봉사의 기본 철학과 문화 정착에 미치는 영향에 대한 논의가 필요할 것이며, 또한 진정한 자원봉사 인정보상은 비공식적 인정보상이라는 것이 일반적인 의견이므로 정신적 보람과 가치관에 관한 자원봉사교육 등의 확대가 필요하다.

(단위 : %, 2017년 n=1,500, 2020년 n=2,059)

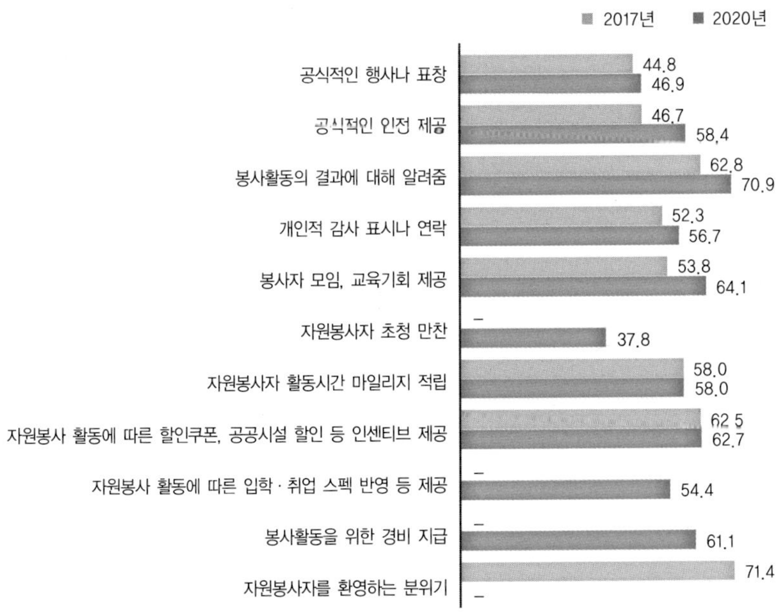

|그림 4-19| **자원봉사 인정방안**

생각해 보기

1. 전통적인 대면 자원봉사활동과 비대면/ 온라인 자원봉사활동의 차이점을 생각해 보고, 비대면/ 온라인 자원봉사활동의 확대 방안에 대해서 토론해 봅시다.

2. 자원봉사활동 시간과 활동기간을 높이는 방안으로서 은퇴자 및 노인들의 참여를 증진시키기 위한 방법에는 어떤 것들이 있는지 생각해 봅시다.

3. 자원봉사자의 불만족 이유들을 생각해 보고 불만족을 줄이기 위해서 자원봉사조정자들은 어떤 노력을 해야 하는지 생각해 봅시다.

CHAPTER 5

자원봉사의 추진체계

자원봉사는 지역주민의 참여를 통한 지역공동체 형성을 위한 것으로, 주민이 지역사회의 문제해결과 시민으로서의 의무 이행에 참여할 수 있는 구체화된 방법이다. 우리나라에서 이 활동은 1988년 서울올림픽과 1990년대 이후 본격적으로 실시된 지방자치제가 주된 계기가 되어 활성화되기 시작하였으며, 2006년부터는 자원봉사활동 기본법이 시행되어 일상생활 속에서 자원봉사활동을 전개하기 위한 계기가 마련되었다. 이에 따라 현재 우리나라의 자원봉사 추진체계는 자원봉사활동 기본법이라는 법적 체계를 근간으로 하고 있다. 여기서는 자원봉사의 법적 체계를 먼저 검토한 이후 자원봉사현장에서 자원봉사활동을 조정하는 운영체계인 자원봉사센터를 구체적으로 살펴보고자 한다.

1. 법적 체계

자원봉사의 역사에서 최근 가장 큰 변화로는 자원봉사와 관련한 대표적인 법적 체계인 자원봉사활동 기본법이 마련된 것을 예로 들 수 있다. 이 법은 자원봉사활동에 관한 기본적인 사항을 규정함으로써 자원봉사활동을 진흥하고 행복한 공동체 건설에 이바지함을 목적(법 제1조)으로 2005년 8월 4일 제정되었다. 이전까지 우리나라의 자원봉사 관련 법적 체계는 사회복지사업법,

대한적십자조직법, 청소년기본법 등이었으며 여기서의 자원봉사는 간접적인 권유 수준의 활동이었다.

자원봉사활동 관련 법 제정의 필요성은 1994년부터 한국자원봉사단체협의회(현 한국자원봉사협의회) 및 자원봉사현장 전문가 집단을 중심으로 제기되었고 다양한 접근이 시도되었다. 하지만 개인의 자발적 참여 운동인 자원봉사활동에 정부가 개입해서는 안 된다는 인식과 이 활동이 자칫 정치적으로 이용되지 않을까 하는 염려에서 계속 보류되어 오다 11여 년 만에 결실을 맺게 되었다. 이 법은 2차례 일부 개정되어 현재에 이르고 있으며 우리나라 자원봉사 추진체계의 근간이 되고 있다. 법률 및 시행령에서 제시되어 있는 구체적인 내용은 다음과 같다.

자원봉사활동 기본법	자원봉사활동 기본법 시행령
목적 기본 방향 용어의 정의 국가와 지방자치단체의 책무 정치활동 등의 금지의무 자원봉사활동의 강요 금지 다른 법률과의 관계 자원봉사활동의 범위 자원봉사진흥위원회 자원봉사활동의 진흥에 관한 국가기본계획의 수립 연도별 시행계획의 수립 학교 · 직장 등의 자원봉사활동 장려 포상 자원봉사자의 날 및 자원봉사 주간 자원봉사자의 보호 자원봉사활동의 관리 국유 · 공유 재산의 사용 한국자원봉사협의회 자원봉사단체에 대한 지원 자원봉사센터의 설치 및 운영 벌칙	목적 자원봉사진흥위원회의 구성 위원회의 운영 등 자원봉사진흥 실무위원회의 구성 등 자원봉사활동의 진흥에 관한 국가기본계획의 수립 연도별 시행계획의 수립 · 시행 관계기관 등에 대한 협조요청 포상 자원봉사자의 날 및 자원봉사주간 행사 자원봉사자에 대한 보험가입 등 교육훈련 국 · 공유재산의 사용 한국자원봉사협의회의 회원 등 자원봉사센터 장의 자격요건 등 자원봉사센터의 조직 및 운영 등 고유식별정보의 처리

1) 자원봉사정책의 기본 방향

자원봉사활동의 진흥을 위한 정책은 ① 자원봉사활동은 국민의 협동적인 참여능력을 높일 수 있는 방향으로 추진, ② 자원봉사활동은 무보수성, 자발성, 공익성, 비영리성, 비정파성(非政派性), 비종파성(非宗派性)의 원칙 아래 수행, ③ 모든 국민은 나이, 성별, 장애, 지역, 학력 등 사회적 배경에 관계없이 누구든지 자원봉사활동에 참여, ④ 자원봉사활동의 진흥을 위한 정책은 민·관 협력의 기본 정신을 바탕으로 하여 추진하여야 한다(제2조). 또한 국가와 지방자치단체는 자원봉사활동의 진흥에 관한 시책을 마련하여 국민의 자원봉사활동을 권장하고 지원하여야 하며(제4조), 자원봉사단체 및 자원봉사센터는 그 명의 또는 그 대표의 명의로 특정 정당이나 특정인의 선거운동을 하여서는 아니 된다(제5조).

2) 자원봉사활동의 범위

자원봉사활동의 범위는 ① 사회복지 및 보건 증진에 관한 활동, ② 지역사회 개발·발전에 관한 활동, ③ 환경보전 및 자연보호에 관한 활동, ④ 사회적 취약계층의 권익 증진 및 청소년의 육성·보호에 관한 활동, ⑤ 교육 및 상담에 관한 활동, ⑥ 인권 옹호 및 평화 구현에 관한 활동, ⑦ 범죄 예방 및 선도에 관한 활동, ⑧ 교통질서 및 기초질서 계도에 관한 활동, ⑨ 재난관리 및 재해 구호에 관한 활동, ⑩ 문화·관광·예술 및 체육 진흥에 관한 활동, ⑪ 부패 방지 및 소비자 보호에 관한 활동, ⑫ 공명선거에 관한 활동, ⑬ 국제협력 및 국외봉사활동, ⑭ 공공행정 분야의 사무 지원에 관한 활동, ⑮ 그 밖에 공익사업의 수행 또는 주민복리의 증진에 필요한 활동으로 규정한다(제7조).

3) 자원봉사진흥위원회의 구성과 역할

자원봉사활동에 관한 주요 정책을 심의하기 위하여 국무총리 소속으로 관계 중앙행정기관 및 민간 전문가로 구성된 자원봉사진흥위원회를 두고 ① 자원봉사활동의 진흥을 위한 정책 방향의 설정 및 협력 · 조정, ② 자원봉사활동의 진흥을 위한 국가기본계획과 연도별 시행계획에 관한 사항, ③ 자원봉사활동의 진흥을 위한 제도 개선에 관한 사항, ④ 그 밖에 자원봉사활동의 진흥에 필요한 사항을 심의한다. 그리고 이러한 심의사항을 미리 검토하고 관계 기관 간의 협의 사항을 정리하기 위하여 자원봉사진흥위원회에 실무위원회를 둘 수 있다(제8조).

4) 자원봉사활동의 진흥에 관한 국가기본계획

자원봉사활동의 진흥에 관한 국가기본계획은 행정자치부장관이 관계 중앙행정기관의 장과 협의하여 5년마다 수립하고, 그 기본계획에는 ① 자원봉사활동의 진흥에 관한 기본 방향, ② 자원봉사활동의 진흥에 관한 추진 일정, ③ 관계 중앙행정기관의 자원봉사활동에 관한 추진 시책, ④ 자원봉사활동의 진흥을 위하여 필요한 재원(財源)의 조달방법, ⑤ 그 밖에 자원봉사활동의 진흥을 위하여 특히 필요하다고 인정되는 사항을 포함한다(제9조). 또한 관계 중앙행정기관의 장과 지방자치단체의 장은 기본계획에 따라 연도별 시행계획을 수립 · 시행하여야 한다(제10조).

제1차 국가기본계획(2008~2012)은 2007년 수립되었으며 첫 시행된 계획이라는 점에서 중앙 · 지역 자원봉사센터 설치 등 전국적 인프라 구축에 초점을 두었다. 하지만 제2차 국가기본계획(2013~2017)은 자원봉사 관리 · 사업영역의 체계화 및 참여문화 확산 홍보 · 캠페인 등을 중점 추진하였다. 그간 1, 2차 계획을 통해 자원봉사분야의 제도화 및 양적 성장을 달성하였고 법 · 제도적 기틀은 어느 정도 갖추었으나, 실질적인 자원봉사활동의 참여 확대로 이어지는 성과는 부족했다는 평가이다. 이에 따라 제3차 국가기본계획(2018~2022)은 자원봉사 참여문화 확산을 위해 자원봉사 참여주체 · 활동영역 · 활동내용의 확장과 관리방식의 혁신을 모색하였다. 더불어 자원봉사활동의 효과적 지원을 위한 기존 제도의 기능 강화 및 전문적 자원봉사관리체계 구축 등에 초점을 두고 수립되었으며 구체적인 내용은 아래 표와 같다(대한민국정부, 2018).

자원봉사활동 진흥을 위한 제3차 국가기본계획(2018~2022) 주요내용

비 전	성장하는 자원봉사, 함께 가는 대한민국
목 표	◈ [패러다임] 시민성과 공공성 기반의 자원봉사 가치 확장 ◈ [구조] 협력과 책임의 자원봉사 거버넌스 구현 ◈ [실천] 연결과 순환의 자원봉사 생태계 조성

5대 정책영역 17개 정책과제 36개 세부과제

정책영역	정책과제	세부과제
제1영역 자원봉사 문화와 참여	1-1. 자원봉사의 시민적 가치 확장	1. 시민성 기반 자원봉사 인식의 저변 확대 * 자원봉사 시민리더 육성
		2. 공공성 기반 자원봉사 모델 지원 * 사회문제 해결형 자원봉사, 청년봉사단 운영
	1-2. 일상적 자원봉사의 참여 접근성 향상	3. 생애주기별 자원봉사 프로그램 개발 및 확장 * 청소년 · 가족 · 신중년층 · 공무원 등 자원봉사 활성화
		4. 자원봉사의 시 · 공간절 참여 접근성 확보 * 온라인 봉사 확대, 생활권 단위 자원봉사
	1-3. 사회 저변의 자원봉사 참여 영역 확장	5. 특수 사회영역 자원봉사 기반 구축 * 재난지원 자원봉사, 각 부처별 특화된 자원봉사
		6. 공공부문 자원봉사 확대 * 지자체 · 관공서 연계 활동
	1-4. 자원봉사 홍보와 캠페인의 영향력 향상	7. 범국민 자원봉사 참여의 장 확대 * 분야별 자원봉사 참여행사 · 캠페인 실시
		8. 자원봉사 참여문화 확산을 위한 홍보 강화 * 자원봉사 브랜드 확산, 홍보방식 다양화

영역	전략	과제
제2영역 자원봉사 인프라	2-1. 자원봉사 공적 지원 기구 정비	1. 전국 단위 자원봉사 지원기구 설립 * 자원봉사 전담 독립적 중앙기구 설립 검토
		2. 국가 · 지역의 자원봉사 거버넌스 고도화 * 자원봉사진흥위 활성화, 지역진흥위 설치
	2-2. 자원봉사센터의 민간중심성 및 전문 역량 강화	3. 자원봉사센터 민간중심성 및 전문성 제고 * 센터 민간화, 예산 · 인력 확충 및 운영여건 개선
		4. 자원봉사센터 재원의 다각화 * 센터 자발적 기탁금품 접수 허용, 민간재원 활용
		5. 자원봉사센터의 유관 섹터간 협력체계 구축 * 지역센터 역할 고도화, 대외협력 확대
	2-3. 자원봉사포털의 기능 혁신	6. 이용자 중심의 자원봉사포털 서비스 고도화 * 포털 내 참여인증 출력기증 개발
		7. 자원봉사 참여인증 시스템 구축 * 포털 내 참여인증 출력기능 개발
제3영역 자원봉사 관리와 사업	3-1. 자원봉사관리자 전문 역량 및 사회적 위상 강화	1. 자원봉사관리자 교육실행체계 강화 * 교육콘텐츠 고도화, 교육 전담기구 지정
		2. 자원봉사관리자의 사회적 위상 확립 * '자원봉사관리자'의 직업 등재, 윤리강령 확산
	3-2. 자원봉사자 지원 및 관리전략 혁신	3. 자원봉사자 성장단계별 교육프로그램 개발 및 실행 * 표준 교육콘텐츠 개발, 교육 전담기구 지정
		4. 자원봉사에 대한 사회적 인정방식 다양화 * 포상규모 확대, 인정 · 보상 프로그램 다양화
		5. 자원봉사현장의 인권과 안전 보장 * 현장 인권 가이드라인 개발, 상해보험 확대 추진
		6. 자원봉사 수요처 범위의 확장 및 관리 강화 * 비영리섹터 내 새로운 수요처 발굴, 활동의 질 관리
	3-3. 자원봉사 전략사업 및 프로젝트 지원	7. 재능기부 및 프로보노 활성화 * 재능기부 · 프로보노 활동모델 보급, 플랫폼 구축
		8. 지역특화형 및 혁신적 자원봉사 프로그램 지원 * 지역사회 문제해결 및 공동체 프로그램 발굴 · 확산
제5영역 자원봉사 국제교류 · 협력	5-1. 자원봉사 국제개발 협력 활성화	1. 체계화된 다분야 해외 자원봉사사업 촉진 * 해외봉사단 파견, 개도국 자원봉사 역량강화 지원
		2. 해외 자원봉사사업의 효과적 성과평가 * 기관별 · 사업별 성과평가, 중기성과체계 구축
	5-2. 자원봉사 국제교류 활성화	3. 국제자원봉사 행사와의 연계 확대 * 국제 관련 행사 참가 · 국내 유치
		4. 국제교류 네트워크 다양화 및 내실화 * 파트너십 기관 다변화, 교류 프로그램 전문화
	5-3. 국내 · 외 자원봉사섹터 간 연계 · 협력 활성화	5. 국내외 자원봉사섹터 간 파트너십 및 환류체계 강화 * 섹터 간 교류, 국내외 봉사자간 환류체계 구축

5) 자원봉사활동의 장려 및 포상

자원봉사활동의 장려를 위해 학교는 학생의 자원봉사활동을 권장하고 지도 · 관리하기 위하여 노력하고, 직장은 직장인의 자원봉사활동을 촉진하기 위하여 노력해야 한다. 이에 더하여 학교 · 직장 등의 장은 학생 및 직장인 등의 자원봉사활동에 대하여 그 공헌을 인정해 줄 수 있다(제11조). 또한 국가와 지방자치단체는 국가와 사회에 현저한 공로가 있는 자원봉사활동을 한 자원봉사자, 자원봉사단체, 자원봉사센터 등에 대하여 포상할 수 있으며(제12조), 자원봉사활동이 안전한 환경에서 이루어질 수 있도록 노력하여야 한다(제14조). 그리고 자원봉사단체의 활동에 필요한 행정적 지원을 할 수 있으며 비영리민간단체 지원법에 따라 사업비를 지원할 수 있다(제18조). 자원봉사단체 및 자원봉사센터도 자원봉사자에 대한 교육훈련 및 안전대책 등이 체계적으로 관리될 수 있도록 노력하여야 한다(제15조).

한편 국가는 국민의 자원봉사활동에 대한 참여를 촉진하고 자원봉사자의 사기를 높이기 위하여 매년 12월 5일을 자원봉사자의 날로 하고 자원봉사자의 날부터 1주일간을 자원봉사주간으로 설정한다(제13조).

6) 한국자원봉사협의회 설립

자원봉사단체는 전국 단위의 자원봉사활동을 진흥 · 촉진하기 위해 한국자원봉사협의회를 법인으로 설립할 수 있으며, 여기서는 ① 회원단체 간의 협력 및 사업 지원, ② 자원봉사활동의 진흥을 위한 대국민 홍보 및 국제교류, ③ 자원봉사활동과 관련된 정책의 개발 및 조사 · 연구, ④ 자원봉사활동과 관련된 정책의 건의, ⑤ 자원봉사활동과 관련된 정보의 연계 및 지원, ⑥ 그 밖에 자원봉사활동의 진흥과 관련하여 국가 및 지방자치단체로부터 위탁받은 사업을 할 수 있다(제17조).

한국자원봉사협의회(Volunteering Korea)는
대한민국을 대표하는 자원봉사 민간대표기구이자 법정단체입니다.

> 한국자원봉사협의회는 자원봉사활동 기본법 제17조에 의한 법정단체로서
> 전국자원봉사단체들의 총괄대표기구이자 대정부 자원봉사 민간파트너입니다.

125개 회원단체(시민사회, 재계, 교육계, 종교계, 의료계 등)와 250여 개 협력단체로 구성된 한국자원봉사협의회는 건강한 시민사회의 상징이자 근간으로서의 자원봉사의 중요성과 회원단체들을 기반으로 한 자원봉사 상설 민간협의체의 필요성을 공감했던 시민사회 · 정부 · 기업들의 초이념적이고 초당파적인 협력 속에 설립되었습니다.

> 한국자원봉사협의회는 따뜻한 공동체와 포괄적 사회통합을 지향하며
> 이를 가능하게 하는 자원봉사의 가치와 역할 · 잠재성을 옹호합니다.

한국자원봉사협의회는 전통적으로 전승되고 발전되어 온 한국의 자원봉사를 계승하고 1990년대 중반 현대적 개념으로 재탄생한 자원봉사정신을 한국사회에 문화로서 정착시키기 위해 많은 노력을 기울여 왔습니다.
시민사회의 성숙과 공동체 문화를 형성해 가는 자원봉사가 되도록 앞으로도 자원봉사 법정 민간대표기구로서의 리더십을 끊임없이 쇄신해가겠습니다.

한국자원봉사협의회는
성숙한 자원봉사문화의 확산과 모든 시민의 참여 확대, 시민사회 역량 강화를 위해
5개의 정책영역(자원봉사문화와 참여, 자원봉사 지원 인프라, 자원봉사 관리와 개발, 자원봉사 연구와 평가, 자원봉사 글로벌 협력)과 이에 기반한 4대 사업영역(자원봉사 캠페인, 자원봉사 전국행사, 교육 · 연구 · 정책, 글로벌 협력)을 중심으로 역할을 수행하고 있습니다.

한국자원봉사협의회는
글로벌 협력 분야에서 세계자원봉사협의회(IAVE) 한국대표로서 국제사회 리더십을 발휘하고 있으며 자원봉사 국제정책의 개발, 대 정부 국제영역 정책활동 및 민관협력을 선도하고 있습니다.

[자원봉사 5대 정책영역]

[협의회 4대 사업영역]

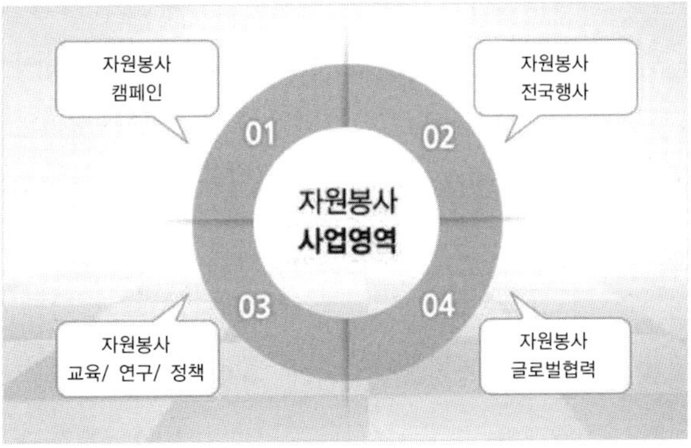

출처 : 한국자원봉사협의회 홈페이지(vkorea.or.kr).

7) 자원봉사센터 설치 및 운영

국가기관 및 지방자치단체는 자원봉사센터를 설치할 수 있다. 이 경우 자원봉사센터를 법인으로 하여 운영하거나 비영리 법인에 위탁하여 운영하여야 한다. 이렇게 해야 함에도 불구하고 자원봉사활동을 효율적으로 추진하기 위하여 필요하다고 인정할 경우에는 국가기관 및 지방자치단체가 운영할 수 있다. 이에 더하여 국가는 자원봉사센터의 설치 · 운영이 활성화될 수 있도록 적극 노력하여야 하며, 지방자치단체는 자원봉사센터의 운영에 필요한 경비를 지원할 수 있다(제19조).

2. 운영체계

우리나라에서 가장 대표적인 자원봉사 운영체계는 자원봉사센터이다. 이것은 지역주민의 자원봉사활동을 체계적으로 통합하고 활성화하기 위해서 설치 · 운영된 것이다. 자원봉사센터는 설립 주체와 목적에 따라 운영형태에 있어 상당한 차이를 가지고 있으나 자원봉사활동의 수요와 공급의 측면에서 수요자 중심의 자원봉사센터, 공급자 중심의 자원봉사센터, 그리고 이 수요와 공급을 적절히 조정하고 자원봉사센터 간의 효율적인 연계역할을 수행하는 조정자 중심의 자원봉사센터로 구분해 볼 수 있다(박태영, 2003).

수요자 중심의 자원봉사센터는 자원봉사를 직접 활용하고 있는 사회복지서비스기관으로 종합사회복지관 재가복지센터, 사회복지 관련 시설, 병원 의료사회복지팀(실), 상담기관, 시민사회단체(NGO, NPO, 환경단체) 등을 들 수 있다. 그리고 공급자 중심의 자원봉사센터는 민간형태의 비사회복지영역에서 기관 본연의 목적을 수행하기 위해 자원봉사를 활용하고 있는 기관이다. 종류로는 교육기관(대학, 중 · 고교 사회봉사단), 기업, 종교사회봉사 등이 있다.

한편 조정자 중심의 자원봉사센터는 공공형태의 자원봉사센터가 해당되며 2개 정부 중앙부처(행정자치부, 보건복지부) 관할의 자원봉사센터를 예로 들 수 있다. 1992년 이후부터 자치단체에는 소관 부처별로 1개씩 이상의 자원봉사센터가 설치 · 운영되고 있으며, 일반적으로 자원봉사센터를 지칭할 때는 조정자 중심의 자원봉사센터를 의미한다.

자원봉사센터의 등록 자원봉사자 수는 2007년 3,279,911명 수준이던 것이 2010년에는 6,315,032명, 2018년에는 12,831,501명으로 크게 증가하였으며, 이에 따라 연간 자원봉사활동 인원도 2007년 12,900,984명, 2010년은 14,979,864명, 2018년은 30,619,226명으로 증가하고 있다(안전행정부 · 한국중앙자원봉사센터, 2019). 그동안 자원봉사센터는 자원봉사활동의 수요와 공급의 상호 조정역할을 수행하고 지역사회 자원봉사활동의 활성화를 위하여 많은 공헌을 해오고 있다고 평가받고 있다.

그러나 자원봉사센터는 자원봉사센터 간의 기능중복, 자원봉사자의 모집과 배치업무에만 치중하게 되는 자원봉사센터 역할의 모호성, 자원봉사자를 개발 · 육성 · 유지하고 자원봉사활동을 효과적 · 조직적으로 관리 · 조정할 전문가의 배치 부족, 자원봉사센터 간의 상호 협력관계 부족으로 인한 센터업무의 중복 등으로 자원봉사센터가 본래의 역할을 충분히 수행하지 못하고 있다는 점 등이 문제점으로 지적되고 있다. 따라서 자원봉사센터가 자원봉사활동의 활성화와 지역사회복지 증진을 위한 역할을 수행하기 위해서는 자원봉사센터가 적정한 기능과 역할을 정립하고 지금까지 제기되어진 문제점을 개선하려는 노력이 필요하다.

1) 자원봉사센터의 기능과 역할

(1) 자원봉사센터의 기능

자원봉사센터의 기능은 학자들의 관점에 따라서 다양하게 제시되고 있다. 여기서는 지금까지 연구들에서 제시되고 있는 자원봉사센터의 기능을 살펴본 후, 적정한 자원봉사센터의 기능을 설정해 보고자 한다.

먼저 미국의 촛불재단에서 규정하는 지역자원활동센터의 기능을 살펴보면, ① 지역사회 발전 기획과 프로그램 개발, ② 자원봉사자 모집과 배치, ③ 상담과 교육 · 훈련, ④ 홍보 및 촉진, ⑤ 인정과 보상, ⑥ 자원봉사활동 정보제공, ⑦ 대변기능으로 설명하고 있다(한국여성개발원, 1999).

일본의 전국사회복지협의회는 자원봉사센터의 기능을 ① 자원봉사의 상담 및 모집, ② 자원봉사자 교육 · 훈련기능, ③ 자원봉사 수요처 배치, ④ 자원봉사에 대한 지원, ⑤ 자원봉사 홍보, ⑥ 학교 자원봉사 교육 및 활동 촉진, ⑦ 시민교육, ⑧ 연계망 구축 등 기타 특색에 맞는 기능의 여덟 가지 기능을 설정하고 있다(연세대 사회복지연구소, 1997).

일본에서 지침서로 나와 있는 자원봉사센터의 기본적인 기능은 미국 촛불재단에서 설정한 자원봉사활동센터와 큰 차이가 없으며, 자원봉사센터에서 시민교육 기능과 연계망 구축 기능을 담당하고 있는 것이 특징이다.

한편 김성이(1996)는 자원봉사센터의 기능을 ① 조사 · 연구, ② 지역사회 발전기획과 프로그램 개발, ③ 자원봉사자 모집과 배치, ④ 상담과 교육, 훈련, ⑤ 홍보 및 홍보자료의 개발 · 보급, ⑥ 인정, ⑦ 자료와 정보제공, ⑧ 대변, ⑨ 집회장의 대여와 기구 · 자재의 대여 및 재정을 지원, ⑩ 자원봉사활동 중에 일어나기 쉬운 사고에 대한 보장기능, ⑪ 국내외 교류기능으로 설정하고 있다. 또한 박태영(1996)은 자원봉사센터의 기능을 ① 수급조정, ② 기록 · 등록, ③ 자원봉사활동의 지원, ④ 양성 · 연수, ⑤ 홍보 · 계발, ⑥ 네트워크화, ⑦ 조사 · 연구의 일곱 가지로 분류하고 있다. 이 연구들에서 자원봉사센터의 기능은 자원봉사활동의 직접적인 조정에 관한 기능을 중심으로 하고 있으며, 자원봉사활동 시 사고에 대한 보장기능, 국내외 교류기능 등을 포함하고 있다.

이를 통해 볼 때 자원봉사센터의 기능은 지역사회 주민들이 자원봉사활동에 적극적으로 참여하도록 하는 것으로 모집기능, 배치기능, 교육 · 훈련기능, 프로그램 개발 기능, 홍보 및 정보제공 기능, 인정과 보상 기능 등을 포함한다. 또한 이러한 기능을 보다 활성화하기 위한 센터의 기록 · 등록 기능, 조직화된 자원봉사활동을 유도하는 지역사회조직 간 교류 및 연계망 구축 기능 등을 포함할 수 있다.

여기서는 자원봉사센터의 기능을 첫째, 수급조정, 둘째, 기록 · 등록, 셋째, 자원봉사활동의 지원, 넷째, 양성 · 연수, 다섯째, 홍보 · 계발, 여섯째, 네트워크화, 일곱째, 조사 · 연구 등의 일곱 가지로 정리하고 이를 구체적으로 살펴보고자 한다.

① 수급조정

자원봉사활동 담당자의 주축이 되는 직무이다. 간단하게 말하면, 자원봉사활동을 희망하는 사람(단체 등)에게 활동을 소개하고, 또한 자원봉사자가 도와주었으면 하는 사람(시설, 단체 등)에게 자원봉사자를 소개하는 일이다. 하지만 수급조정을 위한 담당자의 역할은 다양하며, 각각의 상대에 따른 적절한 대응이 요구되는 기능이다.

② 기록 · 등록

기록 · 등록은 원활한 수급조정을 위하여 자원봉사자나 자원봉사활동 그룹의 희망이나 활동에 관한 내용, 클라이언트에 대한 희망 내용, 사회자원 등을 파악하고, 문제해결을 위한 방법을 찾고, 적절한 상담 및 원조 방법을 검토하는 기능이다. 또한 담당자의 업무가 적절히 인수 · 인계되는 데 있어 필수적인 기능이다.

③ 자원봉사활동의 지원

자원봉사활동의 지원은 자원봉사자나 자원봉사활동 그룹이 효과적으로 활동할 수 있도록 자원봉사활동 과정에서 생기는 고민의 상담, 기자재나 자료의 대여, 정보제공, 더 나아가 자원봉사자 보험의 가입 추진 등의 다양한 지원을 하는 기능이다.

④ 양성 · 연수

양성 · 연수는 자원봉사활동을 원활히 수행하기 위해 자원봉사자의 의식과 인간성을 높이고 기술을 연마할 수 있도록 하는 기능이다. 양성 · 연수 기능이 적절히 제공되기 위해서는 자원봉사활동센터가 직접 실시하는 것뿐만 아니라 타 기관 · 단체에서 실시하고 있는 프로그램을 활용할 수 있어야 할 것이다.

⑤ 홍보 · 계발

홍보 · 계발은 자원봉사자의 활동을 확인 · 정리하고, 자원봉사활동의 방향성을 제시하고, 보다 많은 사람들에게 자원봉사활동을 이해시키기 위한 기능이다. 특히 근래에 와서 홍보 · 계발 기능은 살기 좋은 마을 만들기를 추진하는 데 있어서 주민에 대한 복지교육 차원에서 점점 중요하게 여겨지고 있는 기능이다.

⑥ 네트워크화

네트워크화는 수급조정을 하는 가운데에서 파악한 욕구에 대하여 필요한 자원봉사활동을 선구적으로 만들어 내어 육성하고 지역 단위의 자원봉사활동을 네트워크화해 나가는 기능이다. 또한 다양한 교류를 통하여 자원봉사활동이 효과적으로 추진되도록 협동체계를 만들어 가는 기능도 포함되어 있다.

⑦ 조사 · 연구

조사 · 연구는 지역사회에서 자원봉사활동을 더욱 원활하고 효과적으로 추진하기 위하여 알려지지 않은 욕구나 자원봉사활동을 하려는 인재를 발굴하고, 활동내용을 발전시키기 위해서 수행되는 기능이다. 그러나 조사 · 연구를 실시하기 위해서는 담당자가 모든 일을 하는 것이 아니라 사회복지협의회의 전문가, 지역사회의 자원봉사자, 관계기관과 협력 및 분담하여 추진할 필요가 있다.

(2) 자원봉사센터의 역할

자원봉사센터의 역할에 관한 일관된 견해는 아직 없다. 자원봉사센터의 역할을 살펴보는 방법으로써 자원봉사센터의 자원봉사담당자 업무를 중심으로 자원봉사센터의 업무를 파악해 볼 수 있다. 여기에는 자원봉사담당자의 과정중심 업무와 기능중심 업무로 나누어서 볼 수 있는데, 이 중 자원봉사담당자의 기능중심 업무가 지역사회 자원봉사활동의 인프라시설로 설치된 자원봉사센터의 본연적 기능에 더 적합하므로 기능중심으로 자원봉사센터의 역할을 정리해 보고자 한다.

자원봉사센터의 역할에 대하여 미국 촛불재단의 사명은 증진된 효과와 창조적인 자원봉사활동과 지역사회 자원들을 최적화함으로써 요구를 만족시키고 문제를 해결하는 것이다. 자원봉사센터는 지도력 제공과 자원봉사자들의 활동을 위해 지원하는 볼런타리즘을 위한 촉매자와 옹호자로서 공헌하고, 지역사회에서 자원봉사조직화를 위한 중앙정보센터가 된다. 자원봉사센터의 역할은 자원봉사자들의 활동에 대한 지원역할을 설정하고 있다.

이강현(1997)은 자원봉사센터의 역할을 ① 지역사회 내의 자원봉사활동을 조정하는 중심기관으로서의 역할, ② 지역사회 중립기관으로 지역사회의 문제해결을 위해 다수의 자원봉사자를 동원하는 역할, ③ 자원봉사자와 그 수요처를 연결시켜 주는 매개자의 역할, ④ 지역 내의 언론을 통해 자원봉사활동에 참여할 수 있는 기회를 일반시민들에게 홍보하는 역할, ⑤ 수요처의 관리자들을 교육 · 훈련시키며 그들의 문제해결을 위해 상담을 하는 수요처의 지원역할로 설정하고 있다. 자원봉사센터는 지역사회 내의 인적자원으로 자원봉사자를 활용하며, 자원봉사자와 수요처를 연결시키는 매개체 역할을 포함하고 있다.

그리고 김성이(1996)는 자원봉사센터의 역할을 ① 자원봉사 정보망 구축, ② 강력한 봉사전달체계, ③ 효과적인 자원봉사 프로그램 관리, ④ 기금마련 지원, ⑤ 연합체 건설, ⑥ 개인의 능력기회 제공으로 들고 있다. 자원봉사센터의 역할을 자원봉사의 지원체계뿐만 아니라 효과적인 자원봉사자의 활용을 위한 자원봉사 정보망 구축도 센터의 주요 역할로 보고 있는 것이 주요 특징이다.

또한 양천구자원봉사센터에서는 ① 자원봉사 문화의식 확대, ② 자원봉사자 모집 · 교육 · 훈련, ③ 자원봉사 수요 및 활동 상담, 연계 배치, ④ 자원봉사자 활동 지원 · 사후관리 · 평가, ⑤ 자원봉사자 및 수요처의 욕구파악을 위한 조사 · 연구활동, ⑥ 자원봉사에 대한 주민의식 제고를 위한 다양한 홍보활동 전개, ⑦ 지역시회 발전을 위한 프로그램 개발, ⑧ 자원봉사 정보수집 및 가공, ⑨ 자원봉사활동의 편의와 자원봉사자에 대한 보호 및 혜택 제공, ⑩ 타 자원봉사센터와 정보교환을 자원봉사센터의 역할로 보았다. 자원봉사센터의 역할을 자원봉사활동을 위한 지원체계와 자원봉사에 대한 프로그램 개발과 정보수집 등과 같은 조사 · 연구의 역할로 보고 있는 것이 주요 특징이다.

이와 같이 자원봉사센터의 역할의 분류에 있어서 나타난 자원봉사센터의 역할들을 살펴보면, 지역사회 내의 주민들을 동원하여 자원봉사활동을 적극적으로 참여하도록 지원하는 것으로 자원봉사자에 대한 상담 · 조언, 자원봉사에 대한 인정 및 보상, 자원봉사의 조직화, 자원봉사에 대한 조사 · 연구 역할과 자원봉사의 활성화를 위해서 수요처에 대한 욕구파악, 정보수집, 수요처와의 연계 및 정보망 구축에 대한 역할들로 설명하고 있다.

따라서 앞에서 제시한 자원봉사센터의 기능을 중심으로 하는 자원봉사센터의 역할은 ① 수급, ② 안내(상담), ③ 기록 및 등록, ④ 기자재 · 장소 대여, ⑤ 인정 및 보상, ⑥ 상담 · 조언, ⑦ 육성 · 조직, ⑧ 교육 · 훈련, ⑨ 연수, ⑩ 홍보, ⑪ 계발, ⑫ 연계망 구축, ⑬ 교류, ⑭ 조사 · 연구, ⑮ 프로그램 개발로 설명될 수 있다(박태영 외, 2008).

자원봉사센터의 기능에 따라 역할을 정리하여 보면 〈표 5-1〉과 같다.

〈표 5-1〉 **자원봉사센터의 기능과 역할 분류**

기 능	역 할	업 무
수급 · 조정	수급	모집, 상담, 연결, 관리 배치
	안내(상담)	자원봉사활동(프로그램)에 대한 상담
기록 · 등록	기록 및 등록	활동의 기록 작성(활동카드, 상담카드 작성)
		등록카드 작성(등록카드, 욕구카드 작성)
자원봉사 활동 지원	기자재 · 장소 대여	기자재 · 회의장의 제공
		자원봉사활동에 대한 각종 지원금 소개 · 절차의 안내
		자원봉사활동을 위한 기금조성
	인정 및 보상	자원봉사자 보험가입
		자원봉사활동 인정서 · 수첩 발급, 자원봉사자 표창
	상담 · 조언	자원봉사활동에 관한 상담 · 정보 제공
		자원봉사활동에 관한 자료의 안내 · 제공 · 대출
	육성 · 조직	자원봉사자 소그룹 활동의 지원, 전산 프로그램 설치
양성 · 연수	교육 · 훈련	자원봉사자 오리엔테이션 및 재교육
		자원봉사자 스쿨, 워크숍
	연수	자원봉사 담당자 교육 및 훈련
홍보 · 계발	홍보	홍보지 · 포스터 발행, 자원봉사신문 발행, 사례집 발간
	계발	자원봉사캠페인 실시, 자원봉사 체험학교
네트워크화	연계망 구축	자원봉사단체 간의 협의체 구성
	교류	자원봉사자, 자원봉사 활동그룹, 관계기관 · 단체, 담당자 간 교류
		지역연대사업(지역 내 공동의 자원봉사자 대회 참가)
조사 · 연구	조사 · 연구	욕구 · 지역 조사 등
	프로그램 개발	조사 · 연구를 통한 프로그램 개발

2) 자원봉사센터의 현황

(1) 지역자원봉사센터

자원봉사센터는 '○○자원봉사센터'란 명칭으로 행정자치부가 설치 · 운영하고 있다. 이 센터는 자원봉사활동 기본법 및 지방자치단체 조례에 따라 각 지역 자원봉사자들의 수요와 공급을 조정하기 위해 245개소(2019년 기준)가 설치 · 운영되어 있다. 자원봉사센터는 1996년부터 전국 자치단체 당 1개소 설치를 목표로 추진되어 7년에 걸쳐 전국의 시 · 군 · 구에 설치가 완료되었다. 각 지역 자원봉사센터들은 자원봉사자 상담, 모집, 훈련, 프로그램 개발, 감독, 평가에 이르기까지 지역 자원봉사활동의 모든 부분에 관여하면서 지역사회 시민단체와 자원봉사자들과 유기적인 관계를 형성한다.

자원봉사센터(2019년 기준)의 운영형태를 살펴보면, 지방자치단체가 직접 운영하는 직영 및 혼합직영 센터가 122개소(49.8%), 비영리법인에 위탁하여 운영하는 센터가 40개소(16.3%), 별도 법인을 설립하여 운영하는 센터가 83개소(33.9%)이며, 이곳에 근무하고 있는 전체 상근직원 수는 1,506명으로 나타났다. 그리고 전체 운영예산은 137,009백만 원으로써 국비 13,001백만 원(9.5%), 시도비 30,600백만 원(22.3%), 시군구비 83,386백만 원(60.9%), 기디 10,022백만 원(5.7%) 수준이었다. 또한 전문인력은 센터당 평균 6.2명 정도가 배치되어 있으나 시도별로는 3.9~11.4명으로 차이가 있다(행정안전부 · 한국중앙자원봉사센터, 2020). 실제로 한 센터가 얼마나 많은 업무를 수행하는지는 자치단체의 지원 정도와 직원들의 자질, 노력에 따라 차이를 보이고 있다.

봉사안내	봉사참여	봉사정보	고객센터
자원봉사안내 한국중앙자원봉사센터 지역자원봉사센터 자원봉사 수요기관정보	개인봉사 기업단체봉사 타기관봉사정보 자원봉사교육 희망봉사활동제안	자원봉사통계 확인서발급조회 자원봉사스토리 자원봉사후기 자원봉사대상	알림판 지역센터 공지 Q&A FAQ
나의 자원봉사	**회원**	**통합검색**	**사이트 안내**
봉사현황 봉사정보 추천/ 관심봉사 교육실천내용 캘린더 나의 작성글 알림톡 회원정보 NEIS연계서비스 관리자인증	로그인 아이디 찾기 비밀번호 찾기 회원가입	통합검색	사이트맵 이용약관 개인정보처리방침 저작권정책 이메일무단수집거부

출처 : 1365 자원봉사포털 홈페이지(1365.go.kr).

자원봉사센터는 민간의 자발성이 강조되는 자원봉사 영역에서 공공 주도의 센터가 상당수를 차지하고 있다는 비판과 최소한의 직원 배치로 인한 형식적 운영 가능성, 부족한 예산 배정, 지역 관련 단체와의 연계·협력 미비 등의 문제가 제기되고 있다. 따라서 이 자원봉사센터가 자원봉사활동을 활성화하고 자원봉사 영역의 전문화, 지역공동체 활성화라는 설립목적을 달성하기 위해서는 운용체계의 개선과 전문인력의 확보, 적절한 예산의 배정, 네트워크 기능 강화 등이 선행되어야 할 것이다.

(2) 사회복지자원봉사관리센터

사회복지자원봉사관리센터는 2001년 이후부터 사회복지자원봉사 인증관리 사업이 본격적으로 운영되면서 조직화된 자원봉사센터로 한국사회복지협의회를 중심으로 민간 영역의 다양한 법인, 단체, 시설, 보건기관, 의료기관,

기업 등과의 협력으로 운영되고 있다.

이것은 기존의 한국사회복지협의회 부설로 운영되던 사회복지정보센터에 그 역사적 배경을 두고 있다. 이 센터는 1978년 사회봉사안내소로 시작하였으며, 이 시기는 도움의 전화를 통한 자원봉사활동 정보 제공을 주요 기능으로 하였다(한국여성개발원, 1999). 이후 1991년 가정봉사원 사업의 정착을 위한 기초사업으로 지역복지봉사센터로 설치 · 운영되어 지역사회복지관 내 재가봉사복지센터 설립의 기초를 이루었으며, 1994년에 자원봉사정보안내센터로 명칭을 변경하여 사회복지 분야 자원봉사활동을 통합관리 · 운영하게 되었다. 2001년에 와서는 사회복지정보센터로 명칭과 기능이 변경 · 전환되어 자원봉사 분야 이외의 사회복지 분야의 통합된 정보제공 기능을 담당하였다. 특히 한국사회복지협의회는 2001년 11월부터 사회복지자원봉사 인증관리사업이 본격화되면서 시 · 도사회복지협의회, 시 · 군 · 구사회복지협의회를 중앙, 시 · 도, 시 · 군 · 구 자원봉사관리본부로 조직화하였고, 법인 · 단체 · 시설 · 보건 · 의료 · 기업 기관 · 단체 등은 사회복지자원봉사관리센터로 지정하여 자원봉사 인증관리사업 추진체계에 포함하였다. 이를 그림으로 제시해 보면 다음과 같다.

중앙사회복지자원봉사관리본부
(한국사회복지협의회)

사회복지자원봉사 육성 · 지원사업 총괄
지역사회봉사단 사업 총괄
사회복지자원봉사 육성 · 지원사업 DB구축 운영
사회복지자원봉사 상담안내 및 정보제공

⇄

보건복지부
계획수립 및 예산지원
평가 및 지도감독

↑↓

시 · 도사회복지자원봉사관리본부
(시 · 도사회복지협의회)

사회복지자원봉사 육성 · 지원사업 지역 총괄
당해 지역별 봉사활동 정보등록 및 관리 총괄
사업지역내 자원봉사활동 상담안내, 정보제공
사업지역내 관리센터 지정, 인증요원 위촉 · 해촉
사업지역내 관리센터 및 인증요원 지도점검

⇄

광역자치단체
예산지원 및 관리감독

↑↓

시 · 군 · 구사회복지자원봉사관리본부
(시 · 군 · 구사회복지협의회 등)

사업지역내 자원봉사활동 상담안내
사업지역내 DB시스템 현황 정보제공
인증요원 양성 및 보수교육
소관지역내 봉사일감 및 정보제공

⇄

기초자치단체
상호협력

↑↓

사회복지자원봉사 관리센터
(법인 · 단체 · 시설 · 보건 · 의료 · 기업 분야 등)

자원봉사자 상담 및 정보제공
자원봉사 일감 및 정보 제공
자원봉사일감 사전 교육 및 현장관리
사회복지자원봉사 실적 등록관리
사회복지자원봉사 실적 인증서 발급

⇄

사회복지 자원봉사자
생활시설 봉사자,
이용시설봉사자, 기타
사회복지분야 봉사자

출처 : VMS 홈페이지(vms.or.kr).

사회복지봉사활동 인증관리사업은 보건복지부 위탁으로 한국사회복지협의회 및 시 · 도 사회복지협의회가 자원봉사자 개인별 자원봉사활동 실적을 인증 · 관리하고 누적된 실적에 대한 인센티브를 제공하여 지속적인 자원봉사활동 참여를 유도함으로써 자원봉사활동의 활성화를 도모하려는 취지에서 시작된 정부의 정책사업이다(한국사회복지협의회 사회복지정보센터, 2003). 이 사업은 VMS(Volunteer Management System)시스템을 통해 운영되고 있다. 전국 각지의 사회봉사단체가 이 시스템에 가입되어 있으며 자원봉사자가 활동한 실적을 인증요원을 통해 적립하도록 하고, 모든 자원봉사 내역이 합산되고 전산 관리되는 장점이 있다. VMS 웹사이트(www.vms.or.kr)를 통해 자원봉사를 신청하고 봉사자를 구인할 수 있도록 하고 있으며, 이를 바탕으로 자원봉사자에게 각종 인센티브를 부여하거나 자원봉사활동 활성화를 위한 연구 분석 및 정책 건의와 함께 정책개발에 필요한 정보 등을 제공하는 기능을 수행한다.

VMS 웹사이트 맵 구성

봉사안내	봉사인증	전문봉사	봉사신청
자원봉사가치 자원봉사참여 자원봉사실적연계 자원봉사교육	자원봉사인증관리 자원봉사인정보상 봉사실적조회 헌혈실적연계 헌혈실적연계 인증서발급	지역사회봉사단 우수지역사회봉사단	봉사자모집 및 신청 희망봉사활동 등록 봉사활동처 조회 이달의 자원봉사자
통계정보	**알림정보**	**회원**	**마이페이지**
활동현황 관리센터현황 인증요원현황 지역사회봉사단현황	인증요원교육 언론보도 자료실	회원가입 개인정보처리방침	자원봉사신청결과 봉사실적조회 1365연계결과조회 센터이관신청 회원정보

출처 : VMS 홈페이지(vms.or.kr).

2018년 12월 기준 전국 14,051개소가 사회복지자원봉사관리센터로 지정되어 있고 인증요원은 23,535명이 위촉되었다. 이를 통해 8,168,638명의 자원봉사자가 활동하고 있다(www.vms.or.kr).

사회복지자원봉사관리센터는 정부의 각 부처별 자원봉사관리시스템과 중복성이 제기되고 있으며, 자원봉사센터와 마찬가지로 예산 부족과 최소한의 직원 배치라는 비판과 함께 사업 진행 과정상에서 사회복지시설 및 사회복지 분야 법인·단체들의 자원봉사업무 전담직원의 부족, 잦은 보직 및 업무 변경과 퇴사, 사업 홍보의 부족 등 여러 가지 문제점이 제기되고 있다.

(3) 청소년활동진흥센터

청소년활동진흥센터는 1996년 정부의 교육개혁 방안에 기초하여 청소년자원봉사활동이 인성교육의 과제로 포함됨에 따라 청소년자원봉사활동을 조직적·체계적으로 지원하고자 문화관광부의 청소년자원봉사센터로 설치되었다. 이후 2006년 7월 사회환경 변화와 청소년의 욕구에 발맞추어 기존의 청소년자원봉사활동뿐만 아니라 체험, 문화, 수련활동 및 수련활동인증제, 종합적인 청소년활동 정보 제공 등 청소년활동에 대한 원스톱 서비스(one-stop service)를 제공하기 위해 청소년활동진흥센터로 확대·개편되었다. 이 센터는 2004년 2월에 제정된 청소년활동진흥법(2010. 5. 17. 개정)에 근거하여 중앙센터인 한국청소년활동진흥원과 19개 시·도의 지방청소년활동진흥센터로 운영되고 있다.

한국청소년활동진흥원은 청소년활동·청소년복지·청소년보호에 관한 종합적 안내 및 서비스 제공, 청소년 육성에 필요한 정보 등의 종합적 관리 및 제공, 청소년수련활동인증위원회 등 청소년수련활동인증제도의 운영, 청소년자원봉사활동의 활성화, 청소년활동 프로그램의 개발과 보급, 국가가 설치하는 수련시설에 대한 유지·관리 및 운영업무의 수탁, 국가 및 지방자치단체가 개발한 주요 수련거리의 시범운영, 청소년활동시설이 행하는 국제교류 및 협력사업에 대한 지원, 청소년지도자의 연수, 수련시설 종합 안전점검에 대한 지원, 수련시설의 안전에 관한 컨설팅 및 홍보, 그 밖에 여성가족부장관이 지정하거나 활동진흥원의 목적을 수행하기 위하여 필요한 사업을 주요 업무로 하고 있다(청소년활동 진흥법 제6조).

한편 전국 시 · 도에 설치된 지방 청소년활동진흥센터는 지역 청소년활동의 요구에 관한 조사, 지역 청소년자원봉사활동의 활성화, 청소년수련활동 인증제도의 지원, 인증받은 청소년수련활동의 홍보와 지원, 청소년활동 프로그램의 개발과 보급, 청소년활동에 대한 교육과 홍보, 숙박형 등 청소년수련활동 계획의 신고에 대한 지원, 이동 · 숙박형 청소년활동 관련 정보공개에 대한 지원, 그 밖에 청소년활동을 위하여 필요한 사업을 추진하고 있다(청소년활동진흥법 제7조).

이곳에서 청소년자원봉사활동을 지원하기 위해 운영하고 있는 DOVOL시스템의 구체적인 내용은 다음과 같다.

청소년자원봉사 DOVOL(www.youth.go.kr)

청소년자원봉사 Dovol은 "Do Volunteer"(자원봉사하다)의 약자로 청소년들이 쉽고 편리하게 봉사활동 정보 검색, 신청, 실적 확인, 확인서 출력까지 원스톱으로 진행할 수 있는 청소년 특화 봉사활동서비스입니다.

청소년자원봉사 DOVOL의 장점

- 나이스(NEIS, 교육부) 전송과 봉사활동확인서 및 이력확인서 발급
  ※ 1365 자원봉사포털 연계
- 청소년자원봉사자 상해보험 지원서비스 운영
- 병무청 군 모집병 1차 서류심사 시 사회봉사 가산점 인정
- 우수활동 청소년 및 동아리 시상

참여대상

- 초, 중, 고, 대, 일반인 개인 및 동아리 봉사활동을 하고자 하는 모든 사람

DOVOL 이용 및 참여방법

e청소년(www.youth.go.kr) 회원가입(로그인) › 봉사활동 검색 및 신청 › 봉사활동 실시 › 확인서 출력 / 나이스실적전송 (학생생활기록부)

※ 1365 자원봉사포털 연계

청소년자원봉사정보망 웹사이트 맵 구성

청소년자원봉사안내	봉사활동찾기	재능나눔봉사활동	자원봉사자보험가입
		재능나눔안내 재능나눔 등록 및 찾기	서비스 안내
봉사터전검색	봉사활동 동아리	게시판	세계청소년 자원봉사의날
	가입신청	공지사항 묻고답하기 자료실	참가신청 접수확인 및 활동보고

출처 : 청소년자원봉사 홈페이지(dovol.youth.go.kr).

청소년자원봉사활동이 보다 활성화되기 위해서는 우선 학교별 자원봉사단을 흡수하여 통합 · 관리할 수 있는 체계를 구성하고 지역사회 내의 다른 자원봉사 관련 기관 간의 연계 · 협력을 통하여 청소년자원봉사활동의 활성화를 유도할 필요가 있다. 또한 자원봉사활동 과정에서 다양한 소그룹 활동이 자발적으로 만들어져 자원봉사활동이 지속되도록 하는 노력도 중요하다. 하지만 현재 지방 청소년활동진흥센터의 자원봉사활동은 학교와 지역사회기관 중심으로 관리 · 활용되고 있는 실정이며, 인력과 예산의 부족, 유관기관과의 협력체제 구축의 미흡 등의 문제가 제시되고 있어 이에 대한 보완책 마련이 필요하다.

이상의 조정자 중심의 자원봉사센터는 지역사회 내의 자원봉사활동의 활성화와 자원봉사 영역의 전문성 확보, 그리고 봉사영역의 확산 및 자원봉사 운동을 통한 지역공동체 활성화 등을 위하여 기여하고 있지만, 현실적으로는 그 수행에 있어 다양한 한계가 있다는 비판이 제기되고 있다.

한편 수요자 중심의 자원봉사센터는 독립된 예산지원체계가 없거나 배정된 예산이 부족하고, 전문인력이 상시 활동하고 있지 못하며, 타 기관과의 교류나 연계가 부족한 점 등이 문제로 제기되고 있으며, 공급자 중심의 자원봉사센터 또한 타 영역의 자원봉사센터와의 유기적인 네트워크 구성이 부족하다는 평가를 받고 있다.

3) 자원봉사센터의 활성화 방안

이상의 자원봉사센터 현황에서 도출된 문제점을 바탕으로 그 활성화 방안을 다음과 같이 다섯 가지로 나누어 제시해 보면 다음과 같다.

(1) 민간중심 운영체계로의 개선

자원봉사센터의 전국적 시스템 구축에 있어서 문제점은 자원봉사가 민간중심의 운동임에도 불구하고 관영 센터의 비중이 높다는 것이다(이성록, 2003). 지방자치단체의 자원봉사센터, 관 직영 또는 관 주도는 시민영역에 대한 정부의 과도한 개입을 유발하여 자발성에 근거한 시민참여를 저해한다. 그리고 이러한 자원봉사에 대한 본질적 인식 결여는 여러 가지 부작용을 야기시킬 수 있다. 우리나라의 경우 상당수의 지역자원봉사센터, 청소년활동진흥센터가 관 직영 또는 관 주도의 체제로 운영되고 있다. 따라서 자원봉사센터의 관 중심 체제로부터의 탈피가 필요하다.

자원봉사활동은 지방자치단체와 민간단체가 파트너십을 통하여 공공재를 공동 생산하는 파트너십을 갖고 있다. 그러나 동시에 이것은 지방자치단체의 활동 및 복지, 환경, 교육 등 사회 제반영역을 감시 · 비판하는 역동적 기능도 함께 갖고 있다. 만일 자원봉사센터가 이러한 역동적 기능을 수행하지 못한다면 센터의 활동은 자주성을 상실하여 정치적으로 이용되거나 관변단체로 낙인되어 주민들로부터 외면받게 될 것이다. 결국 자원봉사활동이 그 본질을 지속적으로 유지하기 위해서는 자원봉사센터의 관 중심 체제를 탈피하고 전문성을 가진 민간영역의 참여를 확대해야 한다. 그리고 민간 운용의 경우에도 특정 법인이 아닌 지역사회 네트워크 체계 구축을 통한 운용 등도 고려해 볼 만하다.

(2) 자원봉사 예산의 확대와 효율적인 집행

대부분의 자원봉사센터가 겪고 있는 재정적인 열악성은 센터 개소 초기부터 지속적으로 대두되어 온 문제이다. 오늘날 자원봉사의 사회적 가치와 역할의 중요성이 점차 증대되고 자원봉사센터가 하나의 사회적 제도로서 발전하고 있음에도 불구하고 이 예산부족 현상은 여전히 개선되지 않고 있다. 민간센터의 경우 예산부족으로 인한 관리조정자의 열악한 처우는 높은 이직률을 야기하고 결과적으로 전문성 축적을 불가능하게 하고 있다. 이것은 자원봉사활동이 비용이 들지 않을 것으로 착각하는 일부 정책관계자의 무지와 자원봉사활동에 따른 생산성을 제대로 도출하지 못하는 조직 구조 등 여러 가지 원인에 기인한 것으로 판단된다.

자원봉사 영역과 정부영역의 관계는 복지국가의 위기에 따라 불가피한 작은 정부의 제약을 극복하기 위한 방안으로서 소위 공공재 생산의 공동 생산을 수행하는 공사 파트너십의 상호 보완적인 관계이다(이성록, 2003). 따라서 자원봉사센터들이 겪고 있는 예산부족 문제의 해결은 정부가 반드시 부담해야 할 몫이다. 즉, 자원봉사센터의 재정적 문제는 구조적으로 정부의 책임이 되는 것이며 정부는 자원봉사센터의 재원 확보를 위한 지속적인 노력을 기울여야 한다. 그리고 운영기관은 정부부담의 재정을 효율적으로 집행하여 최대한의 효과를 도출하기 위해 노력해야 할 것이다.

(3) 자원봉사센터 내 기존 인력의 교육과 전문인력의 배치

자원봉사센터의 활성화를 위해서는 자원봉사활동을 조정 · 관리할 수 있는 전문인력의 배치가 무엇보다 중요하다. 그러나 우리나라의 경우 지방자치단체가 직영하고 있는 자원봉사센터의 경우 공무원을 배치하여 자원봉사활동을 일반 행정수준에서 다루고 있으며 전문인력의 채용을 원천적으로 봉쇄하고 있다. 그리고 민간단체가 운영하고 있는 센터의 경우에도 직원 처우의 열악성으로 전문인력을 지속적으로 유지하지 못하고 있다.

자원봉사센터 내의 전문인력의 부재는 참여 자원봉사자의 심리사회적 지지체계의 부재로 이어질 수 있으며, 이로 인해 주민참여를 통한 지역사회복지 역량을 쇠퇴시킬 수 있다(이성록, 2003). 따라서 자원봉사센터 내 기존 인력에게 자원봉사 관련 전문교육·훈련을 실시하는 일뿐만 아니라 훈련된 전문인력을 채용하도록 제도화하는 일도 함께 병행되어야 한다.

(4) 자원봉사센터 유형에 따른 특성화와 기능 확립

우리나라 자원봉사센터 조직의 가장 큰 문제점은 정부 소관 부처별로 설치하고 지원하는 조직체계에 있다. 정부 부처별로 지원하는 방식과 운영하는 형태가 다르며, 센터별로 이용대상이 달라 종합적인 지원체계로서의 자원봉사센터의 기능을 수행하는 데는 한계를 내포하고 있다. 그러므로 조정자 중심의 자원봉사센터가 적절한 기능을 수행하기 위해서는 소관 부처별 자원봉사센터 간의 적절한 정리작업이 필요하다.

따라서 자원봉사센터별 특성화와 전문화에 기초한 적정한 역할 설정이 이루어져야 한다. 각 자원봉사센터가 제 기능을 수행하기 위해서는 자원봉사문화 확산과 보급을 위해서 시민참여를 이끌어 내고 다양한 자원봉사활동을 개발·진파하며 체계적인 지원봉사관리체계를 구축하는 등의 기능 정립이 무엇보다 필요하다. 그리고 영역별 설립 목적에 따른 역할을 설정함으로써 업무의 중복을 피하고, 자원봉사활동의 효율성과 효과성을 증대시켜야 한다.

(5) 자원봉사센터 간의 유기적인 협력관계 구축

지역사회 내 자원봉사활동의 활성화를 위해서는 조정자 중심의 자원봉사센터, 수요자 중심의 자원봉사센터, 공급자 중심의 자원봉사센터 3자 간의 유기적인 협력이 필수적이다. 자원봉사센터 간 유기적인 협력관계는 각 영역이 다른 영역의 기대와 요구에 적절하게 부응할 수 있는 체계의 구축을 통하여 이루어질 수 있다. 또한 유기적인 협력체계를 기초로 센터별 적절한 역할이 설정된다면 자원봉사활동의 활성화를 기할 수 있을 것이다. 이 유기적인 협력관계가 적절히 기능하기 위해서는 네트워크 구축을 통한 자원봉사센터 간 역할교류가 필수적이며, 자원봉사센터 간 역할교류는 센터별 고유한 역할을 설정하고 그 설정된 역할을 적절히 수행하고 협력관계를 유지할 때 적절하게 기능할 수 있을 것이다.

자원봉사센터가 자원봉사활동의 활성화와 지역사회복지 증진을 위한 역할을 수행하기 위해서는 자원봉사센터 간의 협력이 필요하며 자원봉사센터 유형 간 협력이 이루어지기 위해서는 자원봉사센터별 적정 역할의 설정, 자원봉사센터 간 연계망 구축, 자원봉사센터에 대한 지원체계를 마련하는 일 등이 선행되어야 한다.

생각해 보기

1. 자원봉사활동 기본법이 가지는 문제점과 한계에 대하여 생각해 봅시다.

2. 자원봉사센터의 연계와 협력, 그리고 통합의 장단점에 대하여 생각해 봅시다.

3. 자원봉사센터의 체계화 및 지속화를 위한 자원봉사센터의 역할에 대하여 생각해 봅시다.

Part 2

자원봉사조정의 실제

CHAPTER 6

자원봉사조정자의 이해

사회복지 영역의 조정자는 1978년부터 1980년 사이에 만들어진 한국사회복지협의회 부설 사회봉사안내소의 담당 직원이 그 최초라고 생각된다. 그 후 사회복지시설이나 사회복지관의 직원이 겸무의 형태로 조정자의 역할을 수행해 왔다. 1992년 전국적으로 재가복지봉사센터가 개설되므로 여기에서 근무하는 직원은 전임 조정자의 전형이라고 여겨졌다.

사회복지 영역뿐만 아니라 다른 영역에서도 자원봉사에 대한 관심의 증대로 인하여 자원봉사센터가 늘어나게 되었고 여기에서 근무하는 많은 직원들이 조정자로서의 기능을 수행하게 되었다. 그러나 아직은 자원봉사조정에 대한 개념이나 조정자의 역할 · 양성과정 등 조정자에 대한 전반적인 이해가 부족하고 전문성도 낮은 실정이다.

여기서는 자원봉사조정자에 대한 이해를 높이기 위하여 조정자의 정의와 필요성, 역할, 기능에 대하여 먼저 살펴보고, 조정자의 실태와 이들의 전문성을 높이기 위한 방안에 대하여 다루고자 한다.

1. 자원봉사조정자의 정의와 필요성

1) 자원봉사조정자의 정의

자원봉사자가 되려는 사람과 자원봉사를 요청하는 사람(기관)에게 적절하게 대응하여 자원봉사활동이 성공적으로 이루어지도록 하는 사람을 '자원봉사조정자(volunteer coordinator)'라고 한다. 조정자를 지칭하는 용어로 다음의 몇 가지가 있다.

한국사회복지협의회와 한국여성개발원에서는 '관리자(자원활동센터 관리자)'로 쓰고 있고, 일부 기관에서는 '담당자' 혹은 '전문가'로 사용하고 있다.

'관리'라는 단어 속에는 '통솔하고 감독한다'는 의미와 '소유와 같은 강력한 영향권 안에 있다'는 의미가 내포되어 있다. 조정자는 자원봉사조정기관의 관리직과 동일인일 수도 있지만 다를 수도 있다. 따라서 의미의 혼란을 초래할 수 있기 때문에 적절하지 않다. 또한 자원봉사자는 조정자에게 소속되어 있는 것이 아니다. 조정자의 임무는 자원봉사자를 노력 제공의 자원으로 확보(소유)하여 이를 필요로 하는 곳에 할당하는 것이 아니라 자원봉사자의 자유로운 활동을 적극적으로 촉진하는 것이다. 이러한 의미에서 '관리자'라는 용어는 부적절한 것으로 생각된다.

'담당자'라는 용어는 쓰임새에 따라 다소 의미가 달라진다. 즉, 자원봉사조정기관의 담당자와 자원봉사활용기관의 담당자는 그 의미와 역할이 다르다. 여기서 의미하는 조정자는 전자를 지칭하는 것이므로 의미의 혼란을 피하기 위해서 구분하여 사용하는 편이 좋을 것이다.

'전문가'라는 용어는 조정자를 자원봉사의 전문가로 인정하더라도 자원봉사전문가에는 조정자만 있는 것이 아니라 자원봉사관계연구자, 수퍼바이저 등도 포함하는 의미이므로 조정자를 지칭하는 단어로는 적절하지 못하다.

'조정(coordinate)'이라는 의미 속에는 '조정, 연결한다'는 의미와 '동등하게 한다'는 의미가 내포되어 있다. 자원봉사자와 자원봉사 요청자 양자를 대등한 관계로 적절하게 연결 · 조화시켜 나가는 것이 조정의 기본이다. '조정'과 '동등' 이 두 의미를 내포하고 있는 단어를 발견하기 어려워 여기서는 '자원봉사조정자'로 쓰기로 한다.

2) 필요성

자원봉사가 성공적으로 이루어지기 위해서는 조정자가 필요하다. 성공적인 자원봉사란 다음과 같은 몇 가지 질문에 긍정적인 대답을 할 수 있어야 한다.

① 자원봉사가 계속되고 있는가?

② 당면한 욕구는 충족되고 있는가?

③ 자원봉사에 대하여 자원봉사자도 클라이언트(활용기관)도 쌍방이 만족하고 있는가?

④ 당면한 욕구충족을 넘어서 근본적인 상황 개선을 위해 자원봉사자와 클라이언트 간의 협동관계가 형성되고 있는가?

자원봉사에 있어서 해결해야 할 문제점 중에 하나가 활동의 단명화이다. 그 원인은 다양하다. 자원봉사자의 이사, 취업, 가정, 사정의 변회 등 자원봉사자 측면의 변동과 클라이언트의 이사, 죽음, 사정의 변화 등 클라이언트 측면의 변동, 자원봉사자와 클라이언트 혹은 담당 직원과의 관계에 문제가 생기거나 활동과정 가운데서 생겨나는 어려움(재정, 기술, 지식 등), 오해, 편견, 갈등 등의 활동관계 측면의 변동에 기인한다.

활동의 단명화에 가장 크게 영향을 미치는 것이 활동관계의 변동이다. 이러한 영역은 조정자가 있었다면 상당 부분 해소될 수 있는 것이다. 그러나 현실적으로는 활동의 단명화에 대한 책임을 대부분 자원봉사자의 책임감 부족으로 돌리고 있는 실정이다.

자원봉사는 자원봉사를 하려는 사람의 욕구충족과 자원봉사를 요청하는 클라이언트의 욕구충족이 이루어져야 한다. 최근 자원봉사를 하려는 지원자가 크게 증가하고 있다. 특히 우리 사회복지계는 학생들이 자원봉사활동을 하려는 욕구에 적절하게 대응하지 못하고 있다. 자원봉사자를 모집하는 일은 쉬워졌지만 이들에 대한 교육 · 훈련, 적절한 배치, 실시, 평가, 사후관리 등은 소홀한 실정이다. 단순히 점수를 따기 위해 자원봉사에 참여하는 학생들이 있어서 자칫 클라이언트가 점수 획득의 도구로 전락될 위험에 대한 우려가 나오고 있다.

또한 자원봉사자를 활용하는 클라이언트나 기관의 자원봉사자 활용욕구도 적절하게 충족되어야 하는데 현실은 그렇지 못한 경우가 있다. 자원봉사자에게 장애인에 대한 편견을 바로잡기 위해 자원봉사를 요청한 기관장은 '시간만 채우고 아무 생각 없이 되돌아가는 학생들을 볼 때 섭섭함을 느낀다'고 말하고 있다. 이상과 같은 문제점은 조정자가 있었다면 상당 부분 해결할 수 있을 것이다.

더 나아가 자원봉사가 클라이언트와 자원봉사자 간의 활동으로 끝나지 않고, 유사한 어려움을 갖고 있는 클라이언트 상호 간의 협력을 위해서도, 또한 클라이언트와 자원봉사자가 힘을 모아 제도의 변혁을 가져올 수 있도록 '과제의 사회화'를 위해서도 조정자의 존재가 필요하다(巡 靜一, 1996).

2. 자원봉사조정자의 역할 및 자질

1) 자원봉사조정자의 역할

조정자의 역할은 그가 소속되어 있는 자원봉사센터의 규모와 활동범위, 직원의 수 등에 따라 다르지만, 여기서는 대체로 공통되는 조정자의 역할을 여덟 가지로 나누어 살펴보고자 한다(박태영 · 최경익 역, 1993).

(1) 받아들임(욕구 · 활동 희망자의 접수 등)

조정자는 자원봉사자의 서비스를 요구하는 의뢰와 자원봉사를 희망하는 신청, 활동내용에 관한 상담, 클라이언트의 상담, 활동 후의 소감 등 여러 가지 의견들을 민감하고 확실하게 받아들여야 한다. 그 방법은 전화 접수, 면접, 가정 방문 등을 통하여 이루어지게 된다.

(2) 찾음(자원봉사자 모집, 클라이언트의 파악 등)

조정자는 근무하는 기관에 자원봉사 관련 욕구가 들어오기만을 기다리는 것이 아니라 적극적으로 잠재 자원봉사자층에 활동을 호소하거나 클라이언트의 욕구를 파악해야 한다.

자원봉사자의 모집은 매스컴의 활용이나 기존 단체에 의뢰, 자원봉사자 교육 등을 통하여 이뤄지게 되며, 클라이언트의 욕구 파악은 지역사회복지 욕구조사나 관계기관 업무협조로 가능하게 된다. 여기에서 중요한 것은 조정자의 의욕과 아이디어, 인내심이다.

(3) 연결(조정 · 소개)

조정자의 역할을 최소화한다면 '연결'이라는 업무가 될 것이다. 자원봉사활동을 요청하는 사람과 자원봉사를 희망하는 사람을 연결하고 조정하는 업무이다.

파악된 클라이언트와 훈련된 자원봉사자의 연결은 간단한 것 같지만 실제로는 많은 어려움이 발견되는 부분이다.

(4) 고취(훈련 · 배움의 장 만들기)

자원봉사자가 활동을 하기 전에, 또 활동을 시작한 후에도 필요한 훈련이나 교육의 기회를 만들어 자원봉사자를 고취시키는 업무가 조정자의 중요한 역할 가운데 하나이다.

이것도 일반적인 주제에 대한 강의나 교육, 연구모임 등의 정기적인 개최 방법과 자원봉사자 자신의 관심과 의문을 근거로 한 과제별 수시 모임을 개최하는 방법이 있는데 전자는 형식적인 것이 될 우려가 있고 후자는 주체성과 일관성이 결여될 위험이 있다.

(5) 창작(관계망 형성, 사회행동)

조정자의 업무 가운데는 창조적인 부분이 많이 있다. 그 내용으로는 새로운 욕구에 대응한 새로운 자원봉사자 팀 만들기와 새로운 활동 프로그램 만들기, 개인이나 단체 간의 새로운 관계망 형성하기, 새로운 제도나 서비스 창출을 위한 사회행동 등이 있다.

의무감에 젖어 주어진 업무만 행하고 있는 조정자가 자원봉사자에게 자발성과 창조성, 주체성을 불러 일으켜 자원봉사의 선구적 역할을 수행하도록 기대하기는 어려울 것이다.

(6) 정리(기록 · 통계)

조정자의 업무 가운데 많은 시간을 요하는 것이 정리이다. 매일의 전화, 면접, 가정방문의 기록은 물론 수급조정 건수의 통계 처리, 연간 사업 보고서 작성 등 사무적인 것이다.

정리한 자료는 조정자 자신에 대한 반성의 자료로 활용할 수 있고, 자원봉사 조정의 전체적인 경향을 객관적으로 파악할 수 있으며, 관계 기관이나 주민에게 자원봉사에 대한 설득력 있는 자료로 활용할 수 있다.

(7) 알림(홍보)

이 역할은 지역사회 주민에 대한 알림과 클라이언트에 대한 홍보로 구분할 수 있다. 주민에 대한 알림은 자원봉사의 의의와 필요성, 클라이언트의 욕구와 기존 사회복지제도의 미비, 자원봉사의 기대효과 등의 내용이 될 수 있고, 클라이언트에 대한 것은 자원봉사자에 대한 올바른 이해와 활용방법, 자원봉사에 참여방법 등의 내용이 될 수 있다. 그리고 그 구체화를 위한 방법으로는 팸플릿 발행, 기관지 발행, 매스컴의 활용, 공보나 사보의 이용, 행사 시 홍보코너 마련 등을 들 수 있다.

(8) 모으기(정보 수집)

조정자는 각종 자원봉사 관련 상담에 응하는 것과 활동장소의 소개, 자원봉사활동 요청에 대응하기 위해서는 구체적인 정보를 파악하고 있어야 한다.

정보에는 여러 종류가 있다. 즉, 공적 사회복지제도의 내용과 사회복지시설과 기관, 자원봉사 단체와 그 활동상황, 각종 재원의 내용과 활용방법, 이용 가능한 회의장소, 각종 기자재 · 설비 · 비품의 파악과 활용방법, 자원봉사 관련 프로그램 등이다.

이러한 정보는 각 기관에서 발행하는 자료와 신문기사, 관계기관에 문의 등에 의해 파악하게 되지만, 실제적으로 이용하기 위해서는 적혀 있는 문자 이상의 정보가 필요하게 된다. 이는 통상적인 업무와 인간관계를 통하여 획득할 수 있을 것이다.

이상 여덟 가지 역할의 순서는 편의상 붙인 것이지 실제의 순서나 우선순위는 아니다. 이들은 전부 상호 유기적인 관계를 가지고 있다.

여덟 가지 역할을 조정자 혼자서 완전하게 감당하는 것은 불가능할 것이다. 당연히 다른 직원이나 자원봉사자도 분담하는 자세를 가져야 한다. 조정자도 자신에게 할당된 업무 외에는 하지 않아도 된다는 '분업'의 발상이 아닌 자신의 업무가 다른 사람의 업무와 밀접하게 관련되어 있다는 '분담'의 발상으로 역할 수행에 임해야 한다.

이 외에도 한국여성개발원(1994)에서는 조정자의 역할을 다음과 같이 소개하고 있다.

① 자원봉사자의 양과 질을 높이기 위한 조정 역할
② 자원봉사활동을 필요로 하는 욕구(need)의 발굴과 조정 역할
③ 객관적인 정보제공자의 역할
④ 자원봉사활동을 원활하게 하기 위한 환경의 정비
⑤ 자원봉사자와 활용기관 간의 욕구 조정

Fisher와 Cole은 기존의 연구문헌과 자원봉사 분야에서 실제로 활동하고 있는 전문직업인에 의해서 이뤄지고 있는 자원봉사조정자들의 업무 역할을 다음과 같이 들고 있다(류기형 외, 2003).

① 자원봉사자들의 지도자와 봉사활동지침의 결정자
② 자원봉사 프로그램의 조정자와 인사관리자
③ 조직에서 활동하는 자원봉사자들의 옹호자
④ 조직과 조직에서 활동하는 자원봉사자들 사이에서의 주요 의사전달자
⑤ 자원봉사 프로그램의 지지를 위한 기금 조성자

자원봉사조정자의 역할수행에서 느끼는 점

■ 자원봉사조정자를 함으로써 좋았던 점
- 자원봉사를 하려는 사람에게 기쁨을 주었다.
- 클라이언트에게 기쁨을 주었다.
- 지역 주민으로부터 신뢰를 얻었다.
- 여러 사람과 만났다.
- 직장이나 세대를 초월한 연결이 가능하다.
- 자신의 비전이나 아이디어, 기획이 잘 되었다.
- 매일이 드라마의 연속으로 가득 차 있다.
- 시대의 흐름과 함께 살아가고 있음을 실감할 수 있다.
- 지역에 밀착되어 있어서 자신이 하고 있는 것에 대한 반응을 즉시 알 수 있다.
- '자기실현'의 장이 많다.

■ 자원봉사조정자를 함으로써 힘들었던 점
- 실패가 곧장 자신에게 되돌아 온다.
- 조그마한 오해가 인간관계의 트러블이 된다.
- 자원봉사자에게 책임을 돌리는 일이 있다.
- 기획이 잘 이루어지지 않았을 경우에 그 책임이 크다.
- 예기치 않은 사고가 일어난다.
- 실적을 수치화하기 어려워서 평가가 곤란하다.

2) 자원봉사조정자의 능력과 자질

(1) 자원봉사조정자의 능력

자원봉사조정자의 역할을 수행하기 위해서는 다음과 같은 능력이 요구된다(박태영 역, 1996).

① 이해하여 육성하는 능력

자원봉사활동의 의의나 내용을 이해하지 않으면 자원봉사자의 고민을 듣고 적절한 지원을 할 수 없다. 또한 자원봉사자의 주체성을 지지하고 키워가려는 시각을 가지고 있는 것도 중요하다.

② 받아들이고, 함께 생각하며, 해결하려는 능력

자원봉사센터에는 여러 창구에서 거절당한 사람이 절실한 심정으로 전화를 걸어오는 일이 적지 않다. 조정자에게는 이러한 사람들의 의뢰내용을 수용할 능력이 요구된다.

③ 문제를 구별할 능력

조정자에게는 의뢰되어 오는 상담 가운데서 무엇이 문제인지를 구별할 객관적인 판단력이 요구된다. 이를 위해서는 사회복지에 대한 폭넓은 시각과 지식이 필요하다. 또 원조를 의뢰해 온 사람의 고민에 너무 매달려 있지 말고 적절하게 기분을 전환하는 일도 중요하다.

④ 방법을 개척하는 능력

무엇이 문제인지가 파악되면 자원봉사활동을 위한 조건 정비를 위해서 계속 노력하는 것이 중요하다. 또 가능한 한 많은 복지정보 · 자원을 항상 파악하여 자원봉사활동의 조건정비를 도모해 나갈 필요가 있다.

⑤ 연결의 능력

클라이언트와 계속하여 관계를 유지해 가는 것은 자원봉사자이다. 조정자는 클라이언트와 자원봉사자와의 관계를 통하여 원조해 나가야만 한다. 자원봉사자와 클라이언트가 주역이 되도록 조정자는 조력의 역할을 철저히 하는 것이 필요하다.

⑥ 마을 만들기의 시각

조정자에게는 복지욕구나 문제점을 복지마을 만들기로 연결시켜 나가는 시각이 필요하다.

(2) 자원봉사조정자의 자질

자원봉사조정자가 자신의 역할을 잘 수행하기 위해서는 다음과 같은 자질을 갖추어야 할 것이다(박태영 외, 2004).

① 적극적인 태도 – 소극적인 태도는 실패를 자초한다. 도전적이고 개척적인 태도를 가진다.

② 공정성 유지 – 선입견이나 편견은 금물이다. 클라이언트와 자원봉사자 쌍방의 의견을 잘 들어서 공정하게 업무를 처리해야 한다.

③ 새로운 사고에 대한 수용력 – 완전한 사람은 없다. 항상 배우려는 자세를 가져야 한다.

④ 경청과 이해 - 자신의 주장을 펴기보다는 상대방의 느낌, 의도, 신념 등을 이해하려고 노력한다.
⑤ 능숙한 의사소통 - 명료한 대화와 정확한 서류 작성을 한다.
⑥ 인권의 존중 - 자원봉사와 관련된 모든 사람의 인권을 존중한다(클라이언트, 자원봉사자, 조정자 간의 대등한 관계 유지).
⑦ 재치 있는 유머 - 긍정적이고 지적인 유머를 구사한다.
⑧ 긍정적인 사고 - 인간의 잠재성과 가능성에 대한 신뢰와 긍정적인 사고를 한다.

3) 자원봉사조정자에게 요구되는 특징

누구나 자원봉사자가 될 수 있지만, 누구나 자원봉사조정자가 될 수는 없다. 다음은 자원봉사조정자가 되기에 보다 적합한 사람 및 부적절한 사람의 특징을 뽑아 놓은 것이다. 자원봉사조정자가 되기를 원하는 사람은 자원봉사조정자로서의 적절한 특징을 늘려가고, 부적절한 특징을 줄여가는 노력을 기울여야 할 것이다.

(1) 자원봉사조정자가 되기에 적절한 사람

- 여러 사람과 만나는 것을 좋아하는 사람
- 사람과 협력하여 일하기를 좋아하는 사람
- 대등한 인간관계를 중요하게 여기는 사람
- 다방면에 인맥이 있고 네트워크를 갖고 있는 사람
- 기획력이 있는 사람
- 풍부한 지식과 정보를 갖고 있는 사람
- 자신의 아이디어를 업무로 만들어 가고 싶은 사람
- 비전을 갖고 있는 사람

- 의욕이 있는 사람
- 실행력이 있는 사람
- 다양한 가치관을 수용할 수 있는 사람
- 균형 감각이 있는 사람
- 마음에 여유를 갖고 있는 사람
- 변화가 있는 매일을 보내고 싶은 사람
- 새로운 것을 좋아하는 사람
- 잘 듣는 사람
- 잘 설명하는(말을 잘하는) 사람

(2) 자원봉사조정자가 되기에 부적절한 사람

- 사람과 접촉하는 것이 괴로운 사람
- 자신의 이야기만 하는 사람
- 자신의 역할을 틀에 끼워 버리는 사람
- 일상적인 업무를 좋아하는 사람
- 평온하고 무사한 매일을 보내고 싶은 사람
- 기존 스타일에 익숙한(구애된) 사람
- 가치관이 고정되어 있는 사람
- 자신의 가치관을 상대방에게 강요해버리는 사람
- 부정적인 생각을 하는 사람
- 권위적인 사람(무서운, 위압적인 사람)
- '공감' 하는 것이 아닌, '동정' 해버리는 사람

3. 자원봉사조정자의 기능

자원봉사조정자의 기능은 다양하게 제시되고 있으나, 여기서는 일곱 가지로 나누어 살펴보고자 한다(巡 静一, 1996; 박태영 역, 1996).

1) 수급조정

수급조정은 조정자의 주된 역할이다. 자원봉사 희망자(단체)에게 활동을 소개하고 자원봉사 이용자(단체)에게 자원봉사자를 소개하는 것이다. 얼핏 보기에는 간단한 것 같지만 의뢰내용이 다양하고 각각의 상대에 따른 적절한 대응을 위해서는 세심한 주의가 필요하다. 자세한 내용은 자원봉사조정자의 직무에서 다루고자 한다.

2) 기록 · 등록

원활한 수급조정을 위해서는 자원봉사자나 자원봉사그룹의 희망이나 활동에 관한 내용, 클라이언트에 대한 희망내용, 사회자원 등에 관한 내용을 항상 파악해야 한다. 또한 문제해결의 방법과 상담, 돕는 방법 등을 적절하고 확실하게 검토하기 위해서, 아울러 조정자의 업무가 잘 인수인계되기 위해서도 기록은 중요하다.

기록 · 등록은 일정한 양식이나 등록카드로 소개되어 있다. 예를 들면, 자원봉사자 카드(개인, 단체), 자원봉사 이용 신청서(개인, 단체), 자원카드, 상담카드, 서약서, 활동기록표(개인, 단체), 활동 현황 및 집계표 등이 있다.

또한 기록내용은 프라이버시에 관계되는 내용이 많이 포함되어 있기 때문에 쉽게 타인에게 보여줘서는 안 된다. 그러므로 제3자의 눈에 띄지 않도록 세심한 주의를 기울여 보관해야 할 것이다.

3) 자원봉사활동의 지원

자원봉사자나 자원봉사그룹이 효과적으로 활동할 수 있도록 활동과정에서 생기는 고민의 상담, 정보 제공, 기자재나 자료의 대출, 자원봉사 보험 개발 추진 등의 다양한 지원이 필요하다.

① 자원봉사활동에 대한 상담, 정보 제공

자원봉사자나 일반인에게 자원봉사활동에 대한 올바른 지식이나 이해를 갖게 할 필요가 있다. 이를 위해서 늘 새로운 정보를 수집하여 제공하고 상담에 응해야 한다. 또한 활동 중에 생기는 고민이나 갈등에 대하여 적절하게 대응해 나가는 것이 중요하다.

② 자원봉사활동에 관한 각종 지원금 소개 · 절차의 안내

활동을 계속적으로 수행하기 위해서는 필요한 자금 조달이 이루어져야 한다. 자원봉사활동에 지원하는 단체들을 파악하여 자금을 지원받을 수 있는 관련 절차에 대하여 안내해 주어야 한다.

③ 활동을 위한 회의장 · 행사장 · 기자재의 제공

자원봉사센터에서는 활동에 필요한 기자재를 준비하여 대출해 줄 수 있도록 해야 하며, 주변에 이용 가능한 각종 자원을 정확하게 파악하여 관련 단체나 이용자에게 제공해야 한다.

④ 자원봉사보험 가입 촉진

자원봉사자는 활동 중 만일의 사고에 대비하여 자원봉사보험에 가입하는 것이 바람직하다. 안심하고 활동할 수 있도록 다양한 자원봉사보험의 개발과 더불어 가입을 촉진해야 한다.

4) 양성 · 연수

자원봉사활동을 잘하기 위해서는 자원봉사자의 의식과 책임감을 갖게 하고 기술을 연마하는 것이 중요하다. 양성이나 연수는 자원봉사센터가 개최하는 것뿐만 아니라 타 기관이나 단체에서 실시하고 있는 프로그램에도 참여할 수 있다.

자원봉사자 양성의 대표적인 형태가 자원봉사자 교육이다. 자원봉사활동 교육의 큰 의의는 자원봉사 희망자에게 동기를 부여하는 것과 자신에게 맞는 활동을 찾도록 하는 것이다.

자원봉사자 교육을 마치고 활동을 시작하면 자원봉사자는 자신의 성장과 발전을 위해, 활동과정상의 어려움을 이겨내기 위해 연수 모임을 필요로 하게 된다.

자원봉사활동을 지속적으로 하다 보면 활동을 위한 활동이 되어버리는 경우가 종종 있다. 이러한 것을 잘 극복하기 위해서는 자원봉사자 상호 간의 교류를 통해 목적의식을 회복하고, 활동에 관련된 문제에 대하여 더욱 깊이 이해하려는 노력이 필요하다.

활동과정 중에 발생하는 어려움을 극복하기 위한 연수도 매우 중요하다. 어려움의 원인을 살펴보면 다음과 같다.

① 개인적인 문제

- 자신감이나 열정이 없어져서
- 사신의 성격과 맞지 않아서
- 시간이 없어서
- 체력적으로 감당할 수 없어서
- 기술 · 지식의 부족함을 느껴서
- 가족 · 직장 · 주위 사람들의 반대 때문에
- 동료와 잘 맞지 않아서

② 단체 운영상의 문제

- 의견 대립이 심해서
- 팀플레이가 잘 되지 않아서
- 리더에 대한 불만 때문에
- 특정한 개인에게 부담이 집중되기 때문에
- 활동 재원의 부족으로
- 활동거점, 모임장소를 구하지 못해서
- 탈퇴자가 많아서
- 명목상 회원이고 실제로 활동하지 않는 회원이 많아서
- 잘 모이지 않아서

③ 활동 상대와의 문제

- 상대방을 이해할 수 없어서
- 자신이 이해받지 못하여
- 실수가 계속되므로
- 자신의 능력에 벅차서
- 노력을 인정받지 못하여
- 서로의 성격이 맞지 않아서
- 관계 직원과의 관계가 좋지 못하여
- 상대방 가족과의 관계가 좋지 못하여

④ 활동상의 문제

- 활동이 매너리즘화 되어서
- 활동방침이 비판받고 있어서
- 활동목적을 상실하여
- 주민 등 다른 사람들로부터 이해를 얻지 못하여

이러한 어려움을 극복하기 위하여 전문가에 의한 조언, 활동사례 발표회 개최, 자원봉사자 상호 간의 경험 교류, 각종 지식과 기술의 습득을 위한 연수회 개최, 타 연수 모임에 참가 등의 노력을 기울여야 한다.

5) 홍보 · 계발

자원봉사자의 활동을 확인 · 정리하고, 활동의 방향성을 검토하고, 보다 많은 사람에게 자원봉사활동을 이해시키기 위해 홍보 · 계발이 중요하다.

홍보의 종류는 활자 매체와 시청각 매체로 크게 구분된다. 가장 많이 활용되는 방법이 뉴스레터, 웹진 등의 발행이다. 여기서는 홍보지를 만들 때 고려해야 할 사항을 몇 가지 살펴보기로 한다.

① 발행일을 정한다.

② 발행횟수를 정한다.

③ 홍보지의 양식을 정한다.

④ 발행의 이념을 정한다.

⑤ 보다 많은 사람의 기사와 얼굴을 게재한다.

⑥ 많은 정보를 싣는다.

⑦ 편집에는 여러 사람이 참여한다.

⑧ 자원봉사자를 참여시킨다.

⑨ 사회자원을 활용한다.

계발은 다양한 형태로 접근할 수 있다. 시찰이나 견학, 좌담회나 심포지엄, 축제, 콘서트, 광장 등이 있다. 이러한 계발활동은 목적에 적합한 방법을 선택하여 개최하여야 한다. 예를 들면 다음과 같다.

① 이해를 깊게 하다. – 콘서트, 강연회, 작품전, 심볼 마크 · 표어 모집, 예술제 등

② 교류를 넓히다. – 스포츠 활동, 레크리에이션

③ 기술을 익히다. – 점자 · 수화 · 낭독의 실연, 휠체어 연수, 가이드 헬퍼 연수, 가정간호 · 케어 연수, 확대사본 제작 연수 등

6) 네트워크화

수급조정을 하는 가운데서 파악한 욕구를 충족하기 위하여 필요한 자원봉사활동 프로그램을 선구적으로 만들어 육성하고 지역 단위의 자원봉사활동을 조직화해 나가는 것이 필요하다. 또한 다양한 교류를 통하여 자원봉사활동이 효과적으로 추진되도록 협동체제를 만들어 가는 것도 중요하다.

선구적인 자원봉사활동을 전개하기 위해서는 관계기관 · 단체와의 연대와 지역사회의 이해를 넓혀가야 하고, 활용할 수 있는 자원의 파악, 자원봉사자의 주체적인 운영 등의 노력이 필요하다.

소지역 중심의 자원봉사활동을 육성하기 위해서 조정자가 관심을 가져야 할 내용을 정리하면 다음과 같다.

① 소지역 유지들과 돈독한 인간관계를 만들어 간다.
② 다른 지역의 자원봉사활동 사례를 알린다.
③ 지역적으로 유사한 타 지역을 모델로 설정한다.
④ 실제적인 사례나 유머를 활용하여 이해하기 쉽게 설명한다.
⑤ 지역의 행사, 역사, 유명한 인물 등을 잘 파악한다.
⑥ 문제점만을 들지 말고 좋은 점을 중심으로 평가한다.
⑦ 그 지역의 역량으로 할 수 있는 활동을 제시한다.
⑧ 활용할 수 있는 보조금, 회의장, 기재 등의 자원을 파악한다.

네트워크화에서 빼놓을 수 없는 부분이 교류이다. 자원봉사자 상호 간의 교류, 자원봉사그룹 상호 간의 교류, 관계기관 · 단체와의 교류, 조정자 상호 간의 교류 등 다양한 자원봉사 관련자 간의 교류를 통하여 자원봉사활동의 조직을 강화해 나갈 수 있다.

7) 조사 · 연구

지역사회에서 자원봉사활동을 너욱 원활하고 효과적으로 추진하기 위해서 조사 · 연구는 필요하다. 특히 알려지지 않은 욕구나 자원봉사 희망자를 발굴하고 활동내용을 발전시키기 위해서 매우 중요한 역할이다.

조정자가 관심을 가져야 할 조사내용으로는 현재 실시되고 있는 활동이 클라이언트의 욕구충족에 적절한 것인지, 자원봉사자와 클라이언트 쌍방이 정신적 · 물질적으로 부담스러운 점은 없는지, 그 활동이 발전해 갈 가능성이 있는지 등의 활동상황에 대한 조사가 있다.

또한 자원봉사자, 자원봉사그룹의 실태 조사, 자원봉사자 활용욕구에 대한 조사, 이용 가능한 사회자원의 조사, 자원봉사자의 의식 조사, 잠재적인 자원봉사자에 대한 조사 등이 있다.

자원봉사활동의 연구영역에는 새로운 자원봉사활동 분야의 개척, 자원봉사활동 평가 및 보상방법, 자원봉사보험제도, 자원봉사기금제도, 학생 자원봉사활동의 활성화 방안, 클라이언트가 참여하는 자원봉사활동의 활성화 방안 등이 있다.

이상의 기능만으로는 자원봉사활동이 내향적일 수밖에 없다. 따라서 설명책임성(활농에 대한 평가 및 성과의 공유), 정보의 투명성, Fund Raising(자주재원 만들기), 활동단체에 대한 운영관리 지원 등에 대한 관심도 가져야 할 것이다.

자원봉사조정자는 자신이 소속한 기관의 성격이나 특성에 따라 그 기능과 역할이 다양해질 수 있다. 여기서는 일본의 사회복지시설 자원봉사조정자의 기능과 역할에 대한 내용을 참고로 소개하고자 한다(新岐國廣, 2005).

〈표 6-1〉 사회복지시설 자원봉사조정자의 기능과 역할

기 능	역 할
기획입안 기능	• 자원봉사자가 활동하는 기본 방침에 적합한 프로그램을 기획 · 입안하는 역할
관계조정 기능	• 오리엔테이션 실시나 다른 직원 · 자원봉사자와의 관계조정 등을 행하는 역할 • 자원봉사자가 잘 활동할 수 있는 환경을 조성하는 역할
슈퍼비전 기능	• 평가회나 활동기록에 의해 슈퍼비전을 행하고, 자원봉사자가 자기의 능력이나 수준에 맞추어 활동해 나갈 수 있도록 하는 역할
케이스워크 기능 카운슬링 기능	• 자원봉사활동 중에 발생하는 어려움을 수용하여 심리적 지지를 하고 자원봉사자의 주체적 활동(적극성)을 촉진하는 역할
그룹워크 기능	• 평가회 등 그룹으로의 모임을 기획하고, 자원봉사자 상호 간의 모임을 통하여 다양한 가치관이나 사고가 있음을 이해시키는 역할
커뮤니티 워크 기능 (시설 사회화의 기능)	• 시설과 지역사회와의 상호교류의 역할을 담당하는 시설 사회화 · 이용자의 사회참가 촉진 · 지역에 있어서 주체형성의 촉진에 기여하는 역할
권리옹호 기능	• 시설서비스의 질을 높이기 위해 옴부즈맨이나 제3자 평가적 역할을 담당할 자원봉사자를 육성하는 역할 • 이용자의 QOL 향상 및 권리옹호를 하도록 조정하는 역할
정보제공 기능	• 다른 시설의 활동메뉴나 자원봉사센터 등의 자원봉사활동에 대한 정보를 제공하는 역할
소셜 액션 기능	• 제도가 정비되지 않는 경우 선구적으로 비공식 서비스를 만들어 제공하는 역할 • 지역사회에서의 계발활동이나 사회적 과제에 관심 있는 사람들과 협력하는 역할
복지교육 기능	• 체험학습의 과정(체험 → 관심 → 고찰 → 가설화 → 재체험)을 통하여 자원봉사활동의 의의나 시설의 전문적인 기능 · 역할 등 다양한 과제를 계발하는 역할 • 최종적으로는 Normalization 이념의 성숙을 도모하는 역할

4. 자원봉사조정자의 유형

자원봉사조정자는 소속되어 있는 단체의 특성이나 대상영역, 활동대상, 활동내용에 따라 다음과 같이 유형화할 수 있다(東京ボランティア・センタ-, 1996).

1) 소속단체에 따른 유형

자원봉사조정자가 소속하고 있는 단체를 크게 세 가지로 구분하여 그 공통점과 상이점을 파악할 수 있다.

① 유형 1 : 자원봉사자를 공급하는 단체

기업이나 학교, 주민자치조직, 노인클럽, 각종 봉사단체 등의 구성원이 자원봉사에 참여하고 있는 단체이다. 참가자는 구성원이 중심이 되므로 한정적이고, 활동내용은 각자의 관심에 따라 자유롭게 선택할 수 있어서 비한정적이다.

② 유형 2 : 자원봉사활동 조정 단체

자원봉사센터와 같이 자원봉사활동에 참가하고 싶은 사람과 사회적 욕구를 연결시키고, 자원봉사를 지원하는 단체이다. 이러한 단체에서는 참가자도 활동내용도 비한정적으로 다양한 것이 특징이다.

③ 유형 3 : 자원봉사자를 활용하는 단체

사회복지시설이나 NGO, 시민단체 등 공익증진에 기여하는 비영리단체로서 자원봉사자를 받아들여 활용하거나 육성 · 지원하는 단체이다. 참가자는 활용단체 측에서 선발하기도 하지만 참가를 희망하는 자는 비한정적으로 참여할 수 있고, 활용내용은 그 단체의 활동이나 사업내용 가운데서 결정되어지는 것으로서 비교적 한정적이다.

2) 대상영역에 따른 유형

자원봉사조정의 대상영역에 따라 지역사회를 중심으로 하는 '지역형'과 넓은 지역을 대상으로 하는 '광역형'으로 구분할 수 있다.

① **'지역형' 단체**

지역주민들이 자원봉사자가 되어 지역사회의 복지욕구에 대응할 수 있도록 지원하는 것이다. 예를 들면, 소지역의 자원봉사센터, 초 · 중학교, 지역의 기업, 지역의 시설, 단체 등에서 근무하는 자원봉사조정자가 이에 속한다.

② **'광역형' 단체**

광범위한 영역에서 자원봉사자들이 사회적 욕구에 대응하는 것을 지원하는 것이다. 예를 들면, 광역 자원봉사센터, 고교 · 대학, 대기업, 광역시설 · 단체 등에서 근무하는 자원봉사조정자가 이에 속한다.

3) 자원봉사활동 내용(대상, 분야)에 따른 유형

자원봉사조정자가 담당하는 활동내용(대상, 분야)에 따라 분류할 수 있다.

활동대상으로 구분하면 노인, 장애인, 아동, 외국인, 여성, Homeless 등 '사람'을 대상으로 하는 자원봉사활동과 환경, 예술, 문화재 보존 등의 '사람 이외의 것'을 대상으로 하는 자원봉사가 있다.

활용분야로 구분하면 사회복지를 필두로 하여 의료 · 보건, 국제협력, 환경보호, 교육, 예술 · 문화, 스포츠, 재해 등 각 분야의 자원봉사활동으로 구분할 수 있다.

5. 자원봉사조정자의 실태

자원봉사조정자의 실태에 대한 자료의 제한으로 인하여 전반적인 조정자의 실태를 파악하는 데는 어려움이 있다. 여기서는 자원봉사조정자에 대한 교육 부족, 자원봉사활동에 대한 인식부족, 조정자의 업무과중, 자원봉사조정 조직 간의 연계 미흡, 조정활동을 위한 재원부족 등을 중심으로 살펴보고자 한다.

1) 자원봉사조정자에 대한 교육 부족

반재정(2006)의 연구에 의하면, 자원봉사조정자들이 자원봉사자 조정에 대한 교육에 관련된 통계 결과에서 '교육훈련을 관련 기관으로부터 정규적으로 받는다'는 32.3%, '개인적으로 학습한다'가 26.2%, '기관에서 자체적으로 실시한다'가 23.2%, '별다른 교육훈련을 받지 않는다'가 12.2%로 나타났다.

또한 장건기(2004)의 연구에 의하면, 조정자로서의 교육 및 훈련 참가에 관련된 통계 결과에서는 '자원봉사 지원 · 육성기관의 교육 프로그램에 참가한다'가 87.5%로 상당히 높게 나타났으나, 조정자에게 필요한 전문교육이라 할 수 있는 전문가를 초청하여 교육을 받는다든지, 해외연수 프로그램에 참가하는 등의 특별한 교육 · 훈련은 전혀 받지 않는 것으로 나타났다.

자원봉사자가 활동을 중단하는 가장 큰 이유는 봉사활동의 한계를 느껴서가 20.5%로 가장 높게 나타났는데, 이는 자원봉사자를 효율적으로 조정하기 위한 교육훈련을 충분히 받지 않은 조정자에 의해서 자원봉사자들을 자체적으로 교육하고, 교육내용도 오리엔테이션 수준의 기초교육 위주로 함으로 인하여, 자원봉사자들이 활동의 한계를 느껴 활동을 중단하게 된 것이다.

조정자의 자원봉사활동에 대한 인식부족과 조정에 대한 지식, 경험의 부족은 효과적인 자원봉사조정을 어렵게 한다.

2) 자원봉사활동에 대한 인식부족

자원봉사활동을 실질적으로 조정하는 자원봉사조정자의 자원봉사자에 대한 지도 · 감독이 봉사활동의 지속에 중요한 영향을 준다는 조휘일(1998)의 연구에도 불구하고, 최성문(2004)의 연구에서는 실천현장에서 자원봉사조정자는 자원봉사 프로그램마다 달성목표를 설정하는 데 적극적이지 않고(84.6%), 자원봉사활동 회의나 평가회를 실시하지 않고 있는 자원봉사조정자도 30.7%가 되며, 정기적인 피드백에 적극적이지 않은 자원봉사조정자도 51.3%로 나타났다.

또한 자원봉사활동에 긍정적인 영향을 미치는 변수들로는 근무기간, 연령, 자원봉사조정자가 경험한 자원봉사활동으로 나타났는데, 이는 자원봉사조정자에게 있어서 자원봉사 관련 이론만 알고 있는 것이 아니라 자원봉사활동에 대한 경험이 중요함을 나타내고 있다. 따라서 자원봉사조정자 선정 시 개인적인 지식이나 근무기간도 중요하지만 자원봉사활동에 대한 자원봉사조정자의 인식과 경험도 중요하게 고려되어져야 함을 시사한다.

3) 자원봉사조정자의 업무과중

반재정(2006)에 의하면 자원봉사조정 담당자로 프로그램별 담당 직원이 담당하는 경우가 49.7%, 전담직원이 하는 경우가 43.6%로 나타났고, 최성문(2004)의 연구에서는 전체 96.6%가 자원봉사조정을 전담하지 않고 다른 업무와 병행하여 조정하고 있다고 응답하였다. 즉, 겸무 때문에 상대적으로 진행사항이 가시적이지 못하고 문서화되어 있지 않은 자원봉사조정 업무가 잘 이루어지지 못하는 경우가 많은 것을 알 수 있다.

반재정(2006)의 연구에서는 사회복지관의 자원봉사활동에 대한 업무기술서(활동내용, 기간, 자격, 보상 등)를 작성하는 곳이 전체 응답자의 52.8%에 그쳤으며, 47.2%의 기관은 업무기술서를 작성하지 않는 것으로 나타났다. 최성문(2004) 연구에서도 실제로 업무기술서를 작성하는 경우가 51.3%로 나타났고,

작성하지 않는 이유로는 업무과중(59.7%)을 꼽았다.

사회복지기관 자원봉사담당자의 자원봉사조정은 업무과중으로 인해 제대로 이루어지지 않고 있음을 알 수 있다.

4) 자원봉사조정 조직 간의 연계 미흡

김창세(2001)의 연구에서 자원봉사센터와 종합사회복지관과 같은 자원봉사 관련 기관들의 업무나 봉사활동에 관계되는 연계활동 유무에 관련된 통계 결과에서 '연계활동이 없다'가 58.9%, '연계활동을 하고 있다'가 41.1%로 나타났다. 이는 자원봉사조정자들의 업무 중복, 예산낭비를 초래할 수 있으므로 연계를 통한 자원봉사조정자들의 전문성을 강화하기 위한 방안이 필요하다.

5) 자원봉사조정의 재원부족

사회복지기관에 대한 안은영(2002)의 연구결과에 의하면, 전체 사업비의 1~3%에 불과한 예산으로 연평균 500명에 달하는 자원봉사자들을 조정하는 것으로 나타나 자원봉사조정을 위한 재정부족이 심각함을 알 수 있다. 즉, 적절한 예산이 확보되지 않은 현실에서 자원봉사조정의 효과성을 높이기는 어려우며, 또한 기관 자체 내에서 예산을 수립할 때 자원봉사 관련 예산을 늘려야 하지만, 제한된 예산으로 사업을 운영하는 사회복지기관 입장에서는 쉽지 않은 결정으로 지적하고 있다.

자원봉사센터에 대한 정현진(2001)의 연구에서는 1년 예산의 충분성에 대해 대부분의 자원봉사센터에서 예산부족을 지적하고 있으며, 그중에서도 인건비와 사업비의 부족을 가장 많이 지적하고 있다.

다음으로 2000년 일본 전국 볼런티어코디네이터 연구집회에 참가자들의 설문지를 통해 파악한 자원봉사조정자가 안고 있는 과제를 제시하고자 한다

(全國ボランティア・コーディネーター研究集會2000實行委員會, 2000). 오늘의 우리나라 자원봉사조정자가 안고 있는 과제를 유추할 수 있는 자료가 될 수 있을 것으로 생각한다.

[자원봉사조정자가 안고 있는 과제]

1. '자원봉사활동(자)'에 대한 오해, 인식 부족 및 다툼이 있다

- 복지대책의 확대에 따라 자원봉사자 의뢰내용이 자원봉사활동으로서 적절한지 애매모호한 케이스가 증가하고 있다.
- 자원봉사자를 잔심부름을 해주는 사람처럼 생각한다.
- 단순한 노동력으로밖에 생각하지 않는다.
- 행정사이드에서 자원봉사자에 대한 인식이 부족하여, 자원봉사자 활동 지원을 위한 파트너십 형성이 어렵다.

2. 자원봉사자를 발굴하지 않는다

- 자원봉사자 및 인재를 찾지 않는다.
- 자원봉사활동 참여 계층을 넓히기 위한 방안을 모르고 있다.
- 아동에게 자원봉사활동에 대한 관심을 갖게 만들기 위한 노력이 부족하다.
- 인근 지역에서는 자원봉사자를 어떻게 육성하며, 어느 정도 조직화되어 있는지조차 잘 모르고 있다.
- 장애인의 욕구를 충족할 자원봉사자가 적다.
- 젊은 자원봉사자가 부족하다.

3. 자원봉사활동의 장을 개척하지 못하고 있다

- 매력 있는 활동 프로그램을 만들어 내지 못하고 있다. 활동거리의 개발 및 활동자의 움직임이나 생각을 알아내어 대응하지 못한다.

- 심리적인 문제가 있는 사람이나 정년퇴직자, 중고교생 등의 활동거리가 적다.
- 자원봉사활동 희망자가 증가하더라도 활동으로 연결되지 않는다.

4. 효과적인 정보 수집 · 정리 · 제공이 어렵다

- 최신의 정보를 수집하고 정리하기 어렵다.
- 자원봉사센터의 이용자에 따라 효과적인 정보수집에 대한 수단 및 방법을 알지 못한다.
- 현장에 나가서 실제로 보고 들어도 욕구를 파악하기 어렵다.
- 자원봉사조정자로서 관련 분야가 점점 늘어나고 있다.

5. 자원봉사자 의뢰욕구에 대한 대응 및 조정이 어렵다

- 자원봉사활동은 자발적인 활동이므로 활동의뢰에 대한 한계성(딜레마)을 느낀다.
- 다양한 동기를 갖고 있으므로 그 충족이 어렵다.
- 자원봉사자와 이용자 쌍방을 존중하면서 활동을 균형 있게 유지해 나가는 것이 어렵다.
- 자원봉사자와 이용자 간의 자원봉사활동에 대한 의식에 차이가 있다.
- 자원봉사조정에 있어서 상담업무가 가장 중요하나, 소홀하게 다뤄지고 있다.
- 자원봉사활동 의뢰자나 의뢰단체에 대한 대응이 미흡하다.
- 자원봉사활동 희망자에 대한 대응이 미흡하다.

6. 자원봉사자를 받아들이는 측(시설 및 기관)에 대한 관리 · 조정이 어렵다

- 사회복지기관과 자원봉사자 간의 관계를 보다 명확하게 하고 싶다.
- 사회복지기관 측이 자원봉사활동자의 욕구와 상관없이 배치한다.
- 자원봉사자의 의견개진의 기회가 부족하다.

- 자원봉사자나 이용자의 욕구보다 사회복지기관의 사정이 우선시된다.
- 자원봉사활동을 즐겁게 활동하기 위한 다양한 지원이 부족하다.

7. **활동개시 후 사후관리가 잘 이루어지지 않는다**(자원봉사자나 자원봉사그룹에 대한 지원이 미흡함)

- 연결 후 사후관리가 잘 이루어지지 않는다.
- 자원봉사자와 이용자 간의 자주적 활동 강화를 위한 지원이 부족하다.
- 자원봉사자가 소진되지 않도록 하기 위한 지원이 부족하다.

8. **조정자 업무의 평가가 이루어지지 않는다**

- 스스로는 업무의 성과를 좀처럼 확인할 수 없다.
- 자원봉사조정 결과를 평가하기 위한 시스템이 없다.
- 분석 · 검토 · 연구 등을 할 시간이 부족하다.
- 사회복지기관에서 자원봉사자 활용이 최선의 방안이었는지에 대한 평가가 어렵다.
- 자신의 가치관으로 판단해 버리는 위험성이 있다.

9. **자원봉사조정자의 중요성을 이해하지 못한다**

- 자원봉사조정자라는 직종의 중요성을 소속기관에서도 아직 잘 이해하지 못하고 있다.
- 자원봉사조정자의 윤리관에 대한 이해가 부족하다.
- 자원봉사조정자의 전문성에 대한 이해가 부족하다.
- 평생교육이라는 관점에서 연수시스템이나 프로그램이 부족하다.

6. 자원봉사조정자의 전문성 강화방안

1) 자원봉사조정자의 교육 · 연수 강화

전문적이고 체계적인 자원봉사조정을 위하여 자원봉사조정자의 전문성 강화가 필요하다. 자원봉사조정자는 전문적 지식과 자격이 필요하므로 전문성을 높일 수 있는 전문교육을 실시하여야 한다.

자원봉사조정자의 교육 · 연수 강화를 위해서는 대상별, 코스별로 다양한 연수체제가 갖추어져야 할 것이며, 교육방법도 다양하게 이루어질 필요가 있다. 여기서는 일본 東京都볼런티어센터가 제시한 자원봉사조정자 연수체계를 소개하고자 한다(東京ボランティア · センタ-, 1996).

(1) 연수대상

연수대상인 자원봉사조정자를 세 가지로 분류하고 이에 따른 연수체제를 구축할 것을 제안하고 있다.

① 자원봉사자를 공급하는 단체의 조정자 : 학교, 대학, 기업, 종교단체의 자원봉사담당자 등

② 자원봉사활동 추진단체의 조정자 : 자원봉사센터, 청소년자원봉사센터, 사회복지협의회 자원봉사정보은행의 직원 등

③ 자원봉사자를 활용하는 단체의 조정자 : 사회복지시설, 사회복지관, NGO 등의 자원봉사담당자 등

(2) 과정 및 내용

연수과정은 네 가지, 즉 신임연수, 전문연수, 조정자 연수, 과제별 연수로 구분하고 있다. 신임 · 전문 · 조정자 연수는 필수과정이고, 과제별 연수는 선택과정으로 되어 있다.

신임연수는 신임 자원봉사조정자를 대상으로 하며, 연수내용은 자원봉사조정자로서 최소한으로 필요한 이념, 역할, 이에 수반되는 정보 · 기술을 집중적으로 가르친다.

전문연수는 조정자이며 1년 이상의 자원봉사조정자로서 신임연수를 이수한 자로 한다. 연수내용은 자원봉사조정자로서 필요한 자세, 정보, 기술을 가르침과 아울러 해결하기 어려운 사례를 검토하는 내용이 포함된다.

조정자 연수는 조정자로서 경험이 5년 이상인 조정자 혹은 조정적 입장에 있는 자를 대상으로 한다. 연수내용은 조직운영, 관계기관과의 협력체제, 조정자의 지원 등 센터 운영자로서의 자질을 확립하는 내용이 포함된다. 조정자 가운데 기초연수나 일반연수를 수강하지 않은 조정자가 있을 경우에는 이를 수강하는 것이 바람직하지만, 여의치 못할 때에는 교재 등을 사용하여 자가 연수를 하도록 한다.

과제별 연수는 자원봉사활동의 새로운 과제를 주제로 한 연수로서 희망자들은 참가할 수 있다.

연수과정과 내용을 정리해 보면 다음과 같다.

〈표 6-2〉 연수과정 및 내용

구 분	신임연수	전문연수		조정자 연수	과제별 연수
이 념	○ 자원봉사란 무엇인가 ○ 조정자의 역할, 자세	○ 자원봉사 추진방안 • 자원봉사와 유상성(有償性) • 자원봉사 평가 등		○ 자원봉사 추진방안 ○ 운영자의 역할, 자세	○ 새로운 과제에 대한 대응 • 기업 자원봉사 • 노인 자원봉사 • 청소년 자원봉사 • 당사자 활동에 대한 지원 • NGO와의 연계 • 정신장애인과 자원봉사 • 복지 이외 분야 • 재해 시의 자원봉사 ○ 자원봉사와 법률 ○ 정보기기의 사용 • 인터넷 활용법 • 컴퓨터 사용법 ○ 회의 진행법 ※ 타 사업에서 이루어지고 있는 연수와의 조정
역할에 따른 내용	① 정보수집 • 정보수집 방법 • 상담방법	① 정보수집 • 조사방법과 활용방법	다루기 어려운 사례에 대한 검토	○ 조직운영의 방법 • 직원체제 • 재원 확보 • 효율적인 사업운영 ○ 관계기관과의 협력 • 행정기관과의 파트너십 • 기업과의 파트너십 ○ 조정자에 대한 지원 • 조정자에 대한 슈퍼비전 • 조정자의 스트레스 조정	
	② 욕구 확정 • 문제요약 방법	② 욕구 확정 • 사정방법			
	③ 프로그램 기획 • 계획 수립	③ 프로그램 기획 • 사례 조정 • 새로운 프로그램의 기획			
	④ 프로그램 실시 • 편성방법 • 관련 기관과의 연계방법	④ 프로그램 실시 • 자원봉사자 모집 • 오리엔테이션			
	⑤ 프로그램 지원 • 자원봉사 연수방법 • 사후관리 방안 • 그룹워크 방법	⑤ 프로그램 지원 • 자원봉사자 상담 • 자원봉사 리더의 양성			
	⑥ 프로그램 평가 • 기록방법 • 기록활용 방법	⑥ 프로그램의 평가 • 평가방법			
	⑦ 프로그램의 발전	⑦ 프로그램의 발전 • 사회에 제언방법 • 홍보와 계발			
기 타	○ 비즈니스 매너	○ 인간성의 함양(교양강좌) ○ 스트레스 관리			

(3) 연수방법

연수방법으로 일반적으로 많이 사용하고 있는 강의중심의 방법은 연수효과를 높이는 데 한계가 있으므로 다양한 방법을 활용할 것을 제안하고 있다.

① 강의만이 아닌 실습을 적절하게 활용할 것
② 강의를 할 때에는 가능한 한 현장을 잘 알고 있는 자원봉사조정자나 자원봉사자, 당사자 등에게 강의를 부탁할 것
③ 실습에서는 사례연구, 그룹토의, 워크숍, 역할극, 그룹워크 등을 고려하여 가능한 한 참가자가 주체적으로 배울 수 있도록 할 것
④ 숙박연수를 마련하여 자원봉사조정자 상호 간의 네트워크 형성이나 스트레스 관리의 장으로 활용할 것

2) 자원봉사조정자의 업무경감

자원봉사조정자의 업무과중을 해소해야 조정자는 자원봉사조정에 집중할 수 있다. 이를 위한 방안으로는 다음과 같다.

첫째, 자원봉사자 활용기관에서 자원봉사조정에 대한 중요성을 인식하고 자원봉사조정 업무를 중요한 업무로 자리매김시켜야 한다. 가능하면 전담조정자를 두는 방안이 좋을 것이다. 기관의 사정상 겸무가 불가피하면, 타 업무의 부담을 가볍게 하여 자원봉사조정에 보다 집중할 수 있도록 해야 할 것이다.

둘째, 자원봉사활동을 지속적으로 해오는 자원봉사 리더를 양성하여 조정자의 역할을 일부 부담시키는 방안을 들 수 있다. 이들의 역할은 새롭게 자원봉사활동을 하려는 사람들을 상담하며, 활동하고 있는 자원봉사자에게 각종 정보를 제공하고, 자원봉사자와 자원봉사조정자 간의 파이프 역할을 하는 것이다.

이들의 활동에는 몇 가지의 특성이 있다. 즉, 자원봉사 희망자의 가까이에 있으므로 활동 희망자와의 '접근성'이 있으며, 자원봉사자 입장에서 일정한 형식에 구애됨이 없이 자유롭게 활동할 수 있으므로 활동의 '유연성'이 있고, 필요에 따라 신속하게 대응할 수 있으므로 '신속성'이 있다. 다양한 분야에서 다양한 활동을 일정 기간 해온 경험을 바탕으로 활동에 임하므로 활용의 '다

양성'이 있으며, 자원봉사자 입장에서 참가희망자의 의견을 담아내므로 자원봉사자의 '대변성'이 있고, 일반인 입장에서 자원봉사활동의 중요성을 확산시킨다는 면에서 참가의 '유인성' 등이 있다(全國社會福祉協議會, 1995).

일본의 경우 이들을 볼런티어 어드바이저로 호칭하면서, 어드바이저의 요건을 ① 대개 3~5년의 자원봉사활동 경험이 있어야 하고, ② 일정한 연수를 받아야 하고, ③ 활동을 위해 지속적으로 지원을 받을 수 있도록 자원봉사조정자가 있는 센터에 등록할 것으로 되어 있다(全國社會福祉協議會, 1995). 우리나라의 경우에는 우선 각 기관이나 단체에서 활동하고 있는 자원봉사그룹의 리더들을 중심으로 리더양성교육을 실시하여 이들을 적절히 활용하는 지혜가 필요할 것이다.

3) 자원봉사조정 조직 간의 연계 강화

자원봉사조정과 관련된 조직 간의 연계체계를 구축하는 것은 자원봉사활동의 활성화를 위해 필수적인 사항이다.

우선 자원봉사조정과 관련된 조직 간의 연계를 강화하기 위해서는 자원봉사센터의 운영주체가 지역의 모든 조직과 연계할 수 있는 조직이어야 한다. 동일 지역에서 단위사업을 하고 있는 특정한 주체가 자원봉사센터를 수탁하고 있는 시스템으로는 실질적인 연계를 이뤄나가기 어렵다. 특히 자원봉사센터를 수탁하고 있는 조직과의 사업상 경쟁관계에 있는 타 기관이나 조직들은 자원봉사센터와의 형식적인 연계에 머물 수밖에 없을 것이다. 자원봉사자는 그 지역에서 공유해야 할 공통의 인적자원이기 때문에 특정 주체가 조정하는 것은 바람직하지 않으므로 효과적인 공동의 조정시스템을 만들어 내어야 할 것이다.

둘째는, 연계에 대한 필요성을 인식하고 관련 정보를 나누는 조직을 구성하여 운영하는 것이 필요할 것이다. 좁은 지역을 대상으로 할 경우에는 지역의 다양한 자원봉사 관련 조직들이 참여할 수 있는 시스템을 만드는 것이 바람직할 것이고, 보다 넓은 지역을 대상으로 할 경우에는 자원봉사조직의 특성을 감안하여 특성별로 참여토록 하는 시스템을 만드는 것이 효과적일 것이다(박태영 외, 2001).

셋째, 현행 기초자치단체별로 구성 · 운영되고 있는 자원봉사단체협의회의 활성화를 위한 노력도 필요하다. 다양한 연계활동 프로그램의 개발, 소지역의 연계시스템의 구축 · 운용, 연계활동을 위한 재원 마련 등의 노력이 필요할 것이다.

4) 자원봉사조정 재원의 확보

효과적인 자원봉사조정이 이루어지기 위해서는 이를 위한 재원의 확보가 필요하다. 자원봉사활동은 무보수성이라는 특성을 가지고 있다. 그러므로 자원봉사자가 활동을 할 때에는 그에 상응하는 보수를 지급하지 않는다. 많은 사람들은 자원봉사활동의 이러한 특성 때문에 자원봉사활동의 계획 · 실천 · 평가를 위한 일련의 추진과정도 공짜로 이루어지는 것으로 착각하고 있다. 자원봉사조정 과정 가운데서 자원봉사활동 재원이 없어서 활동이 축소되거나 부실화되거나 아니면 중단되는 사례가 많다. 자원봉사자 활용에 따른 재원 마련은 활용기관에서 기본적으로 해야 하는 역할임을 인식할 필요가 있다.

기관에 따라서는 자체 재정 마련의 어려움을 겪는 곳이나 시범사업 등을 지원하기 위한 자원봉사기금 조성 및 운용이 필요할 것이다.

기금조성 방법으로는 자주 재원(후원금, 기부금, 사업 수입 등), 민간 재원(기업 지원금, 공동모금회 지원금, 기관 부담금 등), 정부 보조금 등을 들 수 있으며, 자원봉사기금이 민간재원의 성격을 가지므로 가급적 정부보조금의 의존도를 줄이는 것이 바람직할 것이다.

기금의 사용용도는 자원봉사활동의 시범사업이나 취약계층의 자원봉사활동 지원 재원으로 활용되어야 한다. 예를 들면, 장기간 정주형 자원봉사활동

시 자원봉사자에게 기초경비 지원, 취약계층(학생, 장애인, 노인 등)의 자원봉사 활동 확산에 지원되어야 할 것이다.

자원봉사 기금 운용 시에는 다른 기금과는 달리 ① 기금 조성과 운용에 있어서 주민성, 즉 주민참가를 중시하고, ② 운용의 계획성을 높이고, ③ 운용의 공평성과 효과성을 높여야 할 것이다(全国社会福祉協議会, 1986).

생각해 보기

1. 어떤 영역에서 어떤 내용으로 'Coordinator'라는 용어를 사용하고 있는지 토론해 봅시다.

2. 자신이 만난 자원봉사조정자는 어떤 자질이 뛰어난 것으로 생각되는지 발표해 봅시다.

3. 자신이 자원봉사조정자가 되기 위해 보완해야 할 내용(능력, 자질 등)은 무엇입니까?

CHAPTER 7

클라이언트에 대한 조정

자원봉사조정자는 다양한 업무를 수행하고 있다. 이를 파악하는 방법은 몇 가지로 구분할 수 있다.

첫째, 자원봉사 희망자(자원봉사자)와 자원봉사 이용자(클라이언트), 즉 조정의 대상을 중심으로 조정자의 업무를 파악하는 방법이다.

둘째, 욕구의 접수, 면접, 사정, 편성, 사후관리, 평가와 보상으로 이어지는 조정자의 업무수행 과정을 중심으로 파악하는 방법이다(박태영 · 최경익 공역, 1993). 이 방법에 속하는 몇몇 내용들이 있다. 조휘일(1996)은 프로그램의 기획, 업무설계와 모집, 면접, 선발과 배치, 자원봉사자의 유지 보존, 기록 유지 활동, 재정적 관리, 위험과 책임 대책으로 구성하고 있다. S. McCurley와 R. Lynch(1989)는 프로그램 기획, 업무 개발과 설계, 모집, 선발과 면접, 오리엔테이션과 훈련, 지도 감독과 동기화, 인정, 평가로 구성하고 있다. 이러한 내용은 자원봉사 희망자를 대상으로 하고 활동과정 중심으로 조정자의 업무를 파악하고 있다.

셋째, 수급 조정, 기록 · 등록, 자원봉사활동의 지원, 양성 · 연수, 홍보 · 계발, 조직화, 조사 · 연구 등의 기능을 중심으로 조정자의 업무를 파악하는 방법이다(박태영 역, 1996).

여기서는 자원봉사 이용자, 즉 클라이언트를 중심으로 자원봉사자 활용을 위한 준비과정에 대하여 살펴보고자 한다. 자원봉사 희망자, 즉 자원봉사자가 되려는 사람에 대한 준비과정과 이들이 자원봉사활동에 참가한 후 사후

관리에 대한 내용은 다음 장에서 다루기로 한다. 그리고 조정자의 기능에 따른 업무 내용은 생략하기로 한다.

클라이언트에 대한 조정은 클라이언트 개인이나 기관으로부터 자원봉사자 활용 욕구의 접수, 욕구 확인을 위한 면접 혹은 방문, 사정, 필요한 자원봉사자의 모집, 자원봉사자와 클라이언트와의 편성, 자원봉사자 소개를 위한 클라이언트 방문으로 이루어진다(박태영 · 최경익 역, 1993).

1. 욕구의 접수

1) 욕구 접수 시의 유의점

도움요청의 내용은 미래 대비책으로서의 도움요청에서 응급 대비책으로서의 도움요청, 심지어는 이기적인 의뢰에 이르기까지 다양하다. 자원봉사자 의뢰방법은 전화가 대부분이나 편지 또는 불시의 방문에 의한 경우도 허다하다.

따라서 조정자는 욕구 접수 시 다음과 같은 자세를 갖추어야 한다.

첫째, 중요한 것은 우선 무리 없이 "전환"할 수 있어야 한다. 조정자의 업무는 사무실 이외의 장소에서 이루어지는 일이 많으므로 복잡하다. 따라서 업무가 중첩된 상황에서 전화상담을 하게 되거나 클라이언트와 대면하여 상담하여야 할 경우 자칫 소홀하거나 안절부절못하게 되는데, 이때 조정자는 자신의 마음을 "변환"하여 그 시간만큼은 상대에 집중해야 한다는 것을 명심해야 한다.

둘째, 친절한 대응이 특히 필요하다. 낯선 기관에 문제해결을 위해 도움을 요청하는 의뢰자는 불안하고 감수성도 예민하며 심리적으로 위축된 상태이므로 그들에 대한 소홀한 대응이나 무성의한 대답은 더 큰 상처를 안겨주게 된다. 그리고 의뢰자가 이전에 여러 기관에서 거절당한 후 이 기관에 도움을 요청하기에 이른 경우도 있을 수 있으므로 조정자는 의뢰자의 도움요청 내용이 이 기관에서 관여하는 일이 아니더라도 타 기관에 소개하거나 거절하는 데에 신중을 기하고 정성을 기울여야 한다.

따라서 "전화를 받는 방법", "방문자 대응 방법"에 대한 철저한 교육과 실천이 필요한데 이는 조정자뿐만 아니라 소속기관의 타 직원이나 자원봉사자들이 전화를 받을 수도 있으므로 사전 설명을 통해 친절한 대응이 이루어지도록 부탁하는 것도 조정자의 할 일이다.

셋째, 자원봉사자를 의뢰한 사람이 자원봉사활동에 대해 어느 정도, 어떻게 이해하고 있는가를 파악하는 것이 필요하다. 이는 개별활동 요구 시나 행사지원 요청 시에도 마찬가지인데, 유급 가정봉사원으로 착각하는 사람, 관공서로 혼동하는 사람, 편의점이라는 인식, 과잉기대를 하는 경우, 자원봉사자에 대한 불신감을 갖고 있을 수도 있다.

여기에서 유의할 점은 사회복지기관의 직원 가운데는 자원봉사자와 함께 일한 경험이 있거나 타 분야, 타 기관과의 유대가 있는 직원은 극히 적으므로 그들이 자원봉사자에 대하여 잘 이해하고 있을 것으로 여기는 것을 버려야 하는 것이다. 그러므로 조정자는 일반 시민, 전문가로 구별할 필요 없이 자원봉사자의 도움을 의뢰한 상대로부터 "자원봉사활동에 대한 이해 방법"을 파악하고 그에 부응하여 대화를 진행하는 것이 중요하다.

2) 욕구 파악 시의 태도

자원봉사자의 서비스를 필요로 하는 의뢰가 있을 경우, 기본적으로 파악해야 할 내용은 의뢰자와 클라이언트가 다를 경우 의뢰자에 대한 일반적인 사항, 클라이언트에 대한 개괄적인 사항, 의뢰이유와 경과, 의뢰내용, 가정방문 일정 조정 등이다. 이때 자세한 정보는 가정방문 시에 입수할 수 있으므로 한 번의 전화로 전체를 듣지 않으면 안 된다고 서두를 필요는 없다.

자원봉사자의 서비스를 필요로 하는 의뢰자는 클라이언트 자신이나 가족

· 친척 · 이웃 · 친구 등의 클라이언트 주변 인물, 즉 '개인'과 사회복지 기관이나 시설 · 단체의 '직원'으로 대별할 수 있다. 두 경우 모두 상대에게 집중해서 잘 "듣는 것(경청)"이 필요하나, 여기서는 "듣는" 것과 "묻는" 것을 설명하고자 한다.

개인적인 의뢰에 대한 조정자의 자세는 잘 "듣는 것(경청)"이다. 도움을 구하는 사람은 말하기 어려운 것을 가급적 피하고 싶어 하는 면이 있으므로 반드시 진실만을 말하지 않을 때가 있다. 표현된 말의 숨은 내용을 잘 파악하기 위해 경청이 필요하다.

기관의 의뢰에 대해서는 "질문"을 잘 해야 한다. 기관으로부터 의뢰되는 경우에는 클라이언트에 대해 보다 나은 서비스를 제공하기 위해 자원봉사자의 힘을 활용한다는 의미가 내포된 것이므로, 최소한의 서비스 계획이나 목표를 공동으로 설정하여 자원봉사자 활용에 대한 내용을 합의해 둘 필요가 있다.

그러나 실제에 있어서 조정자는 사회복지사로부터 '「그렇지만」, 「밖에」자원봉사자 요청'을 받는 경우가 적지 않다. 즉, "도저히 안 되는 상태이므로 자원봉사자에게 「그렇지만」 가주면 해결의 실마리가 될지도 모른다", "자원봉사자에게 부탁할 수「밖에」 다른 방법이 없다"라는 식으로 안이하게 자원봉사자를 의뢰해 오는 경우도 있다. 그러므로 이때 조정자는 클라이언트에 대한 서비스 방침, 자원봉사자 요청동기, 자원봉사자와 협동방안 등에 대한 파악을 위해 적절한 질문을 해야 한다. 또한 의뢰자와 직접 만나서 상황을 파악하고 자원봉사활동에 관한 의견을 나누는 것이 필요하다.

조정자는 클라이언트에 대한 서비스 제공과 동시에 자원봉사자의 입장을 지켜주는 역할을 해야 한다. 흔히 자원봉사자를 필요로 하는 사회복지사의 입장에서는 클라이언트의 서비스에만 치우쳐 자원봉사자를 편리한 노동력 내지는 서비스 보강을 위한 하나의 자원으로 보는 견해도 있으므로 조정자는 자원봉사자를 의뢰하는 사회복지사에게 자원봉사활동을 이해시키는 노력도 필요할 것이다. 이는 클라이언트에 대한 더 나은 서비스와도 직결되므로 필요한 작업이다.

이상의 것을 실행하기 위해 조정자는 우선 확실하게 "듣는" 것이 중요하다.

3) 판 단

조정자는 수집된 정보들을 근거로 자원봉사자 소개 여부를 판단하여야 한다. 이를 위해서는 클라이언트의 상황, 활동의 난이도, 사회자원의 대체 유무 등을 종합적으로 검토하여야 한다. 그리고 비슷한 유형의 사례라고 할지라도 다른 요소가 겹쳐지면 판단이나 대응이 달라질 수 있으므로 획일적인 분류는 부적절하다.

다음 사례들에 대해 어떻게 대처할 것인가?

욕구 VS 요구의 차이

1. 해외여행으로 일주일간 집을 비우므로 나무에 물을 주었으면…(50세, 주부)
2. 둘째 아기를 출산하여 혼자서 두 아이를 키우는 것이 힘드므로 아기 돌보기를 도와주었으면…(모자가 건강한 30대 주부)
3. 처가 입원했기 때문에 가사일에 곤란을 느끼고 있으므로 자신과 아들(중3)의 저녁식사를 만들어 주었으면…(46세, 남자)
4. 65세인 남편이 뇌경색 후유증으로 침대생활을 하는데 골프장과 테니스 클럽의 사장인 남편을 대신하여 업무처리를 해야 하므로 주 1회 남편의 외출, 기저귀 교환 등의 도움을 요청…(60세, 여성)
5. 클라이언트(64세 할머니)는 기초생활수급자인 독거노인으로 신체적으로 불편한 곳은 없지만 정신적으로 불안이 심하고 의존심이 강하며 자활의지가 없다. 노인복지시설의 입소를 강하게 희망하고 있지만 이전에 결핵을 앓은 적이 있어 상태가 호전될 때까지 입소 불가능, 가정봉사원 수가 부족하여 파견할 수 없는 상태임

6. 클라이언트는 15세 된 남자로 중증심신장애로 침대생활을 하고 있고 위장까지 도관을 하고 있음. 부모의 이혼 후 모, 남동생과 생활하고 있는 기초생활수급자. 모는 클라이언트 간병관계로 무직. 기관지 장애로 요양소에 입소 중인 남동생을 모가 월 2회 면회 갈 때 클라이언트의 식사보조(경관 영양)를 해 주기 바람

7. 클라이언트는 독거노인으로 밤이 불안하므로 야간에 같이 자 줄 사람을 필요로 함

8. 클라이언트는 중학교 3학년 남학생으로 우울증을 앓고 있어 통원치료와 심리상담을 받고 있는데 형처럼 대해 줄 자원봉사자의 방문을 필요로 함

2. 방문 · 면접

접수된 케이스에 대해서는 가능한 한 가정방문을 하는 것이 바람직하다. 이는 클라이언트의 욕구를 보다 정확하게 파악할 수 있고, 자원봉사자의 활동을 용이하게 하는 데 도움이 된다. 사정상 방문할 수 없는 경우에는 기관으로 직접 오도록 하여 면접하는 것도 한 방법이 될 수 있다.

가정방문이 가지는 의의는 클라이언트의 욕구를 더 정확히 파악하기 위한 것, 자원봉사자가 활동하기 쉽게 하기 위한 것 등으로 볼 수 있다. 조정자가 직접 보고, 듣고, 느낌으로써 상황판단을 보다 정확히 할 수 있고, 클라이언트에게는 자원봉사활동이라는 것을 알릴 수 있고, 자원봉사자에게는 클라이언트가 처한 상황이나 아픔을 보다 깊이 이해하도록 하는 데에 도움이 된다. 이는 시간이 소요되는 일이지만 클라이언트의 문제해결이라는 최종 목표를 생각한다면 반드시 필요한 것이다.

내방이 갖는 의미는 자원봉사활동센터의 분위기를 느끼게 하는 점, 친근감 형성 등이다. 특히 의뢰자가 기관의 사회복지사 등의 '직원'일 때에는 가능한 한 내방하도록 해야 한다. 조정활동에는 관계망 형성뿐만 아니라 일선

의 사회복지사 간의 신뢰관계 형성도 중요하다.

클라이언트의 가정방문 시 그 순서와 유의점을 살펴보면 다음과 같다.

1) 방문 전

① 방문의 의도를 설명하고 양해를 구한다

가정 방문을 위해 조정자는 클라이언트에게 방문의 의도를 설명하고 양해를 구하는 일이 요구된다. 특히 사회복지사나 방문간호사가 개입하여 의뢰해 온 경우, 클라이언트 가정을 조정자가 방문한다는 것을 설명하면 일의 진행은 물론 활동 개시 후의 관계 형성이 쉬워지므로 우선 사회복지사 혹은 방문간호사에게 가정방문의 필요성에 대해 이해시킬 필요가 있다.

② 방문 일시를 약속한다

우선 조정자는 가정 방문이 요구되는 상대방 입장에서 무리 없는 시간대를 선택하고, 클라이언트를 직접 만날 수 있는 시간대, 희망하는 시간대에 방문할 수 있도록 맞추는 것이 중요하다.

③ 집을 찾아가는 방법을 확인한다

본인이나 가족으로부터 상세하게 듣고 지도로 확인해 둔다. 가능한 한 본인이나 가족이 일상적으로 사용하고 있는 교통편이나 길을 찾아가는 것이 좋다.

④ 준비해 갈 물건(명함, 기관의 안내서, 자원봉사활동 안내서 등)을 준비한다

조정자는 명함, 기관(자원봉사센터)의 안내서, 자원봉사활동 안내서, 필기도구, 자원봉사활동 접수 안내서 등의 준비가 필요하다. 여기서 자원봉사활동 접수 안내서는 자원봉사자를 의뢰해 온 사람에게 자원봉사활동을 권유하는 차원에서 준비가 필요하다.

2) 방문 시

① 자신과 기관에 대한 소개를 한다

우선 행정기관 소속이 아님을 설명하고 소속기관의 개요를 잘 설명하며, "자원봉사자"가 아닌 "조정자"임을 확실히 설명해 두어야 한다. 조정자의 역할을 명확히 해두어야 이에 따른 오해를 방지할 수 있다.

② 클라이언트 자신이나 가족의 욕구를 듣는다

클라이언트의 상태, 클라이언트의 과거사, 현재의 애로사항, 자원봉사자에게 부탁하고 싶은 사항, 이용하고 있는 사회자원 등을 듣는다.

③ 클라이언트와 가족의 상태, 관계, 환경 등을 관찰한다

이는 서비스 요청의 긴급성, 절박성의 파악에 연결된다. 나아가 자원봉사자가 방문 시 배려해야 할 점이나 자원봉사자의 자질, 유형, 지원내용의 우선순위 등을 파악하는 데 도움이 된다.

④ 자원봉사자에 대한 설명을 한다

클라이언트에게 "자원봉사자"의 개념을 설명해 줄 필요가 있다. 자원봉사 희망자를 위한 팸플릿은 많이 있지만, 클라이언트를 위한 팸플릿은 거의 없으므로 "자원봉사자"에 대한 이해를 돕기 위한 유인물 준비가 필요하다.

클라이언트에게 "자원봉사자"를 이해시키기 위해 언급해야 할 주요 내용은 다음과 같다.

- 행정기관에서 파견된 사람이 아니다.
- 유급 직원이 아니므로 클라이언트의 요구에 응할 수 없는 것도 있다.
- 주부, 학생, 회사원 등 다양한 직종을 가진 일반시민의 자발적 행동이다.
- 서로 돕는 관계형성이 자원봉사자의 활동목표이다.

자원봉사에 대한 설명은 상대의 연령, 상태, 그 장소의 분위기에 맞추어서 다양한 방법으로 이루어져야 하는데, 조정자 자신의 경험과 "자원봉사활동"에의 열의에 따라 달라질 것이다. 다음의 표를 참고하여 클라이언트 수준에 맞는 자원봉사 팸플릿을 만들 수도 있을 것이다(板本一三郎 外, 1997).

자원봉사활동이란?	
아닙니다.	맞습니다.
• 자선, 구제	• 자율, 자치, 자조
• 여유가 있을 때 하는 활동	• 언제라도 해야 하는 활동
• 특별한 곳(시설 등)에서 하는 활동	• 어디서라도 해야 하는 활동
• 소수의 사람, 특별한 사람, 여유 있는 사람이 하는 활동	• 누구라도(많은 사람, 일반인도, 클라이언트도) 해야 하는 활동
• 일방향(돕는 사람으로부터 도움받는 사람으로)	• 쌍방향(돕는 사람과 도움받는 사람의 상호교류)
• 선민의식	• 보통사람 의식
• 자기희생, 인내심을 갖고	• 기분 좋게, 즐겁게
• 교육적	• 자기학습적
• 목적은 한 가지	• 목적을 다양하게
• 주는 자와 받는 자의 관계로 한정	• Net-work의 중시
• 해주는 자의 자유	• 책임의식을 가짐
• 해주는 자의 기뷴, 상황이 우선	• 클라이언트의 관점 중시
• 공동체와는 무관	• 공동체 활동의 일환
• 음덕	• 사회적 평가도 거부하지 않음
• 타인이 하는 것	• 내가 하는 것

⑤ 자원봉사자로부터의 서비스 이용 여부를 확인한다

클라이언트 측에서 자원봉사활동은 급여를 받고 하는 것이 아니므로 어떤 의미에서는 불안정한 활동이고, 타인이 집안에 들어오는 데 대한 심리석 부담감을 감수하고 자원봉사자에게서 서비스를 받을 것인가에 대한 의사를 확인해야 한다.

⑥ 구체적인 서비스 내용, 빈도, 개시까지의 과정 등에 대하여 설명한다

의사 확인 후에는 구체적인 요망의 세부사항, 즉 희망빈도, 희망일시, 자원봉사자의 연령 · 성별, 비용부담 여부(교통비, 식사비, 재료비 등) 등에 대해 상의 및 설명한다. 그리고 클라이언트의 과잉기대에 따른 실망을 방지하기 위해서 자원봉사자가 올 때까지 시일이 소요됨을 설명하는 것이 좋다.

⑦ 자원봉사에 참여하도록 권장한다

자원봉사자를 의뢰해 온 사람에게 자원봉사활동에 참가를 권장하는 것은 "도움을 주는 측"과 "도움을 받는 측"과의 대등성, 새로운 "관계형성" 측면에서 바람직하다. 그러나 이는 절대로 강요해서는 안 되며 "당신도 할 수 있는 자원봉사활동에 참가해 주세요"라는 한마디를 남겨야 한다.

3) 방문 후

① 방문기록을 작성한다

클라이언트를 방문 후 가능한 한 그날 중에 기록을 하도록 한다. 방문 날짜, 방문 시 보고 들은 내용, 결정사항 등을 요약하여 기록한다. 특히 구체적으로 기록해 두는 것이 좋다고 생각되는 장면에 대해서는 대화응답, 표정, 행동 등도 적어두면 좋다. 클라이언트에 관한 기본적 사항은 기초조사표에 기입하면 되므로 일일이 기록할 필요는 없다.

② 기초조사표(face sheet)를 작성한다

기초조사표는 사례기록의 제1면에 붙는 것으로 사례의 개요, 지원을 위한 기본적 정보를 한번에 알 수 있도록 하는 것이다. 따라서 사례에 대한 특성과 변화하지 않는 반영구적인 객관적 사실을 기입하고, 이후에 경과기록을 적어 나가는 것이다. 기초조사표의 항목은 각 기관 · 시설에 따라 다르고 접

수 시 "자원봉사자 의뢰카드"의 항목을 세밀하게 구성하여 기초조사표로 대치하는 곳도 많다.

3. 사 정

최초 의뢰 시에 파악한 자료와 가정방문을 통해 얻게 된 정보를 정리하여 사례의 전체적인 상황을 파악하고 일정한 의견을 가져야 한다.

조정자가 행하는 사정에는 다음의 두 가지 단계가 있다.

첫째, 클라이언트의 전체적인 상황에 대한 사정이다. 클라이언트의 전체적인 상황에 대한 사정에 있어서 사회복지사나 방문간호사 등의 전문직으로부터 자원봉사자 의뢰를 받은 경우에는 그들로부터 사례의 개요와 서비스 제공방침을 들으면 되고, 접수한 지 얼마 되지 않아 사회복지사 자신도 충분히 파악하지 못하는 경우에는 조정자와 관계를 가지면서 함께 정리해 나가야 한다. 그리고 의사, 간호사, 교사 등 타 영역의 전문가일 경우 사정의 시각이 사회복지사와 일치하지 않을 수 있으므로 주의해야 한다.

클라이언트 본인이나 가족, 친구, 이웃 등으로부터 의뢰된 경우에는 조정자가 직접 면접과 가정방문을 통해 사례의 전체 상황을 파악해야 한다. 이때 서비스에 대한 요구(demand)뿐만 아니라 욕구(need)도 파악하는 것이 중요하다. 그리고 자원봉사자가 관여할 부분과 방법을 결정하고, 최종적으로는 클라이언트와의 대화를 통해 결정한다. 나아가 관계기관이나 사회복지사 등과의 연락, 협동, 가족의 협조 등의 방향성을 계획해야 하는데, 이 또한 클라이언트(가족)의 의견을 확인해 가며 수행해야 한다.

둘째, 클라이언트의 상황 가운데서 자원봉사자가 관여할 과제에 대한 사정이다. "왜 자원봉사자가 그 부분을 맡는가? 어디까지 자원봉사자가 해야 할 것인가? 활동으로 인하여 어떤 것이 기대되는가?" 등에 대한 질문에 명확히 답할 수 있어야 한다.

조정자가 자원봉사자의 관여 의미를 명확히 해야 할 구체적인 내용은 다음과 같다.

① 자원봉사자가 관여하는 이유와 그 의의

② 자원봉사자가 서비스하는 부분

③ 활동의 목표

④ 활동기간에 대한 의견

다음 사례를 사정해 보세요.

기무라(47세) 씨는 척추소뇌변성증(소뇌의 위축으로 하반신 보행장애로 시작하여 상반신, 전신에 퍼져 언어장애나 음식물 섭취 곤란 등을 수반함. 원인 불명)으로 보행장애가 있어, 실외에서는 휠체어를 사용하며 상반신으로 퍼져가고 있다. 5년 전 사고로 부인을 잃고 현재 중3, 중1인 자녀 2명과 함께 살고 있다.

방문간호사 A로부터 통원서비스를 도와줄 자원봉사자를 소개해 달라는 의뢰가 있었다. 본인이 반년 동안 입원한 K병원을 퇴원하게 되어 장녀가 방문간호사에게 특정 질환 신청을 하게 되어 방문간호사 A가 방문을 하였다.

K병원에는 월 1회 통원하고 있지만 간호하는 자녀들이 시험이나 클럽활동의 시합 등으로 학교를 쉬지 못할 때도 있어 정기적인 통원치료가 이루어지지 않고 있다. 본인도 자녀들에게 학교를 쉬게 하고 싶지는 않다고 한다.

방문간호사 A로부터 소개받아 팸플릿과 명함을 건네주었다. 기무라 씨의 언어는 좀 알아듣기 힘들지만 거의 모두 이해할 수 있다. 때때로 이쪽에서 질문을 하면서 진행되지만 기무라 씨가 스스로 병력, 가족, 일에 관한 것 등을 담담하게 말해주었다.

다음은 들은 것과 관찰한 것을 정리하여 적어 둔 것임(그 후에 얻은 정보도 포함되어 있음)

가 족

- 양친은 어릴 때 사망. 친형과 왕래 없음. 5년 전에 죽은 부인의 오빠가 가끔 방문

병 력

- 2년 전부터 몸이 무거워져 병원에 갔지만 병명이 밝혀지지 않았음. 그러던 중 목수일을

하지 못하게 되었음
- 1년 전 K병원에서 "척추소뇌변성증" 진단을 받고 약 6개월 입원. 그 당시 간호부장으로부터 '앞으로 남은 수명이 5년 정도'라고 들음

ADL(일상생활능력)

- 하반신의 보행장애가 진행되고 있어 집에서는 기어서 이동이 가능하지만 실외에서는 휠체어를 사용함. 도와줄 사람이 필요함
- 우측 손도 서서히 움직일 수 없게 되어 식사는 좌측 손으로 스푼을 사용함
- 용변은 화장실까지는 가는데 동양식으로는 어려움을 느끼고 있음
- 목욕은 욕조에 들어가는 데 도움이 필요
- 언어는 조금 알아듣기 힘듦

생활상황

- 예금된 돈(과거의 집을 판 돈)으로 생계를 꾸려나가고 있음
- 식사는 딸이 근처의 슈퍼에서 사 가지고 옴. 점심은 남은 것으로 함
- 통원은 집에서부터 택시를 이용하여 함(편도 40분)
- 이사한 지 얼마 안 되므로 이웃관계는 거의 없음
- 과거 목수 일을 할 때 친하게 지내던 사람에게도 병에 관해 이야기하지 않아서 찾아오는 사람이 없음

항목을 검토하고 자원봉사자 및 자원봉사센터에 관해서 설명함. 특별한 질문 없음
4시경 차녀 귀가. 가볍게 인사하고 그냥 안방으로 가 만화책 읽음. 방문간호사 A가 "여기 와서 앉아 말을 들어주면 좋겠다"고 하자 말없이 의자에 앉음. 적극적이지는 않지만 반항적이지도 않음. 몇 가지 질문을 해보아도 예스, 노의 답밖에 하지 않으므로 더 이상 무리하지 않고 만일을 대비해 연락처를 가르쳐 주고 끝냄

4. 자원봉사자 모집

자원봉사자의 모집에 대해서는 각 기관의 특성과 지역적 여건을 감안하여 독자적인 연구가 필요하다. 보다 구체적인 것은 제9장에서 다루기로 한다.

5. 편성(Matching)

편성은 클라이언트의 욕구와 자원봉사자를 연결시키는 것이다. 이는 자원봉사가 성립하고 성공적인 활동으로 이어지게 하기 위해서 필수적인 것이다. 성별, 연령, 체력, 활동시간대 등 조건에 맞는 자원봉사자를 선택해야 하는데, 이때 조정자는 클라이언트의 욕구를 최우선으로 하여 자원봉사자를 찾아야 한다. 그리고 자원봉사는 자원봉사자의 자유의사에 근거하므로 자원봉사자 측의 희망에 맞추어서 활동거리를 연결시켜야 한다.

성공적인 자원봉사활동이 되기 위해서는 클라이언트와 자원봉사자 간의 협동관계가 구축되어야 한다. 이는 클라이언트가 처한 상황을 자원봉사자가 얼마나 인식, 이해, 공감하고 있는가와 자원봉사자의 삶의 방식을 클라이언트가 얼마나 이해, 공감할 수 있는가에 달려 있다. 여기서 조정자가 고려해야 할 점은 클라이언트는 자원봉사자와의 관계에서 부담을 느끼고 있더라도 관계를 끊을 수 없는 상황인 경우가 많은 반면, 자원봉사자는 활동을 그만둘 수도 있는 “비대등성(非對等性)”이라는 점이다. 이러한 상황을 인식하여 그 극복을 위해 조정자는 자원봉사자에게 요청할 필요가 있다.

편성은 물리적인 측면과 심리적인 측면으로 나누어 볼 수 있다.

물리적인 측면은 자원봉사자가 활동하기 위한 단순한 조건이다. 그 요소로서는 연령, 성별, 가족구성, 직업, 이동거리, 희망하는 활동내용, 활동 가능한 업무와 시간, 체력, 활동경험 등이 있다. 이러한 영역은 전산망을 통해 연결시킬 수도 있을 것이다.

심리적인 측면은 물리적인 측면의 요소처럼 명확하게 정리하기는 어렵지만, 이해도, 수용력, 유연성, 허용도, 안정도, 공감도, 가치관, 생활스타일 등으로 나눌 수 있다. 실제 편성에 있어서는 물리적인 측면보다 심리적인 측면이 더 크게 작용하므로 조정자의 개입이 중요하다.

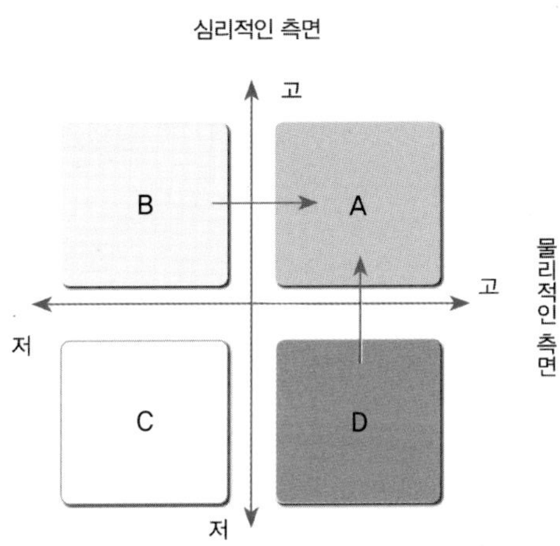

물리적인 측면과 심리적인 측면 모두가 잘 맞는 편성을 목표로 하지만 그렇지 못할 때도 있다. 물리적인 측면을 높이기 위한 방안(B → A)으로는 다음과 같은 것이 있다.

① 다수의 자원봉사자가 팀을 이루어 활동의 부담을 경감시킨다.
② 학생과 주부, 남성과 여성의 팀을 구성하여 체력의 무리를 경감시킨다.
③ 자원봉사자의 역할 조정을 통하여 활동의 과중한 부담을 줄인다.

심리적인 측면을 높이기 위한 방안(D → A)으로는 다음과 같은 것이 있다.

① 조정자가 자원봉사자에게 개별적 대응으로 조정해 간다.
② 자원봉사자의 상호 학습기회를 제공한다.
③ 외부 전문가를 초청한 자원봉사자 교육, 연수회 등을 개최하여 참가하도록 한다.

6. 자원봉사자의 대면

자원봉사활동을 담당할 자원봉사자가 결정되면 클라이언트와 자원봉사자를 만나게 하는 단계로 나아가게 된다. 활동 개시 전에 클라이언트(가족)와 자원봉사자가 만나는 것은 서로 간에 '안심'이 생기고, 활동방향의 설정과 서로 간의 오해나 인식 부족에서 발생하게 될 내용을 확인하여 양자가 상대방의 입장을 이해하도록 할 수 있다는 점에서 그 의의가 있다.

방문 시 구체적인 조정의 내용은 다음과 같다.

1) 활동내용에 대한 한정

활동을 시작하는 시점에서 클라이언트와 자원봉사자 간에 활동내용에 대해 합의와 확인을 해 두는 것이 필요하다. 예를 들면, '자원봉사활동 확인서'를 작성해 두는 것도 한 방법이다. 확인서의 내용으로는 활동내용, 일시, 기간, 담당 직원, 활동 시 유의사항, 기타 사항 등이 포함된다(筒井のり子, 1998). 우리 사회가 서구 사회처럼 계약에 익숙하지 않아 실행에 어려움이 있지만 그 내용은 참고할 필요가 있다.

2) 시간, 빈도, 기간의 확인

활동의 빈도, 활동하는 요일, 활동시간대, 활동시간에 대해 상세하게 정해야 한다. 친숙해지면 클라이언트가 자원봉사자를 잘 보내주지 않는 일이 흔히 있으므로 특히 시간을 확실하게 확인해 두는 편이 좋다. 그리고 활동종료 시기를 지연하기 위해 클라이언트가 자원봉사자에게 의존하게 되는 경우도 있으므로 가능한 한 활동기간에 대해서도 어느 정도 의견을 내어 미리 정해 두는 것이 좋다.

3) 교통비, 식사비 지급 등의 금전적 내용

금전에 대해 당사자끼리 거론하기는 어려우므로 조정자가 개입하여 금액뿐만이 아니라 지불방법에 대해서도 정해둘 필요가 있다. 특히 클라이언트 측에서 자원봉사자에게 교통비 명목으로 돈을 지급하고자 할 경우에는 교통비의 수준이 실비의 선을 넘지 않도록 주의해야 한다.

4) 연락방법(통상, 긴급)

클라이언트, 자원봉사자 간의 연락방법을 서로 정해둔다. 단, 클라이언트가 과잉의존, 정신적 불안정 등으로 자원봉사자에게 부담을 줄 수 있을 때에는 자원봉사자의 연락처는 가급적 가르쳐 주지 않고 자원봉사센터를 통해서 연락하도록 한다.

5) 활동 중의 사고에 대한 대책

자원봉사활동 중에 실수로 상대방에게 상처를 입힌다든지, 불의의 사고가 발생하는 경우, 자원봉사자 측에는 "자원봉사자 보험"에 가입하면 어느 정도의 보상은 받을 수 있음을 알려주어야 한다. 그러나 자원봉사란 근본적으로 자발성에 기인한 행위기 때문에 사회적으로는 그 이상의 보상체계는 없으므로 사고가 발생하지 않도록 주의를 기울이도록 설명하여야 한다.

그리고 클라이언트의 가족과도 더 밀접하게 연락을 취하여 활동하도록 협력과 이해를 얻어야 한다. 특히 클라이언트가 중환자이거나 위험성이 높다고 생각되는 내용의 활동인 경우는 일방적으로 자원봉사자에게 그 사고의 책임을 묻지 않도록 가족의 양해를 구해두는 것도 필요하다.

자원봉사자들이 활동 중에 일어날 사고에 대비하여 보험에 가입할 필요가 있다. 우리나라 자원봉사활동 기본법 제14조에서는 국가나 지방자치단체가 자원봉사활동이 안전한 환경 가운데서 이루어질 수 있도록 노력을 기울여야 하는데, 그 일환으로 자원봉사자에 대한 보험 가입을 규정하고 있다. 동법 시행령 제10조에 의하면, 자원봉사자에 대한 보호의 종류로 다음의 내용을 규정하고 있다.

① 자원봉사활동 중인 자원봉사자의 신체적 보호
② 자원봉사활동 중에 발생한 자원봉사자의 경제적 손실보호
③ 자원봉사활동 중에 발생한 타인의 신체 또는 재물손괴에 대한 보호

아울러 국가 및 지방자치단체는 자원봉사센터 또는 비영리민간단체 지원법에 의하여 등록된 단체에 소속한 자원봉사자의 보호를 위하여 다음과 같은 요건을 갖춘 보험 또는 공제에 가입토록 하고 있다. 자원봉사활동 보험에 대한 상세한 절차와 방법은 지방자치단체의 조례로 정하게 되어 있다.

① 자원봉사활동 중에 발생한 자원봉사자의 사망, 후유장애 및 의료, 입원, 수술비 등에 대한 보상을 할 수 있을 것
② 자원봉사활동 중에 발생한 타인의 신체 또는 재물손괴에 대한 보상을 할 수 있을 것

이에 따라 대부분의 지방자치단체에서는 자원봉사활동 관련 보험체계를 운용하고 있다. 대체로 2019년 자원봉사자보험의 보장 내역은 상해사망 2억 원, 상해후유장애 2억 원, 배상책임은 3천만 원, 입원비(1일) 3~5만 원 정도 지원하는 수준으로 이루어지고 있다. 구체적인 내용은 제10장 인정보상 편을 참고해 주길 바란다.

자원봉사활동 중에 일어날 수 있는 사고나 위험을 예측하여 적어보고, 그 사고나 위험에 대한 대응방법을 찾아보는 것도 사고에 대한 대처의 한 방법이다(全國社會福祉協議會, 2001). 예를 들면, 리스크 매니지먼트로서 활동 중에

예측되는 리스크를 열 가지 적어보고, 이를 근거로 리스크 제거, 경감 방안을 적어보는 것이다.

예측되는 리스크

① 익사사고가 일어날지도 모른다.
② 익사사고 이외에도 질환, 부상, 식중독이 일어날지도 모른다.
③ 우천, 한파 등 악천후가 일어날 수도 있다.
④ 현지에서 행방불명자가 나올지도 모른다(다동 클라이언트가 있으므로).
⑤ 자원봉사자의 성별이나 연령의 구성과 클라이언트가 잘 맞지 않을지도 모른다.
⑥ 지적장애인에 대해 잘 모르는 자원봉사자가 있을 수도 있다.
⑦ 자원봉사자가 갑자기 못 오거나 지각할지도 모른다.
⑧ 이동 중에 교통사고나 정체로 늦어질지도 모른다.
⑨ 해수욕장이 혼잡하여 놀이장소를 확보할 수 없을지도 모른다.
⑩ 클라이언트나 자원봉사자 모두에게서 건강상태가 안 좋은 사람이 나올지도 모른다.

예측한 리스크를 제거 · 경감하기 위한 방안 수립

①, ② 클라이언트에게는 반드시 직원, 자원봉사자를 포함하여 복수의 사람들이 함께 물에 들어간다. 또 직원, 자원봉사자의 역할을 명확하게 해 둔다. 간호나 응급처치 자격을 가진 자원봉사자가 참가하도록 한다. 사고가 일어났을 때의 대응 매뉴얼을 작성해 둔다. 현지 의료기관의 상황을 파악하고, 가능한 한 사전에 연락해 둔다.
③ 악천후로 중지한 경우 별도의 프로그램을 미리 준비해 둔다. 중지나 변경할 경우에는 자원봉사자에게 연락방법을 파악해 두고, 자원봉사자에게 미리 알려준다.
④ 다동(주의력이 산만한) 클라이언트에 대해서는 자원봉사자에게만 맡기지 말고, 직원과 한 조가 되어 담당한다. 자세한 현지 지도를 미리 입수하여 직원과 자원봉사자에게 지급한다.
⑤ 가족의 참가를 요청한다. 모인 자원봉사자로 할 수 있는 활동내용을 구성한다.
⑥ 오리엔테이션에서 지적장애인에 대한 전반적인 이해를 할 수 있도록 함과 동시에 클라이언트에 대한 개인기록도 프라이버시를 침해하지 않는 범위에서 자원봉사자에게 알려준다.

⑦ 오리엔테이션에서 자원봉사자가 한 사람이라도 안 오면 이 프로그램이 잘 이루어질 수 없음을 강조하여 자원봉사자의 참가동기를 높인다. 만일 자원봉사자가 늦거나 못 오게 될 경우에는 반드시 담당 직원에게 연락하도록 알린다.
⑧ 이동할 길을 미리 파악해 두며, 우회도로도 파악해 둔다. 정체로 시간이 지체될 때에는 버스 안에서 진행할 프로그램을 생각해 둔다.
⑨ 가능하다면, 장소를 미리 예약해 둔다. 자원봉사자나 직원 몇 명이 미리 선발대로 가서 장소를 확보해 둔다.
⑩ 출발 전에 건강상태를 확인한다. 직원 가운데 간호사가 1명뿐일 경우에는 간호사나 간호대학 학생을 자원봉사자로 모집한다.

기타
- 모든 방안의 전제로 관련 보험을 가입해 둔다(자원봉사활동 보험, 행사용 보험).
- 현지 병원, 시설(해수욕장)의 관리책임자와 연계한다.
- 참가하는 클라이언트의 성별에 따라서는 자원봉사자를 좀 더 모집한다.

6) 구체적인 서비스 방법

① 보호방법

자원봉사활동에 필요한 장비의 사용방법을 확실히 파악해 두는 것이 중요하다. 그리고 서비스를 받는 클라이언트가 자신에게 가장 좋은 서비스 제공방법을 자원봉사자에게 잘 설명하여 알려주는 것이 양자 간의 좋은 관계를 형성하고 유지하는 데 바람직하다.

② 놀이방법

정신지체아나 자폐아의 놀이상대 자원봉사자는 무엇을 하고 놀아야 할지 곤혹스러운 경우가 많을 것이다. 그러므로 조정자가 "ㅇㅇ는 매일 어떤 놀이를 좋아합니까?", "기분이 좋지 않을 때 어머니는 어떤 식으로 놀아 줍니까?" 등 중간에서 개입해 그 내용을 적절히 파악할 수 있도록 도와줄 필요도 있다.

③ 기타

종이 기저귀 등 보호에 필요한 용품의 위치, 자원봉사자의 호칭, 정서장애아의 용변 신호와 흥분 시의 대응방법, 클라이언트의 애칭 등도 파악하거나 정해 둔다.

생각해 보기

1. 클라이언트에게 '자원봉사자'를 소개할 팸플릿을 만들어 봅시나.

2. '사회복지현장실습'에서 다루었던 사례 중 '자원봉사자가 관여할 사례에 대해 사정'을 해봅시다.

3. 현장에서 사용하고 있는 자원봉사자의 호칭에 대하여 자신의 의견을 발표해 봅시다.

CHAPTER 8

자원봉사조정의 준비단계

자원봉사 참여가 활발한 영미권 국가에서는 자원봉사활동의 목표를 달성하고 성과를 거두기 위해서는 자원봉사조정이 매우 중요하다는 인식을 가지고 있다. 이와 같은 인식은 자원봉사조정을 실질적으로 행하게 되는 자원봉사조정자들의 업무와 역할의 중요성에 대한 인식으로 이어진다. 이러한 중요성을 인식한 영국, 미국, 호주 등과 같은 국가들은 2000년대에 이르러 자원봉사조정의 질적인 수준을 높이고, 자원봉사조정자들의 역량을 강화하기 위한 국가 차원의 표준화 작업을 해왔으며, 자원봉사자들이 참여하는 기관 또는 프로그램에서 이와 같은 표준에 부합하도록 장려하고 있다(행정안전부, 2008b).

가장 먼저 표준화 작업을 완성한 호주의 경우 자원봉사조정의 표준화 작업이 선도적인 자원봉사센터에 의해 먼저 발의되었으며, 전국 단위의 단체들과 정부의 지속적인 관심과 노력으로 국가 표준을 완성하게 되었다. 이와 같은 양상은 미국에서도 비슷하게 나타나고 있다. 전국 단위의 자원봉사센터 네트워크라고 할 수 있는 촛불재단과 핸즈온 네트워크는 센터의 유형별, 규모별로 대표 센터들을 모아 전 지역에 적용될 수 있는 '성공적인 자원봉사 조정표준(SOS : Standard of Success)'을 만들었다. 그러나 호주의 경우 다양한 조정업무 전반에 걸친 내용이라기보다는 하나의 자원봉사 프로그램을 기획하고 실행 · 평가에 필요한 표준을 제시하는 데 그치고 있다. 따라서 하나의 자원봉사 프로그램의 관리뿐 아니라 지역사회 내 자원봉사 수요와 공급의 효과적인 연계, 지역사회 자원의 개발과 네트워킹 등의 기능을 하는 자원봉사센터의 폭넓은 관리영역을 모두 포괄하지 못하는 한계가 있다. 미국 SOS에서는 자원봉사센터의 운영 전반에 관한 내용으로 하나의 기관으로서 요구되는 표준을 다루고 있다. 실질적인 자원봉사활동 관리에 관한 내용은 프로그램 기획이나 운영 등의 영역으로 분산되어 포함되고 있어 자원봉사조정 표준이라기보다는 운영표준에 가깝다. 영국의 경우는 자원봉사조정자들의 표준에 대한 요구를 통해 국가에서 개발한 표준으로 자원봉사조정자라는 직업군의 직무표준에 해당한다. 따라서 표준의 영역이 자원봉사조정 업무 중심으로 구분되어 있으며, 다른 두 국가에 비해 좀 더 자세한 표준항목들을 가지고 있다.

외국과 달리 국내의 자원봉사조정에 대한 표준화와 관련된 연구는 본격적으로 이루어지고 있지 않다. 지금까지 자원봉사조정에 관한 연구는 주로 자원봉사기관의 운영 매뉴얼을 개발하거나 자원봉사조정 과정에서 중요한 요소인 프로그램 개발, 자원봉사자 모집, 교육 및 훈련, 평가, 인정보상 등의 운영지침을 마련하는 정도였다. 하지만 최근 자원봉사 운영 및 조정 전문화와 관련하여 '자원봉사관리자 양성 표준과정 개발연구(볼런티어21)', '자원봉사센터 운영 매뉴얼(볼런티어21)', '자원봉사센터 표준 운영모형 연구(행정자치부)', '비영리기관의 자원봉사관리 표준화(볼런티어21)' 등은 자원봉사조정에 대한 보다 심도 있고 체계적인 연구의 필요성을 제시하고 있다(행정안전부, 2008).

이에 행정안전부에서는 자원봉사센터가 지역 내 자원봉사를 활성화하기 위해 여러 가지 사업을 수행하고 자원봉사자들의 활동을 조정함에 있어 가이드라인을 제공하기 위해 2008년 '자원봉사활동 관리 표준매뉴얼 개발연구'를 수행하였으며, 다음 〈표 8-1〉과 같이 13가지의 자원봉사조정 단계에서의 영역을 제시하고 있다. 이러한 외국 및 행정안전부에서 제시하고 있는 조정단계 중에서 실제 자원봉사 영역에서 공통적으로 다루어지고 있는 조정단계를 선별하여 본 교재에서는 준비, 실행, 평가단계로 구분하고 세부적으로는 자원봉사프로그램 개발, 자원봉사자 업무설계, 모집, 선발과 면접 · 배치, 교육, 자원봉사그룹 육성, 인정보상, 갈등관리, 기록관리, 평가 및 종결의 10단계로 제시하고자 한다.

〈표 8-1〉 **자원봉사조정 단계의 표준항목**

호 주	미 국	영 국	한국(행정안전부)
서비스 중심	운영 중심	직무 중심	–
정책과 절차 관리책임 모집 업무와 업무환경 훈련과 개발 서비스 전달 문서화와 기록 지속적인 개선	핵심가치 및 사명과 비전 거버넌스 프로그램 기획 지역사회 및 네트워크 연계 운영 개발	자원봉사활동 지원전략과 방침의 개발 및 평가 자원봉사 진흥 자원봉사자 모집과 선발 자원봉사자 관리 및 개발 자기 관리(관계와 책임) 자원봉사활동 지원	운영전략 및 조정방침 수립 자원봉사 프로그램 개발 및 운영 자원봉사자 업무기획 자원봉사자 모집 자원봉사자 면접과 배치 자원봉사교육 자원봉사활동 관리감독 단체 및 수요처 개발과 관리 자원봉사 위험 관리 자원봉사 인정 보상 자원봉사 홍보와 진흥 재난재해 관리 행정관리

출처 : 행정안전부(2008b).

자원봉사프로그램 개발은 자원봉사조정자로서 수행하게 되는 가장 기본적이면서도 중요한 과업 중의 하나로서 조정단계의 시작이라고 할 수 있다. 최근 프로그램 개발의 트랜드를 살펴보면, 과거에 비해 대상별로 세분화되고 있다는 점을 발견할 수 있다. 이전에는 프로그램의 내용 중심이었다면 최근에는 대상별 프로그램 혹은 맞춤형 프로그램 개발이 확대되고 있다. 특히 베이비부머 세대를 대상으로 한 프로그램 개발은 더욱 확대될 것으로 예측된다.

자원봉사자 업무설계는 자원봉사자들이 본인의 역할을 분명하게 이해하고 실천할 수 있는 설명서와 같은 기능이라고 할 수 있지만 실제 자원봉사현장에서의 실질적인 활용은 다소 부족하다고 할 수 있다. 다양한 이유가 있겠지만 대개 자원봉사활동은 활동 직전에 비로소 현장에서 자원봉사조정자와 첫 대면을 하는 경우가 많아 시간에 쫓긴 나머지 여전히 자원봉사역할의 설명으로만 그치는 경우가 많은 것이 현실이다. 활동 전 오리엔테이션의 중요성을 인정한다면 제대로 된 업무설계도 중요하지만 이렇게 작성된 활동설명서를 효과적으로 전달하기 위한 방법적 기술도 자원봉사조정자에게는 요구된다고 할 수 있다.

1. 자원봉사프로그램 개발

1) 프로그램 개발의 정의

일반적으로 사용하는 프로그램이라는 용어의 사전적 의미는 목록, 순서, 예정계획이라는 뜻으로, 프로그램은 의도된 계획에 따라 구체적인 목표를 달성함으로써 사람과 지역사회를 변화시키고자 하는 것이며, 자원봉사자의 참여를 통해 지역사회의 문제와 욕구를 해결하기 위한 활동들의 집합체라고 할 수 있다(볼런티어21, 2004b, 한국중앙자원봉사센터, 2011b 재구성).

이러한 맥락에서 자원봉사프로그램이란 '자원봉사자들의 참여를 통해 지역사회의 문제와 욕구를 해결하기 위한 활동들의 집합체'라 할 수 있으며, 이는 욕구조사 지역의 문제를 반영한 기획에 기초하여 자원봉사자 모집, 교육, 지도, 평가 등 일련의 조직적 과정을 포함한다(한국중앙자원봉사센터, 2011b). 즉, 자원봉사현장에서 가장 최우선의 과제라고 할 수 있지만 프로그램 개발은 단순한 과정이 아니며, 자원봉사조정자의 열정적이고 꾸준한 노력이 없이는 성공할 수 없다는 점에서 함께 고민하고 개발하지 않으면 안 된다(대구광역시자원봉사센터, 2014).

이 자원봉사프로그램은 자원봉사 관련 기관의 장기 또는 연차별 자원봉사활동의 기획과정을 통해 추진된다. 자원봉사활동의 기획은 구체적인 자원봉사 프로그램을 개발하기에 앞서 어떤 목적하에 언제/ 어디서/ 어떠한 방법으로/ 어떻게 문제를 해결할 것인가에 대하여 장기 또는 연차별 활동을 개략적으로 수립하는 것을 의미한다.

이를 통해 볼 때, 자원봉사프로그램 개발은 특정 기간에, 프로그램 담당자들이, 특정한 방법과 자원을 사용하여, 특정한 사람들을, 바람직한 상태로 이끌기 위해 사전에 마련한 장기 또는 연차별 자원봉사활동 계획을 보다 구체화, 실제화하려는 시도라고 할 수 있다.

자원봉사 프로그램 특징

첫째, 자원봉사 프로그램은 자원봉사의 가치를 실현할 수 있어야 한다. 당연한 이야기이지만 최근 체험 위주의 프로그램 등이 확산되면서 자원봉사활동으로 보기 어려운 내용이 자원봉사 프로그램이라는 이름으로 운영되는 경우를 발견할 수 있다. 자원봉사 프로그램은 기본적으로 자원봉사의 가치를 실현한다는 전제를 바탕으로 그 내용과 방법이 구성되어야 한다.

둘째, 자원봉사 프로그램은 자원봉사자의 참여로 이루어진다. 자원봉사 프로그램은 공모전이나 특정 형태를 제외하고는 자원봉사자의 직간접적인 참여를 통해 운영된다. 따라서 자원봉사자를 수행인력이나 활용자원으로 보는 일반적인 사회복지 프로그램과 달리 프로그램의 주요 참여대상으로 인식하고 목표나 대상자 선정 등 모든 프로그램의 개발과정에서 이를 고려해야 한다.

셋째, 자원봉사 프로그램은 자원봉사자, 서비스 대상자나 지역사회, 프로그램을 운영하는 자원봉사기관에 대한 통합적인 고려가 이루어질 때 그 효과를 높일 수 있다. 프로그램은 자원봉사활동의 주체인 자원봉사자와 서비스 대상자의 욕구와 문제, 지역사회 등을 전체적으로 고려하여 내용과 방법이 적합하고 친밀감이 있는 것으로 선정하되, 자원봉사센터의 사명에 부합할 수 있어야 사회적 동의를 확보하고 운영하는 데 도움이 된다.

넷째, 자원봉사 프로그램은 문제를 해결하거나 욕구에 부응하는 결과뿐 아니라 그 과정 자체가 큰 의미를 갖는다. 청소년의 경우 봉사활동을 통해 학습을 경험하게 되고, 자원봉사 프로그램의 과정 안에 지역자원의 네트워크와 유기적인 협력이 일어나게 된다. 따라서 함께 할 자원의 조직화와 지역의 독특한 특성을 발굴해 내는 일 또한 중요한 과제가 된다

출처 : 한국중앙자원봉사센터(2011b). 자원봉사센터 업무매뉴얼 프로그램 재구성.

2) 프로그램 개발의 전제조건

효과적인 프로그램 개발이 이루어지기 위해 필요한 전제조건으로는 합목적성(purpose), 적합성(person), 통합성(problem), 네트워크화(process), 지역성(place) 등이 있으며 세부적인 내용은 다음과 같다(김영숙 외, 2002; 정무성 · 정진모, 2001; 황성철, 2008 재구성).

첫째, 합목적성(purpose)으로 내용은 목적이 제시하는 바로 그 내용에 적합하여야 한다는 것이다. 참여자로 하여금 협동심을 고취시킨다는 목적이나 목표를 세워놓고 그 내용에는 경쟁상태의 활동내용만을 포함시켰다면 목적이나 목표에 일치시키지 못한 것이 된다.

둘째, 능력수준과 흥미에의 적합성(person)으로 대상자에 대한 충분한 고려, 즉 자원봉사자의 능력수준이나 흥미에 적합한가에 대한 검증이 필요하다는 것이다. 만약 능력수준에 맞지 않는 프로그램이 제시된 경우 대부분의 경우 중도탈락, 프로그램의 효과성 저하 등의 문제가 발생하기도 한다.

셋째, 프로그램의 통합성(problem)으로 대상자의 문제해결이나 목표달성을 위하여 단편적인 자원봉사활동이 아니라 인간의 경제, 사회, 심리, 문화적 제반 문제들을 통합적으로 고려하는 프로그램을 제공하여야 한다는 것이다.

넷째, 프로그램 지속성과 네트워크화(process)로 자원봉사활동이 지속적이며 안정성을 가질 수 있도록 다양한 서비스기관들이 참여하여 문제를 해결할 수 있어야 한다는 것이다.

다섯째, 자원봉사활동의 성패를 좌우하게 되는 가장 중요한 요건으로서 지역성(place)은 지역의 특성이나 문화적 상황을 반영한 자원봉사활동이 개발되어야 한다는 것이다. 예를 들어, 결혼이주여성을 대상으로 한 자원봉사활동을 개발한다고 가정한다면, 도심지역의 경우 다양한 사회문화교육 프로그램의 욕구가 높으며, 농촌지역의 경우 자녀양육 및 교육에 대한 욕구가 높다는 점을 고려하여 지역의 문화적 특성이 반영된 프로그램이 개발되어야 한다.

3) 프로그램 개발의 단계

사회복지프로그램을 개발을 위해서 최일섭 외(1993)는 사회문제의 확인에서 목표 설정, 프로그램 설계, 평가의 단계를 거쳐 문제를 인식하고 프로그램 국면으로 전환할 것을 제안하고 있다. 자원봉사프로그램 또한 이것에 기초하여 관련 내용을 개발하려는 노력이 필요하다.

〈표 8-2〉 자원봉사프로그램 개발 시 고려사항

국 면 / 단 계	문제인식 국면	프로그램 국면
문제확인	• 사회적 관심사의 광범위한 경계는 무엇인가? • 이러한 경계 내에서의 주요한 사회문제는 무엇인가?	• 그 문제가 대상 집단의 욕구로서 어느 정도나 존재하고 있는가? • 현존 서비스가 욕구를 어느 정도 충족할 수 있는가? • 가장 중요한 충족되지 않는 욕구는 무엇인가?
목표설정	• 어떤 사회적 가치가 적절한가? • 파악된 문제영역에 대한 사회의 목표는 무엇인가?	• 그 프로그램의 목적과 목표는 무엇이어야 하는가?
프로그램 설계	• 합법적인 조치의 한계는 무엇인가? • 이 문제를 해결하기 위해 어떤 서비스가 계획되었는가? • 이들 서비스는 무엇을 성취하였는가?	• 프로그램 대안은 어떤 것들인가? • 최적의 프로그램 조합은 무엇인가?
평가	• 확인된 문제에 대응하는 데 사회는 얼마나 효과적이었는가? • 서비스는 얼마나 효과적이었는가?	• 서비스는 어떻게 평가되어야 하는가?

출처 : 최일섭 외(1993). 사회계획론; 정무성(2013). 사회복지 프로그램 개발론 재인용.

이에 따라 자원봉사프로그램은 문제 확인, 목적 및 목표 설정, 프로그램 설계, 평가 계획의 4단계로 구분할 수 있으며, 이러한 과정은 각각의 단계가 서로 밀접하게 연결되어 있는 유기적인 과정으로 볼 수 있다. 자원봉사조정자는 자원봉사프로그램의 전체 과정과 세부 과정에 대한 균형 잡힌 인식을 바탕으로 지속적이고 안정된 프로그램을 구성하려는 노력이 필요하다(볼런티어21, 2004b, 한국중앙자원봉사센터, 2011b 재정리).

문제 확인 ⇒	목적/ 목표 설정 ⇒	프로그램 설계 ⇒	평가 계획
• 필요성 검토 • 문제 심각성과 원인 파악 • 해결가능성의 구체적인 검토	• 목적 수립 • 구체적 목표 설정	• 대상자 선정 • 구체적인 활동 계획 • 예산 수립	• 평가내용, 평가 주체, 평가시기, 평가도구 등 계획

프로그램 개발단계에서의 고려사항

- 자원봉사자가 할 수 있는 활동인가?
- 저녁과 주말에 나누어 활동하는 것이 가능한가? 시간제로도 가능한가?
- 활동에 필요한 기술을 자원봉사자들이 쉽게 배울 수 있는가?
- 그 활동내용에 적합한 기술을 가진 자원봉사자들이 있는가? 혹은 그러한 잠재적 자원봉사자들은 누구이며 어디에 많이 있는가?
- 자원봉사자들이 활동하는 것이 비용 면에서 효과적인가?
- 자원봉사 프로그램을 위한 지원체계(자원봉사 정책서)가 마련되어 있는가?
- 자원봉사조정자들은 그 활동이 자원봉사자들에게 맡겨지기를 원하는가?
- 자원봉사자들과 함께 일하게 될 자원봉사조정자들이 자신의 역할을 이해하고 있는가?
- 기획한 활동내용이 참여한 자원봉사자들에게 보람 있고 재미있는 것인가?

출처 : 대구광역시자원봉사센터(2001); 볼런티어21(2004b) 재구성.

(1) 문제 확인

이 단계는 구체적으로 프로그램을 개발하기 전에 자원봉사프로그램이 왜 필요한가를 검토하는 작업이다. 그러나 지역사회에 욕구나 문제가 존재한다는 것만으로는 자원봉사프로그램을 개발하고 수립하기 위한 충분한 전제조건이 될 수 없다. 구체적으로 문제의 심각성과 문제의 원인, 진행과정, 관련된 사람과 기관 등을 파악하고, 이에 대한 구체적인 통계 및 객관적 자료를 제시하고, 다양한 해결 가능성에 대한 구체적인 검토가 이루어져야 한다(한국중앙자원봉사센터, 2011b).

이를 위해 지역사회가 안고 있는 여러 가지 문제들을 찾아내는 일은 그다지 어려운 작업은 아니다. 비록 지역적인 특수성에 의해 문제의 심각성의 정도는 차이가 있을 수 있지만, 우리 사회가 직면한 일반적인 사회문제들을 그 지역사회에 적용해 볼 수 있다. 일반적으로 사회에서 논의되고 있는 사회문제의 범주는 도시문제, 빈곤문제, 가족문제, 노인문제, 여성문제, 환경문제, 보건의료문제, 부정부패문제, 청소년문제 등 다양하다. 그리고 이러한 사회문제의 하위영역에는 수없이 많은 세부적인 이슈들이 있다. 즉, 다양한 사회문제 중에서 자원봉사활동 프로그램과 관련이 될 수 있는 이슈들을 찾으려는 노력이 요구된다(볼런티어21, 2004b).

프로그램 제목 정하기의 예

■ 부제를 활용한 프로그램명의 예

- 청소년 수화교육 → 수화 배우기 '눈으로 보는 마음, 손으로 전하는 사랑'
- 음식물 쓰레기 줄이기 캠페인 → '지구를 살리는 잔반 ZERO'
- 어르신 핸드폰 교육 → 어르신과 함께하는 행복한 모바일 세상 '우리는 엄지족'

■ 유행어를 활용한 프로그램명의 예

- 지역 환경정화 활동 → '동방쓸기(동네방네 쓸고 닦기)'
- 어르신을 위한 사랑의 손마사지 → '애정손 프로젝트'

■ 신나고 재미있는 느낌을 살리는 프로그램명의 예

- 사랑의 연탄배달 → '구공탄 특공대'
- 재활용품을 활용한 책장 만들기 → '고물을 보물로'

출처 : 한국중앙자원봉사센터(2011b).

(2) 목적 및 목표 설정

이 단계에서는 지역사회에서 확인된 문제를 해결하기 위한 목표를 설정하게 되는데, 특히 프로그램의 목적(purpose)을 달성하기 위하여 한 가지 이상의 일반적 목표(goal)가 설정된다. 구체적 목표설정은 반드시 목적으로부터의 논리적 추론, 즉 목적 → 일반적 목표 → 구체적 목표의 식으로 설정되는 것이 아니고, 경우에 따라서는 사회문제 또는 지역사회문제의 해결을 위하여 어떤 프로그램이 설정되고 이에 따라 구체적인 목표가 설정되는 경우도 있다(최성재 · 남기민, 2006).

그리고 목적은 명백하게 문서화되어 있어야 하며, 그 프로그램의 추상적 가치를 포함한다. 실행목표는 간단명료하고, 실행 가능하며, 그 결과를 현실적으로 측정 가능해야 한다. 프로그램의 구체적 목표는 '주어진 기간 내에 계량화될 수 있는 의도된 결과'로서 ① 프로그램에 적합한 것이어야 하고, ② 바라는 결과가 명시되어야 하고, ③ 바라는 결과가 계량화될 수 있어야 하며, ④ 결과를 얻기까지의 시간이 명시되도록 서술되는 것이 바람직하다(Weiner, 1982, 최성재 · 남기민, 2006 재인용).

(3) 프로그램 설계

목적과 목표가 설정되고 나면 구체적인 자원봉사프로그램을 설계하는 일이 요구된다. 이 단계의 시작은 목적과 목표를 달성하기 위한 자원봉사와 관련한 여러 가지 아이디어를 활용하고 각 아이디어에 대한 실천 가능성을 따져 보는 것으로부터 출발한다. 자원봉사조정자는 자원봉사자들과 함께 아이디어 회의(brainstorming)를 통해 실제적인 활동을 계획할 수 있다(대구광역시자원봉사센터, 2001; 볼런티어21, 2004b).

이 단계에서는 이러한 아이디어 회의에 기초하여 적합한 대상자를 선정하고 이들을 위한 다양한 자원봉사활동을 구성해 나갈 수 있다. 자원봉사조정자는 프로그램 설계 과정을 활발하게 진행하는 것이 프로그램의 완성도를 높이는 동시에 자원봉사자의 활동 만족도를 향상시키는 중요한 요인이 될 수 있음을 인식하고 이 단계에 특별한 노력을 기울여야 한다.

또한 이 단계에서 프로그램 성과를 보다 세심하게 고려한 프로그램의 설계를 위하여 다음의 내용을 프로그램 전반에 포함하려는 노력도 필요하다. 이밖에도 설계 단계에서는 프로그램의 추진을 위해 반드시 필요한 예산 내역도 포함할 필요가 있다.

프로그램 성과를 높이는 단계별 고려사항

■ 도입단계
- 자원봉사자와 가치의 공유
- 참여한 자원봉사자의 격려
- 활동목표의 분명한 제시
- 성공적인 활동의 소요시간 제시
- 결과에 대한 성공적인 모델 제시
- 참여한 자원봉사자들의 언어, 관점, 태도 등의 반영
- 열성적인 자원봉사자들의 파악과 협조 요청

■ 전개단계
- 참여한 모든 자원봉사자에 대한 적절한 반응
- 참여에 대한 적극적인 반응과 참여 유도
- 참여한 집단 내에서 응집력 형성 유도

■ 종결단계
- 활동결과에 대한 지속적인 피드백 제공
- 참여한 활동에 대해 효과적인 격려와 인정
- 활동결과에 대해 자원봉사자가 자신의 기여와 책임 인식
- 계속적인 참여 독려와 유인

출처 : 한국중앙자원봉사센터(2011b).

(4) 평가 계획

이 단계는 자원봉사프로그램이 목적 및 목표에 부합하고 있는가를 평가하는 계획을 수립하는 작업이 요청된다. 평가 계획 수립과 관련해서는 무엇을 평가할 것인지, 누가 평가에 참여할 것인지, 평가시기는 언제가 적절한지에 대한 사전 논의와 함께 적절한 평가지표와 타당성 있는 평가도구를 계획하는 활동이 요구된다. 또한 이 단계에는 필요에 따라 자원봉사자용 프로그램 평가설문지를 개발하려는 노력도 포함된다.

평가는 단순히 결과에 대한 평가만으로 그치는 것이 아니라 이후 프로그램을 계획하거나 보완할 때 중요한 자료로 활용할 수 있으며, 프로그램 이후 자원봉사자에 대한 후속 관리 및 프로그램 확산 등에 필요한 조치를 취하는 근거가 된다(볼런티어21, 2004b; 행정안전부, 2008b).

프로그램 평가의 내용 및 방법

- 자원봉사활동의 양을 측정하는 양적 평가 : 자원봉사 참여자 수, 총 활동시간 등
- 자원봉사자 노력의 결과로 프로그램 대상자들에게 어떤 변화나 성과가 일어났는가를 측정 : 평가설문지, 평가토론회, 특정한 평가척도 등을 이용한 프로그램 전후 검사 실시 등
- 프로그램에 투입된 비용과 프로그램의 효과성을 비교하는 효율성 측정 : 프로그램 실행에 투입된 노력과 산출의 비율로서, 투입을 비용으로 보고 산출을 효과로 보면 효율성=산출/투입=효과/비용이 된다. 이를 동일한 서비스를 자원봉사자가 아닌 자원봉사조정자가 수행했을 경우에 투입되어야 하는 비용과 비교하는 것도 가능하다.
- 과연 전문가의 수준에 맞는 질적인 서비스가 서비스 대상자들에게 제공되었는가?

출처 : 대구광역시자원봉사센터(2001); 볼런티어21(2004b).

4) 프로그램 개발의 유형

프로그램 개발의 일반적인 유형은 대민분야 유형, 사회분야 유형, 온라인분야 유형으로 나누어질 수 있으며, 이에 대한 구체적인 내용은 다음과 같다.

〈표 8-3〉 프로그램 개발의 일반적인 유형

분 류	유 형	내 용
대민분야 유형		
생활편의 지원	활동보조	장애인, 노인 등 이동이 힘든 분들의 외출, 나들이 활동, 심부름을 보조
	이동지원	장애인, 노인, 재가 환자 등의 이동을 위한 차량 봉사
	청결지원	청소, 빨래, 목욕, 이미용 활동 등의 자원봉사
	급식지원	급식소 지원을 위한 조리, 배식, 설거지 등의 봉사 활동 등
	식사 · 반찬지원	도시락, 밑반찬, 음식 등의 조리 및 배송
주거환경	주거개선	취약계층 대상 집짓기, 집수리 자원봉사 활동(전기, 보일러, 도배, 도색 등)
	마을공동체활동	소규모 마을 공동체 중심의 주거환경 개선활동(꽃길 가꾸기, 마을 시설물 보수활동, 아파트 공동체 실천활동 등)
교육	방과후 교육	학교수업 종료 후 특기, 예체능 교육 지도(보조) 활동
	학습지도	저소득층, 소년소녀가장 등 학습여건이 열악한 청소년대상 학습지도 활동
	특수교육	장애인 등 특수교육 관련 지도활동
	평생교육	평생교육 관련 지도활동
	전문교육	안전운전, 재해 및 안전관련 교육 등 전문영역 관련 지도활동
	진로체험지도	현장견학, 체험 등 학생 진로체험 교육, 지도 등의 지원 활동
상담	말벗 · 상담	장애인, 노인 대상 여가지원 말벗, 상담 봉사활동
	전문상담	법률, 세무, 가족문제, 성폭력 등 특수 · 전문 분야 면접, 전화, 인터넷 상담 활동
	멘토링	멘토링 사업 참가자 활동
보건의료	간호 · 간병	의료수발, 식사보조 및 호스피스 활동 등
	의료지원	의료봉사(양/ 한방), 물리치료 및 민간치료 활동 지원
	헌혈	헌혈 활동
농어촌봉사	일손지원	농어촌 방문 봉사활동, 일손지원
사회분야 유형		
문화행사	행사보조	문화, 예술, 체육 행사 및 지역 행사 지원 활동
	공연활동	문화, 예술 등의 공연 봉사 활동
	캠페인	시민 의식개선, 계몽, 소비자 보호, 환경 등 사회분야 캠페인 활동
	관광안내	문화/ 관광 가이드 및 해설 활동, 문화예술 시설 안내 등

환경보호	환경정화	불법 홍보물 제거 등 환경정화 활동
	환경감시	수변, 산림 등 자연환경 위해 감시
행정보조	사무지원	행정, 전산, 조사/ 연구 등 행정사무 지원 활동
	업무보조	작업보조, 정리 및 민원 안내 지원 등
안전 · 방범	지역방범	야간방범, 유해환경 추방 등 범죄 예방 활동
	교통안전	교통정리, 주정차 안내 등 교통안전 활동
	어린이 안전	아동 안전지킴이 활동, 등하교 안전 지도 등
	청소년 안전	청소년 유해업소 감시 및 정화활동 등
	취약계층 안전	독거노인, 소년소녀가장 등 안전생활 모니터링
인권 · 공익	인권개선	새터민, 외국인 노동자, 아동, 여성 등의 인권 개선 · 평등을 위한 지원 활동
	공익보호	소비자 보호, 부패방지 모니터링 활동 등
재해 · 재난 · 응급	피해복구	재난 · 재해 지역 피해복구 지원 및 구호 활동
	응급구조	위급 상황 응급 구조 활동
국제협력 · 해외봉사	해외봉사	국외에서의 자원봉사 활동
	국제행사 · 단체 지원	국제기구 · 단체, 국제 행사 지원
	통 · 번역	국제행사 및 행사 개최를 위한 통 · 번역 활동
온라인분야 유형		
온라인 자원봉사	번역 및 통역	국제행사 및 사회적 약자(청각장애인 등)을 위한 온라인 통 · 번역 활동
	상담 및 자문	마케팅, 법률 등의 온라인 상담 및 전문 자문 제공
	모니터링 활동	환경, 안전 등 공익적 모니터링 활동
	인식개선 및 홍보	사회문제해결을 위한 다양한 온라인 활동
	기타 전문기술 제공	콘텐츠 제작 등 다양한 분야의 기술 제공

※ 자원봉사활동 분류는 대민분야/ 사회분야에 따라 일부 중복 분류될 수 있음
출처 : 행정안전부(2020c).

〈표 8-4〉 **문제해결 접근방법에 따른 프로그램 개발 유형 예시**

개발 유형	프로그램 예시
욕구중심 프로그램 개발	◎ 충북 ○○자원봉사센터 '찾아가는 장수웰빙대학' – 노인의 사회참여 및 활력적인 여가생활의 기회를 경험할 수 있도록 교육을 통해 노인 자원봉사자를 육성하고 이들이 경로당 등 지역을 위한 교육봉사활동을 진행하는 프로그램
문제해결 중심 프로그램 개발	◎ 제주 ○○자원봉사센터 '세계 7대 자연 경관 선정 투표 참여 캠페인 및 찾아가는 문화예술활동' – 대한민국 브랜드 강화를 위한 세계 7대 자연경관 제주 선정 투표참여 캠페인 활동과 문화예술 공연을 지원하는 활동으로 지역의 이슈에 결합한 자원봉사 프로그램 ◎ 강원 ○○자원봉사센터 '독거어르신 식생활 개선을 위한 농가먹기운동' – '농가먹기'는 강원도의 사투리로 나누어 먹는다는 의미로 생활이 어려운 독거어르신의 건강과 식생활 개선, 지역의 문제를 해결하기 위한 음식 나누어 먹기 활동
자원활용 중심 프로그램 개발	◎ 대구 ○○자원봉사센터 '노(老)-고(故)/ 노인자원봉사자와 고인의 만남' – 전문기술(장례)을 가진 지역의 인적자원을 노인전문자원봉사단으로 구성하여 저소득 가정을 지원하기 위한 전액 무료 장례봉사를 실시함으로써 지역의 고급인력을 활용하고 사회참여의 기회를 제공하는 프로그램 ◎ 경북 ○○자원봉사센터 '자원봉사! 온(溫/ ON)마을, 커뮤니티' – 33개 자원봉사단체의 특성을 살려 수요처에 필요한 봉사활동으로 연계하고, 단체 간의 재능을 조합하거나 연대하여 활동효과를 배가하는 프로그램
직접 기획 · 참여하는 프로그램 개발	◎ 경기 ○○자원봉사센터 '볼런티어 코칭맘-청소년봉사단' – 청소년 봉사학습의 주도적 실천을 유도하기 위한 전문 봉사학습지도자를 육성하여 이들 지역 청소년 봉사자를 동아리로 구성하여 청소년이 자기주도적 봉사활동을 실시할 수 있도록 문제발굴/ 활동기획/ 실천 등을 지도, 연계 진행한 프로그램

출처 : 한국중앙자원봉사센터(2011b) 재구성.

5) 프로그램 개발 최근 경향

효과적인 자원봉사 프로그램 개발을 위해서는 최근의 자원봉사 경향을 고려해야 하는데 한국중앙자원봉사센터(2011b 재구성)는 서비스 대상자와의 관계, 프로그램 영역 및 형태, 네트워크, 자원봉사자의 욕구, 프로그램 내용 등과 같은 자원봉사 프로그램 개발의 최근 경향을 몇 가지로 제시하고 있다.

(1) 서비스 대상자와 자원봉사자의 통합적 참여

최근 자원봉사 프로그램은 기존에 도움을 주거나 받는 일방적인 관계가 아니라 소통하고 함께 만들어 가는 참여의 장으로서 이해되고 있다. 그동안 서비스 대상자로만 인식되었던 경제적으로 어려운 노인, 장애인, 어린이, 결혼이민자 여성 등도 함께 자원봉사자로 참여하여 사회에 기여할 수 있는 기회를 마련하는 차원에서 이러한 프로그램의 가치는 더 높이 평가될 수 있다.

(2) 프로그램 영역과 형태의 통합

자원봉사 프로그램이 그동안 환경, 일손 돕기 지도활동 등 단편적인 분야와 영역에서 진행되어 왔다면, 최근에는 새롭게 대두되는 사회문제나 제도적 변화에 따라 프로그램의 영역이 통합·복합되어 가는 추세를 보이고 있다. 여러 재능을 가진 자원봉사자가 서비스 대상자에게 필요한 총체적인 활동을 연합하여 지원하거나, 청소년의 동아리, 진로, 봉사활동을 결합한 형태의 프로그램, 체험과 여가활동과의 결합 등 다양한 형태가 나타나 주목받고 있다.

(3) 다양한 기관 및 자원의 네트워크

자원봉사 프로그램은 자원봉사센터나 특정 단체 및 기관에서 독자적으로 운영할 수도 있으나, 자원봉사활동 참여기회의 확대와 프로그램의 효과성을 높이고 홍보하는 차원에서 다양한 기관 및 자원과 연계하여 진행하는 형태가 확산되고 있다. 이러한 네트워크의 대상은 주민자치센터, 학교, 평생학습센터 등 공공기관뿐 아니라 다양한 기업, 언론 등으로 확대되고 있다. 네트워크의 형태 또한 구두로 결정하여 진행되는 상황부터 시범사업 지정이나 MOU를 체결하는 공식적인 형태까지 다양해지고 있다.

(4) 자원봉사자의 주도적 참여

자원봉사 프로그램과 활동처의 부족은 자원봉사센터와 같은 전문기관이 가진 해결되지 않은 고민 중 하나이다. 자원봉사자 역시 자신이 원하는 맞춤형 봉사활동에 대한 욕구가 역시 나날이 증가하고 있으며, 프로그램의 기획 과정부터 주도적으로 참여하여 스스로 만들어 가는 프로그램에 대한 선호경향이 커지고 있다.

(5) 쉽고 재미있게 참여할 수 있는 프로그램

마음은 있지만 일상생활이 바쁘거나 부담스러워서 쉽게 참여하지 못하는 잠재된 자원봉사자들을 유인하고 장기적으로 자원봉사의 붐을 일으킬 수 있는 이벤트 형태의 단기 프로그램 역시 증가추세에 있다. 이러한 프로그램의 경우는 단시간의 활동으로 명확하게 눈에 보이는 활동의 결과물을 만들어 내어 자원봉사자의 성취감을 높이는 특성이 있다.

부 록

자원봉사 프로그램 사전조사 결과보고서(예시)

욕구 조사	지역사회의 욕구	
	봉사자들의 욕구	
	센터의 욕구	
대상설정 및 접근방법 아이디어		
전략 수립	목　　적	
	목　　표	
	사업 개요	
	세부 추진 사업 내용	
	소요 예산	
자원 봉사자 모집	실행에 필요한 준비용품 파악	
프로 그램 실행	자원봉사자 교육	
	배치방법	
	실행과정 시 유의사항	
평가	준비 평가	
	과정 평가	
	결과 평가	

※ 사전조사 결과보고는 위 항목이 포함된 자유형식의 보고서 형태로 작성

출처 : 행정안전부(2020c).

자원봉사 프로그램 계획서(예시)[1]

1. 사업명 : ____대상____ ____목적____ ____방법____

2. 사업 내용 및 추진 전략

1) 사업 참여자 모집 전략
   (1) 참여 대상 및 인원

핵심 참여자	
주변 참여자	

   (2) 참여자 선정 기준
   (3) 참여자 모집 방안
2) 사업 내용 및 사업 집행 전략
3) 기관 연계협력 전략

3. 예산 편성

(단위 : 원)

<table>
<tr><th rowspan="2">목</th><th rowspan="2">세목</th><th rowspan="2">세세목</th><th rowspan="2">계</th><th rowspan="2">산출근거</th><th colspan="5">예산조달 계획</th></tr>
<tr><th>신청금액</th><th>비율
(%)</th><th>자부담</th><th>비율
(%)</th><th>자부담
재원</th></tr>
<tr><td colspan="3">총 계</td><td></td><td></td><td></td><td></td><td></td><td></td><td></td></tr>
<tr><td rowspan="2">인
건
비</td><td></td><td></td><td></td><td></td><td></td><td></td><td></td><td></td><td></td></tr>
<tr><td colspan="2">소 계</td><td></td><td></td><td></td><td></td><td></td><td></td><td></td></tr>
<tr><td rowspan="2">사
업
비</td><td></td><td></td><td></td><td></td><td></td><td></td><td></td><td></td><td></td></tr>
<tr><td colspan="2">소 계</td><td></td><td></td><td></td><td></td><td></td><td></td><td></td></tr>
<tr><td rowspan="2">관
리
운
영
비</td><td></td><td></td><td></td><td></td><td></td><td></td><td></td><td></td><td></td></tr>
<tr><td colspan="2">소 계</td><td></td><td></td><td></td><td></td><td></td><td></td><td></td></tr>
</table>

1 사회복지공동모금회의 프로그램 배분신청서 표준양식을 재정리

- 사업에 직접 투입되는 비용은 인건비, 사업비, 관리운영비로 구분하여 작성
  - (인건비) 해당사업을 직접적으로 수행하는 인력에게 투입되는 비용
  - (사업비) 프로그램 수행에 필요한 직접비용
  - (관리운영비) 프로그램의 수행에 필요한 간접비용(사업관리에 필요한 비용)
- 세목은 세부 사업별로 구분하고 단위가 큰 경우 세세목으로 구분하여 작성
- 산출근거는 실제 단가, 수량, 인원수, 건수, 횟수 등을 구체적으로 기록

4. 문제 의식(사업 필요성)

1) 사업 계획 배경
2) 기존 유사사업과의 차별성
3) 신청기관의 강점

5. 목표 및 평가

1) 산출목표

세부 사업명	산출목표	모니터링 방법

2) 성과목표 및 평가 방법

성과목표	평가 도구 및 방법	측정 시기

6. 사업종료 후 지향점

1) 사업 수행으로 인한 기대 효과
2) 사업 결과의 활용 계획

출처 : 사회복지공동모금회. http://chest.or.kr

자원봉사 프로그램 실행계획서(예시)

<table>
<tr><td>프로그램명</td><td colspan="2"></td></tr>
<tr><td>프로그램
목적</td><td colspan="2"></td></tr>
<tr><td>활동내용</td><td colspan="2"></td></tr>
<tr><td>프로그램 스케줄
(소요시간)</td><td colspan="2"></td></tr>
<tr><td>자 격</td><td colspan="2"></td></tr>
<tr><td>교육내용
및 방법</td><td colspan="2"></td></tr>
<tr><td>활동혜택</td><td colspan="2"></td></tr>
<tr><td>활동기간 및
인정 상한시간</td><td colspan="2"></td></tr>
<tr><td>예 산</td><td colspan="2"></td></tr>
<tr><td>평 가</td><td colspan="2"></td></tr>
<tr><td rowspan="2">실행
담당자</td><td>정</td><td></td></tr>
<tr><td>부</td><td></td></tr>
</table>

출처 : 행정안전부(2020c)의 관련 양식을 재정리.

자원봉사자용 프로그램 평가설문지(예시)

_______________________ 프로그램에 참여해 주신 여러분께 진심으로 감사드립니다. 오늘의 활동이 여러분들에게 좋은 경험이 되셨기를 기대하며, 더 나은 프로그램으로 발전하기 위하여 다음 질문을 드리오니 성의껏 작성해 주시기를 부탁드립니다.

- 귀하의 성별은? ㅁ남 ㅁ여
- 귀하의 연령은? ㅁ10대 ㅁ20대 ㅁ30대 ㅁ40대 ㅁ50대 이상

문 항	전혀 그렇지 않다	그렇지 않다	그저 그렇다	그렇다	매우 그렇다
1. 프로그램은 지역사회에 도움이 되었다.					
2. 프로그램 진행이 원활하게 이루어졌다.					
3. 프로그램 진행시간은 참여하기에 적절하였다.					
4. 프로그램 활동장소는 찾아가거나 활동하는 데 편리하였다.					
5. 프로그램은 나에게 의미 있고 즐거운 활동이었다.					
6. 다른 사람들에게도 본 프로그램을 권하고 싶다.					
7. 앞으로도 자원봉사에 지속적으로 참여할 의향이 있다.					

1) 위 질문 중 '그렇지 않다'라고 답한 질문이 있다면, 그 이유나 개선방안을 적어주세요.

2) 프로그램에 참여하며 가장 기억에 남는 것은 무엇입니까? 이유도 함께 적어주세요.

3) 이 프로그램이 지금보다 더 만족스럽기 위해 필요한 것이 있다면 제안해 주시거나, 기타 하고 싶은 말씀을 적어주세요.

출처 : 한국중앙자원봉사센터(2014b).

자원봉사 프로그램 개발을 위한 공모사업 사례

출처 : http://www.dgvolunteer.co.kr

감염병 확산에 따른 자원봉사 프로그램 사례

코로나19 자원봉사 76만 명···'안녕캠페인' 확산

김** 앵커〉
코로나19 확산 방지를 위해 올 상반기 전국 76만 명의 자원봉사자들이 참가했습니다.
면마스크를 만들거나 도시락을 전달하면서 함께 땀을 흘렸는데요, 행정안전부는 하반기에도 코로나19 자원 봉사 '안녕 캠페인'을 통해 재확산 방지에 나섭니다.
채** 기자입니다.

채** 기자〉
코로나19로 마스크 대란이 한창이던 지난 2월과 3월.
전국 곳곳의 자원봉사자들이 면마스크를 직접 만들어 이웃들에게 선사했습니다.
홀로 사는 어르신들을 위해 따뜻한 응원을 담은 도시락을 전하는 한편, 사람들이 모이는 전통시장과 아파트 엘리베이터에선 생활 방역과 소독을 실시했습니다.
지역경제와 소상공인 살리기 자원봉사도 잇따랐습니다.
착한 소비운동과 지역 특산물 판매를 이끌었고 특히 승차구매형 농산물 시장이 큰 인기를 끌었습니다.
올 상반기 코로나19 확산을 막기 위해 전국 자원봉사센터 246곳을 통해 76만 명이 자원봉사 활동에 나섰습니다.
방역소독, 격리자 지원, 물품배부 등 다양한 활동으로 233만 명이 혜택을 받은 것으로 추산됩니다.

장** 코로나19 자원봉사자〉
"어느 곳곳에 있는, 요소요소에 있는 분들이 힘을 합치니까 코로나19는 우리 코리아를 이길 수 없을 것 같다는 생각을 갖기도 했어요."

채** 기자〉
최근 코로나19가 다시 확산하는 가운데, 정부는 '안녕 함께할게' 캠페인 참여를 당부했습니다.
행정안전부와 전국 자원봉사센터가 이끄는 코로나19 극복 캠페인입니다.
인터넷 검색창에 '안녕캠페인'을 검색해 접속한 다음, 손소독제 사용, 농촌 일손돕기 등 월별 활동수칙을 실천하고 인증샷을 올리면 됩니다.

최** 행정안전부 민간협력과 자원봉사팀장〉
"'안녕 함께할게' 캠페인은 8월 1일부터 12월 말까지 지속적으로 금년동안 진행되고요. 국민 누구나 쉽게 참여할 수 있는 지속가능한 자원봉사 기회를 발굴하기 위해서…"

채** 기자〉
행안부는 사회적 거리두기와 개인방역 수칙 지키기도 자원봉사 활동에 해당된다면서, 하반기에도 코로나19 재확산을 막는 데 국민이 힘을 보태달라고 밝혔습니다.

출처 : KTV 국민방송 케이블방송. 2020.08.31.

코로나 속 피어난 온라인 재능기부

올해 많은 일들이 있었다. 3연속 다가온 태풍과 그로 인한 수많은 강원도민의 아픔을 목격하고 현장으로 뛰어가 한 방울의 눈물이라도 닦아드리기 위해 부단히 노력했다. 태풍이 휩쓸고 간 자리에 전쟁의 폐허 같은 흔적을 보면 피눈물이 흐른다. 태풍, 폭우가 지나간 흔적을 다 메우는 것은 한 평생이 걸려도 힘들다. 사회적 거리두기로 전국구로 달려가 봉사하기가 힘들어진 만큼 지난 2~8월 6개월간 온라인으로 재능기부단체를 만들어 활동한 경험을 공유하고 싶다.

'코로나 헬퍼'라는 청년단체가 있다. 코로나에 취약한 사각지대에 놓인 분들의 어려움을 알리고 돕기 위해 전국의 청년들이 자발적으로 모인 단체다. 모집 8일 만에 40명이 온라인으로 모여 비영리 재능기부 봉사단체 활동을 시작했다.

코로나가 급격히 확산된 2월 중순부터 사회가 공황상태에 빠졌다. 모두 힘들지만 복지 사각지대에 놓인 취약계층 분들은 지원이 아예 끊기는 탓에 더욱 어려움을 겪었다. 그 어려움을 외면하지 않고 싶었다. 우리는 카드뉴스와 영상 콘텐츠로 대중에게 어려움을 알리고 코로나 헬퍼가 선정한 모금기관과 연결, 기부를 연계하기 위해 뭉쳤다.

코로나 헬퍼는 개발 · 조사 · 제작 · 홍보 4개 팀으로 구성되어 있는데 대한민국 인재상 사회복지 모임, 한국중앙청소년활동진흥원 2030 혁신리더 1기, 청년사회활동가 등의 친구들이 많이 참여해줬다. 복지 분야에서 활발하게 활동한 지인과 단체에서 많이 모였다. 청년들로만 구성된 이유는 청년들도 스스로 사회문제를 찾고 사회를 위해 자발적으로 나설 수 있다는 메시지를 전하기 위해서였다. 마지막 프로젝트로 텀블러 굿즈 판매 수익금 기부를 진행, 목표했던 150개 전량 판매에 성공해 위기가정에 긴급생계지원금으로 전달했다. 기부금 전달 가정은 어머니가 10년째 암 투병 중 재발했는데 수술 실패로 시각을 잃고, 아들은 요식업을 시작했지만 코로나19로 실패를 겪어 수입이 없는 위기가정이다.

코로나 헬퍼는 진정한 봉사활동이 무엇인지 알리고자 했다. 자체 코딩을 통해 웹사이트를 운영하고 SNS로 취약계층의 어려움을 널리 알렸다. 지금까지 1만명, 하루에도 꾸준히 50명씩 방문하는 코로나 복지 콘텐츠 플랫폼이 됐다. 밀폐된 시설 방문을 자제하자는 챌린지 영상을 제작하여 이후 중앙자원봉사센터와 함께 전국적으로 진행했다.

코로나 헬퍼 1기의 활동은 지난 달 31일 부로 종료되었다. 청년들의 자발적인 참여로 이뤄졌지만, 누군가의 후원을 받는 입장이 아니어서 자비로 활동을 이어나가야 했기 때문이다. 하지만 좋은 예시가 되어 청년들이 사회문제에 적극 참여해 주면 좋겠다. 아직 수많은 코로나 이슈가 지속되고 있다. 우리는 이를 이겨낼 수 있다. 제2의 '코로나 헬퍼'가 나타나 수많은 이들에게 용기와 희망을 주었으면 한다.

출처 : 강원도민일보. 2020.9.14.

2. 자원봉사자 업무설계

1) 업무설계

(1) 업무설계 정의

업무설계(job design)는 직무설계, 업무기획 또는 업무디자인이라고도 하며, 자원봉사자에게 의미와 만족을 부여하고 클라이언트에게는 질 높은 서비스를 제공하는 것을 목적으로 자원봉사자가 하게 될 업무를 세부적으로 계획하고 설명하는 과정이다. 또한 업무의 구조적 · 사회적 측면과 그 업무가 구성원에게 미치는 영향을 모두 포함하는 의도적이고 신중한 계획을 의미한다(볼런티어21, 2004b, 박태영 외, 2011 재구성).

자원봉사프로그램 개발 이후 업무설계와 자원봉사 모집과 면접·배치로 이어지는 연속적 과정을 제시해 보면 다음과 같다.

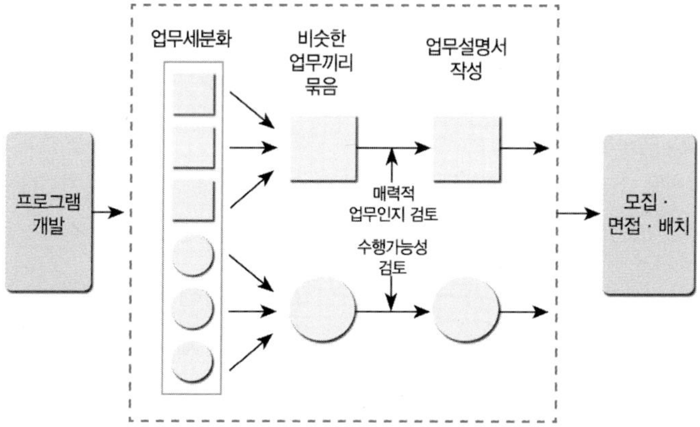

|그림 8-1| **자원봉사자 업무설계 과정**

출처 : 행정안전부(2008).

(2) 업무설계 전제조건

자원봉사자 업무설계의 과정은 자원봉사자가 적절히 수행할 수 있는 일에 대한 아이디어를 개발하는데, 자원봉사 수요처 직원을 참여시키는 데서 시작된다. 이 과정은 자원봉사자 조정에서 가장 중요한 기능들 중 하나이다. '좋은' 업무 개발 없이 기관은 자원봉사자들에게 가치를 제공할 수 없으므로 다음과 같은 전제조건이 필요하다(대구광역시자원봉사센터, 2001 재구성).

첫째, **자원봉사 수요처 직원과 상의하기** : 직원과 '상의하기'는 좋은 업무를 개발하는 가장 효과적인 방법이다. 이 과정에서 자원봉사조정자는 자원봉사자를 가장 잘 활용하는 방법을 결정하기 위해 직원과 인터뷰를 하는데, 이 인터뷰는 단지 그들이 자원봉사자에게 줄 수 있는 업무가 무엇인지를 묻는 것이 아니다. 대신 다음의 질문들을 통해 직원들에게 효과적으로 접근할 수 있을 것이다(Ivan Scheter 개발). ① 당신의 업무 중 정말 좋아하는 부분은 무엇입니까?, ② 당신의 업무 중 정말 싫어하는 부분은 무엇입니까?, ③ 언제나

하기를 원하지만 시간이 없어서 도저히 할 수 없었던 활동이나 프로젝트는 무엇입니까?, ④ 수행되기를 원하지만 당신에게는 그것을 할 기술이 없는 일들은 무엇입니까?(혹은 수행하는 데 예산을 지출할 수 없는 일들) 등 이러한 질문들에 대한 대답들을 모아 직원과 자원봉사자 모두에게 생산적인 업무에 대한 아이디어를 수집할 수 있으며, 통합적인 자원봉사 직무들을 개발하는 기초자료가 될 것이다.

둘째, **자원봉사 수요처 직원 인터뷰하기** : 이미 자원봉사자들이 기관에서 수행하고 있는 직무나 기능의 리스트, 다른 기관이나 유사한 프로그램에서 수행되고 있고, 자원봉사자들이 수행할 수 있다고 판단되는 직무나 기능의 리스트, 기존의 자원봉사자들이 가지고 있는 기술과 재능에 대한 리스트 등의 리스트들은 기관 내에서 자원봉사자의 활용가치에 대한 인식이 부족한 직원에게 잠재적 직무 개발을 위한 아이디어를 제공한다. 이러한 리스트들은 재미있고 도전적인 자원봉사 직무를 개발하는 데, 직원의 창의성을 향상시키고 자원봉사자 활용 전망을 넓히도록 돕는 데 유용하다.

셋째, **자원봉사 수요처 직원의 지속적인 참여를 유도하기** : 직원 참여의 과정은 지속적이어야 한다. 자원봉사조정자는 간헐적인 피드백 인터뷰나 서면 의사소통 등을 통해 직원과 지속적인 의사소통을 해야 한다. 그렇게 함으로써 지속적으로 새로운 업무를 개발할 수 있다. 그 한 가지 방법으로는 기관의 소식지나 게시판에 공고란을 만드는 것이다. 여기에는 새로운 기술을 가진 참신한 자원봉사자들이 소개되기도 하고, 직원이 찾는 자원봉사자의 유형(특별한 기술, 태도, 시간투자 등)이 소개될 수도 있다.

(3) 업무설계의 중요 요소

어떤 자원봉사 업무는 자원봉사자를 지루하게 하거나 불만족스럽고 소진을 이끌어서 중도탈락하게 할 수 있는 반면, 어떤 업무는 흥미롭고 도전적이며 만족을 주고 높은 열의와 좋은 성과들을 끌어낼 수도 있다. 그 둘 사이의 차이점은 서로 다른 사람들이 서로 다른 동기적 욕구를 가지고 있어서 흥미를 느끼거나 지루하게 여기는 업무가 서로 다르다는 것이다.

자원봉사 프로그램은 자원봉사자들이 원하고 만족하는 업무를 수행하고 있을 때 성공할 가능성이 높다. 만약 우리가 자원봉사자에게 그런 업무를 제공하지 못한다면 우리는 자원봉사자의 중도탈락과 불신, 낮은 의욕에 시달리게 될 것이다. 자원봉사 업무를 설계할 때는 사람들이 게임을 즐기듯이 스스로 원해서 시간과 재능, 물질을 사용하도록 동기화시켜 주는 것이 필요하다. 그것을 위해서는 다음의 네 가지 중요한 요소를 포함하도록 노력해야 한다(대구광역시자원봉사센터, 2001, 볼런티어21, 2004b 재구성).

첫째, 주인의식(ownership)으로 이를 심어주는 한 가지 방법은 자원봉사자들에게 담당할 어떤 것을 주고 그것을 통해 자부심을 느끼도록 하는 것이다. 자원봉사자들에게 스스로 통제하고 책임지는 자신만의 프로젝트나 독립된 책임을 부여받는 활동을 제공하는 것이다. 예를 들어, 동일하게 학교에 배치된 자원봉사자인 경우에도 페인트칠처럼 모든 방에서 반복적인 활동을 하는 것보다는 지정된 특별한 방에 관계된 활동을 할 때 더 큰 만족을 얻는 경향이 있다.

둘째, 생각할 권한(the authority to think)으로 주인의식이 부족한 독립된 개인들의 집합과 달리 팀은 자신들의 일을 계획하고 평가하는, 그리고 실행할 일에 대해 동의하는 권한을 가진다. 이 생각할 권한은 좋은 업무설계의 두 번째 열쇠이다(개인을 위한 것이든 그룹을 위한 것이든). 이 권한은 단지 일을 하는 것이 아니라 하기로 결정하는 데 참여하는 것을 말한다. 업무에 대해 생각하는 것은 물론 그 업무를 수행하는 데 있어서 기회와 권한을 가지고 있다는 사실을 확인시키는 일이다. 여기서 말하는 생각이란 계획, 조직, 결정과 평가를 말한다. 업무설계의 질을 높이기 위한 방법으로 Willson(1976)은 다양한 업무의 수를 늘리는 직무확장(job enlargement)과 자원봉사자가 과업을 직접 계획하고 평가하도록 하여 책임감을 증대시키는 직무향상(job enrichment), 그리고 사소한 과업들을 합치는 직무의 단순화(work simplication)를 제시하고 있다. 활동의 계획과 그 계획에 따른 실행에 자원봉사자를 직접 참여시키는 일은 자원봉사자에게 주인의식을 고취시키고 만족감을 높이게 된다.

셋째, 결과에 대한 책임의식(responsibility for result)으로 업무설계는 업무설명서의 내용을 단순히 실행하는 것이 아니라 자원봉사자에게도 기관의 사명과 목표달성 결과에 대한 직접적인 책임이 있음을 확인시켜 주는 일이다. 여기서 결과에 대한 책임이란 자원봉사활동 그 자체보다는 자원봉사활동 결과에 주목하여 자원봉사자로 하여금 목적을 달성하도록 그들을 격려하는 일이다.

넷째, 평가성과 측정(keeping score)으로 자원봉사자의 업적과 활동결과를 측정하는 일이다. 자원봉사자의 참여와 노력의 성과를 어떻게 측정하는가를 분명히 밝힘으로써 자원봉사자 자신이 기여한 가치를 평가할 수 있도록 해야 한다.

2) 업무설명서

(1) 업무설명서의 정의

업무설명서(job description)는 '업무설계의 내용을 보다 구체화하고 명확하게 하여 각자의 기능과 역할분담을 정하는 것'을 의미하며, 자원봉사자가 수행할 업무의 책임, 업무를 수행할 자원봉사자의 자격요건, 감독과 책임의 체계, 그리고 업무의 업적을 평가하는 방법에 대하여 기술한다. 즉, 업무설명서는 봉사활동에 대한 구체적인 설명서이면서 자원봉사자와 기관 간의 계약서와 같은 역할을 대신할 수 있으며(대구광역시자원봉사센터, 2011 : 46), 자원봉사조정자와 자원봉사자의 역할을 명확히 함으로써 서로의 역할 이해를 돕고, 자원봉사자들로 하여금 자신이 맡게 될 업무의 중요성을 인식하게 하며, 기관이 그 업무를 중요하게 여기고 있다는 것을 알게 한다(박태영 외, 2011).

(2) 업무설명서의 필요성

업무설명서는 자원봉사자를 모집하기 전에 작성해야 하지만 그것이 불변하는 '완결된' 문서가 되어서는 안 된다. 업무설명서는 지속적으로 거듭된 수정과 변화를 거쳐야 한다. 그것은 잠재적인 자원봉사자의 관심과 욕구와 직무를 연결시키는 과정인 면접과 배치기간을 거치면서 변화해야 한다. 또한 업무설명서는 자원봉사자가 선발되고, 직무를 시작한 후에도 수정되어야 한다. 그것은 자원봉사자가 실제로 수행하면서 더욱 구체적이고 명확하게 파악될 수 있기 때문이다. 따라서 업무설명서는 자원봉사자와 기관이 함께 성취하고자 시도하고 있는 일들을 나타내는 융통성 있는 문서여야 한다.

이와 같이 자원봉사자와 자원봉사조정자 모두에게 중요한 업무설명서는 다음과 같은 필요성을 가지고 있다(대구광역시자원봉사센터, 2001, 볼런티어21, 2004b 재구성).

첫째, 자원봉사자의 역할을 명확히 한다. 자원봉사자와 자원봉사조정자의 직무가 분명하면 그들 사이의 관계와 역할도 명확히 할 수 있다. 왜냐하면 자원봉사자가 자신의 역할한계 때문에 혼란스러워하거나 반대로 자신의 영역을 침범하는 자원봉사자로 인해 곤란해하는 자원봉사조정자가 있기 때문이다. 그들이 서로의 책임과 권한의 한계를 추측하도록 방치하게 되면, 자원봉사조정자가 원했던 활동 결과를 얻지 못할 수도 있다. 따라서 성문화된 업무설명서는 자원봉사조정자와 자원봉사자의 역할을 명확히 함으로써 서로의 역할 이해를 돕는다.

둘째, 모집과 배치에 있어 중요한 도구가 된다. 명확하게 작성된 업무설명서에는 자원봉사자가 하게 될 업무의 내용뿐만 아니라 필요한 기술과 자격, 책임, 활동시간 등이 명시된다. 이런 내용들은 자원봉사자를 모집하고, 인터뷰를 통해 배치하는 과정에서 그 직무에 자원봉사 지원자가 적합한지를 판단할 수 있도록 돕는 기준이 된다. 또한 모집되어 있는 자원봉사자 중 가능성이 있는 사람과 함께 그 업무설명서를 검토하는 인터뷰를 함으로써 배치의 적절성을 검증해 볼 수 있다.

셋째, 모집에 있어 마케팅적 접근을 용이하게 한다. 자원봉사조정자는 개인의 자원봉사 동기를 확인하고, 자원봉사자의 참여동기를 만족시키는 동시에 기관의 목적도 달성시켜야 한다. 자원봉사자 참여동기를 만족시키는 요소들과 기관의 목적달성에 필요한 자원봉사자의 시간과 재능을 상호 연결하고 적절히 교환하도록 하는 것이 바로 명확히 작성된 업무설명서를 통한 모집과 배치이다. 그리고 그 과정에서 자원봉사자가 기대 이상의 만족을 얻는다면 보다 질 높은 활동에 대한 동기부여도 기대할 수 있다.

넷째, 적절한 자원봉사자 훈련 설계에 도움이 된다. 면밀히 작성된 업무설명서는 그 직무가 어떤 자원봉사자를 필요로 하며, 무슨 기술과 자격을 갖추어야 하는지를 알려준다. 이것은 설계된 직무를 수행하기 위해 모집된 자원봉사자에게 이미 있는 자원들과 아직 갖추어지지 않은 부분을 파악하게 하고, 그 결과 부족한 부분을 발견하게 한다. 바로 그 부족한 부분을 채우는 것이 자원봉사자 훈련의 목표로 결정되는 것이다.

다섯째, 자원봉사자 지도·감독활동의 기초가 된다. 명확한 업무설명서가 있으면 누가, 무엇을, 누구에게, 언제까지, 얼마 동안 해야 하는지를 알기 쉽다. 또한 이 업무설명서에 동의하고 배치된 자원봉사자에 대해서는 그 성과를 측정하고 평가하기도 용이하다. 따라서 자원봉사조정자는 업무가 자원봉사자와 적합한지, 자원봉사자에게 어떤 지도와 지원, 추가적인 훈련이 필요한지를 판단할 수 있다.

(3) 업무설명서의 구성요소

업무설명서는 자원봉사활동을 통해 성취하기를 원하는 결과들에 좀 더 초점을 맞추어 작성하는 것이 좋다. 이렇게 작성된 업무설명서는 지도·감독에 사용될 도구와 자원봉사자 평가와 같이 업무요약과 자원봉사자와 역할에 의해 수행되는 활동들 모두를 포함한다(대구광역시자원봉사센터, 2001, 볼런티어센터21, 2004b 재구성).

또한 업무설명서는 자원봉사자를 모집하기 전에 준비되어야 하며 필요에 따라 수정되어야 한다(유성호, 1997). 이는 자원봉사자와 조직의 욕구를 충족시켜 주기 위함이다. 자원봉사조정자는 업무와 자원봉사자를 연결할 때, 자원봉사자는 일을 시작한 후 더 나은 업무수행을 위해 수정을 원할 수도 있다(박태영 외, 2011). 이와 같이 업무설명서에는 직무명칭, 목적과 목표, 책임,

자격, 활동시간 및 장소, 지도감독자, 혜택, 훈련과 감독, 평가, 준수사항, 해고조건 등의 항목들이 기본적으로 포함되어야 한다(대구광역시자원봉사센터, 2001, 박태영 외, 2011 재구성).

〈표 8-5〉 업무설명서 구성 및 작성 방법

직책명	업무의 특징을 살려 쉬운 표현으로 직무와 직위를 나타낸다.
목 적	이 활동을 통해 무엇을 성취하고자 하는가? 무엇이 변화될 수 있는가? 등으로 참여를 동기부여할 수 있는 부분이다.
활동내용	언제, 어디에서, 누구와 함께, 얼마 동안, 어떤 기술을 가지고 활동하는지에 대하여 구체적으로 서술한다.
자 격	자원봉사자가 성공적으로 활동하기 위해 필요한 지식, 태도 및 특별히 요구되는 기술이나 자격 증명 등을 명시한다.
관리체계	자원봉사활동과 자원봉사자를 조정하는 사람은 누구이며, 문제가 발생하거나 변동이 생겼을 때 문의하고 의논해야 할 사람은 누구인가를 적는다.
교육훈련 제 공	자원봉사활동을 효과적으로 수행하기 위해 자원봉사기관에서 제공하는 교육 및 훈련의 내용을 적는다. 봉사자들에게 교육내용을 사전에 알려, 준비할 수 있도록 한다.
혜 택	자원봉사자가 이 업무의 과정 중이나 완수 후에 받게 되는 공식 · 비공식적 보상, 유 · 부형적 혜택에 대해 창의적인 아이디어를 적는다.
소요시간	봉사활동을 수행하는 시간으로써 주 몇 회, 회당 소요시간, 활동시간대를 구체적으로 명시하고, 조정가능성을 밝힌다.
활동기간	자원봉사활동이 최소한 이루어져야 하는 기간, 너무 길지 않게 잡도록 하며, 자원봉사조정자와의 면담이나 평가를 통해 재조정할 수 있는 여지를 둔다. 종결 시 봉사자가 부담스럽지 않도록 한다.
활동종료 조건	해고조건, 자원봉사자가 반드시 지켜야 할 기관의 정책이나 규정을 명시한다.
평 가	봉사활동의 결과들을 관리하고 표시할 방법과 입무 수행의 성공기준을 적는다. 평가의 목적과 방법에 대해 구체적으로 설명한다.
담당자 연락처	수요처 담당자/ 자원봉사조정자/ 자원봉사팀 리더의 이름, 전화번호, 이메일 등 봉사활동 중 문제상황에 따라 누구와 논의해야 할지 알린다.

출처 : 대구광역시자원봉사센터(2011).

부 록

자원봉사 업무설명서 작성 사례

직 책 명	어린이 청소년 벼룩시장 운영 봉사팀
목 적	벼룩시장을 통해 사용하지 않는 물건의 사용기간을 연장하고 이를 통해 쓰레기를 줄이고 자원절약, 재활용 등 건강한 소비문화를 정착시키며 친환경 생활문화를 만들고자 함
활동내용	벼룩시장은 어린이 청소년들이 집에서 또는 주변에서 사용하지 않는 물건을 수집하여 깨끗하게 세척하여 교환 또는 판매하고 판매금액의 50%를 원하는 곳에 기부하도록 하는 활동임 - 벼룩시장은 운영에 앞서 준비회의를 통해 규모와 진행되는 내용을 점검한다. - 어린이들이 잘 참여할 수 있도록 활동을 지도한다. 오리엔테이션, 가격책정, 판매, 정산, 기부활동 등
자 격	- 정기적으로 활동시간을 낼 수 있는 사람 - 환경에 대한 관심이 있어 실천하고자 노력하는 사람 - 어린이청소년 활동지도를 두려워하지 않는 사람 - 이웃과의 나눔과 사귐을 즐기는 사람 - 물품 소유에 대한 욕망을 통제할 수 있는 사람 - 먼지 알레르기가 없는 사람
관리체계	○○자원봉사센터 청소년 자원봉사 담당자 ○○○
교육훈련 제 공	- 자원봉사교육 및 나눔교육(2시간) - 벼룩시장의 필요성과 운영취지 및 방향(2시간) - 벼룩시장 진행 참관(2시간) - 타 기관의 다양한 벼룩시장 벤치마킹 - 기존 봉사팀과의 활동관련 회의를 통해 진행방식 습득 기회 제공
혜 택	- 어린이 청소년을 직접 만나 지도함으로써 리더십을 기를 수 있음 - 활동에 대한 권한을 위임받아 주도적인 활동참여 - 다양한 녹색소비실천활동 및 교육 · 연수 프로그램에 참여할 수 있음 - 공동의 환경문제 해결 모색의 기회 제공, 녹색지역사회 만들기에 기여 - 함께 활동하는 다양한 봉사자를 만날 수 있음 - 자원봉사활동 경력 증명서 발급 ⇒ 물질적인 혜택보다는 활동을 통해 얻을 수 있는 심리적 · 정서적 혜택도 포함

소요시간	– 월 2회 – 준비모임 1회(평일 저녁 또는 주말) – 벼룩시장 진행 1회(네번째 토요일 09:00~14:00, 벼룩시장 진행시간은 10:00~13:00)
활동기간	– 6개월에서 1년 활동(이후 활동기간 연장 가능) ⇒ 시작하면 그만둘 때까지가 아니라, 어느 정도 활동기간을 정해놓고, 그 후에 다시 상담을 통해 그동안의 활동평가를 하고, 봉사자의 욕구를 고려하여 다시 연결. 그만둘 때 중간과정에서 애로사항을 이야기하지도 못하고 중도 탈락하는 경우도 있고, 끝날 때에는 뭔가 잘못한듯이 흐지부지하지만 이런 과정이 있으면 자원봉사자가 좀 더 장기적으로 다양한 활동도 할 수 있고, 활동 관리도 할 수 있음
활동종료 조건	– 벼룩시장의 물품 및 수익금을 비공개로 유용 · 처리하는 사람 – 참가자 또는 이용자와 잦은 분쟁을 일으키는 사람 – 무단 결석 3회 예 개인정보 유출, 기관의 비밀사항 유출 등 회원 데이터 수정 등을 봉사자가 한다면 비밀 유지에 대한 강조 더 필요
평 가	참가자 만족도, 활동이 진행되었던 환경 평가 진행봉사자 간의 역할분담 등의 내용으로 매회 진행 후 평가하여 다음 진행에 반영 ⇒ 평가사항을 미리 알려주면, 봉사자들이 대부분 봉사활동을 할 때 구체적인 활동평가에 대해 미리 인식하고 좀 더 책임감을 가지게 됨
담당자 연락처	자원봉사활동 관리자 이름과 연락처 자원봉사자 임원(조장) 이름과 연락처
본인은 자원봉사관리자로부터 이 업무설명서에 대한 충분한 안내를 받았으며, 충분히 숙지하였기에 이에 성실히 활동할 것을 약속합니다. 년 월 일 자원봉사자 ○ ○ ○ (서명)	

출처 : 한국중앙자원봉사센터(2012) 재구성.

생각해 보기

1. 자원봉사조정의 10단계를 학습한 후에 각 단계별로 반드시 필요한 자원봉사조정자의 역할에는 무엇이 있는지 생각해 봅시다.

2. 임의의 자원봉사 대상자를 선정하여 조별로 자원봉사 프로그램 실행계획서를 작성하고 발표해 봅시다.

3. 자원봉사자에게 업무설명서의 제공 유무에 따라 자원봉사활동의 과정이나 결과가 어떻게 달라질 수 있는지 서로 토의해 봅시다.

CHAPTER 9

자원봉사조정의 실행단계 I

자원봉사자 모집은 자원봉사조정 단계에서 자원봉사조정자가 한시도 마음을 놓을 수 없는 단계라고 할 수 있다. 우리나라 자원봉사 참여율은 33.9%로 2017년의 21.4%에 비해 증가하는 모습을 보여 주고 있다(행정안전부, 2020d). 하지만 자원봉사참여율 상승에도 불구하고 신규 자원봉사자 모집이 갈수록 어렵다는 자원봉사조정자들의 볼멘소리에 주목할 필요가 있다. 물론 기존 자원봉사자들이 순환적으로 자원봉사활동을 이어감으로써 표면적인 자원봉사자 부족 사태가 나타나리라고는 생각되지 않지만, 선진국의 자원봉사 참여율을 40%에 달하고 있음을 감안해 볼 때 자원봉사참여율이 일시적인 상승으로 그치지 않도록 다양한 방법을 모색할 필요가 있다.

자원봉사자 선발과 면접의 경우 대규모 행사성 자원봉사활동에서는 기준에 의해 다소 까다로운 절차와 단계를 거치게 된다. 하지만 일반적인 자원봉사활동은 특별한 선발과 면접 과정을 거치지는 않는 게 일반적이다. 자원봉사자의 자질과 태도에 대한 논의가 현장에서 계속되고 있음을 고려할 때 면접과정을 보다 신중하게 진행하려는 노력이 요구된다.

자원봉사자의 배치는 수요와 공급이 어느 정도 일치하느냐의 문제와 연결되어 있다. 현장에서는 여전히 관리적 측면에서 자원봉사자를 배치하는 현상이 지속적으로 나타나고 있어 이를 적절하게 조정하려는 자원봉사조정자의 역할이 요구된다. 이러한 문제를 극복하기 위해서는 클라이언트의 상황과 자원봉사자의 여건 등을 고려한 슬로푸드(slow food)형의 조정과 같은 특별한 노력이 필요하다.

자원봉사자 교육은 여느 자원봉사조정 분야보다 눈에 띄게 확대되고 있는 분야라고 할 수 있다. 사회 전반적으로 평생교육의 중요성이 부각되면서 과거에는 태도, 자세 등과 같은 소양 위주의 교육을 강조하였다면 최근에는 기술, 심리, 건강, 환경 등 교육주제도 다양해지고 있다. 이 뿐만 아니라 자원봉사자 교육이 시민으로서의 소양과도 연관된 교육으로 그 영역이 확대되고 있는 점도 긍정적이다. 하지만 아무리 양질의 교육도 어떻게 진행되는지에 따라 향후 자원봉사활동의 만족도나 결과에도 많은 차이를 보이게 되므로 이와 관련한 자원봉사조정자들의 역할은 더욱 중요시될 것으로 보인다.

1. 모 집

1) 모집의 정의

자원봉사 프로그램이 개발되고 자원봉사자를 위한 업무설명서가 완성되면 자원봉사자를 모집해야 한다. 자원봉사자 모집이란 '지역사회의 문제를 효과적으로 해결하기 위하여 잠재되어 있는 유용한 인적자원을 끌어내는 활동으로써 지역사회에 참여 · 기여하고자 하는 자원봉사자와 도움을 필요로 하는 수요처(수요자)가 만나는 과정'이다(한국중앙자원봉사센터, 2012).

이는 무엇인가를 돕고자 하는 자원봉사자와 업무에 도움을 필요로 하는 기관 혹은 수혜자의 욕구가 만나는 과정이며, 자원봉사를 하고자 하는 사람들에게 동기를 부여하고 기관이나 시설에서 제공하는 활동거리와 만나도록 주선하는 것이라고 할 수 있다. 또한 자원봉사자 모집자의 역할은 많은 자원봉사 신청자들의 문의를 업무적으로 처리하는 일이 아니라 적격의 후보자를 찾아 지역사회의 요구에 적절하게 대응하는 일이라고 할 수 있다(대구광역시자원봉사센터, 2001; 박태영 외, 2011).

자원봉사자 모집을 위한 팁

- 자원봉사자! 그들이 반드시 필요한가? 프로그램의 성패를 좌우할 정도로 영향력이 큰 요인인가? 그렇다면 시각을 바꿔야 한다. 자원봉사자가 프로그램에 직접 참여하기 전까지는 클라이언트와 마찬가지로 선택권을 가지고 있는 대상이라는 것을. 그들의 선택의 폭을 넓혀주기 위한 방법, 그리고, 명확한 정보가 먼저 제공되어야 한다.
- 자원봉사자! 그들은 슈퍼맨이 아니다. 우리 기관을 위해서 그리고 눈앞의 프로그램을 위해서 모든 상황을 제쳐두고 날아 올 수는 없다. 조급한 것은 우리들이지 그들이 아니다. 우리가 서두를수록 그들의 분명한 선택을 방해하게 되고 결국 우리 기관에서 혼신의 노력을 기울인 프로그램은 제대로 시도되기도 전에 자원봉사자 모집이라는 큰 암초에 부딪히게 된다.
- 자원봉사자! 그들도 고민하고 힘들어 한다. 오라는 곳도 많고, 봐야 하는 정보도 넘쳐난다. 스스로의 결정에 앞서 활동처(수요기관)의 활동기준과 다양한 조건에 기가 먼저 죽는다. 마음은 무겁지만 담당자의 요청에 거절하기도 쉽지 않아 결국 몸보다 마음이 앞선다. 명심하자! 눈이 움직이고, 몸이 다가가고, 마음이 끌려야 하는 것이 순리임을.
- 자원봉사자! 이제는 그들에게 선택되자. 프로그램에 딱 맞는 자원봉사자를 찾기란 쉽지 않다. 특히 관련 기관단체들과 프로그램의 선의의 경쟁이 치열한 가운데 적합한 자원봉사자를 모집(거의 확보에 가까운)하기란 더욱 어렵다. 이젠 오지 않는 자원봉사자를 탓할 게 아니라 프로그램의 질적 향상과 사전홍보로 준비된 자원봉사자들이 우리 기관을 선택하게 하자.

출처 : 대구광역시자원봉사센터(2010).

2) 모집의 필요성

대부분의 경우 기관에서 자원봉사자를 모집하고자 하는 중요한 이유가 기관의 사업이나 프로그램을 진행할 때 재정이 부족하기 때문이라고 생각한다. 이로 인해 자원봉사자를 직원의 업무를 보완하기 위한 대안 정도로 생각하는 경우가 있다. 이같은 생각은 충분한 재정이 있을 경우에는 자원봉사자를 필요로 하지 않는다는 결론에 이르게 한다.

자원봉사자를 재정 부족 때문에 모집하게 되면 자원봉사자의 업무영역은 제한이 따를 수밖에 없다. 또한 잠재적 자원봉사자에 대한 동기부여도 어렵게 된다. 이것은 잠재적 자원봉사자에게 직접적이든 간접적이든 간에 기관이 자원봉사자를 반드시 필요로 하는 것은 아니기 때문이다. 단지 재정이 부족하기 때문에 자원봉사자들의 도움이 필요하다는 느낌을 받게 한다. 이는 자원봉사자에게 자신의 고유영역이 주어지고 인정받는다는 느낌보다는 무슨 일인가에 대체된다는 느낌을 받기 때문에 자원봉사에 대한 동기부여가 어렵다.

물론 재정 부족이 자원봉사자를 모집하는 이유 중의 하나일 수는 있다. 그러나 이 경우에도 그들을 통해 부족한 재정을 메우는 것이 아니라 자원봉사자가 참여함으로써 기관의 재정으로 할 수 있는 활동영역이 확장되어지는 것이다. 따라서 기관은 재정 및 훈련된 직원, 그리고 자원봉사자가 팀을 이루어 지역사회서비스에 효과적이라는 판단이 설 때 비로소 자원봉사자 모집을 기획해야 한다(대구광역시자원봉사센터, 2001).

자원봉사자가 자원봉사조정자와 구별되는 특징

기관이 업무를 수행할 수 있는 예산이 충분한 경우에도 자원봉사자의 활동을 원할 것인지를 생각해 보자. 만약 자원봉사자가 자원봉사조정자와는 다른 고유한 영역의 업무가 있다면 자원봉사자의 특징은 무엇인가?

- 자원봉사자들은 기관으로부터 재정적 이익을 얻지 않기 때문에 기관에 대한 자원봉사자들의 신뢰가 높아지게 된다.
- 자원봉사조정자는 모든 대상자, 즉 자원봉사자에게 시간과 노력을 공평하게 바쳐야 하는 반면 자원봉사자는 특정 개인이나 계획을 위하여 일할 수 있다.
- 자원봉사자들은 대체로 연령, 직업이 다양하여 '틀에 벗어난 사고'를 할 수 있다.
- 자원봉사조정자들이 시간을 할애할 수 없는 특별한 대상의 요구를 충족하거나, 특별한 프로그램을 진행할 수 있다.
- 아직 기획 중인 새로운 프로그램에 대하여 시험적으로 참여하게 할 수 있다.
- 자원봉사자들은 객관적인 시각을 가질 수 있다.

자원봉사자들은 단지 조직에 더 많은 노동력과 재능, 시간을 부여한다는 사실 그 이상을 의미하며, 이러한 특징을 잘 살린 자원봉사 고유의 영역을 부여하는 것이 필요하다.

출처 : 볼런티어21(1999); 대구광역시자원봉사센터(2001) 재인용.

3) 모집과정

모집과정은 1단계 모집계획 수립, 2단계 모집대상 설정, 3단계 홍보수단 설정, 4단계 홍보자료 제작, 5단계 모집활동 수행, 6단계 평가 및 조정의 과정으로 이루어지게 되는데, 세부적인 내용은 다음과 같다.

〈표 9-1〉 **자원봉사자 모집과정**

단 계	내 용
1단계 : 모집계획 수립	모집 전 점검사항에 비추어 부족한 부분을 조정해 놓고 모집계획을 수립하자. ⇒ 어떤 분야에서 활동할 어떤 자원봉사자를 언제까지 몇 명을 모집할 것인가?
2단계 : 모집대상 설정	누가 활동을 하기를 원할 것인가? 표적집단을 떠올려 보고 우선순위별로 분류하자. 모집하고자 하는 표적집단과 관련이 있는 여러 조직도 활용하자. ⇒ 어디에서 그들을 찾을 수 있으며, 만날 수 있는가?
3단계 : 홍보수단 설정	어떻게 그들과 연락할 수 있을까? 그들에게 정보를 전달하는 방식이 무엇이 되어야 할지 각 집단별로 홍보매체, 홍보방법을 정해보자. ⇒ 선택한 모집방법이 우리가 모집하고자 하는 대상층에게 설득력이 있겠는가?
4단계 : 홍보자료 제작	참가하는 사람들의 동기는 무엇인가? 표적집단별 동기를 파악해 보자. ⇒ 그들에게 무엇을 말해야 하나? 지역사회의 요구, 활동내용, 혜택 중 어떤 부분을 어떻게 강조하고 대상층별로 어떤 동기에 맞게 메시지를 조정할 것인가?
5단계 : 모집활동 수행	어디서, 어떻게, 몇 번의 홍보활동을 할 것인가? 누가 모집을 해야 하나? 각각의 모집과정에서 누가 어떤 역할을 담당할 것인가? 모집활동에 참가할 모든 사람들이 자신들의 역할을 이해하는가?
6단계 : 평가 및 조정	모집 중간결과, 최종결과, 자원봉사자 조정 등 모집 전반에 대한 점검을 통해 모집계획을 조정한다.

출처 : 대구광역시자원봉사센터(2008).

(1) 모집계획 수립

어떤 업무를 수행하기 위해 어떤 자격을 갖춘 사람을 모집할 것인지, 몇 명을 언제까지 어떤 방법으로 신청받을 것인지를 정한다. 모집목표를 정하기 위해서는 구체적인 업무계획이 필요하며, 이러한 업무설명서를 바탕으로 계획을 점검할 수 있다. 업무설명서 작성 시 추가적인 고려가 필요한 항목으로는 자원봉사자들이 지지할 수 있는 기관의 철학이나 가치를 포함하는 경우도 있고, 활동장소가 배치되는 기관의 주사무소가 아닐 경우에는 직접 활동이 진행될 장소를 명시할 수도 있다. 이 내용이 전달되는 형태는 중요하지 않으며, 중요한 것은 이 모든 요소들이 정확히 규정되고 자원봉사자들을 위해 사려 깊게 작성되며, 분명하게 전달하는 것이다.

(2) 모집대상 설정

직무가 요구하는 역량을 가진 대상은 누구이며 어디에서 찾을 수 있는지를 파악하는 것은 매우 중요하다. 업무에 적합한 사람에게 정보가 전달된다면 모집은 훨씬 쉬워질 수 있다. 그러나 모집이 되었다 하더라도 적절하지 않은 대상으로 모집이 된다면 이후 관리에 더 어려움이 생길 수도 있다. 특히 모집대상을 정하기 위해서는 모집대상층을 구체화하고, 대상에 따른 접근방법을 모색하는 것도 중요하다.

첫째, 모집대상의 구체화를 위해서는 업무에 적합한 자원봉사자는 어떤 유형의 사람인지를 생각해 보는 것이 필요하다. 어떤 연령, 성별, 종교, 기술, 직업을 가진 사람을 원하는가와 같은 질문을 통해 대상을 구체화하면 그 대상에 따라 비슷하지만 조금 다른 메시지로 특화해서 전달할 수 있다. 또한 모집방법(온라인, 오프라인, 모집안내문 게시할 곳 등)도 보다 구체화할 수 있다. 둘째, 모집대상에 따른 접근방안 모색이 필요한데 모집하고자 하는 자원봉사자의 유형을 결정하면 어디서 어떤 방법을 통해 찾을 것인지 계획하게 된다. 예상되는 대상층이 자주 모이는 장소, 여가시간을 보내는 곳, 관심 있어 할 주제 등을 생각하여 모집을 계획하도록 한다. 보다 구체적인 모집대상층과 접근방법을 정하기 위해서는 자원봉사조정자, 자원봉사자들이 함께 모여 참가가능성이 높은 대상과 접근방법에 대한 아이디어를 제한 없이 모아보는 것도 좋은 방법이다.

(3) 홍보수단 설정

모집대상층에 따라 홍보방법을 다르게 선택해야 하며 홍보매체를 효과적으로 활용하기 위해서 각 매체의 특성을 잘 파악하는 것이 중요하다. 매체의 특성을 잘 파악한다고 해도 현실적으로 고려할 부분은 시간과 비용이다. 실제 모집인원과 역할에 비해 적절한 투여수준은 어떤 것인지, 그리고 투여대비 효과는 어떠할지를 고려하여 계획해야 할 것이다.

자원봉사자 모집을 위한 홍보수단의 유형

자원봉사자 모집을 위한 가장 적합한 홍보방법을 선택하기 위해서는 홍보매체의 다양한 유형과 각각의 특성을 잘 파악하는 것이 중요하다.

- 대중매체 : 신문(일간지), 잡지, TV, 게시판/ 버스 · 지하철/ 포스터, 텔레마케팅, 우편, 인터넷 등이 있다.
- 모집캠페인 : 브로슈어, 전단, 포스터, 간지 등이 있다.
- 교육 · 캠프 : 교육의 성과나 분위기에 따라 자원봉사자 모집의 결과에 영향을 받을 수 있으며 지속적인 교육이 필요하다. 자원봉사 프로그램이 필요로 하는 능력을 가진 자원봉사자나 그 업무에 대한 욕구를 가진 자원봉사자들이 스스로 찾아오도록 만드는 효과가 있다.
- 일대일 모집 : 자원봉사자 모집 홍보에서 가장 효과적인 방법이 될 수 있다. 또한 효과성이 매우 높지만, 시간과 인력의 소모가 많고 사전에 자원집단에 따라 분류가 잘된 리스트가 준비되어 있어야 한다.
- 지역사회 리더와의 접촉 : 지역사회의 리더는 모집운동에 귀중한 자산으로 잠재적 자원봉사자와 만날 수 있는 가교역할을 한다.

출처 : 박태영 외(2011).

(4) 홍보자료 제작

홍보자료 제작을 위해서는 먼저 홍보메시지가 결정되어야 하는데 홍보메시지는 무엇을 홍보할 것인가, 즉 무엇을 알릴 것인가에 해당한다. 모집캠페인의 슬로건이 될 수도 있으며, 홍보문의 헤드라인이 여기에 포함된다. 잠재적 자원봉사자의 참여를 끌어낼 수 있는 강하고 설득력 있는 메시지를 대표메시지로 뽑아야 한다. 홍보물이 전달하는 메시지는 모집대상에 대한 분석을 바탕으로 업무설명서에 나와 있는 내용을 가지고 만들 수 있으며, 메시지는 글이 될 수도 있고 사진이 될 수도 있다. 이러한 모집메시지에는 지역사회의 요구(자원봉사 프로그램이 가지는 의의)와 자원봉사 업무(하게 될 업무에 대한 안내 및 왜 자신이 적격인지 대한 설명) 그리고 자원봉사활동으로 받게 될 혜택(자원봉사활동 참여에 대한 동기부여) 등이 포함되어야 한다(볼런티어21, 2004a).

지역사회 욕구를 보여주는 모집홍보 메시지

※ ㅇㅇㅇ자원봉사자 모집

홈페이지, 모집 협조문에 제시된 자원봉사자 모집안내문 대부분의 유형이다. 간략해서 보기에는 쉽겠지만 이 정도에 감동할 자원봉사 희망자는 없다.

- 독거노인을 위한 도시락 제공 : 우리 지역사회의 많은 노인들은 균형 잡힌 식사를 제공받지 못하여 영양실조의 고통을 겪고 있다.
- 위기상담 : 지역사회의 어떤 사람들은 정신적인 두려움을 겪고 있으며 너무 긴장해서 그들 스스로 고통당할 뿐만 아니라 다른 사람들에게 영향을 미치고 있다.
- 한글교육 : 아직도 많은 사람들이 읽고 쓸 수 없어서 위축되어 있고 글을 읽지 못해서 우리 사회의 기본적인 혜택도 이용할 수 없다.
- 박물관 전시 안내 : 박물관을 방문하는 많은 사람들이 전시물에 대해 더 많이 알고 싶어한다. 때때로 지식의 결핍으로 전시물의 풍부한 의미와 아름다움을 높일 수가 있다.
- 자원봉사센터의 서류 및 자료정리 : 지역사회의 수요처 및 자원봉사 업무에 대한 정보가 체계적으로 정리되거나 수집되지 않아서 자원봉사를 하고 싶어 하는 사람들에게 충분한

안내를 제공하지 못하고 있다.

- 자원봉사자 명단 정리 : 지역사회 문제 해결을 위해 관심을 가지고 직접 참여해 준 자원봉사자의 정보가 잘 정리되어 있어야 활동 후에 감사인사, 도움요청 등을 시의적절하게 할 수 있으며 이를 통해 더욱 신뢰관계를 유지할 수 있다.

특히 요즘은 문자, SNS 등의 온라인 홍보가 확대되고 있는 만큼 자원봉사자에 대한 정확한 정보 파악이 비용적인 낭비도 줄이고, 또 원활한 소통구조를 쉽게 만들 수 있게 해 준다.

출처 : 대구광역시자원봉사센터(2010), 한국중앙자원봉사센터(2012) 재구성.

(5) 모집활동 수행

모집활동 진행에 대한 계획으로 어디서, 어떻게, 누가 할 것인지를 정하고 실행한다. 누가 홍보활동을 할 것인지는 조직 내외의 충분한 자원을 활용할 필요가 있다. 포스터 및 전단을 만들고 대중매체에 홍보를 하는 정도는 홍보 담당자 혹은 자원봉사조정자가 준비할 수 있지만 보다 적극적인 활동을 위해서 다양한 자원을 활용할 계획을 수립하고 진행하는 것이 바람직하다. 홍보계획 단계에서부터 이해관계자(자원봉사조정자, 자원봉사자, 서비스대상자) 등이 함께 아이디어를 공유하고, 실제로 실행단계에서의 역할을 분담할 수 있다.

자원봉사자 모집활동 사례

자원봉사자 모집을 위한 홍보는 기관이 자원봉사자를 필요로 하는 한 계속되어야 한다. 프로그램 시작 초기에 집중된 일시적이고 단편적인 홍보만으로도 원하는 자원봉사자를 모집할 수는 있겠지만 궁극적으로 프로그램에 대한 자원봉사자들의 공감을 끌어내기 위한 기관의 꾸준한 노력이 필수적이다. 결국 기관에 대한 신뢰가 프로그램의 신뢰로 이어지고, 프로그램에 대한 신뢰가 자원봉사자의 참여로 이어지는 것은 당연한 결과이다.

- 사례 1) 지역사회의 기존 조직이나 단체와 연계 : 대단위 아파트가 주변에 있을 경우 부녀회 등의 모임을 적극 활용한다. 제대로 감동받은 자원봉사자 1명의 활동력은 상상

하는 그 이상이다.

- 사례 2) 지역사회의 이벤트를 최대한 활용 : 시 · 구(군) · 동 단위의 축제 등 행사를 놓치지 않는다. 최근에는 거의 모든 행사에 자원봉사자들이 참여하고 있으므로 기관소개, 사업홍보, 신규 자원봉사자 모집 등을 위한 절호의 기회이다. 특히 스포츠 경기나 공연 등이 있을 경우 단순한 홍보지의 배포보다는 사전에 주관 측과 협의하여 홍보문구가 인쇄된 응원소품, 기념품 등을 배부하면 효과를 극대화할 수 있다.
- 사례 3) 백화점, 할인마트 등 판매망이 넓은 기업의 홍보물 활용 : 포장지 도안의 일부, 전단지 광고, 매장 내 직접 개시 등 다양한 접근방법이 가능하다. 특히 기업의 사회공헌활동 확산으로 기업이미지 재고에 긍정적이라고 판단하는 기업이 늘어나 충분히 시도할 만한 방법이다.
- 사례 4) 자원봉사 유경험자의 말 한마디의 효과는 무한대 : 홍보를 전담하는, 즉 입소문 자원봉사자를 운용하는 것도 한 방법이다.

출처 : 대구광역시자원봉사센터(2010).

최근에는 자원봉사자 모집활동 과정에서 개인정보의 보호와 관련한 다양한 문제가 제기되고 있으므로 이와 관련한 특별한 노력도 요구된다.

자원봉사조정자가 알아야 할 개인정보보호

1. **개인정보는 필수정보만 최소한으로 수집**
   - 추가적인 정보를 수집할 때는 반드시 동의를 받아야 함
2. **주민등록번호와** 건강정보 등 **민감정보 수집 금지**
   - 법령의 근거가 있는 경우가 아니면 주민등록번호, 민감정보 사용 금지
3. 수집한 목적과 다르게 사용하거나 **제3자 제공 금지**
   - 법령의 근거 없이 다른 용도로 사용하거나 외부로 유출하지 않도록 주의
4. 개인정보를 처리할 경우 **개인정보 처리방침 공개**
   - 개인정보 위탁사실을 포함한 처리방침을 홈페이지나 사업장에 공개
5. 내부관리계획, **방화벽 · 백신 · 접근통제 등 안전성 확보 조치**
   - 개인정보가 해킹 등으로 유출되지 않도록 보호조치를 철저히 이행
6. 홈페이지 회원가입을 받을 경우 **주민등록번호 대체수단 도입**
   - I-PIN, 공인인증서 등 주민등록번호 이외의 실명확인 수단을 도입
7. 개인정보의 **이용이 끝난 후에는 반드시 파기**
   - 수집한 목적이 달성된 후(서비스 기간 경과 등)에는 즉시 파기
8. 개인정보가 **유출되었을 경우 즉시 정보주체에게 통보**
   - 유출된 것을 인지하면 5일 이내에 서면 · 전화 · 이메일 등의 방법으로 통보
9. **CCTV를 운영할 경우 안내판 설치**
   - 설치목적, 장소, 촬영범위, 담당자 등을 안내, 운영방침을 수립하여 공개

안전행정부 개인정보보호 종합지원포털 www.privacy.go.kr
NIA 한국정보화진흥원 개인정보보호지원센터 02-2131-0111, privacy.nia.or.kr
KISA 한국인터넷진흥원 개인정보침해신고센터 118, privacy.kisa.or.kr

(6) 평가 및 조정

모집홍보의 결과를 측정하고 평가하는 것은 결코 쉽지 않다. 실제 자원봉사조정자들의 노력에도 불구하고, 실제 모집된 자원봉사자의 수는 목표했던 수에 비해 터무니없이 모자라기 일쑤다. 하지만 모집과 홍보의 중요성에 대한 기관 차원의 동의와 실무자의 노력이 뒷받침된다면 적어도 자원봉사에 처음 참여하는 자원봉사자들의 수는 점차 늘어나게 될 것이다. 지난 3개월간의 자원봉사 모집 홍보활동에 대해 모집대상은 적합했는지, 모집장소가 적합했는지, 자원봉사자에게 동기부여와 인정의 분위기를 만들어 주었는지 등의 전반적인 평가가 필요하다(볼런티어21, 2004a).

이러한 점검은 자원봉사자 모집에 훌륭한 시사점을 얻을 수 있다. 모집 시에는 자연탈락률을 고려하여 120% 정도 모집하는 것도 고려할 수 있다. 이 비율은 모집 · 활동의 과정을 반복적으로 경험하면서 조정하도록 한다. 활동 전에 생기는 신청자 개인의 변동으로 인해 실제 활동인원에 영향을 줄 수 있으므로 청소년, 가족, 일반성인 등 그 대상의 특성에 따라 신청인원과 활동참가인원에 평균적인 자연탈락률을 기록하여 대상에 따라 경험적인 모집비율을 정하는 것이 필요하다. 또한 마감된 경우 대기신청자 리스트를 갖고 있다가 활동 1일 전 최종명단을 재확인한 후 참가 여부에 대해 다시 확정하는 것도 계획된 인원이 활동할 수 있도록 하는 방법이다. 이는 자원봉사자 모집과정, 활동내용, 운영방식 등에 따라 차이가 있을 수 있으므로 실제 현장의 경험을 잘 기록관리 · 분석하여 적용할 필요가 있다(한국중앙자원봉사센터, 2012).

2. 선발과 면접 및 배치

1) 선 발

(1) 선발의 정의

선발은 '자원봉사 지원자 중에서 현재의 환경적인 상황들을 고려하여 선발기준에 부합되는 사람을 선택하는 과정'이다. 프로그램에 적합한 자원봉사자를 선발하기 위해서는 효과적인 업무성과를 얻기 위해서 요구되는 자원봉사자의 특성에 관한 내용이 업무분장에 잘 기술되어 있어야 한다. 또한 선발 시에는 자원봉사자의 현재 또는 과거의 직업과 적성, 연령, 성별, 종교, 학력수준 등의 요소가 충분히 고려되어야 한다(신승연, 2004; 김범수 외, 2014).

(2) 선발 후 등록

자원봉사자 선발 이후에는 공식적인 자원봉사시스템에 회원으로 가입하고 등록하는 절차를 거치게 된다. 우리나라의 경우 1365자원봉사포털을 통해 가입하고 상담, 기본교육을 거쳐 자원봉사자로 승인되고 자원봉사등록증을 발급받게 된다. 구체적인 세부내용은 다음과 같다.

업무단계	세부내용
1365자원봉사 포털 가입	• 1365자원봉사포털 회원 가입
상담	• 개인 자원봉사 희망분야 및 자원봉사 활동과 관련한 상담 실시 * 서식 : 자원봉사사 상담보고서(시스템 입력)
기본교육 (사전교육)	• 자원봉사자의 태도, 자원봉사분야 등 교육
승인/등록	• 상담 및 기본교육 이수자에 대해 자원봉사자 승인 및 자원봉사 등록증 발급

한편 자원봉사단체와 수요처 등록도 1365자원봉사포털을 통해 등록 접수와 서류심사를 거쳐 승인되고 등록증을 발급받는 절차를 거친다. 이 일은 자원봉사자 등록을 위한 사전 업무활동이기 때문에 중요하다. 이와 관련된 자원봉사조정자의 업무단계와 세부내용은 다음과 같다.

① 자원봉사단체 등록 절차

업무단계	세부내용
등록접수	• 서식에 맞게 작성된 신청서를 접수 * 서식 : 자원봉사단체 등록 신청서
서류심사	• 신청서(첨부서류 포함)에 대한 검토 및 내용 검증
승인/ 등록	• 심사 결과 이상이 없는 단체에 대해 자원봉사단체등록증 발급

② 수요처 등록

업무단계	세부내용
접수	• 서식에 맞게 작성된 신청서 접수 * 서식 : 자원봉사 수요처 등록 신청서
서류심사	• 신청서(첨부서류 포함) 사항에 대한 검토 및 내용 검증
현장확인	• 서류심사 결과를 바탕으로 수요처에 대해 현장 실사 확인 * 서식 : 신규수요처 현장 점검 보고서
승인/ 등록	• 서류심사 및 현장실사 결과에 따라 수요처 등록 및 등록증 발급 * 서식 : 수요처 등록증

출처 : 행정안전부(2020c).

이때 수요처 등록을 위해서 다음과 같이 등록 시점에서의 확인, 자원봉사자를 통한 확인, 사후 확인을 통해 적합성을 평가하게 된다.

절 차	확인사항
등록 시 확인사항	- 수요처의 운영형태 점검(영리/ 비영리) - 자원봉사활동에 대한 적합성 평가 - 자원봉사자 활동시설 확인 - 자원봉사 담당 인력 확보 현황 → 수요처 등록 시 자원봉사조정자가 방문하여 확인
자원봉사자를 통한 확인	- 자원봉사활동의 적합성 - 영리 목적의 활동인지의 여부 - 수요처의 자원봉사활동 지원 적극성 → 자원봉사활동에 참여한 봉사자들 의견 수렴
사후 확인	- 수요처 및 자원봉사활동의 적합성 평가 → 정기적 방문 확인

출처 : 행정안전부(2020c).

(3) 비선발의 처리

현장에서 선발이 항상 진행되는 것은 아니다. 기관 내에 그 지원자에게 적합한 업무가 없는 경우, 지원자가 기관이 충족시켜 줄 수 없는 기대를 가지고 있는 경우, 기관과 지원자의 철학이 다른 경우, 지원자가 기관의 요구시항(신분점검, 근무시긴, 훈련이수 등)에 동의하지 않는 경우 등은 자원봉사자를 모집한 이후에라도 선발하지 않을 수 있다(McCurley & Lynch, 1996; 신승연, 2004).

이 같은 경우 자원봉사자의 선발 거절은 자동적인 것이며, 관련자에게 말하기 어려울지라도 기관과 지원자 모두에게 최선의 방법이라고 할 수 있다. 자원봉사 지원자는 그들이 선발되거나 되지 않은 이유에 대해 정확히 알아야 할 권리가 있으므로 그것에 대한 설명이 필요하며, 해당 지원자에게 적합한 다른 기관이 있다면 추천하는 것도 필요하다(김범수 외, 2014 : 119).

2) 면 접

(1) 면접의 정의

면접은 자원봉사자와 자원봉사조정자의 첫 대면 접촉으로써 자원봉사조정자 입장에서는 자원봉사자와의 첫 대면이고, 자원봉사자의 입장에서는 자원봉사조정자, 즉 기관과의 첫 대면이다(대구광역시자원봉사센터, 2011). 자원봉사자를 만나 그들이 어떤 활동을 원하며 어떤 능력과 자질을 갖추고 있는지 자원봉사에 대한 서로의 욕구를 파악하는 과정으로써, 자원봉사자는 이 과정을 통해 비로소 자신이 가진 욕구와 직접 만나게 된다. 또한 자원봉사활동에 대한 자세한 설명과 활동에 필요한 정보를 제공해 주기도 한다(행정안전부, 2008b).

어떤 기관에 근무하든지 자원봉사조정자에게 주어지는 일상 업무 중의 하나가 면접이라고 할 수 있다. 자원봉사자를 맞이하기 위해 항상 준비된 자세가 필요함에도 불구하고 소홀하기 쉽다. 입장을 바꾸어 자원봉사조정자로서 입사하기 전 면접시험 때를 생각해 보면 입사하려는 기관에 대해서 파악하고 준비를 했더라도 긴장되었을 것이다. 자원봉사자도 이와 같다고 할 수 있는데 기관에 찾아와서 면접을 하기까지 본인의 귀한 시간을 할애했을 것이고 용기를 내야 했을 것이다. 이와 같은 용기와 수고로움을 자원봉사조정자는 항상 염두에 두어야 한다(대구광역시자원봉사센터, 2011).

(2) 면접 목적

면접의 목적은 잠정적 자원봉사자에 대해 이들의 의욕, 기술 그리고 능력이 기관 및 클라이언트의 욕구와 관련될 수 있는지를 결정하는 것으로서, 이러한 목적을 달성하기 위한 지침은 다음과 같다.

① 자원봉사자는 개별적으로 면접되고 최소한의 기간 내에 배치되어야 한다.
② 자원봉사자에 의해 완성될 수 있는 적절한 면접양식이 준비되어야 한다.
③ 자원봉사자에게는 가용한 활동업무, 책임, 자원봉사자가 되기 위한 의무사항에 관한 정보가 주어져야 한다.

④ 자원봉사자에게는 기관 또는 프로그램 배치에 대한 자신들의 선호도에 대해 토의할 수 있는 기회가 제공되어야 한다.

⑤ 면접은 자원봉사자의 창의적 능력, 사회적 태도, 전문적 기술 그리고 지도력을 결정하는 계기가 되어야 한다.

⑥ 정보는 장기적 책임을 담당하기 전에 훈련을 위한 배치가 가능하다는 것을 전달해야 한다.

⑦ 면접은 자원봉사자의 시간, 기술, 재능 그리고 흥미에 관한 충분한 정보를 얻을 수 있는 방법으로서 대면면접, 전화면접, 그리고 다른 모든 방법을 동원해서 이루어져야 한다.

⑧ 자원봉사자의 시간, 기술, 재능 그리고 흥미에 적합한 임무가 가용하지 않을 때에는 최소한의 기간 내에 이러한 사실이 포함되어야 한다(A. Jacobson, 1978; 박태영 외, 2011 재인용).

(3) 면접 유형

자원봉사자의 면접 유형은 전화면접(상담), 서류심사, 대면면접으로 구분할 수 있는데, 이를 구체적으로 살펴보면 다음과 같다.

〈표 9-2〉 **면접의 유형**

구 분	전화면접(상담)	서류심사	대면면접
개 념	- 프로그램 참여 여부를 신청자와 자원봉사조정자가 전화상담을 통하여 결정	- 프로그램 참여 신청서를 작성하여 제출하고 자원봉사조정자가 신청서를 토대로 프로그램 참여를 결정	- 프로그램 참여 여부를 신청자와 자원봉사조정자가 대면하여 상호 정보교환 후 참여 여부를 결정
장 점	- 시간의 효율적 활용 - 업무효율성 - 경제적	- 시간의 효율적 활용 - 신청자 정보수집 용이 및 책임성 강화 - 기록관리 용이	- 상호 신뢰

단 점	- 신청자의 음성에만 의존 - 신청자 책임성 약화(참여율이 저조) - 기록관리 어려움	- 신청서만 의존	- 시간적 부담 - 경제적 부담
적용 사례	- 행사지원, 사무보조 - 일손돕기 등	- 대규모 행사지원활동 등	- 상담 · 교육 활동 - 전문분야 활동 등

출처 : 대구광역시자원봉사센터(2010).

(4) 면접 단계

면접에서 올바른 정보교류와 상호합의는 자원봉사자와 수요기관이 만족할 수 있는 봉사활동으로 이어지므로 기관에서는 면접을 전담하는 담당자뿐만 아니라 담당자가 부재중일 경우 누구라도 면접할 수 있도록 훈련되어 있어야 한다. 일반적으로 자원봉사자 면접과정은 다음의 사전점검 및 준비단계, 면접단계, 종결단계로 진행된다고 할 수 있다(대구광역시자원봉사센터, 2011).

① 면접 사전점검 및 준비단계

사전점검 및 준비단계는 면접 이전에 면접에 필요한 것들을 미리 마련해 두어 효율적인 면접이 진행될 수 있도록 돕는 과정이다. 먼저 공간적인 부분은 방해받지 않을 만한 면접공간을 갖추어 두고, 직원들 간에 그 공간이 자원봉사자 면접공간임을 공유하고 있는 것이 좋다. 면접공간은 편안하고 온화한 분위기가 느껴질 수 있도록 배려가 필요하다. 기관에 공간이 부족하다는 이유로 면접공간에 서류나 물품을 쌓아놓는 경우를 볼 수 있는데, 자원봉사자의 입장에서 어느 정도 이해는 할 수 있지만 좋은 인상을 남기기는 어렵다. 면접에 필요한 필기도구는 세트로 구비해 두어 편의성을 제공하고, 기관을 소개하는 책자 또는 자원봉사 관련 정보지 등을 비치하여 자원봉사조정자의 부재로 잠시 동안 기다리게 될 경우를 대비한다(A. Jacobson, 1978; 박태영 외, 2011 재구성).

자원봉사조정자는 1회 15~30분 정도의 적절한 면접시간을 계획하여 면접에 임하고, 주도적으로 면접을 이끌어 면접 진행 중에 대화가 핵심에서 벗어나 시간을 낭비하는 경우를 줄여야 한다. 또한 자원봉사 신청과 관련하여 필요한 질문들, 참여동기나 이전 활동경력, 개인의 재능이나 기술 등에 관하여 자연스럽게 질문이 유도될 수 있도록 예상 질문지를 Q & A형식으로 만들어 익혀둔다면 도움이 될 것이다.

이외에도 내방자가 궁금해할 만한 사항들에 대하여 미리 서면으로 준비해 두는 것이 좋다. 자원봉사조정자의 명함, 봉사활동 신청서 또는 자원봉사자 등록 신청서, 기관이 어떤 곳인지를 알릴 수 있는 리플릿이나 소식지, 자원봉사자를 필요로 하는 목록표와 봉사활동을 구체적으로 설명하는 업무설명서, 교육일정 안내 및 자원봉사자 상해보험에 관한 자료, 기관에서 제공하는 인정보상에 대한 자료 등이 이에 해당된다.

이러한 자료들을 미리 일목요연하게 준비하여 기관봉투에 넣어두었다가 면접에 활용하면 자원봉사자는 기관으로부터 배려받고 있다는 인상을 남겨 기관이미지 홍보에도 도움을 주며, 면접에 임하기 전 기관에 대한 신뢰감을 줄 수 있으므로 원활한 면접진행이 될 수 있을 것이다.

② 면접단계

면접단계는 면접 시작, 상호탐색, 정보교류, 면접 마무리로 나누어 볼 수 있다. 먼저 방문에 대한 감사 표시와 인사, 관리자의 소개 등으로 상호 신뢰를 형성하고, 면접의 목적과 면접과 배치과정에 대한 안내로 면접을 시작한다.

자원봉사조정사는 자원봉사 신청의 동기, 경험 유무, 과거 직업, 기대사항, 특히 꺼리는 것, 능력과 자질, 취미와 관심사, 활동 가능기간 등 질문을 통해 자원봉사자의 정보를 얻고, 자원봉사자에게 기관과 수요처, 자원봉사활동에 대한 정보를 제공한다. 자원봉사조정자는 자원봉사자가 필요활동에 적합한지를, 자원봉사자는 본인이 할 수 있는 자원봉사활동인지, 믿고 활동할 만한 곳인지에 대해 알아보는 시간이다. 자원봉사활동을 하기에 적합한지를 자원봉사자와 자원봉사조정자가 합의하여 결정한다.

이때 자원봉사자의 다양한 질문에도 성실하게 응답하여야 하며, 이 과정에서 자원봉사자는 어떤 기관에서 어떤 자원봉사활동을 하고 싶은지를 결정하게 되고, 자원봉사조정자는 자원봉사자로서 활동이 가능한지를 점검한 후 수락 또는 거절하게 된다. 동일한 업무에 몇몇의 자원봉사자가 있을 경우 적절한 배치를 위해 핵심적인 질문을 통해 기관의 욕구와 자원봉사자의 욕구가 일치하는 사람을 선정하도록 한다.

자원봉사자 면접 시 질문리스트

- 저희 기관에 대해 가장 궁금한 점은 무엇입니까?
- 어떻게 저희 기관 및 자원봉사활동에 관심을 가지게 되었습니까?
- 자원봉사활동에 참여하기로 결심한 이유는 무엇입니까?
- 자원봉사활동을 통해 무엇을 얻을 수 있다고 생각하십니까?
- 경험한 봉사활동 중에서 가장 즐거웠던 기억과 기분 나빴던 기억은 무엇입니까?
- '혼자' 혹은 '그룹' 혹은 '한 명의 파트너' 중에서 당신이 선호하는 활동형태는 어떤 것입니까? 그리고 그 이유는 무엇입니까?
- 자원봉사활동에 활용할 수 있는 기술을 가지고 있습니까? 있다면 어떤 종류입니까?
- 당신이 가장 해보고 싶은 자원봉사활동이 있습니까? 혹은 싫어하는 활동영역이 있습니까?
- 당신이 ㅇㅇ한 상황에 처한다면 어떻게 하실 것 같습니까?(특정한 자원봉사활동 사례를 제시한 다음)

출처 : 박태영 외(2011), 한국중앙자원봉사센터(2012) 재구성.

자원봉사자 면접 시나리오 예시

1. 우리 기관을 방문해 주셔서 감사합니다.
2. 자원봉사활동 등록을 위해 몇 가지 질문을 드리겠습니다.
   - 자원봉사활동 신청서의 내용을 확인하고, 그에 준하는 내용에 대해 세부적인 질문을 하고 기록한다.
   - 참여경로를 먼저 묻고, 이름부터 차례로 확인한다.
   - 자원봉사활동 경력에 대해서는 구체적인 활동내용을 기입하도록 한다.
3. 특별히 활동하기를 원하는 장소나 활동내용이 있으면 말씀해 주십시오. 그 이유는 무엇입니까?
   - 잘 모른다고 할 경우 : 활동신청서에 있는 항목들에 대해 순서대로 자세히 설명해 주고, 어떤 곳에서 누구를 위해, 무슨 내용의 활동을 원하는지 순으로 질문한다.
   - 구체적인 자원봉사 업무의 내용과 종류 등에 대해 질문을 받았을 때 : 참고자료에 따라 일반적인 사람들을 안내하고 우리 기관 혹은 우리 지역의 경우 달라질 수 있음을 설명한다.
4. 가능한 활동시간은 언제입니까?
   - 이때 활동시간을 무리하게 계획하지 않도록 안내한다.
   - 잘 모른다고 할 경우 : 일반적으로 주 1회, 월 2회 등의 정기적인 활동을 해야 함을 알려서 스스로 결정할 수 있도록 한다.
5. 신청 후 자원봉사자 교육을 받은 후 배치활동을 시작하게 되며, 활동내용에 따라 전문교육을 받게 될 수 있습니다.
   - 자원봉사자 교육에 꼭 참여해야 하느냐는 질문에 대해 : 교육의 중요성과 필요성을 강조하고, 자원봉사활동은 자발적인 참여의식과 함께 어떤 활동을 어떤 원칙에서 수행해야 하는지를 분명히 알고 시작할 때, 오랫동안 지속적으로 활동할 수 있고 보람도 크다고 안내한다.
6. ㅇ월 ㅇ일까지 연락해 드리겠으니 기다려주십시오.
   - 자원봉사자 교육 안내문을 발송해 줄 것임을 함께 알려준다.

출처 : 대구광역시자원봉사센터(2004).

③ 면접 종결단계

면접 종결단계에서는 면접한 내용들을 재검토하고 요약한다. 상호 파악한 정보에 대하여 재확인하면서 명확히 해야 한다. 자원봉사자의 활동이 배치되는 경우 구체적인 자원봉사 업무에 대한 결정과 언제 어디서 시작할 것인가에 대해 자원봉사자가 확실히 알 수 있도록 설명한다.

배치되지 못하였을 경우 자원봉사자를 거부하는 것은 어려운 일이다. 자원봉사자가 자격조건에 부적합할 경우 다른 기관으로 의뢰하여 자원봉사활동에 참여할 기회를 가질 수 있도록 하며, 면접시간을 길게 끌지 않도록 유의한다. 자원봉사자가 적합하지 않은 자원봉사활동을 고집할 경우 의논을 통해 자원봉사자가 그 업무에 부적합함을 인식시켜 오해가 없도록 하고, 대기명단에 올려놓겠다거나 불확실한 미래를 언급하거나 실망, 분노 등을 표출하는 것 등은 주의해야 한다.

자원봉사자 면접 시 주의사항

- 경청한다. : 가능한 내담자의 말을 끊지 말고, 이야기에 간단한 대답으로 응수하며, 말이 끝날 때까지 기다려 준다.
- 비현실적인 보장이나 약속, 너무 빠른 판단은 금물이다. : 약속할 수 없는 활동일 경우에는 차후 계획이 나오는 대로 연락을 드리겠다고 설명한다.
- 편견과 선입견을 버린다. : 목소리나 외모에서 느껴지는 선입견을 버리고, 일관되고 인내심 있는 태도로 상담한다.
- 인간적인 존중의 표시로 남녀노소를 불문하고 존대말을 사용한다.
- 자원봉사활동은 사회공익활동이다. 따라서 정당이나 특정 종교의 이익이 되는 활동은 자원봉사활동이 아님을 알고, 상황에 따라 적절히 대처해야 한다.
- 내담자가 면담자를 시험하려고 하거나 사업에 대해서 구체적으로 질문할 경우에는 직접적인 프로그램 담당자와의 면담을 주선한다.
- 자원봉사조정자의 개인 신상에 대한 질문에는 답하지 않는다.
- 전화나 온라인 신청만으로 배치하는 것은 주의해야 하며, 프로그램 진행기관에서 잘 확인하도록 안내한다.
- 모든 질문은 자원봉사자의 입장에서 생각해야 하며 거절은 명확하고 정직하게, 그러나 주의 깊게 해야 한다.
- 자원봉사자, 서비스 대상자의 안전을 고려해서 배치한다.

출처 : 대구광역시자원봉사센터(2004), 한국중앙자원봉사센터(2012) 재구성.

질문과 경청의 기술

1) 질문하는 기술

질문은 면접의 중심이 되는 기술이다. 그러면 지원자에게 어떻게 질문할 것인가? 유능한 면접자는 몇 마디 질문으로써 지원자에게 많은 것을 이야기할 수 있다. 너무 많은 질문은 지원자에게 부담을 주게 되고 너무 적은 질문은 성의가 없어 보인다. 목소리의 크기와 질문 속도는 지원자에게 적절하도록 조절되어야 한다. 지나치게 느리면 지원자는 자신에게 무관심한 것으로 느끼게 되고 너무 빠르면 중요한 대화의 실마리를 놓칠 우려가 있다. 질문 방식은 '예', '아니오'라는 대답이 나오는 일문일답 형식보다는 지원자가 충분히 자신의 생각을 표현할 수 있도록 기회를 주는 질문 형식이 필요하다. 중요한 것은 면접자의 질문이 지원자에게 도움을 주려는 열성이 반영되어야 하고 면접분위기가 우호적이어야 한다. 민감하고 긴장되어 있는 지원자에게 면접자의 태도, 음성, 어조, 눈빛 등은 모두 영향을 미치는 요인들이다.

◎ 지시적 질문유형
- 나이가 몇 살인가? 그리고 결혼 여부는?
- 직업은 무엇이며, 교육 정도는?
- 특기는 무엇이며 자격증은 어떤 것을 가지고 있는가?
- 종교는 무엇이며 맡고 있는 직책은?
- 당신이 하고 싶은 자원봉사자 직무는 무엇인가?

◎ 비지시적 질문유형
- 당신의 가족에 대해서 말해줄 수 있는가?
- 당신이 가장 좋아하는 것은 무엇인가?
- 당신의 개인적인 목적은 무엇이며, 자원봉사 직무를 선택하는 데 있어 중요하게 고려되는 활동목적은 무엇인가?
- 당신에게 이상적인 직무라고 생각되는 것은 무엇인가? 그리고 그 이유는?

면접자는 올바르게 질문하고 적절한 시간에 침묵을 유지함으로써, 또는 지원자가 그에게 말할 것을 반영하거나 재시도하게 함으로써 지원자가 자유롭게 이야기하도록 유도하고, 주의 깊게 듣고, 계속 이야기할 수 있도록 이끌어야 한다. 면접에는 여러 가지 방법이 있으므로 면접자가 지원자의 개별성을 고려하여 진행해야 하며 면접의 목표는 참여형식과 요구된 시간 내에 의사결정을 돕는 것이라는 것을 분명히 인식해야 한다.

2) 경청하는 기술

경청은 면접의 기본적인 태도이며 훌륭한 면접자는 훌륭한 경청자이다. 경청한다는 것은 단순히 듣는 것 이상이다. 청취(hearing)는 신체적 과정이며 경청(listening)은 정서적 과정이다. 경청할 때는 우호적인 표정과 주의 깊은, 그러나 긴장되지 않은 태도가 중요하다. "음, 그렇군요", "네 이해합니다", "그것은 그런 뜻이었군요" 또는 "한번 더 말씀해 주시겠습니까?" 등과 같은 동의와 만족감을 나타내는 어투를 사용하는 것이 좋다.

◎ 바람직한 경청방법

- 상대방에게 관심을 집중한다.
  상대방의 말을 잘 듣는 것은 대화의 효율성을 높일 뿐만 아니라 관계를 증진시키는 데 필수적인 요소가 된다. 적극적으로 관심을 집중하는 것 자체가 상대방을 배려한다는 메시지이기 때문이다.
- 비언어적인 메시지를 잘 해석한다.
  의사소통이란 언어적 의사소통만을 의미하는 것이 아니다. 상대방의 얼굴 표정과 몸의 움직임 등 비언어적 의사소통 역시 언어적 의사소통만큼 중요하다. 특히 언어적 · 비언어적 메시지가 일치하지 않을 때는 대부분 비언어적 메시지가 진실을 말한다.
- 상대방을 인정한다.
  이는 무조건 상대방이 옳다고 동의해야 한다는 것을 의미하지는 않는다. 즉, 상대방이 겪은 경험이나 생각을 인정하여 상대방으로 하여금 이해와 수용의 감정이입을 느끼게 하는 것이다.
- 피드백(feedback)을 한다.
  듣는 것은 수동적인 행동이 아니다. 효과적인 듣기란 적절한 피드백이 필요하다. "맞습니다", "그래요", "그랬군요", "그거 재미있는데요"와 같은 맞장구는 대화에 도움을 준다.
- 충고는 자제한다.
  상대방의 경험을 바꾸려고 하거나 자신의 생각에 동의하도록 설득하거나 충고하는 것은 자제하도록 한다. 충고가 꼭 필요하다고 생각하면 먼저 상대방의 경험을 인정하고 존중한 이후에 진심을 다해 말하는 것이 바람직하다.

출처 : 대구광역시자원봉사센터(2011).

3) 배 치

(1) 배치의 정의

자원봉사자 배치는 '면접을 통해 파악한 정보를 근거로 수요처나 자원봉사센터의 구체적인 자원봉사활동 분야와 조화롭게 연결하는 과정'으로써, 자원봉사자의 의사, 적성, 자격, 능력 등 개인적인 특성과 욕구에 따라 가장 적합한 자원봉사활동을 찾아 적재적소에 배치함으로써 완성도 높은 자원봉사활동이 가능하게 된다(행정안전부, 2008b).

특히 신규자원봉사자를 배치할 때는 가능하면 기존에 활동하고 있는 자원봉사자와 함께 하는 자리를 만들어 공감대를 형성할 수 있는 기회를 만들고, 활동에 대한 다양한 정보를 얻을 수 있도록 한다. 그렇지만 기관에 적합한 봉사자를 선정해 적재적소에 두는 것으로 배치가 잘못되면 기관으로부터 보호를 받아야 할 자원봉사자가 심적 고통을 받을 뿐 아니라 자원봉사조정자나 자원봉사자의 사기가 저하되어 바람직한 서비스 제공이 어렵게 되고 자원봉사자들에 의한 기관의 평판도 나빠지게 되므로 지역사회에서의 입지도 낮아진다(박태영 외, 2011).

(2) 배치 고려사항

자원봉사자 배치 시 고려사항으로는 다음의 몇 가지를 살펴볼 수 있다(박태영 외, 2011).

첫째, 자원봉사 수요기관의 조건으로서 자원봉사자를 필요로 하는 기관에서 요구하는 업무내용과 조건, 기관에 대한 기본적인 이해, 이전 또는 기존의 자원봉사자 활동현황들을 고려해야 한다.

둘째, 자원봉사활동 집단 또는 조직에 대한 조건으로서 자원봉사자들이 개별로 활동하는 것이 아니라 팀으로 활동할 경우 활동을 함께할 집단이나 조직에 대한 충분한 정보를 제공하여야 한다.

셋째, 자원봉사자의 조건으로서 자원봉사자가 희망하는 활동내용은 물론 희망시간대, 자원봉사자의 속성·의식 등을 고려해야 한다.

(3) 배치과정

배치과정은 자원봉사자가 처음 활동을 시작하기 전에 한 번만 실시되는 것이 아니라 활동을 하면서 자원봉사자와 활동기관의 욕구에 따라 활동분야가 조정될 수 있는데, 이러한 재배치과정은 활동의 지속성과 만족도를 높이기 위해서 필요하다(대구광역시자원봉사센터, 2011). 배치과정을 배치상황 발생, 배치하기, 후속관리의 단계로 살펴보면 다음과 같다(행정안전부, 2008b).

① 배치상황 발생

배치상황이 발생하여 자원봉사자의 욕구와 기관의 욕구가 맞을 경우에는 자원봉사활동 개시일자 및 활동수칙, 유의사항 등에 대한 안내를 하고, 자원봉사자의 욕구와 기관의 욕구가 맞지 않을 경우에는 정중하게 적절한 활동이 없음에 대해 양해를 구하거나 다른 활동에 대하여 제안을 하도록 한다.

자원봉사자로 등록하였지만 적절한 봉사활동처를 찾지 못하거나 결정하지 못할 경우, 활동대기 봉사자로 분류하여 희망활동 분야, 활동 가능일시 등의 기초정보를 상시 열람할 수 있도록 목록화하고 활동처에서 봉사자 요청이 있을 경우 쉽게 정보를 찾을 수 있게 한다. 또한 그 자원봉사자에게 맞는 적당한 활동이 있을 때 자원봉사조정자가 연락하도록 한다(대구광역시자원봉사센터, 2011).

② 배치하기

배치하기 단계에서는 자원봉사활동 자료(홍보물, 자원봉사수첩 등)를 제공하고, 해당 자원봉사 활동처(또는 해당 자원봉사 프로그램 담당자)에게 결과를 통보한다. 배치 이후에는 자원봉사자 명단을 등록·갱신하고 필요할 경우 2차 면접 또는 오리엔테이션 일정을 약속하도록 한다.

실제 자원봉사자 배치는 면접을 통해 이루어지며, 가능한 자원봉사조정자와 해당 부서 담당자(직원)와의 1:1 면접을 통해 충분히 의견을 교환한 다음 이루어지는 것을 원칙으로 한다. 자원봉사조정자는 자원봉사자의 자원봉사 활동에 대한 기대와 목표, 참여동기에 따라 가능한 가장 적합한 자원봉사활동처 및 업무를 소개하도록 노력해야 한다. 기술과 재능, 잠재력을 소유한 자원봉사자가 자신이 희망하는 업무를 찾을 수 없을 때 자원봉사조정자는 무리하게 배치하려고 하기보다는 오히려 다른 기관이나 단체에 의뢰하는 것이 바람직하다.

배치 시 1명보다는 2명 이상 짝을 지어 배치하는 것이 참여자들의 연대감을 높일 수 있으며, 이를 통해 보다 오랜 기간 동안 활동을 지속시킬 수 있다. 이미 배치되어 활동 중인 자원봉사자를 소개하여 활동에 필요한 기술을 익힐 수 있는 장을 만들고, 공감대가 형성되도록 지원하는 것도 도움이 된다. 물론 혼자서 하는 업무를 원하는 지원자의 경우에는 그 욕구를 최대한 존중한다.

신규자원봉사자를 배치할 때는 가능하면 기존에 배치되어 활동하고 있는 자원봉사자와 함께하는 자리를 만들어 활동에 대한 다양한 정보를 얻을 수 있도록 한다. 이것은 또한 기존 자원봉사자들과의 공감대를 형성할 수 있는 기회가 되기도 한다(한국중앙자원봉사센터, 2012).

③ 후속관리

후속관리 단계에서는 면접과정에서 안내된 대로 활동이 진행되고 있는지 활동 여부를 점검해야 한다. 그리고 재배치도 필요한데 재배치를 하게 될 경우는 배치된 자원봉사자가 활동을 시작하지 않는 경우나 활동 중인 자원봉사자가 활동처(또는 자원봉사 프로그램)를 바꾸고 싶을 경우, 자원봉사자가 활동을 종료하는 경우 등이다.

재배치의 방법으로는 다음과 같다.

① 재교육 훈련 : 현재 배치되어 있는 직무를 검토하여 문제의 초점을 명백히 하기 위한 방법

② 환경을 개선 : 활동기관과의 갈등, 동료 자원봉사자와 갈등의 근본적인 원인을 찾기 위한 방법

③ 배치전환 : 업무의 내용이나 활동기관을 변경하는 방법(이때는 직무의 내용, 직무 간의 공통성과 연관성을 고려하여 자원봉사자가 납득할 수 있도록 해야 한다. 아울러 배치전환으로 다른 사람에게 미치게 될 영향도 충분히 고려하여 실시하는 것이 중요하다)

④ 활동의 중단 : 자원봉사활동 전에 업무설명서나 자원봉사활동 규칙 등에서 자원봉사자와 공유된 활동 중단 사유에 해당될 때(대구광역시자원봉사센터, 2011)

부 록

자원봉사 등록 신청(개인)단계

신청단계	주요 내용
가입동의	– 이용약관 동의 – 개인정보 수집 · 이용 동의
⬇	
실명인증	– 이름, 주민등록번호 ＊ 14세 미만의 경우 별도 가입동의가 필요
⬇	
회원정보 입력	– 이름, 성별, 생년월일 – 아이디, 비밀번호 – 주소, 휴대폰번호, 유선전화번호 – 이메일주소 – 정보제공 및 수신동의 확인 ＊ 18세 미만의 경우 별도 보험가입 동의 필요

※ 행정안전부의 1365 자원봉사포털이 구축됨에 따라 전국 자원봉사센터를 통한 자원봉사자 신청은 서면 신청 방법에서 1365 자원봉사포털을 통한 온라인 신청 방법으로 변경

출처 : https://www.1365.go.kr

자원봉사자 상담 보고서

상담제목			
상 담 자		직　　책	
상담일시		상담장소	
대 상 자			
상담내용			
상담결과			

출처 : 행정안전부(2020d).

자원봉사단체 등록 신청서

NO. ____________ 신청일 : 년 월 일

단 체 명 (대표자명)		담당자명 (연락처)	
회원구성	인원구성 및 조직구성, 인적 특성		
배치결과 (실무자용)			

주 소	(우.)		
단체연락처	주소 : 전화 : 팩스 : 휴대폰 :		
이메일		홈페이지	http://
주요 연혁			
설립목적			
현재 단체 활동소개			
자원봉사 희망분야	□ 희망분야 : ______ □ 희망요일 : ( ) 요일 시간대 (:) ~ (:) □ 교육희망일 : ( )월 ( )일 시간대 (:) ~ (:)		

출처 : 행정안전부(2020d).

자원봉사 수요처 등록 신청서

NO. ____________

<table>
<tr><td>수요처명
(과)</td><td></td><td>대표자
(부서장)</td><td></td></tr>
<tr><td rowspan="2">등록번호</td><td rowspan="2">고유번호증 등록번호</td><td>홈페이지
(카페)</td><td></td></tr>
<tr><td>E-mail</td><td></td></tr>
<tr><td>주 소</td><td></td><td>FAX</td><td></td></tr>
<tr><td rowspan="2">자원봉사
담당자</td><td rowspan="2"></td><td>전 화</td><td></td></tr>
<tr><td>핸드폰</td><td></td></tr>
<tr><td>기관/ 단체
소개</td><td colspan="3">서비스 대상 :
목 적 :
연 혁 :
등록(설립)일자 :
※ 기관/ 단체 안내자료 송부 요망</td></tr>
<tr><td rowspan="2">시설유형</td><td colspan="3">□ 행정기관 □ 공공기관 □ 공공시설 □ 민간기관/ 단체
□ 민간기업체 □ 민간시설 □ 기타( )</td></tr>
<tr><td colspan="3">□ 복지 □ 보건 □ 고용 □ 교육 □ 주거 □ 문화/ 예술
□ 관광 □ 체육 □ 기타( )</td></tr>
<tr><td>주요
자원봉사
활동내용</td><td colspan="3">자원봉사자 활용계획을 최대한 상세히 기록</td></tr>
<tr><td>신청일자</td><td>년 월 일</td><td>대표자</td><td>(인)</td></tr>
</table>

※ 구비서류 : 사업자등록증 및 고유번호증 사본 1부.
신청기관의 정관 또는 규약(원본대조필) 1부.

<table>
<tr><td>센터담당 의견</td><td colspan="3"></td></tr>
<tr><td rowspan="2">수요처 코드
및 센터확인</td><td rowspan="2"></td><td>담당</td><td>센터장</td></tr>
<tr><td colspan="2">* 결재라인은 추가 및 삭제 가능</td></tr>
<tr><td>수요처
등록</td><td colspan="3">□ 등록완료 □ 등록대기 □ 부적절 □ 철회
□ 기타( )</td></tr>
</table>

※ 수요처에서는 굵은 선 안에 해당 내용을 기재하여 주시기 바랍니다.

※ 제출서류 : 고유번호증, 기관 유형별 해당 서류, 정관 또는 운영규정, 관리자 재직증명서, 보안서약서를 첨부하여 공문으로 제출

출처 : 행정안전부(2020d).

신규 수요처 현장점검 보고서

<table>
<tr><td colspan="3">담당자 :
보고일 : 년 월 일
수요처 신청일 : 년 월 일</td></tr>
<tr><td>수요처명</td><td colspan="2"></td></tr>
<tr><td rowspan="3">신청서
기재내용
이상유무</td><td>기본사항</td><td>• 수요처로서 적합한지 여부, 주소, 연락처 등 이상유무 기술
• 자원봉사 활동을 위한 위험 및 불안요소 여부, 자원봉사자의 활동을 위한 공간확보 등 판단</td></tr>
<tr><td>자원봉사활동
적합성 판단</td><td>• 자원봉사 희망사항에 대한 적합성 판단, 자원봉사활동의 수익성 여부 판단</td></tr>
<tr><td>첨부서류 내용
이상유무</td><td>• 추가 첨부서류 이상유무 확인</td></tr>
<tr><td>수요처
적합성 판단
및 담당자
의견</td><td colspan="2">• 담당자 종합판단 기술(센터장 확인 필수)</td></tr>
<tr><td>비 고</td><td colspan="2">• 기관 요청사항 및 특이사항 기록</td></tr>
<tr><td>심사결과</td><td colspan="2">□ 등록 보류 □ 등록 불가 □ 등록 가능
□ 기타 ______________________</td></tr>
</table>

출처 : 행정안전부(2020d).

수요처 등록증

수요처 등록증

등록번호 : 수요처번호 기입

(관리자프로그램-봉사기관관리-수요처관리-상세정보에서 확인)

기 관 명 :

대표자성명 :

주　　소 :

시설유형 : 등록 신청서의 시설 유형 기재

위 기관은 1365 자원봉사포털에서 승인한 자원봉사 수요처임을 증명합니다.

발급일자 :　　　년　　　월　　　일

(발급일로부터 2년간 유효)

(지역명으로 수정) 자원봉사센터 (직인)

출처 : 행정안전부(2020d).

3. 교 육

1) 교육의 정의

자원봉사자는 배정받은 일정한 업무를 수행하기 위해 지속적으로 교육[1]을 받아야 한다. 교육이란 '어떤 직무 혹은 가치에 대한 개념과 태도 및 소양을 형성하도록 하거나, 나아가 그것을 수행할 지식과 기술능력을 함양하도록 하여 목적하는 바에 따라 교육대상자의 개발을 돕는 것'을 말한다(K. B. Fletcher, 1987, 박태영 외, 2011 재구성). 이렇듯 자원봉사 교육은 자원봉사의 가치와 소양을 형성함으로써 자원봉사자로 하여금 사회적 책임을 성실히 이행하게 하는 계기로 작용한다(행정안전부, 2008b).

하지만 자원봉사자를 교육시키려고 할 때 자원봉사자들의 학력이나 연령, 배경 등이 거의 다르므로 교육계획을 세우는 데는 여러 가지 어려운 점이 있게 마련이다. 그들을 교육시키는 데 있어서 유의해야 할 사항은 일부 자원봉사자들은 그들의 시간을 교육에 투자하는 것을 싫어한다는 점이다. 그러나 한 가지 중요한 점은 미국 『사회복지백과사전』에도 명시되어 있듯이 자원봉사자도 소정의 교육과정을 이수해야 자원봉사자가 될 수 있다는 점이다. 즉, 교육을 받지 않은 자들은 자원봉사활동 신청자일 뿐이지 자원봉사자는 아니라는 점이다(김영호, 2006, 박태영 외, 2011 재인용).

성공적인 자원봉사자 교육에 필요한 조건들

- 분명하고 중요한 교육목적
- 교육과정의 실용성
- 교육목표를 잘 알고 청중의 눈높이에 맞출 수 있는 강사

1 자원봉사자 교육은 교육훈련 등으로 용어가 혼용되고 있는데 본 교재에서는 교육으로 사용

- 교육 내용과 목표에 적합한 참가자
- 교육 준비와 진행의 치밀함
- 시청각 교재 및 실습을 통한 학습효과
- 적절한 시설과 쾌적한 교육환경
- 교육생들의 욕구와 변화에 대한 융통성 있는 대응
- 참가자 간의 상호교류를 위한 기회
- 현실적인 교육시간 구성
- 좋은 교육자료

출처 : 볼런티어21(2000).

2) 교육의 내용

자원봉사자 교육의 내용은 크게 자원봉사의 본질, 자원봉사기관에 대한 이해, 자원봉사의 환경인 지역사회에 대한 이해의 세 가지를 요소를 포함하고 있다. 이에 대한 세부내용을 구체적으로 살펴보면 다음과 같다(한국중앙자원봉사센터, 2011a 재구성).

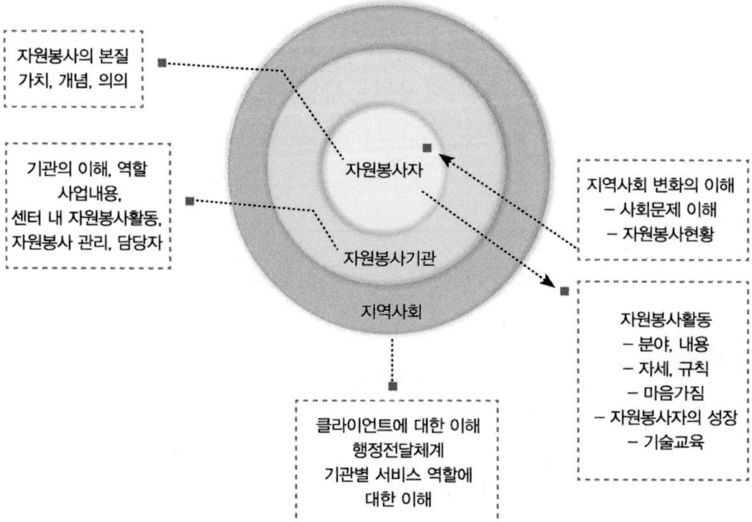

|그림 9-1| **자원봉사자 교육의 주요 내용**

〈표 9-3〉 **자원봉사자 교육의 주요 요소별 교육내용**

주요 요소	목 적	교육내용
자원봉사자	자원봉사의 올바른 이행	– 자원봉사 본질 • 가치 • 연대권 • 인권보호 • 자원봉사 원칙 : 자발성, 무보수성, 공익성, 지속성 • 사회적 자본 : 정의 및 개념 • 재능나눔 • 노블레스 오블리주 • 볼런테인먼트 • 볼런투어 • 핸즈온 네트워크 • 볼런티어리즘 • CSR : 의의, 필요성
자원봉사 기관	기관의 파트너가 될 수 있게 함 관리체계의 이해로 만족도 증가 자원봉사자로서의 소속감	– 기관이해 • 비전, 설립목적 • 역할, 사업내용 • 기관 내 자원봉사활동 • 자원봉사관리체계 • 자원봉사조정자 및 연락망 • 기관 내 자원봉사자 현황 및 소속 자원봉사단
환경 지역사회	지역사회에 대한 이해를 통해 자원봉사활동 개발을 위한 사회문제 의식을 높임과 동시에, 원봉사활동의 의미를 인식할 수 있음	• 클라이언트에 대한 이해 • 행정전달체계 • 기관별 서비스 역할에 대한 이해 • 자원봉사 관련 기관
자원봉사 활동	자원봉사의 실천기술 증가로 클라이언트에게 좋은 서비스가 되도록 함 자원봉사자의 활동만족도를 높여 지속성을 가져옴	– 자원봉사활동 • 분야, 내용 • 자세, 규칙(대상자와의 관계, 기관과의 관계 등) • 자원봉사 마음가짐 • 자원봉사 유의사항(기관이나 활동처와의 관계) – 자원봉사자의 역할 – 자원봉사자의 성장 : 기술교육
환경변화의 이해	새로운 자원봉사 개발, 자원봉사자로서의 소속감	– 지역사회 변화 이해 • 사회문제 이해 • 자원봉사의 시대 – 환경과 자원봉사, 다문화와 자원봉사 등 • 자원봉사현황

출처 : 한국중앙자원봉사센터(2011a).

3) 교육의 유형

자원봉사자 교육의 성공적 요인은 교육 프로그램이다. 욕구조사에 기반하여 어떤 내용을 전달할지를 결정하는 것은 참가자의 높은 만족도, 내용의 높은 전달력 등에 중요하다. 자원봉사자 육성·발굴을 위한 교육은 오리엔테이션, 기본 교육, 전문교육, 보수교육, 지도자 교육으로 구분할 수 있다(안전행정부, 2014a; 한국중앙자원봉사센터, 2011a; 행정안전부, 2008b).

〈표 9-4〉 **자원봉사자 교육의 유형별 주요 내용**

과정명	주요 내용	
오리엔테이션	교육대상	자원봉사에 관심 있는 일반인, 자원봉사 경험은 있지만 기본 교육을 이수하지 않은 자원봉사자 등
	교육내용	기관의 사업소개, 활동지침, 자원봉사자 혜택, 교육일정 등
	교육방식	프레젠테이션, 영상자료 등 활용
	교육시기	자원봉사단 구성 초기, 자원봉사자 면접 시 동시 진행 등
기본 교육	교육대상	신규 자원봉사자를 대상으로 실시(가급적 연령별 구분)
	교육내용	자원봉사의 이해, 자원봉사자 기본 태도 및 소양, 봉사활동 진행 절차 및 주요 내용, 자원봉사활동 프로그램, 유의사항 등
	교육방식	집체교육, 현장방문교육(수요처, 단체)
	교육시기	월 1회 이상, 자원봉사자 배치 전 필요시 수시 진행
전문교육	교육대상	전문 자원봉사활동에 관심 있는 자원봉사자
	교육내용	전문 자원봉사자 육성을 위한 봉사자 역량강화, 전문 분야 발굴, 자원봉사 리더(지도자) 양성 등
	교육방식	집체교육(외부 전문강사 활용 가능), 위탁교육
	교육시기	연간 최소 4회 이상

보수교육 (재교육)	교육대상	연간 자원봉사 실적 30시간 이상 자원봉사자, 자원봉사단체
	교육내용	1365자원봉사포털 시스템, 개인정보보호, 신규 자원봉사활동 영역 및 수요처 발굴, 자원봉사 우수사례 확산, 위험사례 공유, 우수 자원봉사 지역 견학 및 네트워크 형성 등
	교육방식	집체교육, 방문교육(외부 전문강사 활용 가능)
	교육시기	연간 최소 2회 이상
지도자 교육	교육대상	활동 중인 자원봉사팀(단체)의 지도자(임원진)
	교육내용	자원봉사 리더십, 자원봉사 팀(단체)의 조직관리, 의사소통 및 갈등관리 등
	교육방식	강의, 사례발표, 집단활동 등
	교육시기	연간 최소 1회 이상

출처 : 행정안전부(2008b); 행정안전부(2020c), 한국중앙자원봉사센터(2011a) 재구성.

특히 최근에는 인터넷망을 활용한 사이버 영상교육이 활성화되고 있어 이를 보다 활성화시켜가려는 노력도 요구된다.

사이버 자원봉사 영상교육

기초교육단계

- 1차시 자원봉사는 왜 해야 할까?
- 2차시 자원봉사는 어떻게 하면 될까요?
- 3차시 자원봉사는 어떤 활동이 있을까요?
- 4차시 자원봉사와 친해져 볼까요?

시간인정 : 총 4차시 영상 이수 후 60분 시간 인정
인정방법 : 각 차시별 종료 후 비전노트 작성
(영상 이수 후 1주일 이내 1365 홈페이지에 실적 기록)

심화교육단계

- 오리엔테이션, 자원봉사제도의 이해, 자원봉사의 이해, 소통–이해의 감동, 환경과 자원봉

사, 노인자원봉사의 이해, 펀볼러티어, 풍선아트, 페이스페인팅, 종이접기

시간인정 : 오리엔테이션을 제외한 영상별 20분 인정
인정방법 : 각 영상 이수 후 '교육 Check' 클릭 후 문제풀이
(영상 이수 후 1주일 이내 1365 홈페이지에 실적 기록)

출처 : 대구자원봉사정보센터(http://dgvolunteer.co.kr).

4) 교육과정

자원봉사자 교육의 과정은 교육계획 수립, 사전준비(홍보 및 모집, 교육 준비), 교육 실행, 교육 평가의 단계를 거친다. 이를 구체적으로 살펴보면 다음과 같다.

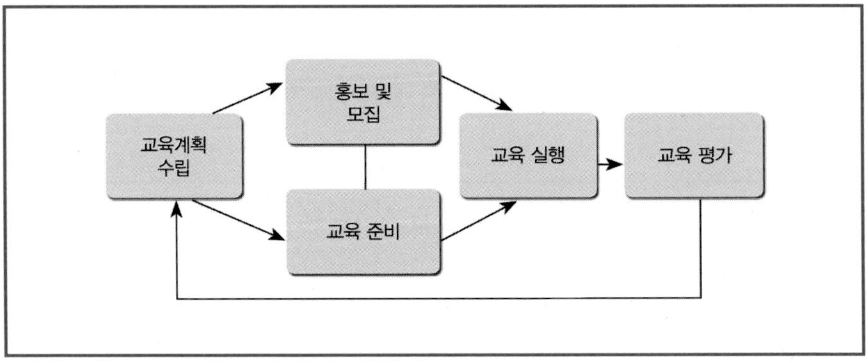

|그림 9-2| **자원봉사자 교육과정**

출처 : 행정안전부(2008b).

(1) 교육계획 수립

교육계획 수립은 왜, 누구를 위해, 무엇을, 어떻게 전달할 것인가를 결정하는 과정이다. 교육계획에 실제로 교육이 진행되는 과정에서 발생하는 예측 불가능하고 상호작용적인 모든 요소들을 다 포함하기는 어렵지만 목표를 달성하기 위해서 어떠한 내용을 어떻게 조직하는가를 결정하는 것이다(볼런티어21, 2004b).

(2) 사전준비(홍보 및 모집, 교육준비)

① 홍보 및 모집

교육은 목표로 한 참가대상자들에게 관련 내용을 효과적으로 전달할 수 있는 수단을 선택하는 것이 필수적이다. 예를 들어, 교육대상이 지역사회 기관 및 단체의 직원들이라면 우편발송이나 팩스, 이메일 등을 이용하여 교육훈련이 실시된다는 것과 장소, 내용, 필요성 등을 전달하는 것이 좋다. 이와 달리 지역주민 혹은 자원봉사자들을 대상으로 한 교육이라면 지역신문이나 라디오, TV, 포스터 등의 홍보매체를 선택하는 것이 좋고 보다 적극적으로 자원봉사자들의 모임, 반상회와 같은 주민모임에 직접 참여하여 홍보하는 것이 효과적이다(볼런티어21, 2004 재구성).

단, 참가자를 모집할 때에는 교육내용과 형태, 교육효과 등을 고려하여 적정한 참가인원을 미리 정하는 것이 바람직하며(참가자 중심의 학습방법은 30인 내외가 적정), 모든 형태의 모집 안내문에는 반드시 신청기간과 신청방법, 담당자를 눈에 띄게 명시해야 한다(박태영 외, 2011).

참가자 모집 시 고려사항

구분	내용
교육참가자가 모집된 후 교육하는 경우	외부에서 교육기관으로 교육을 요청하는 경우 - 기업 자원봉사단체의 요청 - 수요처의 자원봉사자 요청 등 기관 내 자원봉사자들을 대상으로 교육을 기획하는 경우 - 봉사단체의 성격과 현황에 맞게 주제 선정
교육기관에서 교육계획 후 참가자를 모집하는 경우	교육주제에 따라 홍보의 범위는 확대 가능 - 기관 홈페이지 - 기관 소속 자원봉사자에게 문자, 메일, 우편 등을 이용한 홍보 - 대학교, 지역주민센터, 관련기관 등에 홍보요청 - 언론보도 등

출처 : 대구광역시자원봉사센터(2012).

② 교육준비

다양한 사항들 중 장소 섭외는 교육인원을 수용할 수 있고 접근성이 높으며 진행형태에 맞는 장소로서 예산을 고려하여 선정해야 하며, 교육교재를 제작하고 교육에 사용할 기자재 등도 미리 대여해 두거나 확보해 두어야 한다. 그리고 참가신청자들과 강사들에게 교육이 시작된다는 사실을 상기시켜 주기 위해 교육이 실시되기 2~3주 전에 안내문을 보내는 것이 좋으며 교육이 시작되는 2~3일 전, 혹은 당일 참가 여부에 변동이 없는지도 점검해야 한다.

강사를 섭외할 경우 강의내용을 충분히 파악하고 교육목표를 전달하며 참가자들의 눈높이에 맞게 전달할 수 있는 적합한 강사를 섭외하는 것이 중요하다. 그리고 첫 번째로 섭외를 요청한 강사가 거절할 경우를 대비해 예비강사 리스트를 만들어 두는 것도 필요하다. 명확한 강의의뢰서를 보내고 또한 강사가 사용하고자 하는 교육기자재도 미리 확인해 두어야 한다(볼런티어21, 2004b, 박태영 외, 2011 재구성).

외부강사를 섭외할 경우는 공문이나 강의 의뢰를 통해 공식적으로 수락요청을 부탁하는 것이 좋다. 공식적인 섭외과정을 통하면 강의준비의 책임감을 더해주게 되며, 강의에 필요한 내용을 구두로 전할 경우에는 전달의 비정확성으로 교육준비가 효과적이지 않을 수 있다. 이때 강의의뢰서를 통해 강사에게 공지할 내용을 명확히 해야 하며, 그 외에 강사가 질문할 수 있도록 의사채널을 확인해야 한다. 또한 참가자가 확정된 후에는 강의에 필요한 참가자의 현황(대상자 일반적 특성, 교육참가 동기, 활동 시 갈등사례, 활동하고 싶은 분야 등)에 대해 조사하여 강사에게 전달하는 것이 좋다. 대상자에 대해 자세히 알수록 강사의 전달내용의 구체성이 높아지기 때문이다(대구광역시자원봉사센터, 2012).

특히 자원봉사 교육강사의 역할은 단순히 지식이나 정보의 전달자가 아니라 자원봉사교육을 통해 달성하고자 하는 목표에 따라 다양한 기술이나 방법을 활용하여 교육을 수행함으로써 당초 계획한 목표를 달성하는 역할을 수행한다. 따라서 자원봉사 교육강사의 역량에 따라 교육의 성과는 달라질 수 있으므로 교육강사는 충분한 노력과 훈련이 필요하다는 점을 명심해야 한다(대구광역시자원봉사센터, 2013).

〈표 9-5〉 **자원봉사 강사 유형 및 특성**

<table>
<tr><th colspan="2">강사 유형</th><th>특 성</th></tr>
<tr><td rowspan="2">내부강사</td><td>교육기관
기관장</td><td>센터 소속감 증진, 동기부여, 인정보상에 효과적임
직접 교육이 아니더라도, 교육 시 인사말로 대체하기도 함</td></tr>
<tr><td>교육기관
자원봉사조정자</td><td>신규 자원봉사자의 경우 자원봉사기관에 대한 이해가 필수적임
경력 있는 자원봉사자의 경우 갈등상담, 태도개선 등에 대해 자원봉사조정자가 상황을 잘 이해하는 장점이 있으나 자체 해결이 어려운 경우는 외부강사가 유리할 수 있음</td></tr>
<tr><td rowspan="5">외부강사</td><td>관련 학과 교수</td><td>전문지식의 전달에 효과적임</td></tr>
<tr><td>수요처 관계자</td><td>활동배치 전, 한 분야에서 활동하는 자원봉사자로 구성되어 클라이언트에 대한 구체적 이해를 돕는 데 효과적임</td></tr>
<tr><td>행정기관 관계자</td><td>자원봉사지원 관련정책 소개 등으로 신규자원봉사자, 기존 자원봉사자에 상관없이 정부 제공이 공시성이 높음</td></tr>
<tr><td>경험 있는
자원봉사리더</td><td>자원봉사리더의 활동경험 등을 통해서 자원봉사자들이 쉽게 이해하고, 유사한 경험을 통해 집단동질성이 높아짐
현장중심적인 기술전달에 효과적일 수 있음</td></tr>
<tr><td>특별강사</td><td>전문기술 교육에는 그 분야의 전문가로 구성하되, 자원봉사의 개념에 대한 이해는 내부강사와 접목하면 효과가 높아질 수 있음</td></tr>
</table>

출처 : 한국중앙자원봉사센터(2011a) 재구성.

〈표 9-6〉 자원봉사 교육강사의 복장 및 용모 체크리스트

구 분	체크사항	점검결과
용 모	머리는 단정한가?	
	얼굴은 깔끔한 이미지를 주는가?	
	수염이나 코털 등이 깔끔히 정리되어 있는가?	
	안경은 깨끗이 하여 깔끔한 이미지를 주는가?	
	환한 미소와 더불어 편안한 인상을 주는가?	
복 장	스타일이나 색상은 프레젠테이션에 어울리는가?	
	바지, 치마 등 뒷부분에 구김이나 얼룩은 없는가?	
	너무 화려하거나 눈에 띄는 색상 또는 디자인은 아닌가?	
	불필요한 액세서리나 허리벨트 등은 착용하지 않았는가?	
	속옷 등이 밖으로 드러나지 않았는가?	
자 세	청중들 앞에 당당하게 똑바로 선 자세로 진행을 하는가?	
	불필요한 동작이나 너무 산만한 움직임은 없는가?	
	걸음걸이는 당당하면서도 품위와 매너를 유지하고 있는가?	

출처 : 대구광역시자원봉사센터(2013).

(3) 교육실행

① 교육장소 및 준비물 점검

교육장은 반드시 답사하여 조명상태와 책상 및 의자 수, 전기코드의 위치 등을 점검하고 자리배열은 참가자 서로가 쉽게 의사소통을 할 수 있도록 하며, 시청각 자료를 보기 쉽게 배치한다. 화이트보드와 마커 펜, 차트 등의 준비상황을 다시 점검하고 교육주최기관의 팸플릿, 소식지 등의 홍보물을 눈에 띄게 정리 배열한다. 또한 유인물과 이름표 등을 나누어 줄 수 있는 접수대를 마련하고 간단한 다과를 놓을 수 있는 테이블도 준비한다. 그리고 강사의 위치 및 음향시설을 점검해 보고 강사가 사용할 기자재를 설치하여 시험작동해 보는 것도 잊지 말아야 할 사항이다(박태영 외, 2011; 볼런티어21, 2004b).

참자가간 의사소통을 활성화시키는 교육장 배치

참가자들이 서로 쉽게 의사소통할 수 있는 교육장 배치가 필요한데, 이때 좌석배치는 강사의 통제력, 시야, 그리고 참여의 정도를 결정하는 중요한 요소로서 강의실 형태(CS), 세브론 형태(C), 직사각형 형태(SR), U자 형태(U), 반원 형태(C), 사각형 형태(R) 등이 있다.

강의실 형태(CS)

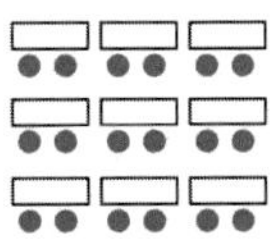

세브론 형태(C)

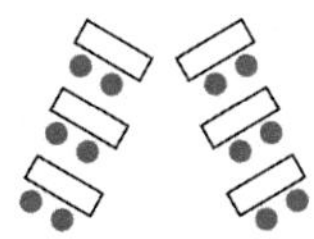

직사각형 형태(SR)

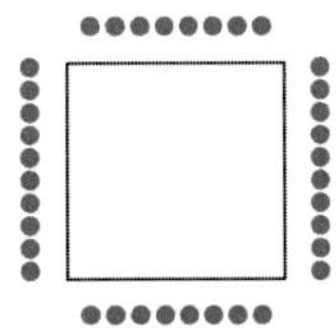

U자 형태(U)

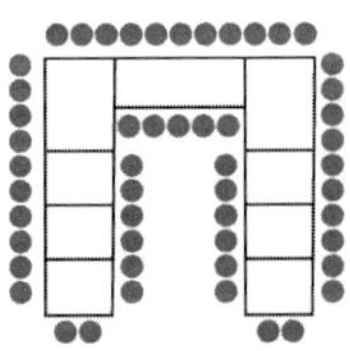

반원 형태(C)

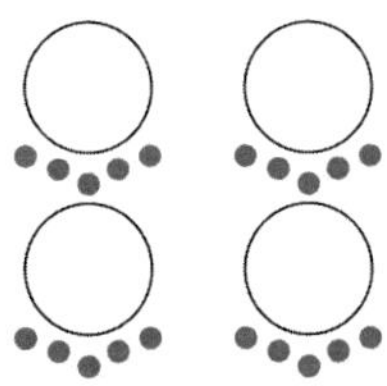

사각형 형태(R)

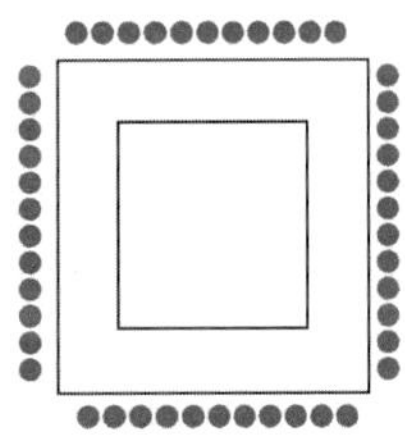

※ 읽은 것은 10%를 기억하고, 들은 것은 20%를 기억하고, 본 것은 30%를 기억하고, 듣고 본 것은 50%를 기억하고, 말한 것은 70%를 기억하고, 우리가 말하고 행동한 것은 90%를 기억한다는 것을 명심하자.

출처 : 한국중앙자원봉사센터(2011a).

② 접수 및 교육 진행

교육을 시작할 때는 환영하는 인사말을 나누어 참가자들이 편안하게 느끼도록 하고 교육교재와 이름표, 기타 유인물을 교부한다. 이와 함께 교육장 내의 화장실, 다과, 주차장 사용 등에 대한 정보를 사전에 확인하여 이에 대한 정보를 제공하며 좌석을 안내하는 등 세심한 배려를 한다(박태영 외, 2011; 볼런티어21, 2004b).

교육진행의 경우 자원봉사조정자가 가장 놓치기 쉬운 부분 중의 하나인데 전체 교육을 기획하고 준비해 온 담당자로서 교육진행에서의 역할은 그 어느 때보다 크다고 할 수 있다. 교육에 앞서 참가자들의 분위기를 환기하고, 강의를 시작할 수 있는 분위기를 잘 만들어 강사를 소개하며, 교육생의 반응을 적절히 강사에게 피드백을 하는 등 교육에 계속 참여하여 적극적인 역할을 수행해야 한다. 때로는 강의시간을 조정하고 강조해야 할 부분을 강사에게 제안할 필요도 있으며 워크숍을 진행할 때에는 보조강사로서의 역할도 필요하다. 이처럼 교육진행자의 역할에 충실했을 때 교육은 그 목표에 더욱 근접하게 진행될 수 있으며, 이후 평가과정에서도 객관적이고 질적인 평가를 가능하게 한다(볼런티어21, 2004b).

교육대상에 따른 교육진행 시 유의사항

1) 학생(초 · 중 · 고등)

- 저학년일수록 집중시간이 짧으므로 학생의 눈높이에 맞는 시청각 자료 활용(예 최근 인기 있는 연예 혹은 오락 프로그램의 패러디 혹은 상황을 응용한 교육내용 구성)
- 학생 자원봉사활동의 필요성에 대한 교육내용 반영
- 왜 활동을 하는지 이유도 모르고 참여하는 사례가 빈번한 교육대상자이므로 교육목표와 실천계획을 수립할 수 있도록 교육과정에 반영이 필요
- 교육내용 및 접근방법

초 등	중 · 고등
• 교육내용 : 일상생활에서의 공동체 의식 함양, 나눔과 자원봉사의 개념형성 등 • 접근방법 : 놀이, 이야기, 동화, 애니매이션 등과 접목	• 교육내용 : 자원봉사 및 봉사학습의 이해, 자원봉사 사례, 진로 및 입시 등의 관심사 반영 등 • 접근방법 : 시청각 매체활용, 사례발표, 집단활동 등 봉사학습 개념의 접근이 필요

2) 대학생

- 교육 후 자원봉사활동에도 자발적으로 참여할 수 있도록 프로그램 기획과정에 대한 교육의 비중을 높일 필요 있음
- 자원봉사활동 시 불참이 빈번한 교육대상자이므로 자원봉사자의 자세에 대해서 충분한

교육내용을 반영할 필요 있음
- 교육내용 및 접근방법 : 자원봉사의 이해, 민주시민교육, 리더십, 자원봉사와 자기계발, 진로 등의 내용으로 사례발표, 집단활동 등의 접근방법을 활용

3) **일반성인**
- 자원봉사 경험이 가장 많고, 자원봉사에 대해 가장 잘 알고 있다고 생각하지만 주관적인 판단 혹은 자의적으로 해석하고 있는 교육대상자들이 많으므로 이에 대한 편견이나 오해를 줄일 수 있는 방법에 대한 접근 필요
- 개인의 필요(예 보험, 상품판매, 취업 등)에 의한 활동참여가 가장 많은 교육대상자이므로 무보수성의 특성에 대한 교육내용 강조 필요
- 교육내용 및 접근방법 : 사회참여의 중요성, 자녀교육, 재능나눔 등 교육대상자의 관심사를 반영한 교육내용으로 사례발표, 집단활동, 특강 등의 접근방법을 활용

4) **노 인**
- 보호를 받는 대상이 아니라 서비스를 제공하는 자원봉사자로서의 역할과 자세에 대한 마인드를 가질 수 있도록 지지 필요
- 교육 집중시간이 짧기 때문에 장시간 교육은 지양하는 것이 중요
- 교육자료의 글씨는 크고 진하게, 가독성이 높은 글씨체 활용
- 교육내용 및 접근방법 : 제2의 인생설계의 의미, 노후의 건강과 보람된 인생 영위, 행복한 노후생활 등의 내용으로 구성하며, 사례발표, 집단활동 등의 접근방법을 활용

5) **가 족**
- 다양한 연령대의 특성을 고려하여 교육내용을 선정하여야 하며, 가족구성원이 함께 참여할 수 있는 교육 및 활동 시간대 선정이 중요
- 교육내용 및 접근방법 : 가족애, 대화증진, 갈등해결, 가족사명문 작성 등을 반영한 내용으로 구성하며, 게임, 집단활동 등 참여와 협동심을 유도하는 접근방법을 활용

6) **직장인/ 기업 봉사팀**
- 자발적으로 참여하는 순수 동호회 모임과 기업의 사회공헌 일환으로 참여하게 되는 봉사팀으로 나누어지므로 참여동기에 따라 자원봉사의 자세 및 태도에 대한 교육수주우 차별화될 필요 있음
- 근무일정을 고려하여 교육 및 활동시간은 야간시간이나 주말을 이용할 수 있도록 고려 필요
- 교육내용 및 접근방법 : 직장생활에 활력을 주는 자원봉사, 자원봉사활동의 가치와 자기계발 등을 반영한 내용으로 구성하며, 사례발표, 집단활동 등의 접근방법을 활용

출처 : 대구광역시자원봉사센터(2013).

효과적인 전달을 위한 교수법

1) **강의**(Lecture)

- 내용 : 한 사람이 체계적으로 정보를 제공한다.
- 장점 : 제한된 시간에 많은 양의 정보를 제공할 수 있다.
  체계적인 순서 내에서 여러 다양한 자료와 아이디어를 전달할 수 있다.
- 단점 : 한 사람의 시각에서 한 가지 의사소통 채널만 활용되기 때문에 학습자의 참여가 없다. 강사의 개성에 많은 영향을 받는다.
- 상호작용 패턴 :

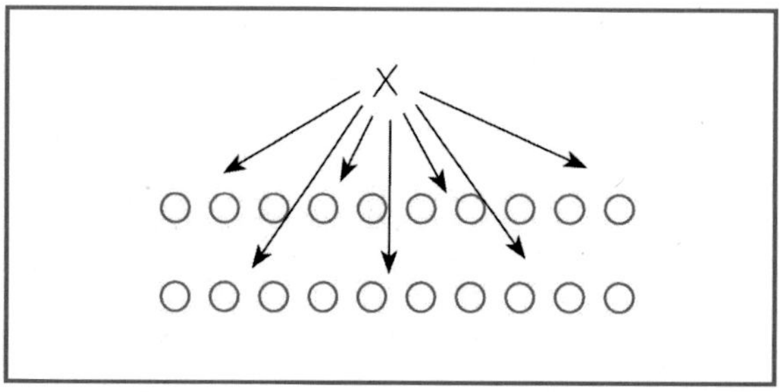

2) **질의응답**(Question and Answer)

- 내용 : 한 사람이 질문에 답하고 나면 질문은 그 사람에서 다음 사람으로 이어진다.
- 장점 : 학습자의 구체적인 필요에 명확한 답변을 전달한다. 다른 방법과 쉽게 병행할 수 있다.
- 단점 : 따로 형식이 있는 것이 아니므로 당황하는 상황이 생길 수 있다. 또 참가자들이 지루해하거나 흥미를 잃을 수도 있다.
- 상호작용 패턴 :

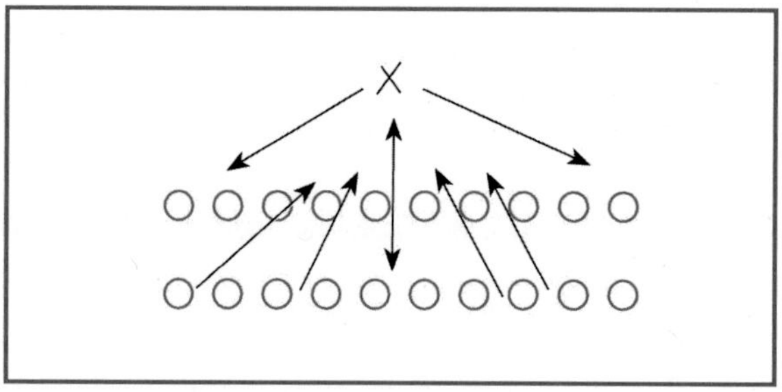

3) **그룹 토의**(Group Discussion)

- 내용 : 두 명이나 그 이상의 사람이 의견, 경험, 정보를 나누고 함께 아이디어를 제시한 후 평가를 한다. 동의나 더 나은 의견을 위해 서로 협동한다.
- 장점 : 높은 수준의 상호작용, 흥미, 참여를 통해 그룹 멤버의 니즈(needs)를 충족시킨다.
- 단점 : 신뢰할 만한 정보가 제공되지 않거나 전체 그룹에 도움이 되지 않을 수도 있다. 시간과 인내심, 그리고 능력 있는 리더가 필요하다.
- 상호작용 패턴 :

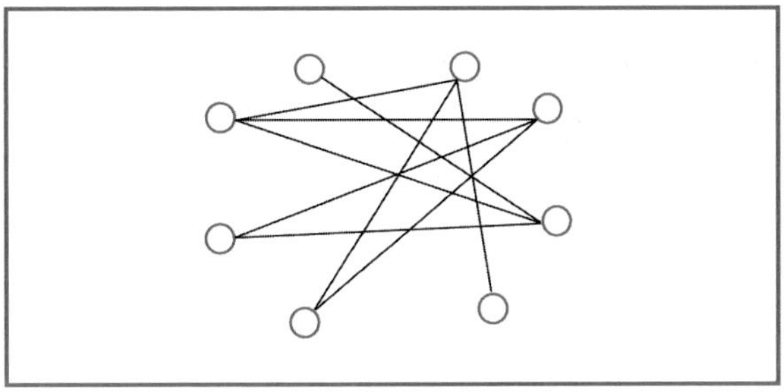

4) **심포지엄**(Symposium)

- 내용 : 세 명이나 그 이상의 사람들이 서로 다른 시각으로 짤막한 발표를 하고 난 뒤 사회자의 진행으로 질문과 답변을 한다.
- 장점 : 여러 다양한 시각을 소개할 수 있고 질문을 통해 궁금증을 해소할 수 있다.
- 단점 : 발표자들의 동일한 능력과 참여의 자유가 요구되고, 능력 있는 사회자가 필요하다.
- 상호작용 패턴 :

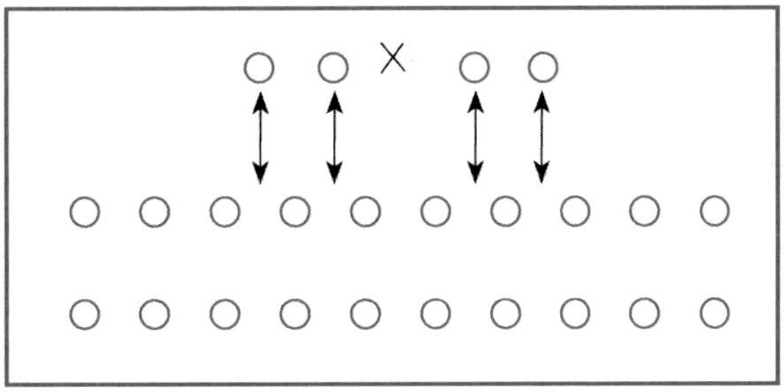

5) **토론**(Debate)

- 내용 : 두 명의 발표자가 사회자의 진행으로 한 주제를 놓고서 다른 관점에서 이를 발표한다.
- 장점 : 주제의 양쪽 면(찬성과 반대)을 그룹에게 잘 보여줄 수 있다.
- 단점 : 사회자의 중재가 필요할 정도로 감정적이 될 수 있다.
- 상호작용 패턴 :

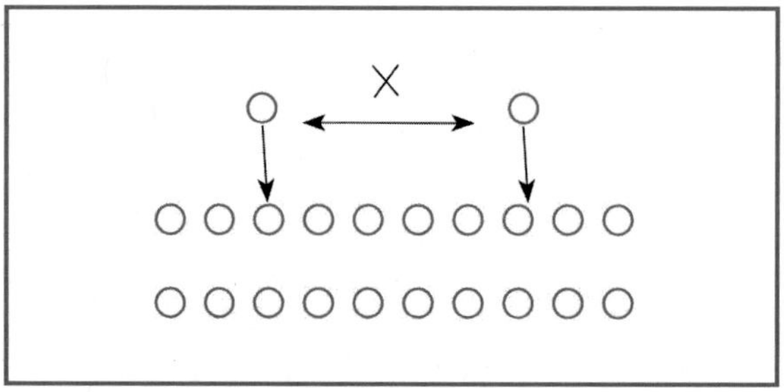

6) **강의식 포럼**(Lecture Forum)

- 내용 : 한 사람이 강의도 하고 특정 부분에 대한 질문에 답도 한다.
- 장점 : 아이디어를 명확하게 하는 쌍방 의사소통 강의도 있고, 특정 니즈를 만족시키기도 한다.
- 단점 : 한 사람의 시각에서만 질문에 답하기 때문에 피상적이 될 수 있고, 몇몇 사람들로 참여가 제한될 수도 있다.
- 상호작용 패턴 :

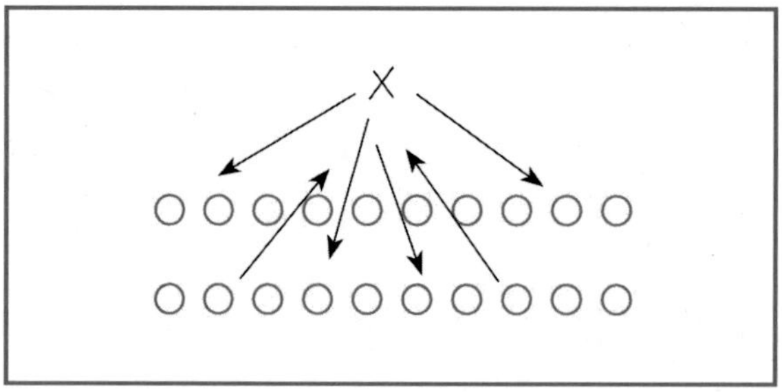

7) **패널**(Panel)
- 내용 : 세 명이나 그 이상의 사람들이 그룹 앞에서 특정 주제에 대해 토의를 한 후에 사회자의 진행으로 그룹 토의를 한다.
- 장점 : 다양한 시각이 사고를 자극한다.
- 단점 : 토의가 독점되지 않고 패널들이 주제에 집중할 수 있도록 질문의 수를 제한할 수 있는 능력 있는 사회자가 필요하다. 아울러 토의에 영향을 주지 않는 범위에서 자신을 절제할 수 있는 균형 잡힌 패널이 요구된다.
- 상호작용 패턴 :

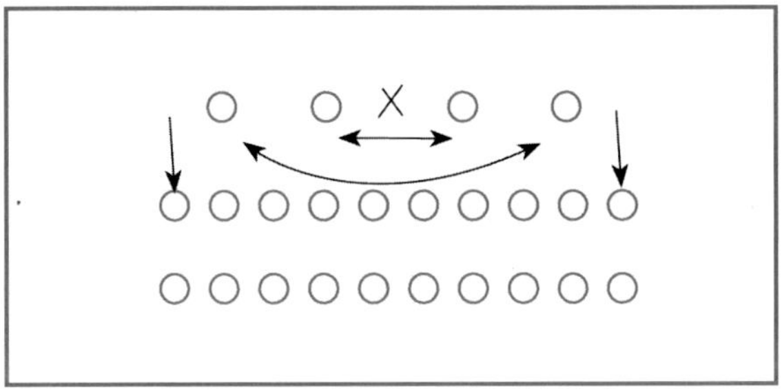

8) **역할 연기**(Role-playing)
- 내용 : 그룹 멤버들 중 몇 명이 나와서 분석하고 평가할 수 있도록 인간관계에 관한 상황이나 사건을 설정해 자연스럽게 연기한다.
- 장점 : 인간관계와 관련된 상황을 느낄 수 있고, 실험을 통해서 가능한 해결책을 생각할 수 있도록 기회를 제공한다.
- 단점 : 자칫 형식적으로 되거나 단지 즐기는 방향으로 치우치기 쉽다. 그룹의 문제상황과는 관계없이 결론을 맺을 수도 있다.
- 상호작용 패턴 :

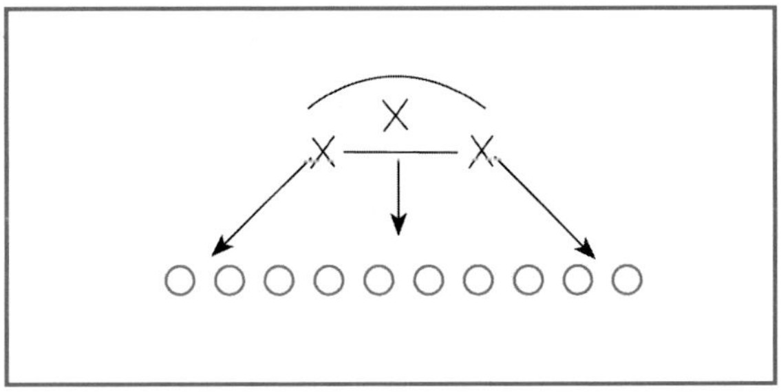

출처 : 한국중앙자원봉사센터(2011a).

(4) 교육 평가

계획된 교육과정을 모두 마치면 교육 평가가 필요한데 평가의 목적은 교육의 목표가 얼마나 달성되었는가를 점검하고, 이를 토대로 향후 이루어질 교육훈련의 질적 향상을 도모하는 데 있다(볼런티어21, 2004).

평가방법으로는 교육과정 평가서와 자유토론 등으로 참가자들의 반응과 의견을 수립할 수 있으며, 평가내용으로는 교육목표 달성도, 교육내용에 대한 참가자들의 이해 정도, 교육방법 및 진행, 교육환경, 참가자 자기평가, 향후 교육의견 등이 포함된다. 그리고 평가시기는 교육에 따라 강의별 또는 전체 과정 종료 후 실시할 수 있다(행정안전부, 2008b 재구성). 이렇게 평가된 내용은 향후 교육계획에 반영하도록 노력한다.

부 록

자원봉사자 교육 계획서

교육구분	□ 오리엔테이션 □ 기본 교육 □ 전문교육 □ 보수교육 □ 지도자 교육 □ 기타( )
교육명	○
교육목표	○
교육일정	○
교육장소	○
교육대상	○
교육인원	○
교육내용	○
교육방법	○
교육강사	○

출처 : 안전행정부(2014a).

자원봉사자 강의의뢰서

_________________ 강사님께 아래와 같이 강의를 의뢰합니다.

교육과정		교육대상	예) 영어봉사팀, 주부자원봉사자 30명
교육목표			
강 의 명			
강의내용	구체적으로 다루어졌으면 하는 내용		
강의일시		강의장소	
강의시간	예) 50분 × 2강의	강의원고	A4 장 (원고마감 : 월 일)
강 의 료	강의 및 원고료 원 / 강의경비(교통비 및 일비) 원 합 계 원		
활용 가능 기자재	□비디오 □오디오 □OHP □빔프로젝트 □컴퓨터 □인터넷 □기타		
의뢰기관		담당자	
연락처	Tel. Fax. E-mail.		
첨 부	1. 전체 교육과정안내문 1부. 2. 교육주관단체 소개자료 1부. 3. 교육장소 약도 1부		
기 타	다음의 내용을 작성하셔서 월 일까지 회신 부탁드립니다. 1. 강의원고 2. 강의 시 필요한 기자재 및 문구 등 3. 이력서 4. 강의비 입금 통장 사본		

출처 : 안전행정부(2008b).

교육장 점검리스트

일 시		장 소	
교육생	명	담 당	

◎ 필요 기자재

- ☐ 빔 프로젝터
- ☐ 칠판
- ☐ 마이크 & 음향
- ☐ VCR & TV
- ☐ 스크린
- ☐ OHP or 실물화상기
- ☐ 플립 차트
- ☐ 컴퓨터 or 노트북
- ☐ ______________

◎ 준비

- ☐ 등록 테이블
- ☐ 이름표
- ☐ 장소 안내문 & 환영인사
- ☐ 일정표
- ☐ 교육교재 및 유인물
- ☐ 여분의 필기구
- ☐ 현수막
- ☐ 참가자 등록부
- ☐ 강사명단 및 연락처
- ☐ 참가자 명단 및 연락처
- ☐ 진행 시나리오
- ☐ 여분의 긴 코드
- ☐ 다과 테이블 및 다과
- ☐ 교육장 좌석배치
- ☐ 강의 자료(PPT, 영상물 등)
- ☐ 교육문구
- ☐ 교육수료증
- ☐ 교육평가서
- ☐ 강사영수증
- ☐ 기념촬영용 카메라
- ☐ 시설 사용 관련(화장실의 위치, 흡연장소, 휴게실, 주차 등)
- ☐ ______________________
- ☐ ______________________

◎ 기타 검토목록

- ☐ 실내 온도
- ☐ 조명
- ☐ 실내 장치
- ☐ 사용 가능한 출입구
- ☐ 전체 진행일정
- ☐ 기자재 및 비품의 배치와 정상 작동 여부
- ☐ 관련 시설 사용 여부 및 예약(전산실습실, 식당 등)
- ☐ ______________________
- ☐ ______________________

출처 : 안전행정부(2008).

자원봉사자 교육수료증

제 호

수 료 증

홍 길 동

(생년월일)

위 사람은 OO에서 운영한

O O O 자원봉사자 교육과정을 정히 수료하였기에

이 증서를 드립니다.

O 교육과정명 : 자원봉사자 OO 교육

O 교 육 기 간 : 20 . . . ~ . .(총 회)

O 교육이수시간 : / 시간

20 년 월 일

기 관 명 (직인)

출처 : 안전행정부(2014a).

자원봉사자 교육과정 평가서

교육명 : (강사 :)

본 자원봉사교육에 성실하게 임해주신 여러분께 감사드립니다. 본 교육은 강의평가서를 바탕으로 거듭 발전할 수 있었습니다. 솔직하고 정성 어린 답변은 앞으로도 교육의 질을 높이는 데에 큰 기여를 할 것입니다. 감사합니다.

해당 번호에 ∨표 해주세요.	매우 그렇다		보통 이다		전혀 아니다
1. 강의내용이 나의 욕구와 고민해결에 도움이 되었다.	⑤	④	③	②	①
• 가장 좋았던 점 : • 미흡했던 점 :					
2. 강의표현 및 전달방식이 내용을 이해하는 데 도움이 되었다.	⑤	④	③	②	①
○ 구체적으로 :					
3. 자원봉사활동에 필요한 지식과 정보를 얻었다.	⑤	④	③	②	①
○ 구체적으로 :					

4. 교육의 전반적인 진행에 대해 의견이 있으시다면?
(토론시간 · 상호교류 시간 등 시간배분, 강의실 환경, 준비 정도, 평가서 작성 등)

5. 전반적인 소감

강의내용에 대해 : ________________

강의자료에 대해 : ________________

강사에 대해 :
(장단점 포함) ________________

6. 추천과목 및 강사

수고하셨습니다.

출처 : 안전행정부(2014a).

생각해 보기

1. 자원봉사자 면접과정에서 너무나 자기중심적인 자원봉사자를 만났을 경우 어떻게 조정하면 좋을지 서로 역할극을 해봅시다.

2. 자원봉사자를 효과적으로 모집하기 위한 홍보 메시지(홍보문)를 조별로 작성해 보고 발표해 봅시다.

3. 교육계획서 작성을 위한 여러 단계 중에서 각 단계별로 자원봉사조정자가 유의해야 할 사항들은 무엇이 있는지 생각해 봅시다.

CHAPTER 10

자원봉사조정의 실행단계 Ⅱ

자원봉사그룹 육성은 자원봉사조정자의 효율적인 관리는 물론 자원봉사자의 효율적인 활동을 위해서도 필요하다. 최근의 자원봉사활동 경향 또한 1인 활동은 거의 찾아보기 어렵고 대부분 자원봉사그룹에 의한 조직적인 활동이 이루어지고 있다. 이러한 그룹 활동은 그룹의 조직부터 유지, 육성 등 일련의 과정에서 자원봉사조정자의 역할이 크다고 할 수 있다. 물론 자원봉사그룹은 결성된 이후에 어느 정도 시간이 흐르면서 자생력을 가지게 되는 것이 일반적이지만 그룹의 자체적인 활동성을 크게 침해하지 않는 범위 내에서 적절한 자원봉사조정자의 개입이 중요하다고 할 수 있다.

자원봉사 인정보상의 경우 자원봉사조정 단계 중에서도 상당한 이견과 찬반이 엇갈리는 단계라고 할 수 있다. 가장 원론적인 질문일 수도 있는 '인정보상이 필요한가?', '필요하다면 어느 정도 필요한가?', '필요한 영역은 어떤 것인가?', '활동유지에 미치는 영향은 어떠한가?' 등과 같은 질문에 대한 관련 연구들이 발표되고 있지만, 아이러니하게도 대부분의 연구결과와 실제 자원봉사현장에서 체감하고 있는 인정보상의 양상은 차이가 있는 것을 발견할 수 있다. 즉, 자원봉사자들은 어떠한 인정보상이든 나에게 주어질지 혹은 상대방에게 주어질지에 대해서 전혀 둔감하지 않다는 것이다. 이러한 인정보상에 대한 자원봉사자들의 관심은 스스로의 자원봉사활동에 동기부여가 되기도 하겠지만 한편으로는 더 나은 인정보상을 기대하는 심리가 확대될 수도 있다. 결국 비물질적 인정보상이야 무한하겠지만 그 외 물질적 인정보상의 경우 그 범위가 한정되어 있어서 우리나라 자원봉사자 1천만 시대에 어떻게 인정보상의 적절성을 가져야 할지 자원봉사조정자는 고민해야 할 것이다.

자원봉사조정 단계에서의 사후관리에는 여러 가지가 있을 수 있겠지만 본 교재에서는 갈등관리를 사후관리의 핵심으로 제시하고 있다. 어느 조직이든 어느 관계이든 갈등은 존재하겠지만 자원봉사자의 갈등은 그 시작동기가 자발적이고 순수하다는 점에서 그 과정이나 결과에 대한 영향력이 크다고 할 수 있다. 이에 갈등 혹은 문제를 안고 있는 자원봉사자에 대해 전문적으로 대응할 수 있도록 자원봉사조정자의 실제적인 역할이 더욱 요구되고 있다.

1. 자원봉사그룹 육성[1]

1) 자원봉사그룹의 개념

자원봉사자가 자원봉사활동에 참가하는 형태를 보면, ① 개인 혼자서 봉사활동에 참가하고 개인적으로 실시하는 경우(예 개인이 초등학교 앞에서 교통계도 실시), ② 개인이 어느 단체(예 자원봉사센터)가 운영하는 프로그램에 참가하여 함께 봉사활동을 하는 경우, ③ 개인이 일정한 봉사단체(예 ㅇㅇ자원봉사단)를 만들어 봉사활동을 실시하는 경우 등으로 나누어 볼 수 있다. 이 중 우리나라에서는 주로 두 번째 또는 세 번째 형태와 같이 일정한 단체를 통하여 봉사활동을 실시하는 경우가 많다고 할 수 있다.

이와 같이 일반적 개념으로서 조직, 그룹, 팀의 관계를 설명하면 ㅇㅇ자원봉사센터에 여러 자원봉사그룹이 소속되어 있고, 또한 각 자원봉사그룹은 각

1 사단법인 대구자원봉사포럼의 2006년 제14차 정기포럼 자료집 '효율적인 자원봉사 팀 관리 및 활성화 방안'의 일부 내용을 수정 · 보완한 것임

각 고유한 목표를 가지고 봉사활동을 실시하는 과정에서 필요에 따라 몇 개의 직능단위, 즉 팀으로 나누어 봉사활동을 하게 된다.

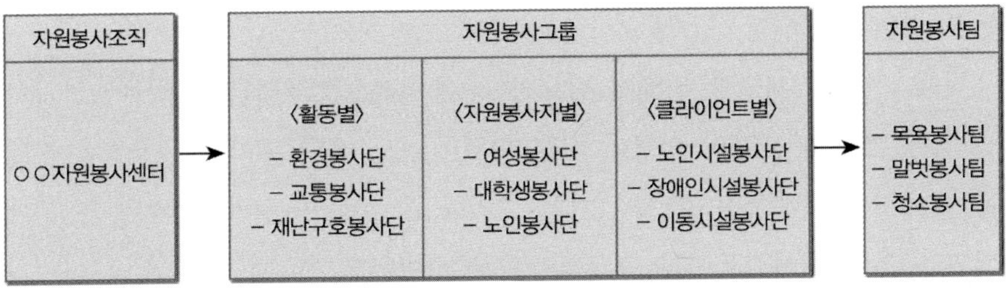

|그림 10-1| **자원봉사 조직, 그룹, 팀 관계**

그러나 이러한 이론상의 구별에도 불구하고 실제로는 그룹과 팀 사이에 구별이 애매하여 상호 혼용되어 사용되는 경우가 많다. 일반적으로 자원봉사그룹에서 사용하고 있는 이름을 보면 '○○봉사단', '○○봉사회', '○○봉사팀', '○○봉사동아리' 등으로 혼용되고 있다. 그리고 자원봉사그룹의 구성원 수가 적은 경우 굳이 다시 팀으로 분류하지 않고 그룹 그 자체가 하나의 팀으로서 활동하기 때문에 그룹과 팀을 구별할 실익이 없게 된다. 즉, 자원봉사그룹이 자원봉사팀이 되는 것이다. 한편 규모가 큰 자원봉사그룹에서 자원봉사활동을 실시하기 위하여 몇 개의 팀으로 나누는 경우가 있다. 그러나 이때의 팀은 다만 역할분담의 차원에서 팀으로 나누어 활동하는 것에 불과하며, 계속성과 고유의 목표를 가지고 있는 독립적인 조직체로서의 팀과는 다르다고 보아야 한다.

이처럼 실제로 자원봉사활동의 그룹과 팀을 명확히 구별하여 사용하지 않고 있다. 따라서 본문에서도 이론상의 그룹과 팀을 구별하지 않고, '2인 이상의 자원봉사자가 공동의 목표를 가지고 계속적인 봉사활동을 하기 위하여 결성한 단체', 즉 자원봉사의 목적과 지속성을 가진 단체를 통틀어 자원봉사그룹으로 한다.

2) 자원봉사그룹 육성의 필요성

자원봉사그룹을 육성하기 위해서는 그 필요성을 인식하고 이를 확산하려는 노력이 요구된다. 그 필요성을 정리해 보면 다음과 같다.

첫째, 전문성 제고를 위해서 필요하다. 개인적으로 자원봉사활동에 참가하는 경우 개인의 욕구와 성향이 서로 다르기 때문에 공통의 봉사활동이나 전문 분야의 봉사활동을 할 수 없다. 그러나 그룹을 만들어 봉사활동을 하게 되면 공통의 봉사활동이나 전문분야의 봉사활동을 할 수 있을 뿐만 아니라 이를 통하여 각자의 기술과 능력을 향상시키고 전문성을 높일 수 있다.

둘째, 자원봉사조정자가 자원봉사조정을 위하여 필요하다. 자원봉사조정자가 자원봉사자(volunteer)나 자원봉사 프로그램(program)을 조직적이고, 과학적이며 체계적으로 조정하기 위하여 그룹을 만들어 운영하는 것이 필요하다.

셋째, 시너지 효과를 내기 위해서 필요하다. 1+1=2가 아니라 그 이상의 상승효과(相乘效果)를 가져오게 한다는 시너지 효과(synergistic effect or synergism)는 자원봉사의 경우에도 타당하다. 예컨대 유명인이나 사회지도자 한 사람이 자원봉사에 참가하는 경우 사회적으로 그 한 사람의 능력 이상의 엄청난 상승효과를 일으키게 된다. 자원봉사그룹 육성에 있어서도 마찬가지의 시너지 효과가 발생하며, 이를 다음과 같이 나누어 살펴볼 수 있다.

① 그룹을 만들어 자원봉사활동을 하게 되면 자기 스스로 그룹 내 소속감이 생겨 사기가 앙양되고, 또한 그룹 구성원 상호 간에 서로 사기를 고양시킴으로써 시너지 효과가 발생한다.

② 그룹 구성원 각자가 가지고 있는 단점이나 부족한 점을 서로 보완함으로써 시너지 효과를 발생한다. 예컨대 차량과 인력의 지원이 필요한 자원봉사의 경우 차량 지원자와 인력 지원자는 각각의 힘만으로는 자원봉사활동이 어려우나 두 사람이 서로 팀을 만들어 자원봉사활동을 하게 되면 봉사활동이 순조롭게 이루어지고 더욱 큰 효과를 발생시킨다.

③ 백지장도 맞들면 낫다는 속담처럼 같은 종류의 자원봉사활동을 한 사람이 하는 것보다 서로 협동하여 자원봉사활동을 하게 되면 상호 간 경쟁과 책임의 원리에 따라 더욱 열심히 자원봉사활동을 함으로써 시너지 효과가 발생한다.

3) 자원봉사그룹의 기능

자원봉사그룹의 중요성은 무엇보다 이것이 자원봉사활동을 활성화시키는 몇 가지 기능을 적극적으로 수행할 가능성이 크기 때문이다. 그 구체적인 기능은 다음과 같다(박태영 외, 1993 : 181-190).

첫째, 자원봉사의 쌍방향, 양면성이 실천되는 장으로 기능하게 된다. 구성원 상호 간의 연대성을 강화하여 우선 자기 주변의 문제를 찾아나간다. 한 사람 한 사람의 문제나 고민을 공통의 문제로 인식하고 자원봉사활동거리로 결정하여 실천해 나가게 된다.

둘째, 체험발표나 연구발표의 장으로 기능하게 된다. 혼자서 자원봉사활동을 하고 있는 사람이나 다른 그룹에서 활동하고 있는 사람의 체험발표 또는 연구발표의 장으로 활용할 수 있다. 발표하고 평가받는 것은 새로운 활동을 할 수 있는 의욕을 북돋아 준다.

셋째, 친구를 만드는 장으로 기능하게 된다. 같은 의식과 사고를 가진 사람끼리 모여 있는 곳에서 친구 만들기는 비교적 자연스럽게 이루어진다.

넷째, 확실한 목표를 찾을 수 있는 장으로 기능하게 된다. 이미 자원봉사활동을 하고 있는 사람을 그룹에 참여시켜 구체적인 목표를 세우고 실천을 위해 도전해 나감에 따라 조직이 활성화될 수 있다. 생생하고 구체적인 목표가 차례로 제안되는 조직이 되면 자연히 사람이 모여들게 된다.

4) 자원봉사그룹의 조직 모형

자원봉사그룹의 조직 모형은 확산형, 서클형, 피라미드형, 순환형으로 나누어 볼 수 있다.

① 확산형

가장 대표적인 조직방법으로서, 자원봉사자들을 문제(problems)나 욕구(needs)에 따라 분류하여 그룹을 구성하는 것이다. 확산형은 어느 긴급한 상황이 발생하여 학생들이 자원봉사에 대거 나설 경우 특히 효과적인 지도방법이다. 예를 들어, 어느 독거노인이 위기에 처해 있음을 알고 학생들이 돕기 위해 일제히 나섰다면 교사는 학생들을 그 독거노인의 욕구별로 팀을 나눠 문제해결의 과정을 찾아가게 지도하는 것이다. 확산형은 학생 자원봉사자들에게 활동의 의미를 알게 하고(공익성), 그들로 하여금 재미있는 아이디어를 내게 하고(자발성), 계획대로 그를 실천하도록(지속성) 하기만 하면 된다. 그리고 그들 전체 그룹들이 하나로 연합되어 'ㅇㅇ돕기봉사회(봉사동아리)'를 구성, 회장을 뽑고 총무를 뽑아 스스로 자체 관리하게 할 수도 있다

② 서클형

확산형과 달리 자원봉사자들을 기능별로 엮는 조직방법으로서, 한 문제(욕구)의 해결을 위해 기능별로 그룹을 조직한 다음, 그룹을 하나로 묶어 전체 그룹을 구성하고, 전체 그룹에서 회장, 총무 등을 선출하여 자체적으로 운영하도록 한다. 예컨대 밑반찬 배달, 모금이벤트, 스포츠행사, 캠프 등 자원봉사 프로그램의 경우에 적용할 수 있다. 이 방법은 확산형의 문제/ 욕구별 그룹조직과 비교하여 그룹들이 모두 한데 묶일 수 있다는 점에서는 비슷하지만 각 그룹 간에 유기적 관계 면에서 큰 차이가 있다. 서클형이 확산형보다 그룹 간 관계, 즉 전체적 그룹워크 면에서 훨씬 강하다.

③ 피라미드형

피라미드형 역시 자원봉사자들을 체계적으로 묶는 점에서는 앞의 방법들과 같지만 내용은 차이가 있다. 이 방법은 서클형, 확산형과 달리 그룹간에 공통의 문제/ 욕구 또는 공통의 목표가 없을 때 유효한 방법이다. 이는 1989년부터 미국 미네소타 주정부가 지원한 미네소타 워크어바웃 프로그램(Minnesota Walk About Program)과 같은 것이다. 즉, 고등학생들이 초등학교에 가서 각각 어린이들이 원하는 자원봉사 프로그램을 그룹별로 지도한다. 각 그룹의 프로그램 간에는 아무 연관성이 없다. 어떤 어린이들은 사회복지를, 어떤 어린이들은 환경을, 또 어떤 어린이들은 문화, 예술, 자원봉사 프로젝트를 구상할 수 있다. 이들의 팀별 프로그램을 선생님은 대학생들을 배치하여 조정하면 되는 것이다.

④ 순환형

순환형은 한 가지 일을 여러 팀이 돌아가며 하게 하는 방법이다. 예를 들어, 학생들이 복지관에서 노인급식 자원봉사활동을 할 때 매일 각 그룹이 돌아가며 자원봉사를 하게 하는 것이다. 이 경우 자원봉사조정자는 그저 여러 그룹을 짜고 일정한 조정만 해주면 된다. 나머지는 각 그룹이 순서대로 알아서 하도록 하고 틈틈이 조정만 하면 된다. 이 순환형은 위의 세 가지 방법과 달리 여러 자원봉사자들이 한 가지 일(목표)만을 반복해서 하는 것이다. 방법상에서는 각 그룹별로 아이디어를 낼 순 있지만 별로 큰 차이가 없다. 위의 세 가지 방법이 그룹별 아이디어를 강조한다면 이 방법은 주어진 같은 일을 여러 자원봉사자들이 돌아가며 할 뿐이다. 또한 순환형은 자원봉사자들이 여러 분야를 경험해 보려 할 경우에도 쓰일 수 있다. 예를 들어, 복지관이 어떤 일을 하는지 알려주기 위해 학생봉사자들에게 한 번은 아동대상 한 번은 노인대상, 또 한 번은 청소년 또는 장애인대상의 활동을 해 보도록 하는 것이다. 이 경우 자원봉사조정자는 전체 자원봉사자 수를 영역별로 똑같이 나누어 그룹을 구성해 주고 이후 각 그룹이 해당 프로그램들을 잘 실천했는지의 여부만을 확인하면 된다.

5) 자원봉사그룹의 육성방법

자원봉사조정자가 자원봉사그룹을 육성하기 위해서는 다양한 방안을 모색해 볼 수 있다. 우선적으로 자원봉사활동의 환경 혹은 상황적 특성을 고려하여 다음과 같은 다양한 방법을 검토해 볼 수 있다.

① 기관단체별 육성 : 자원봉사자가 속한 학교, 기관, 단체별로 자원봉사그룹을 만드는 것으로써, ㅇㅇ학교봉사팀, ㅇㅇ회사봉사단, ㅇㅇ단체봉사단 등을 예로 들 수 있다.

② 지역별 육성 : 마을이나 아파트 등 일정한 지역을 단위로 자원봉사그룹을 만드는 것으로써, V타운 21세기운동이 그 대표적인 예라고 할 수 있다.

③ 계층별 육성 : 어린이, 청소년, 대학생, 주부, 노인, 장애인 등 자원봉사자의 계층에 따라 자원봉사그룹을 만드는 것으로써, ㅇㅇ어린이봉사팀, ㅇㅇ청소년봉사팀, ㅇㅇ대학생봉사팀, ㅇㅇ여성봉사단, ㅇㅇ어르신봉사단 등이 있다.

④ 기능별 육성 : 교육, 이미용, 꽃꽂이, 음악공연, 치료, 의료 등 자원봉사활동의 내용이나 기능에 따라 자원봉사그룹을 만드는 것으로써, ㅇㅇ교육봉사팀, ㅇㅇ이미용봉사단, ㅇㅇ의료봉사단 등을 예로 들 수 있다.

⑤ 클라이언트별 육성 : 아동, 노인, 장애인 등 봉사대상자(클라이언트)나 봉사대상 기관별로 자원봉사그룹을 만드는 것으로써, ㅇㅇ아동봉사팀, ㅇㅇ노인봉사팀, ㅇㅇ장애인봉사팀, 시설봉사단 A, 시설봉사단 B 등을 예로 들 수 있다.

⑥ 복합형 육성 : 계층별 및 기능별의 복합형태처럼 앞의 여러 가지 육성

방법을 복합하여 자원봉사그룹을 만드는 것으로써, ○○대학생교육봉사팀, ○○여성이미용봉사단 등을 예로 들 수 있다.

이 외에 통상적인 사후관리 기법으로 정보제공, 평가·점검 활용방법 제시, 발표기회 제공, 자원봉사 행사 안내, 자원봉사 강좌 소개, 사례발표회 개최, 자원봉사활동 시 발생하는 문제에 대한 상담 등을 활용할 수도 있을 것이다. 이러한 통상적인 방법 이외에 자원봉사그룹의 사후관리와 관련성이 있는 내용을 중심으로 몇 가지를 제시하면 다음과 같다.

첫째, 적절한 자원봉사 프로그램의 제시이다. 자원봉사의 효율적 요소만 중요시하면 자원봉사자는 자원봉사현장에서 소외될 위험성이 있다. 자원봉사활동 그 자체가 사회적 서비스에 대한 욕구를 해소시키는 효과가 있으므로 자원봉사자의 신체상황, 관심영역, 경제적 여건 등의 변화에 따라 이에 적합한 프로그램을 제안함으로써 지속적으로 자원봉사를 할 수 있도록 해야 할 것이다. 특히 자원봉사자는 자원봉사의 주체이기도 하지만 객체일 수도 있으므로 이에 적합한 프로그램에 관심을 기울여야 한다.

둘째, 자원봉사그룹의 매뉴얼이나 회칙의 마련이다. 자원봉사그룹의 활동이 시작되면 자원봉사에 대한 잘못된 인식을 하고 있는 한두 명의 리더에 의해 그룹이 어려움에 처할 경우도 있으므로 자원봉사그룹의 설립취지와 운영목표를 잘 반영하는 자원봉사활동 매뉴얼이나 그룹의 회칙을 만드는 것이 필요하다. 이러한 회칙이 마련되어 있으면 누구나 리더가 되어도 자원봉사그룹 운영이 적절하게 이루어질 수 있는 장점이 있다.

셋째, 가끔 차세대와의 공동 활동으로 그룹의 활성화를 도모하는 것이다. 항상 같은 세대들만 활동에 참여하게 되면 매너리즘에 빠지기 쉽다. 때로는 젊은 세대나 장년세대와 함께 자원봉사에 참여할 수 있도록 함으로써 새로운 자원봉사 프로그램의 발견과 실천으로의 발전, 그룹 내의 자극과 활기를 가져올 수 있다.

부 록

자원봉사그룹의 건강도 점검

자원봉사그룹이 경직화되거나 매너리즘화되면 구성원 한 사람 한 사람이 활발하게 활동할 수 없게 된다. 그 원인이 무엇인지, 어떻게 하면 고칠 수 있는지를 파악하기는 쉽지 않다. 다음은 자원봉사그룹의 건강도를 점검해 볼 수 있는 문항과 도표이다.

1) 건강도 점검 문항

(1) 전진하는 그룹

- 높고 명확한 활동목표를 가지고 있는가?
- 목표달성의 구체적인 행동계획을 세우고 있는가?
- 사업화를 추진하고 있는가?
- 정보수집 · 기획활동을 추진하고 있는가?
- 활동의 객관적인 자기평가를 하고 있는가?

(2) 자립한 그룹

- (가능하면 유급의) 전문가를 확보하고 있는가?
- 그룹의 활동거점을 확보하고 있는가?
- 활동에 필요한 재원을 확보하고 있는가?
- 우수한 리더 · 회원을 확보하고 있는가?
- 그룹을 지원하는 개인 · 단체를 확보하고 있는가?

(3) 동료를 육성하는 그룹

- 활동에 필요한 학습을 정기적으로 하고 있는가?
- 회원끼리 활동에 대해 토론하고 있는가?
- 회원을 위해 홍보지를 발행하고 있는가?
- 회원 상호의 교류는 활발한가?
- 신규회원에게 확실하게 오리엔테이션하고 있는가?

(4) 동료를 살리는 그룹

- 회원의 개성을 살린 적재적소에 배치를 하고 있는가?
- 그룹 내의 역할분담을 세밀하게 하고 있는가?
- 차기 리더를 육성하고 있는가?

- 회원의 희망을 받아들이고 있는가?
- 회원의 사정에 따라 참가방법을 다르게 적용하고 있는가?

(5) 동료를 돕는 그룹

- 개개인의 생활상황에 대해서도 배려하고 있는가?
- 회원의 고민을 해결해 갈 그룹이 갖추어져 있는가?
- 회원의 상담에 응할 사람은 있는가?
- 회원의 문제해결에 사회자원을 활용하고 있는가?
- 회원이 활동에 참가할 수 있는 조건정비를 하고 있는가?

(6) 체계화되어 있는 그룹

- 회원이나 회의 등의 규정을 정비하고 있는가?
- 회원의 입 · 퇴회, 출결을 확실히 시키고 있는가?
- 활동보고를 하고 있는가?
- 회계보고를 확실히 하고 있는가?
- 역할분담과 그 책임을 명확히 하고 있는가?

(7) 열린 그룹

- 신규회원의 유입을 적극적으로 하고 있는가?
- 누구나 가벼운 마음으로 다가설 수 있는 분위기가 되어 있는가?
- 외부에 대하여 홍보활동을 하고 있는가?
- 그룹 내부에서 회원이 다양한 활동을 인정하고 있는가?
- 다른 그룹이나 관계기관과 연계하고 있는가?

(8) 활동하는 그룹

- 무엇보다도 활동하는 것을 우선하고 있는가?
- 항상 새로운 활동대상을 찾도록 노력하고 있는가?
- 회원이 기뻐할 수 있는 분위기를 만들고 있는가?
- 활동은 사회적으로 인지 · 평가되고 있는가?
- 활동하는 사람을 평가할 계획은 있는가?

2) 건강도 점검 도표

자원봉사그룹의 건강도는 다음과 같은 레이더 도표에 그 영역에 따라 1점에서 5점까지 표시해 보면 어느 영역이 취약하고 어느 영역에 보완이 필요한지를 쉽게 확인할 수 있다. 자원봉사조정자는 그 결과에 따라 자원봉사그룹에 대한 적절한 사후관리를 통하여 활발한 자원봉사그룹을 유지해 나가도록 지원할 수 있게 된다.

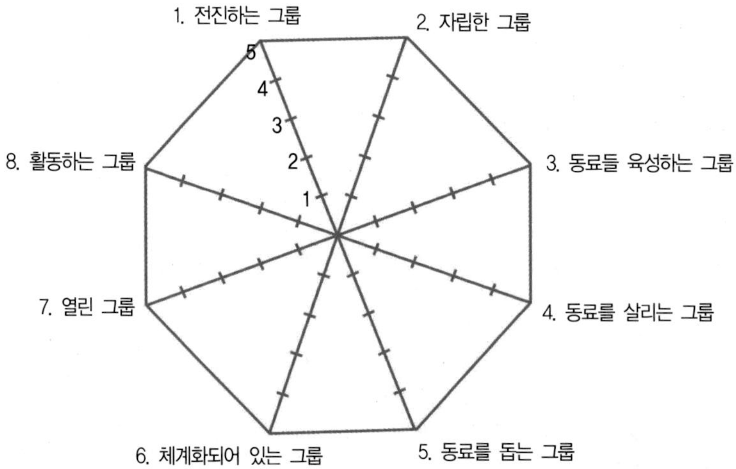

출처 : 東京ボランティアセンター(1993), 박태영 외(2011) 재인용.

2. 인정보상

1) 인정보상의 정의

인정보상은 '자원봉사자들을 인정해 주고 그들의 봉사에 대해 보상을 해주는 것이며, 자원봉사자들에게 훌륭한 일을 해준 데 대한 감사를 표현하는 일' 정도로 요약할 수 있으며, 자원봉사활동 제1차 국가기본계획에서는 인정보상을 자원봉사활동 가치증진과 참여촉진을 위한 바람직한 자원봉사 인정보상 문화 및 제도의 확립의 내용을 근거로 자원봉사자에게 제공되는 유무형의 모든 지원체계를 포괄하는 의미로 사용하고 있다.

〈표 10-1〉 **자원봉사 인정보상의 유사개념**

개 념	사전적 의미	자원봉사활동 조정의 의미
인정(recognition)	어떤 것을 가치 있다고 받아들임 승인하고 알아줌	• 자원봉사활동의 가치 증진 • 자원봉사자에 대한 감사
보상(reward)	어떤 것에 대한 인정에 대해 선물이나 무엇인가를 주는 것	• 인정에 대한 표시의 방법 (외부에서 제공)
실비(actual cost)	실제로 드는 비용	• 봉사활동에 소요되는 비용 • 재료 · 원료비, 교통비, 식비
인센티브(incentive)	동기부여를 목적으로 행하는 자극	• 봉사자 모집과 활동시작의 동기유발 • 지속적 활동을 위한 동기 강화

출처 : 행정안전부(2008a).

2) 인정보상의 목적

효과적인 인정보상은 자원봉사자 개별욕구를 만족시킴으로써, 자원봉사자의 행동을 유발시킴은 물론, 여러 면에서 기관의 목표를 지원한다고 할 수 있다(대구광역시자원봉사센터, 2006).

첫째, 효과적인 인정보상은 생산성을 높인다. 인정보상은 기관의 목표를 성공적으로 달성하기 위한 자원봉사자의 노력을 효과적으로 발휘하도록 한다. 자원봉사자의 시간과 노력은 귀중한 자원이므로 관련성이 없거나 쓸모없는 과제로 낭비되어서는 안 된다. 자원봉사자의 생산성을 높이는 결정적인 단계는 적절한 과업선정과 배치이다. 기관에서는 자원봉사자의 열망과 능력을 가능한 한 주의 깊게 과업에 연결시켜야 한다. 자원봉사자들은 많은 부분 성공적인 과업성취에서 보상을 받는다. 그리하여 자원봉사자들은 부적절하거나 관련이 없다고 보는 과업으로는 동기부여가 되지 않으며 생산성이 적을 것이다.

둘째, 효과적인 인정보상은 자원봉사자가 기관에 오랫동안 남아 있게 한다. 개개인들은 욕구를 충족시키려는 기대를 가지고 자원봉사활동을 한다. 욕구가 충족되지 않을 경우, 자원봉사자들은 효과적인 참여에서 물러나거나 인정보상이 더 클 것으로 보이는 다른 기관으로 떠날 것이다. 개개인의 구체적인 욕구를 정확하게 알고 만족시켜 줌으로써, 그리고 욕구기대를 만족시키는 인정보상을 제공함으로써, 효과적인 인정보상체계는 자원봉사자가 기관에 남아 있을 확률을 증가시킬 것이다.

셋째, 효과적인 인정보상은 자원봉사자들의 사기와 자원봉사단체의 정신을 높여준다. 효과적인 인정보상체계의 핵심요소는 분명한 과업목표와 기대를 수립하고, 개별 과업을 전체적인 기관의 사명과 분명하게 연결시키며, 개인의 만족을 증가시키기 위해 개인적 욕구를 충족시키는 것이다.

사람들은 애매모호함을 싫어하며, 자원봉사자에게 구체적인 목표를 제공하여 그들의 노력을 집중시켜야 한다. 자원봉사자들이 중요한 과업을 잘 수행하고 있다고 느끼는 만큼 그들의 사기는 고양될 것이며, 기관의 목표를 위해 다른 사람들과 함께 효과적으로 활동하고 있다고 믿는 만큼 그들의 자원봉사 정신은 고양될 것이다. 기관의 자원봉사조정자가 적절한 과업배치와 과업수행에 대한 인정보상을 통해 자원봉사자에게 관심을 보여줄 때 자원봉사자의 개인적 만족감과 참여의지는 증가할 것이다.

3) 인정보상의 시행원칙

자원봉사조정자가 효과적인 인정보상을 시행하기 위해서는 다음과 같은 몇 가지 시행원칙을 지켜나가려는 노력이 필요하다.

첫째, 자원봉사 인정보상은 자원봉사활동에 대한 사후적 인정으로서, 인정보상을 시행함에 있어 자원봉사의 기본 가치인 '무대가성과 자발성의 원칙'이 고수되어야 한다.

둘째, 자원봉사자를 지향해야 한다. 인정보상 활동의 초점이 자원봉사자에 맞추어져야 한다.

셋째, 인정의 방식은 매일 언어와 행동을 통해 자원봉사자에 대한 존중과 감사의 관계를 가장 큰 토대로 해야 한다.

넷째, 자원봉사자(팀)별로 그들의 독특한 특성과 욕구에 맞게 개별적이며 진실한 자세로 인정보상을 표현해야 한다. 이를 위해 인정보상의 방법을 가급적 다양화한다.

다섯째, 지나치게 과도한 인정보상의 제공은 피한다. 인정보상의 지나침과 과도함은 그 효과를 반감시킬 수 있다.

여섯째, 자원봉사자로 하여금 왜 그러한 인정보상을 받는지에 대한 명확한 메시지를 전달해야 한다. 즉, 봉사자 스스로뿐 아니라 주변 사람들로부터 마땅히 받을 만하다는 생각이 들어야 한다는 것이다.

일곱째, 자원봉사 인정보상은 합리적이며 공정해야 한다. 이를 위해 중요한 사회적 인정보상의 경우 구체적인 기준을 마련한다. 아울러 자원봉사활동 시간 인증에 대한 기준 마련은 중요하다.

여덟째, 지역사회 단위에서 자원봉사 관련 기관들은 상호 협의하여 가급적 표준화된 기준에 의한 자원봉사 인정보상을 시행해야 한다. 자원봉사자, 자원봉사센터, 자원봉사단체, 자원봉사활동처, 청소년 · 대학생 · 기업 자원봉사자 등 자원봉사활동 시간 인증 주체 간 통일된 기준 적용이 중요하다(행정안전부, 2008a).

4) 인정보상의 유형

인정보상의 유형은 지금까지 연구자에 따라 다양한 형태로 제시되어 오고 있다. 구체적인 내용은 다음과 같다.

〈표 10-2〉 **다양한 인정보상 유형**

출 처	유 형	내 용
이성록 (2003a)	공식적 인정보상	배지, 핀, 증서, 감사장, 파티, 식사, 초대, 표창
	비공식적 인정보상	지지, 칭찬, 감사의 말
	직무 관련 보상	신입회원훈련에 참여, 기관대표로 회의참석, 직원회의 · 연수 참여
	사회적 보상	감사편지
	공적 인정보상	연례행사, 표창 등
이강현 외 (2006)	현금	교통비 지급, 식비지급, 봉사활동 재료비 등 실비지급
	준현금성 신용	상품권, 할인쿠폰, 주차권
	현물	기념품, 기타
	기회	국내외 행사참여 기회, 파티에 참석 기회, 교육훈련에 참석 기회, 새로운 업무나 직위 부여
	사회적 인정	표창, 승진 취업 시 가산점, 자원봉사 인증서, 언론매체 홍보
	정서적 보상	감사편지, 언어적 · 비언어적 감사의 표시, 생일파티
정진석 외 (2009)	사회적 인정보상	국내외 연수 참가, 홍보행사 초대, 교육과정 참석, 행사를 통한 축하, 이름 게시
	심리적 인정보상	활동소개, 감사글, 격려 말이나 표현, 표창 또는 포상, 신분표시물
	경제적 인정보상	할인가맹점 이용, 공공시설 할인, 신용카드 발급, 잠자리 제공, 준비물품, 활동가산점, 경조사 선물, 교통비(현금), 식비(현금), 활동재료비(현금)
	관리적 인정보상	활동시간 관리, 마일리지통장 발급, 상해보험 가입, 활동인증서 발급

박태영 외 (2011)	공식적 인정	연례적인 행사 · 다과회, 증명서 · 상패 · 핀 제공, 경력인정, 입학 · 취업 · 승진에 반영 등
	비공식적 인정	감사하다고 말하기, 개인생활에 대한 관심, 감사편지 보내기, 책임 있는 직무추천 등
행정안전부 (2020c)	정서적 인정	감사카드, 축하카드(생일, 성년 등), 연하장, 휴대폰 문자 등 언어적 · 비언어적 감사의 표시와 관심 표현
	기회의 인정	국내외 행사참석 기회, 보건소 무료 건강검진 기회 전문 심화교육, 워크숍 참석기회 국내 · 외 연수, 테마여행 기회
	상징적 인정	각종 기념품, 활동 조끼, 자원봉사자 수첩 제공 자원봉사자 배지(누적 봉사활동시간에 따른 금 · 은 · 동 배지) 자원봉사자(리더) 명함 제작 또는 자원봉사 인증패 증정 이달의 모범 자원봉사자 선정 또는 봉사왕 선정 등
	간접적 · 경제적 인정	주차할인권, 공공시설 및 복지관 프로그램 이용료 할인 놀이공원 · 공연관람료 할인 또는 무료티켓 등 제공 할인쿠폰 제공(할인가맹점 이용)
	사회적 인정	추천이나 추천서 제공 우수 자원봉사자 표창, 정부포상 추천 지역 또는 전국적 미디어 활용 홍보 상급학교 진학 시 경력 인정 자원봉사 활동기록 및 자원봉사 명예의 전당 등재

다양한 인정보상 예(대구광역시 사례)

1) 자원봉사 마일리지제

- 대구광역시는 전국 최초로 자원봉사통장을 발급하여 할인가맹점 이용 시 할인 혜택을 부여 받을 수 있는 마일리지를 2006년부터 추진
- 2014년부터 자원봉사자증으로 전환

2) 자원봉사자증

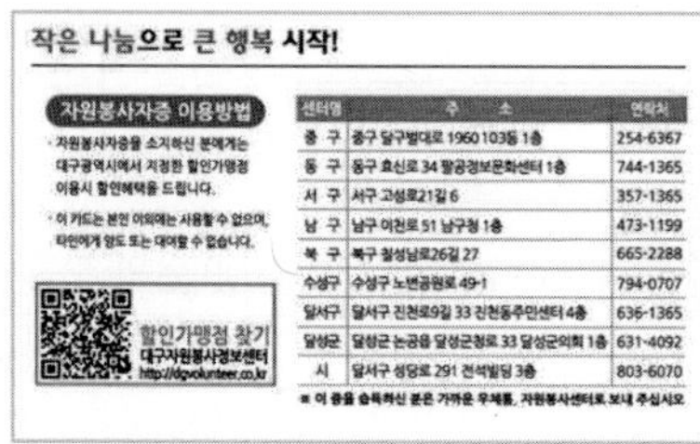

- 자원봉사활동 시 혹은 할인가맹점 이용 시 본인확인 용도로 활용함으로써 자원봉사자의 소속감 증대
- 누적 50 이상 자원봉사자에게 소속 자원봉사센터에서 발급

3) 자원봉사 할인가맹점 운영

- 자원봉사자증으로 대구시와 5~30% 할인혜택을 제공하기로 협약된 할인가맹점
- 2020년 기준 1,100여개소 협약하여 운영 중

출처 : 대구자원봉사정보센터(http://dgvolunteer.co.kr).

5) 인정보상의 사례

우리나라 행정안전부(2020c)가 제안하고 있는 자원봉사활동의 인정보상과 관련된 기준은 다음과 같다.

가. 자원봉사활동 인정

(1) 활동인증 기본원칙

① 자원봉사 시간인증은 자원봉사자와 관련 기관·단체 간 상호 신뢰를 바탕으로 함

② 인증대상이 되는 봉사활동은 자원봉사의 공익성(공공성, 비영리성), 무보수성의 기준을 충족하여야 함

③ 매 활동별 혹은 누적시간에 따라 시간을 인증 관리함

④ 봉사자가 요구 시 활동시간에 대한 소정의 인증서를 발급함

⑤ 시간인증은 자원봉사자 개인단위로 함(시간인증 관련 봉사자 연령제한 없음) ※ (예시) 가족단위 봉사활동 중 미취학아동 봉사자가 직접 봉사활동에 참여한 경우 시간인증 가능

⑥ 인증시간을 실제 시간보다 늘리거나 양도하는 것은 금지함

⑦ 시간인증은 자원봉사활동 실시 후 3개월 이내에 하는 것을 원칙으로 함

⑧ 시간인증 및 관리방법, 절차는 가능한 간편하고 효율적이어야 함

(2) 기본 인증기준

① 자원봉사활동 시간인증은 1일 8시간 이내 인정 원칙

- 다만, 활동 목적상 8시간을 초과한 활동(예시 참조)이 불가피한 경우, 자원봉사센터에서는 수요처 활동 계획을 검토하여 1일 12시간 이내 인정 가능
- 이 경우에도 수요처에서 활동 봉사자를 충분히 모집, 봉사자의 적정

한 활동시간(8시간 이내) 준수 및 휴게시간 보장하도록 운영하는 것이 바람직함

※ (예시) 1박 2일 장애인 캠프 프로그램 활동보조 봉사활동 등

② 실제 봉사활동시간에 한해 인증하는 것이 원칙

구 분	출발	현장 도착	준비/ 교육	활동	식 사	활 동	평 가	봉사활동 후 여흥	현장 출발	센터 등 도착	귀 가
인증			활동인증 대상시간								

※ 차량봉사의 차량운행 및 기타 봉사시간, 아동안전 지킴이 활동의 현장순찰 활동시간 등 실제로 현장에서 활동한 시간을 인정

- 다만, 이동시간은 원칙적으로 불인정하되 특별재난지역에 대한 자원봉사 등 국가적 재난극복을 위한 활동의 경우 2시간 이내에서 이동시간 추가 인정

③ 자원봉사활동시간 확인 · 실적 인정은 활동 종료 후 1개월 이내에 이루어지도록 하는 것을 원칙으로 함

- 단, 1개월이 경과하였더라도 이전 자원봉사활동 실적을 구체적으로 입증할 수 있는 경우(예 자원봉사 인증기관의 직인이 날인된 자원봉사활동 확인서를 제출하는 경우 등) 관할 자원봉사센터의 판단에 따라 예외적으로 인정가능

(3) 시간 인증기준

① 자원봉사 관련 교육 및 회의시간

- 자원봉사활동과의 직접적 관련성을 기준으로 판단하되, 실제 자원봉사활동을 수행한 봉사자에 한해서만 관련 교육 · 회의시간을 봉사활동시간으로 인정

  ※ 직접적 관련성 : 자원봉사활동 수행을 위해 별도로 실시되는지 여부

- 자원봉사활동에 따른 인정 프로그램의 일환으로 제공되는 교육, 학위 과정 · 자격증 획득 과정 등 정규 교육 프로그램 이수 과정에서 이루어지는 일상적 교육 · 회의 · 실습활동 등은 불인정

② 문화공연 준비

- 공연, 전시회 형식의 자원봉사활동의 경우, 공연 당일 최종 리허설은 봉사활동시간으로 인정

※ 학교 · 동호회 · 시민단체의 경우 회원(강습자) 대상으로 회화 · 서예 · 레크리에이션 등 다양한 강습 프로그램을 진행하고 그 결과물을 공연 · 전시의 형식으로 일반 시민들에게 제공하는 경우가 있음. 이 경우 공식 공연(리허설 포함)은 자원봉사활동으로 인정 가능하나 일상적 연습 및 공연 준비는 불인정

③ 번역

- 공익적 목적에 의해 공식적으로 요청받은 경우, 200자 원고지 5매 또는 A4용지 1매를 1시간 기준으로 인증

※ 점자, 녹음 등 번역과 유사한 활동의 경우에 유사한 기준을 정하여 인증

④ 행사참여

- 각종 행사에 따른 내빈 안내나 주차, 주변정리, 홍보 등 실질적 봉사활동은 인정, 단순참여는 불인정

※ 국가 · 지자체의 기념식 등의 공공행사에 단순 동원식 참여 및 행정기관으로부터 활동비 등 대가를 받는 활동은 제외

⑤ 물품 및 현금기부 등

- 물품 및 현금 기부는 봉사활동 시간으로 환산하여 인증할 수 없음

⑥ 종교시설 봉사활동

- 교회, 성당, 사찰 등의 종교행사 관련은 자원봉사 불인정
- 동일 종교시설 내 신도를 위한 활동은 자원봉사 활동으로 등록 불가

⑦ 헌혈(전혈, 성분헌혈)

- 시간적용기준 : 회당 4시간
- 연간 자원봉사시간 인정 횟수는 전혈 5회, 성분헌혈 24회 이내

※ 혈액관리법 제2조 및 같은 법 시행규칙 제2조의2에 헌혈 가능 횟수 규정

- 헌혈 자원봉사시간 인정은 헌혈자 본인에 대해서만 적용하고, 헌혈증서를 양도 받은 자는 적용하지 않음

온라인 자원봉사 활동관리

1) 기본 방향

- 온라인 자원봉사는 비영리와 공공성의 목적으로 수행된 직접적인 봉사활동이 온라인을 기반으로 이루어지는 자원봉사활동
- 시·공간적 제약을 받지 않고 쉽게 자원봉사에 접근하여 참여할 수 있고, 자원봉사 영역을 확장하여 자원봉사 참여 문화를 확산

2) 활동 유형

대분류	중분류	상세내용
온라인 자원봉사	번역 및 통역	- 국제행사 및 사회적 약자(청각장애인 등)를 위한 온라인 통·번역 활동
	상담 및 자문	- 마케팅, 법률 등의 온라인 상담 및 전문 자문 제공
	모니터링 활동	- 환경, 안전 등 공익적 모니터링 활동
	인식개선 및 홍보	- 사회문제해결을 위한 다양한 온라인 활동
	기타 전문기술 제공	- 콘텐츠 제작 등 다양한 분야의 기술 제공

※ 본 지침에서는 단순 참여 등은 온라인 자원봉사로 불인정

불인정 예시)
- 온라인 기부 활동
- 단순 홍보 지원 및 확산 활동(좋아요, 단순 공유 등)
- 온라인 댓글 달기(활동소감, 외국인(홍보대사) 작성글의 답변 및 가입유치, 선플달기 등)

3) 인증방안

- 온라인 자원봉사활동은 1365 자원봉사포털을 통해 활동인증서 발급

나. 자원봉사자 보험

(1) 보험가입 및 보상청구

① 보험적용 대상자

– 자원봉사* 중에 입은 상해 등의 피해를 자원봉사센터에서 확인**이 가능한 자원봉사자

* 자원봉사활동 기본법 제7조(자원봉사활동의 범위)에 따름

** 이름, 생년월일, 실적확인서 또는 자원봉사센터장 명의의 공문 등

② 대상자 결정기준

– 1365자원봉사포털 통계를 이용, 자원봉사에 참여할 예상 인원규모로 계약하여 신규 인원까지 보장

※ 필수적인 범위 내에서 최소한의 개인정보만 제공, 특히 주민등록번호는 제공하지 않는 방향으로 계약

(2) 보험계약 및 보상청구 절차

① 통합계약

– 협의체 구성, 대표기관 선출 및 전국단위 계약

통합계약	국고보조 (50%)	⇨	조달공고 (50% 추가)	⇨	입찰응찰	⇨	낙찰, 계약, 보험료지급	⇨	사고 시 보험보상
	행정안전부		운영협의체 (全 지자체 · 센터)		보험사 (컨소시엄)		지자체 (운영협의체)		대표 보험사

② 보상청구 절차

– 자원봉사자로 회원가입이 되어있는 소속 시 · 군 · 구 자원봉사센터를 통해 대표보험사에 청구

사고발생 → 기관에 보험금 청구 요청	⇨	피해자 동의서가 포함된 보험금 청구서만 작성* → 보험사 제출	⇨	자원봉사자에게 서류 일체 수집 · 안내* → 확인 후 보험금 지급	⇨	보험금 수령
자원봉사자		사업시행 기관		대표보험사		자원봉사자

* 개인정보 수집, 분실위험, 업무담당자 업무량 등을 고려하여 업무 분담

※ 2021 자원봉사자보험 보장내역

필수	상해 사망	자연 재해 상해 사망	상해 후유 장해	상해 입원 일당	상해 통원 일당	자원 봉사 배상 책임	영업 배상	구내 치료비 (정신 치료비 포함)	자연 재해 구내 치료비	식중독 입원 위험 보장 (2일 이상)	화상 진단 위로금 (표재 성2도 이상)	화상 수술 위로금	골절 진단 위로금 (치아 파절 포함)
	2억	1억	2억	5만	3만	3천만	5억	1백만	2천만	1백만	6십만	1백만	6십만
	골절 수술 위로금	특정 전염병 보상금	상해 흉터 수술 비용 보장	의사 상자 상해 위험	상해 사고 응급실 내원 진료비	특약		성폭력 범죄 발생 보장	성폭력 범죄 상해 보상	폭력 피해 발생 보장	강력 범죄 발생 보장	유괴 · 인신 매매 피해 발생 보장	교통 상해 입원 일당
	6십만	1백만	5백만	2억	3만			1천만	5백만	1백만	1백만	1백만	3만

출처 : 대구광역시자원봉사센터. https://dgvolunteer.co.kr.

부 록

미국 촛불재단의 자원봉사자 101가지 인정방안

1. 공식적 인정

1. 연간 기념행사
2. 우수 봉사자 게시
3. 사전 교육훈련
4. 그룹 토론회
5. 추가 임무 제공
6. 언론에 특기 제보
7. 공식 리셉션
8. 타 봉사자 교육담당 요청
9. 자문역 활용
10. 직원과 파트너 활용
11. 전문정책활동 제시
12. 정책형성 초청
13. 우수업적 공식 축하
14. 후원센터 새 대표 축하행사
15. 실질적 교육훈련
16. 모임, 평가회 마련
17. 이달의 봉사자 선정
18. 활동시간, 공식적 인정
19. 특이 업적에 특별시상
20. 세심한 오리엔테이션
21. 활동 세부지침 제공
22. 지역사회 차원의 큰 특별행사
23. 봉사활동 공공게시
24. 신문홍보
25. 뉴스레터에 알림
26. 센터에 관한 공식 오리엔테이션

2. 비공식적 인정

27. 의견함 설치
28. 활동보고서 요청
29. 직원모임 초청
30. 팀훈련 초청
31. 수혜자 평가 요청
32. 좋은 계획 수립
33. 사전 준비 철저
34. 지속적 기록 관리
35. 외부에 칭찬 편지
36. 스마일
37. 커피바 설치
38. 음료 제공
39. 생일카드 보내기
40. 개인 애로사항 인지
41. 기쁜 표정
42. 봉사자 가정에 명절카드 보내기
43. '좋은 아침' 인사
44. 이름 기억해서 인사하기
45. 자기확신 개발 지원
46. 시간을 내서 설명
47. 자상한 언어
48. 센터 임원과 대화
49. 봉사자의 감성 존중
50. 일의 성취력 독려
51. 일 이외에도 관심 갖기
52. 다과 파티
53. '좋은 오후' 인사
54. 봉사자 선호 존중
55. 안락한 분위기 조성
56. 직원 휴식시간에 초청

57. 봉사자 의견 존중	73. 재미있는 카드 보내기
58. 따뜻한 차 제공	74. 오락행사
59. 지속적인 격려	75. 수혜자 주선 깜짝쇼
60. 편안한 대화	76. 봉사자 고용주에게 감사
61. 직원의 반감에 보호	77. '그간 감사' 인사
62. 상사에게 칭찬하기	78. 후원단체에 감사
63. 밸런타인 선물하기	79. 직원에게 스마일 독려
64. 봉사활동은 직장일과 같다는 직원교육	80. 집단 중 개인 존재 인식
65. 감사글 보내기	81. 안전한 활동조건 유지
66. 깜짝 커피타임	82. 연말카드 보내기
67. 봉사자 친지에게 칭찬	83. 스포츠게임 참석
68. '좋은 저녁' 인사	84. 영화관람
69. 직원-봉사자 사교모임	85. 야유회
70. 진지한 태도	86. '감사' 인사
71. 봉사자 개성 존중	87. 긴급상황 지원 요청
72. 연령별 정체성 인정	88. 공공 리셉션 초청 주선
3. 인센티브	
89. 활동비용 지원	96. 고용센터에 추천
90. 할인혜택 알선	97. 자원봉사교육 참가 지원
91. 봉사자 수첩 제공	98. 자원봉사자 시상
92. 개인 애로사항 수용	99. 일자리 알선
93. 보육 서비스	100. 활동에 필요한 용품 제공
94. 탁아	101. 개인 개발 지원
95. 후원집단에 상패 증정	

출처 : 행정안전부(2008a).

자원봉사활동 시간인증 표준표

대분류	소분류	시 간
사회복지 및 보건증진	급식소 봉사활동	6시간
	김장김치 만들기	8시간
	나들이 보조	8시간
	노인 · 장애인 수발	4시간
	놀이, 말벗	4시간
	도시락, 밑반찬, 물품 배달	6시간
	모금활동 및 후원 캠페인	4시간
	바자회	8시간
	보육, 음식조리(제과제빵 포함)	4시간
	빨래방 봉사활동	6시간
	사무보조, 장애인 직업재활작업장 보조	6시간
	영정사진 촬영 및 제작지원	4시간
	재가세대 이사지원	8시간
	재가세대 행정 및 금융 업무 대행	2시간
	청소, 빨래, 주변 환경 정리	4시간
	체육보조활동	4시간
	기타 사회복지 분야 봉사활동	4시간
	호스피스활동	4시간
	의료수발 및 식사보조	4시간
	환자 접수 및 안내, 의료기구 및 보급품 정리 등 행정보조	4시간
	대기실 환경정리, 입원실 청소 및 화단정리	2시간
	물리치료 관련 운동보조활동	4시간
	무료의료봉사	6시간
	헌혈자 접수 및 안내, 거리캠페인	4시간
	병동 내 및 재가세대 대상 도서대출 및 회수	4시간
	이미용 봉사활동	6시간
	목욕봉사활동	4시간
	보건의료 분야 자문위원활동	2시간

지역사회 개발 · 발전	집짓기, 수리(전기 및 보일러 수리, 도배장판, 도색 등)	8시간
	공동체 마을 만들기, 아파트 공동체 실천활동, 주민자치활동	8시간
	농촌 봉사활동, 텃밭 가꾸기	8시간
	알뜰시장 및 벼룩시장 봉사활동	8시간
	꽃길 가꾸기, 놀이터 보수활동	6시간
	기타 지역사회 분야 봉사활동	–
환경보전 및 자연보호	환경정화활동, 재활용품 수거 및 분류	4시간
	불법홍보물 제거	4시간
	환경감시	4시간
	기타 환경보전(자연보호) 분야 봉사활동	–
취약계층 권익보호 및 청소년 육성 · 보호	문화체험, 홈스테이, 청소년 수련지도	8시간
	청소년유해업소 감시 및 정화활동	4시간
	청소년 보호 관련 캠페인 활동	4시간
	기타 청소년 육성 · 보호 분야 봉사활동	–
교육 및 상담	평생교육 관련 지도활동(예술, 컴퓨터, 언어, 직업교육 등)	4시간
	학교 교과목과 관련된 학습지도	4시간
	면접, 전화, 인터넷 상담(법률, 세무, 여성, 가족문제 등)	4시간
	멘토링(멘토링사업 참가자) 활동	8시간
	기타 교육상담 분야 봉사활동	–
인권옹호 및 평화구현	여성차별개선활동, 아동인권보호활동	4시간
	북한동포돕기 활동 및 캠페인	4시간
	외국인 노동자 및 결혼이민자 지원활동	4시간
	기타 인권옹호 및 평화구현 분야 봉사활동	4시간
범죄예방 및 선도	범죄예방, 야간방범, 유해환경 추방활동	4시간
	교도소, 감호소 위문(공연)활동	관내 4시간/ 타지 8시간
	아동 안전지킴이 활동	4시간
	기타 범죄예방 및 선도 봉사활동	–

교통 및 기초질서 계도	교통정리, 주정차 안내, 등하교 횡단보도 지도 지방자치단체 행사 혹은 명절 시 실제 활동시간 적용	4시간
	차량봉사(장애인, 노인, 환자 이송활동)	관내 4시간/ 타지 8시간
	교통안전교육	4시간
	부정주차금지 캠페인	4시간
	기타 교통 및 기초질서 계도 분야 봉사활동	–
재난관리 및 재해구호	피해복구활동	8시간
	응급구조활동	8시간
	피해복구참여자 대상 급식활동	8시간
	재해예방교육	2시간
	대민안전캠페인 및 재난재해모금 캠페인	4시간
	피해지역 모니터활동 및 현장사무소 업무보조	8시간
	기타 재난관리 및 재해구호 분야 봉사활동	–
문화 · 관광 · 예술 및 체육진흥	문화재 · 관광 가이드, 문화해설	8시간
	문화예술시설 견학안내	4시간
	문화 · 예술 · 체육 분야에서 (보조)지도자 활동	4시간
	문화 · 예술 · 체육행사 지원활동	8시간
	공연봉사활동	4시간
	문화재보호 캠페인	4시간
	문화재지역 환경정화, 유해문화 추방활동	4시간
	기타 문화, 관광, 예술, 체육 분야 봉사활동	–
부패방지 및 소비자보호	지방정부 및 의회 모니터 활동	4시간
	의식계몽활동, 소비자보호 활동	4시간
	상업주의 방송 감시활동	4시간
	부패방지 및 소비자보호 분야 봉사활동	4시간
	기타 부패방지 및 소비자보호 분야 봉사활동	–
공명선거	선거 관련 봉사활동	8시간

국제협력 및 해외봉사	국외에서의 봉사활동	8시간
	국제기구 및 단체 지원활동	8시간
	국제스포츠행사 지원활동	8시간
	통 · 번역 봉사활동	8시간
	기타 국제협력 및 해외봉사 분야 봉사활동	–
공공행정 사무지원	동사무소 · 시청 · 세무서 · 문화의집 · 주민자치센터 · 도서관 등에서 민원안내, 사무협력, 도서정리	4시간
	소방서에 소방 · 홍보 업무	4시간
	경찰서에서 민원 안내 및 상담	4시간
	자원봉사 실적관리 및 자원봉사자 지도	4시간
	기타 공공행정 및 사무지원 분야 봉사활동	–
기타 공익사업 수행 등	자원봉사 관련 회의	2시간
	기타 봉사활동	–

출처 : 행정안전부(2020c).

자원봉사활동 확인서

발급번호 : 제출용(1/1)

자원봉사활동 확인서

성 명 :

주민등록번호 :

주 소 :

자원봉사 활동횟수 : 총 회
활동시간 : 총 시간 분
활동내용 : 건

활동기간	봉사시간	분야	봉사내용	봉사실적/ 실적등록기관

위와 같이 자원봉사 활동에 참여하였음을 확인함

20 년 월 일

○○자원봉사센터장

담당자 : / 연락처 :

* 본 증명서는 인터넷으로 발급되었으며, 자원봉사 포탈시스템(www.1365.go.kr)의 확인서 조회 메뉴를 통해 문서발급 번호 입력으로 내용의 위변조 여부를 확인해 주십시오. 다만 문서 확인 번호를 통한 확인은 발급일로부터 90일까지 가능합니다.

* 발급확인서에 표시된 유관기관의 자원봉사 실적은 자원봉사 포탈 시스템과 연계를 통해 취합된 실적 정보 입니다

출처 : 행정안전부(2020c).

3. 갈등관리

1) 갈등관리의 정의

갈등은 '두 사람 이상의 사이에서 목적과 방법, 가치와 욕구가 서로 대립된, 혹은 반대인 것처럼 보이는 상황으로서 경쟁과 권위에 따른 다양성과 민감성, 그리고 아이디어, 욕망, 필요사항 등의 불일치에서 비롯된 상호작용 과정'이라고 정의할 수 있다(S. P. Robinson, 1998, 이성록; 2003a 재인용).

한편 갈등관리는 단순히 갈등을 해소시킨다는 것만을 의미하는 것은 아니며, 조직에 부정적 영향을 미치는 지나친 갈등을 해소 혹은 완화시키는 것뿐만 아니라 조직에 유익한 적정 수준의 갈등은 용인하고 유지해 나가는 조치를 취하는 것, 그리고 조직에 유익하다고 판단되는 갈등을 조장하는 것까지를 포함한다고 할 수 있다. 즉, 적정 갈등수준을 중심으로 갈등을 감소시키거나 자극하여 그 수준을 조정하여야 한다는 것이다(이성록, 2003a).

〈표 10-3〉 **갈등에 대한 관점**

관 점	가 정	접근법
전통적 관점	갈등은 나쁜 것	갈등제거
행동주의적 관점	갈등은 자연적인 것이며 불가피한 것	갈등수용
상호작용론적 관점	갈등은 긍정적인 것이며 필요한 것	갈등조정

출처 : 이성록(2003a).

2) 갈등의 원인

갈등의 원인을 이성록(2003a)은 과업의 상호의존성, 목표와 역할의 기대차이, 지각의 차이, 조직의 구조 등으로 설명하고 있는데 자세한 내용은 다음과 같다.

(1) 과업의 상호의존성

자원봉사자와 자원봉사조정자[2]는 한정된 조직자원의 범위 안에서 활동해야 한다는 본질적인 면으로부터 상호의존적 특성을 갖게 된다. 따라서 동일자원에 대한 의존성이 증가할수록 갈등이 일어날 가능성도 커지게 된다. 예컨대 자원봉사조직의 제한된 자원의 집행에 대한 자원봉사자와 자원봉사조정자 사이 또는 자원봉사자 집단 간의 견해는 충분히 다르게 나타날 수 있기 때문이다.

시간의 상호의존성은 자원봉사자와 활동일정에 관한 것으로써, 일정과 타이밍이 밀접할수록 양자 간의 갈등이 발생할 가능성은 커진다. 즉, 특정 문제 접근이나 클라이언트에 대한 서비스의 일정에 대한 견해 차이는 역할과 입장에 따라 충분히 다르게 나타날 수 있다.

(2) 목표와 역할의 기대차이

목표와 역할의 기대 불일치는 개인 간 또는 집단 간 갈등의 원인이 된다. 자원봉사조직에 있어서 구성원들은 그들의 역할이 강화됨에 따라 보다 상이한 목표를 갖게 된다. 예컨대 자원봉사자의 목표는 지역사회 문제 개선과 자기성장이라는 목표를 가진다면 자원봉사조정자는 자원봉사자 활용을 통한 서비스로 예산절감과 조직발전이라는 목표를 갖는다. 그리고 상이한 목표를 가진 두 집단의 구성원들은 상이한 시각과 행동을 취하게 된다. 따라서 같은 문제에 대응함에 있어서 상이한 시각과 행동으로 갈등을 발생시킬 소지가 큰 것이다.

(3) 지각의 차이

현실에 대한 지각차이는 의견의 불일치를 촉진시키고 공동의 의사결정이나 협력을 어렵게 만들어 갈등의 요인이 된다. 또한 구성원들이 이질적일수

---

2 이성록이 지칭하고 있는 유급직원을 본 교재에서는 자원봉사조정자로 통일하여 사용

록 협동적으로 일할 가능성은 적어진다. 지각차이는 구성원들의 배경 · 가치관 · 교육 정도 · 연령 · 정보체계 · 사회적 관계유형 등과 같은 차이점에서 기인하며 이러한 이질감은 조직의 분위기를 저하시키고 협력을 감소시킨다. 따라서 이질감으로 기인하는 지각의 차이는 쉽게 갈등을 유발한다. 자원봉사조직에 있어서 이러한 지각차이는 구성원의 입장에서도 기인한다. 예컨대 특정 사안에 대하여 자원봉사조정자는 주로 전문성을, 자원봉사자는 사명감을 토대로 하여 각자 다른 입장에서 지각하기 때문이다.

(4) 조직의 구조

조직의 구조도 갈등의 중요한 원인으로 작용한다. 특히 조직의 의사결정 과정과 공식화 정도, 가치기준과 보상체계가 미치는 영향이 크다고 볼 수 있다.

① 의사결정 과정과 공식화 정도

조직의 의사결정 정책, 공식화의 정도 등 조직의 제도 역시 갈등의 원인이 될 수 있다. 구성원이 의사결정 과정에 참여하여 의견의 불일치를 일으킬 경우 갈등이 촉발될 수도 있다. 그러나 의사결정에 영향을 받게 될 구성원이 의사결정 과정에 참여하지 않은 경우 갈등은 보다 크게 표면화 된다. 한편 공식화의 정도가 낮을수록 갈등의 소지는 커진다. 즉, 상호작용의 방식을 표준화하지 않은 경우 역할규정이 불분명하여 관할권의 분쟁 소지가 증가하게 된다.

② 가치기준과 보상체계

대개 자원봉사자는 새로운 변화로써 창의성을 중요하게 여기며 자원봉사조정자는 안정성을 소중하게 여긴다. 창의성의 경향은 현재의 방법을 부적절하게 여기는 반면 안정성의 경향은 현재의 방법을 적절한 것으로 판단하기 때문에 각기 다른 기준으로 과업에 임함으로써 갈등은 촉발하게 된다. 한편 자원봉사조직에 있어서 상이한 보상체계는 특히 갈등의 원인이 된다. 즉,

자원봉사자와 자원봉사조정자를 평가함에 있어서 각기 다른 기준을 적용하고 보상체계가 다른 경우에 갈등이 야기된다.

3) 갈등의 유형

(1) 자원봉사자와 자원봉사조정자 간의 갈등

자원봉사자는 자원봉사조정자의 전문성과 경험을 존중하고 그들의 조정과 도움을 받아야 하며, 자원봉사조정자 역시 자원봉사자의 의견을 존중하고 지원하기 위해 노력해야 한다. 그러나 활동과정에서 자원봉사자와 자원봉사조정자 간의 갈등은 일어나게 마련이므로 이러한 갈등을 최소화하기 위하여 상호 노력하고 이미 발생된 갈등요인을 해소할 수 있는 능력을 갖추어야 한다. 자원봉사조정자와의 갈등을 최소화하기 위해서는 자원봉사자에 대해 자원봉사조정자가 느낄 수 있는 거부감의 원인을 자원봉사자가 알아두어야 하는데 첫째, 경험이 많은 우수한 자원봉사자들의 활동에서 자원봉사조정자는 지위에 대한 불안감을 느낄 수 있으며, 마치 자원봉사자에게서 도전을 받는듯한 피해의식을 가질 수 있다. 따라서 자원봉사자는 자원봉사조정자를 신뢰하고 활동에 대한 결과를 알리는 등 경쟁자가 아닌 협력사로서 인식해야 한다.

둘째, 대부분의 자원봉사자는 자원봉사조정자보다 충분한 교육을 받을 기회가 부족하므로 전문성이 낮을 수 있다. 이에 자원봉사자의 직무 수행을 신뢰하지 못하고 권한위임을 기피함으로써 자원봉사자의 불만족으로 이어져 갈등이 발생할 수 있다. 자원봉사자는 활동의 지속성과 질을 높이기 위한 자기개발 및 지속적인 교육참가 등으로 전문성을 갖추어야 한다.

셋째, 아직도 자원봉사자들을 예산절감을 위한 단순한 노동력 제공자로서 인식하는 자원봉사조정자의 역할인식 부족에서 갈등이 발생하기도 한다. 심지어 마지못해 자원봉사자를 활용할 수밖에 없다거나 도움을 받기는커녕 도리어 조정하는 데 시간을 뺏긴다는 불평이 있을 수도 있다. 자원봉사자는 자원봉사조정자의 보조자로서의 수직적 관계가 아니라 동료로서의 수평적 협력관계로 인식되어야 경쟁이 아니라 협력적 관계로 인식될 것이다.

넷째, 과거 나쁜 경험에 의해서 자원봉사자에 대한 불신감이 생길 수 있다. 자원봉사자라는 지위나 역할에 너무 몰입한 나머지 대인관계에서 문제를 보이는 자원봉사자가 있을 수 있지만 대부분의 자원봉사자들은 성실하게 활동에 참여하고 있으므로 문제발생이 일어날 가능성은 적다.

다섯째, 자원봉사자의 역할이 확대되면서 자원봉사조정자는 직접적인 서비스 제공보다는 행정적 관리역할의 비중이 높아져 보람과 성취감 등이 상대적으로 줄어들게 되는 역할 상실감을 느껴 소진현상(burn-out)이 생길 수 있다. 예를 들어, 아동복지시설의 아동들이 자원봉사자에 대한 친밀감이 자원봉사조정자, 즉 보육담당자보다 높을 경우 거부감을 가질 수 있다.

(2) 자원봉사자와 클라이언트 간의 갈등

자원봉사자와 클라이언트 간의 갈등은 표면적으로 잘 드러나지 않을 뿐 상당히 많이 일어난다. 장애인과 만나는 자원봉사자는 자신이 장애인을 차별하려 하거나 특별한 의도 없이 사용한 언어나 표현에 대하여 장애인의 항의를 받을 수 있으며, 이에 자원봉사자는 자신의 마음을 이해하지 못한 클라이언트에 대하여 서운함이 생겨 스트레스를 받기도 한다. 클라이언트 역시 자신을 인격적 관계 형성에 소홀하거나 장애인으로 대상화하는 자원봉사자에게 마음이 상하여 자원봉사자를 불신하고 거부하는 경우도 발생한다. 한편 클라이언트가 무리한 요구를 함으로써 갈등이 발생하기도 하는데 자원봉사자가 수용할 수 없는 욕구와 기대를 강요할 때 갈등이 야기되고 거부감과 대립양상을 발생시킨다. 이러한 부정적 갈등을 최소화하기 위해서 클라이언트는 지나친 요구를 자제하고 자원봉사자는 상황에 따라서 분명하게 거절할 수 있어야 하며, 자원봉사자와 클라이언트가 함께하는 교육 프로그램 제공 등도 필요하다.

(3) 자원봉사자와 자원봉사자 간의 갈등

자원봉사자들은 동료관계를 매우 소중하게 여기며 좋은 동료관계를 자원봉사활동에서 얻게 되는 중요한 보상으로 받아들이기도 한다. 그러나 다른 조직과 마찬가지로 직무수행 과정에서 상호작용이 증가되면 자원봉사자들 역시 동료관계에서 갈등을 경험하게 된다. 이러한 갈등은 대체적으로 인정문제와 관련되며 조직성과에 긍정적이기도 하고 부정적 영향을 미치기도 한다.

자원봉사자 동료 간에 자주 발생할 수 있는 갈등요인의 하나는 인정보상과 관련된 경쟁심인데 일반적으로 자원봉사자는 동료와 클라이언트로부터 보통 이상의 존재로 인정되기를 원한다. 예를 들어, 클라이언트의 관심을 다른 동료보다 더 많이 받게 되기를 원하여 서비스 경쟁을 하는 경우이다. 이러한 경쟁은 긍정적 측면도 있으나 대개의 경우 서비스의 에스컬레이터 현상으로 발전하다가 결국 오래 지속되지 못하고 스스로 소진되거나 동료 간의 갈등으로 팀이 깨어지게 하는 결과를 초래하는 것이다(이성록, 2007 재구성).

자원봉사자와 자원봉사조정자가 느끼는 갈등과 바라는 점

① 자원봉사자가 느끼는 갈등

- 자원봉사조정자의 권위적 태도와 방관하는 모습들
- 실수할지도 모를 상황에 대한 염려
- 자원봉사기관에서 하인부리는 듯한 식의 대우를 받음
- 돈 받고 일해주러 온 기분이 들었을 때 하루 종일 활동을 해도 보람을 찾지 못함
- 활동을 능숙하게 처리하지 못할 때 담당자의 신경질과 핀잔
- 남낭사의 불친절과 무시하는 듯한 말투나 행동
- 자원봉사자가 아니라 잡일하는 사람으로 생각하고 함부로 대할 때
- 자원봉사조정자가 무관심하고 클라이언트가 잘 따라주지 않을 때
- 자원봉사자의 활동상황이나 내용, 활동장면에서 나타나는 문제해결에 소극적인 자원봉사조정자의 태도
- 기관에서 일방적으로 자원봉사 시간과 날짜를 맞추도록 요구할 때
- 타 자원봉사자와 능력이 비교될 때

- 자원봉사자에게 모든 것을 전담케 하여 프로그램을 작성해 오라고 할 때, 잘 해오지 못하거나 실수를 하면 냉담한 모습을 보임
- 자원봉사 활동처까지 이동하는 데 차비가 많이 들 때
- 클라이언트가 잘 따르지 않고 활동에 황당한 반응을 보일 때
- 자원봉사 프로그램 준비와 실시에 따른 자원봉사자들 간의 갈등
- 기관에서 본인이 희망한 활동이 아니라 전혀 무관한 업무를 하도록 강요받을 때
- 몇 년째 꾸준히 활동하고 있는 프로그램에서 본인을 제외시키고 신규 자원봉사자가 참여하였을 때
- 활동 당일 충분치 못한 사전준비로 자원봉사자들의 역할에 대해 일관성 없는 분담과 직원끼리 우왕좌왕하는 모습을 봤을 때

② 자원봉사자가 자원봉사조정자에게 바라는 점

- 좀 더 친절하게 대해주고 이해를 바람
- 활동내용에 대해 자세한 설명을 부탁
- 자원봉사자가 능숙하게 일처리를 하지 못하더라도 옆에서 격려해 주고, 각 담당 부서의 선생님들은 담당 자원봉사자들에게 특히 더 신경을 써주기를 바람
- 따뜻한 말 한마디가 큰 힘이 됨
- 우리의 의견을 존중해 주고 일하는 기계가 아니라 인격체로서 대해 주기를 바람
- 담당자의 아래에 있는 사람으로 여기지 말아 주기를 바람
- 사전에 자원봉사활동에 대한 자세한 설명과 따뜻한 인사말 한마디라도 해주기를 바람
- 자원봉사교육이 자원봉사자를 위한 일회성 행사가 아니라 우리들의 사례발표와 토의 등 자원봉사자 자질향상을 위한 프로그램으로 확대해 주기를 바람
- 편하게, 친근감 있게 대해 주기를 바람
- 모든 것을 자원봉사자에게 전담시키지 말고 신경써서 도와주고, 힘든 것이 무엇인지 자주 물어주기를 바람
- 자원봉사활동 대상자들의 신체적 특성이나 성격 등을 파악해서 사전에 안내가 필요함. '하다보면 알게 된다'식의 말에 곤혹스러움
- 직접 준비한 프로그램에 대해 크게 나쁘지 않은 이상 인정해 주기를 바람
- 매일 청소나 잡일만 시키지 말고, 자원봉사자로서 대우해 주기를 바람
- 자원봉사자이지만 전문성을 인정해 주기를 바람

③ 자원봉사조정자가 느끼는 갈등

- 건성으로 대충하다가 가자는 식의 자원봉사자의 무책임한 태도

- 경험이 많은 자원봉사자들의 숙련된 태만함과 담당자에 대한 무례한 언행
- 활동량이 많다고 짜증을 부리거나 불평, 불만이 많은 자원봉사자
- 요보호아동은 말이 통하지 않아 재미없다는 이유로 방치하고 몇몇 예쁘고 귀여운 애들만 데리고 다니거나, 훈련 중인 아동에 대하여 참견하고 무조건 아이를 옹호할 때
- 어렵고 더럽고 위험한 활동은 피하려는 자원봉사현장의 3D현상
- 잘 알지도 못하면서 아이의 보육과정에 참견하고 외부로 나가서 담당자를 비난할 때
- 친한 동료끼리 무리지어 몰려다니며 잡담하고, 맡은 아이에겐 소홀할 때
- 자원봉사 자체에 관심이 없고, 시간만 때우는 식의 자원봉사
- 자신의 사적인 스케줄에 따라 자원봉사활동 약속을 언제나 변경할 수 있다는 식으로 접근할 때
- 다른 자원봉사자를 편애한다고 투정부릴 때
- 기관의 실정을 알지 못한 채 많은 것을 요구하고, 그 요구가 관철되지 않으면 담당자와 기관을 비판하는 태도
- 나이 많은 자원봉사자에게 이끌려 다니는 느낌을 받았을 때
- 선의를 베풀고 있다는 자아도취감에 빠져 너무 많은 것을 요구할 때
- 순수한 마음이 아닌 소위 '보이기 위한 자원봉사' 또는 목적에 의해 형식적 권위적인 활동을 펼칠 때
- 선후배 만남의 장소가 되거나 연애하는 장소가 되는 듯할 때
- 장기 자원봉사자의 타 자원봉사자에 대한 권위적인 태도

④ 자원봉사조정자가 자원봉사자에게 바라는 점

- 직원에게 물어보고 담당자가 귀찮을 정도로 경험해 보려는 적극적인 자세를 가진 자원봉사자가 되기를 바람
- 맡겨진 업무에 즐거운 마음으로 임해주기를 바람
- 자원봉사를 능력과 시간을 충분히 고려하여 신중히 활동해 주기를 바람
- 인정보상에 너무 집착하지 말아 주기를 바람
- 마무리를 잘 해주기를 바람
- 대가를 바라지 않아 주기를 바람
- 지속적인 자원봉사활동이 이루어지기를 바람

출처 : 박태영 외(2011).

4) 갈등의 관리방법

(1) 갈등 관리의 스타일

Kreitner와 Kinicki(1992)는 갈등문제에 대한 '자신의 관심'의 정도와 '그 밖의 관심'의 정도에 따라 |그림 10-2|와 같이 다섯 가지의 갈등관리 스타일을 제시하고 있어 자원봉사조정자의 갈등관리 스타일을 확인하는 데 유용할 것으로 생각된다.

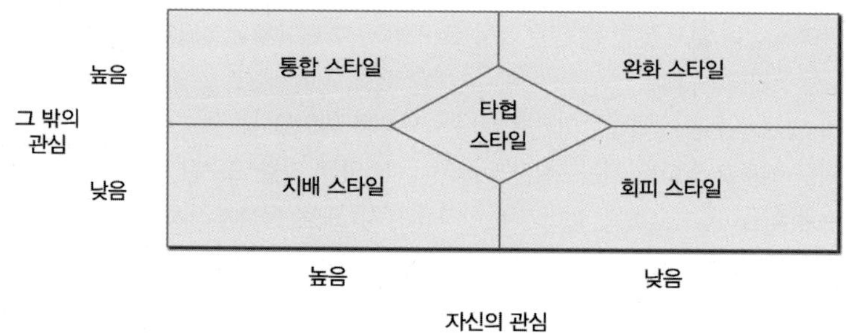

|그림 10-2| **갈등관리 유형**

출처 : 대구광역시자원봉사센터(2008).

첫째, 통합(integration) 스타일은 그 밖의 문제들에 대해 관심도 높고, 갈등의 사안에 대해서도 관심이 높은 경우로서, 자원봉사조정자는 논쟁에 직면하고 협력하며 문제를 확인하고, 대안의 해결책을 선택하게 되는 스타일이다.

둘째, 완화(smoothing) 스타일은 다른 관심을 가지게 하기 위해 자신의 관심은 소홀히 하는 스타일이다.

셋째, 지배(dominating) 스타일은 상대방의 입장은 전혀 고려하지 않고 자신의 관심사를 위해서 공식적인 권위를 사용하여 상대방을 지배하고 복종을 강요하기 때문에 강요(forcing)라고도 한다. 따라서 이러한 스타일은 일방적 승리(win-lose)를 가져오게 될 수가 있다.

넷째, 회피(avoiding) 스타일의 주된 관점은 갈등이 표명되고 있거나 애매한 상황들에서 시간을 번다는 것이다. 이 스타일은 복잡하고 악화되고 있는 문제들에는 적합하지 않다.

다섯째, 타협(compromising) 스타일은 자기와 다른 것들에 대한 알맞은 관심을 주고받는 방법이다. 이 스타일은 외부의 제3자 교섭을 요구하기도 하고, 정반대의 목표들을 설정하거나 갈등 당사자들이 같은 힘을 가지고 있을 때 적합하다(Kreitner & Kinicki, 1992, 대구광역시자원봉사센터, 2008 재인용).

자원봉사자 해고

자원봉사활동 중 자주 자원봉사자로서 품격을 떨어뜨리거나 문제행동을 하는 자원봉사자는 생산적으로 일하려는 다른 자원봉사자들에게 좋지 않은 영향을 줄 수 있다. 그러므로 문제를 일으키는 자원봉사자에게는 반드시 어떠한 조치가 취해져야 한다. 자원봉사자가 문제를 일으킨 상황에 대해서는 가능한 한 신속하고 명백하게 그리고 단호하게 잘못된 것에 대해 말해야 한다. 그리고 자원봉사자에게 봉사활동 종결 사실을 알리되 논쟁은 하지 않는 것이 좋은데 이는 자원봉사자가 봉사활동 종결을 결정하기 전 이러한 사실을 충분히 받아들이리라고 생각하지 않기 때문이다. 또한 상담도 하지 않는 편이 나은데 이는 자원봉사조정자의 상담은 대안적인 행동으로 이미 시도했었기 때문에 상담으로 그들이 담당자의 충고를 받아들이지 않으려는 경우가 많기 때문이다. 아무리 문제를 일으킨 자원봉사자라 할지라도 활동을 종결하기란 쉬운 일이 아니다. 하지만 문제로 결정된 자원봉사자에게 서면으로 기관과의 관계 종결을 공식적으로 알리며 이번 봉사활동의 종결을 완료해야 할 필요가 있다.

출처 : 조휘일 외(2013).

(2) 갈등 단계별 관리방법

갈등을 관리하는 전략은 회피하거나 감소시키거나 해결하는 방법이 있다. 이 중 갈등을 해결하는 방법이 보다 바람직하므로 자원봉사조정자는 단계별로 갈등을 해결하는 방법을 적극적으로 사용해야 한다.

〈표 10-4〉 갈등 단계 및 관리방법

단 계	설 명	관리방법
1단계 불편한 느낌	뭔가 잘못되었다고 생각되지만 그것이 정확히 무엇인지 잘 모르고 있다. 그 상황을 무시하면 모든 것이 문제없을 것이라고 생각한다.	이 상황에 대한 정보를 더 얻기 위해 적극적 경청을 하고, 자신의 걱정을 긍정적인 방법으로 표현함으로써 문제가 확대되는 것을 방지할 수 있다.
2단계 오해	불편한 느낌이 점점 커진다. 이제 문제가 있다는 확신이 서지만 그 문제가 무엇인지 정확히 모르기 때문에 가정만 할 따름이다. 불편한 심기를 풀기 위해 그 가정하에 반응을 한다. 일을 추진하기 위해 많은 경우 이를 회피하거나 이에 맞선다.	이야기할 시간을 정하도록 하라. 그리고 꼬인 상황을 풀기 위해서 적극적인 경청을 하라. 상대방을 방어적으로 만들지 않도록 당신의 걱정과 염려를 "나-전달법"으로 표현하라.
3단계 사건의 발생	상황이 점점 악화된다. 상처를 주거나 서로의 자존심을 상하게 하거나 또는 위협적인 일을 하거나 말한다. 상호 간에 부정적인 이미지를 만들어 가기 시작한다.	이 상황도 아직은 개입하기가 쉬운 편이다. 일대일로 문제를 해결하는 과정을 갖도록 하라. 시간을 정해 효과적인 의사소통 기술을 사용하여 상대를 만나도록 하라.
4단계 긴장의 고조	그 사건을 기회로 상황이 점점 긴장감 있게 돌아간다. 당신이나 이에 연관된 사람들이 상호 간에 적대적인 감정을 갖게 된다. 서로 다른 사람들을 자기편으로 끌어들이기 위해 노력한다.	긴장을 해소하기 위하여 아직도 "문제해결"이 가능하고, 이 원칙이 적용되어야 한다. 만약 일대일 문제해결이 너무 어렵다면 갈등중재자에게 문제해결을 원활하게 할 수 있도록 도움을 요청할 수 있다.
5단계 위기	상황이 극에 달한다. 이것이 갈등이 심각하게 받아들여지는 단계이다. 이제 문제를 해결하려고 하기보다 상대에 맞서 싸우거나 그 사람을 최대한 멀리하고 싶어진다. 당신의 감정은 격앙된다.	이 단계에서는 이해를 얻고 손상된 관계가 회복되기 매우 어렵다. 문제해결 방법을 시도하기 전에 숙련된 중재자의 도움으로 몇 가지 시도를 해 볼 필요가 있다. 중재자들은 갈등 당사자들과 각각 만나 당사자들이 문제해결을 위한 준비를 하도록 도울 것이다. 이 문제가 해결되기 위해서는 시간과 노력이 많이 들 것이다.

출처 : 대구광역시자원봉사센터(2008).

부 록

본인의 갈등해결 스타일 체크리스트

각각의 15개의 항목은 자원봉사조정자가 어떤 방식으로 갈등을 다루는지에 대해서 알려준다. 15개 항목을 체크한 후 아래의 기록표를 완성해 보면 본인의 갈등관리 스타일을 확인할 수 있다.

문 항	항목 가끔 ←				→ 언제나
	1	2	3	4	5
1. 나는 내 자신의 장점을 상대방에게 보여주는 편이다.					
2. 나는 타협하기 위해서 상대방과 협력한다.					
3. 나는 상대방의 기대를 만족시키려고 노력한다.					
4. 나는 우리에게 수용되어야 할 문제를 찾기 위해 상대방과 논쟁하며 연구 노력한다.					
5. 나는 논쟁에서 나의 편을 추구하게끔 한다.					
6. 나는 결점을 감추려고 하거나 상대방과의 분쟁을 유지하려고 노력한다.					
7. 나는 하나의 문제를 해결하기 위해서 붙잡고 늘어진다.					
8. 나는 타협을 하기 위해서 주고받는 것을 사용한다.					
9. 나는 하나의 문제를 풀기 위해서 상대방과 정확한 정보를 교환한다.					
10. 나는 상대방과의 분쟁을 공개토론에서 피한다.					
11. 나는 상대방이 바라는 것을 수용한다.					
12. 나는 논쟁을 최선의 방법으로 풀기 위해 우리가 알고 있는 모든 것들을 취하려고 노력한다.					
13. 나는 대화를 원활히 하기 위해서 중간 그룹을 제안한다.					
14. 나는 상대방의 제안(의견)에 따라 간다.					
15. 나는 격렬한 감정을 피하기 위해서 스스로 상대방과 다툼을 하지 않으려고 한다.					

≪기록표≫

통합 스타일		완화 스타일		지배 스타일		회피 스타일		타협 스타일	
항 목	점 수	항 목	점 수	항 목	점 수	항 목	점 수	항 목	점 수
4		3		1		6		2	
9		11		5		10		8	
12		14		7		15		13	
합		합		합		합		합	

- 당신이 주로 다루고 있는 갈등해결 스타일? (가장 높은 영역의 합) :
- 당신이 대비책으로 다루고 있는 갈등해결 스타일? (두 번째로 높은 영역의 합) :

출처 : 대구광역시자원봉사센터(2008) 재구성.

생각해 보기

1. 현재 소속되어 있는 자원봉사그룹이 있다면 운영형태, 활동사례 등에 대해서 서로 발표해 봅시다.

2. 대표적인 자원봉사 인정보상이라고 할 수 있는 활동시간의 적립(마일리지)과 관련하여 적립된 시간을 노후에 되돌려 받는 것에 대하여 찬반토론을 해보세요.

3. 문제를 일으키는 자원봉사자를 해고할 경우 필요한 해고절차에 대해서 생각해 봅시다.

CHAPTER 11

자원봉사조정의 평가단계

자원봉사자의 양적 증가와 함께 각종 지원제도가 구축되면서 체계적인 기록관리는 자원봉사조정자의 중요한 일과가 되고 있다. 과거 자원봉사조직별로 주먹구구식으로 이뤄지던 기록관리는 1365, VMS, NIES 등과 같은 자원봉사관리시스템이 구축되고 상호 연계되면서 더욱 원활히 이뤄지고 있다. 하지만 자원봉사활동의 양적 증가에 따라 기록관리의 양 또한 기하급수적으로 증가되어 자원봉사조정자의 업무 과부하에 대한 우려의 목소리가 높아 개선책이 시급하다.

자원봉사주정의 평가는 자원봉사조정 단계의 마지막인 종결단계라고 할 수 있다. 자원봉사 평가의 경우 조정자 평가는 업무의 체계화 등으로 어느 정도 수행되고 있지만 자원봉사자 스스로가 수행하는 평가에 대한 측면은 조정 단계에서 거의 다루어지고 있지 않아 자원봉사자 스스로가 활동 후에 평가할 수 있는 간담회, 자기평가서 기입 등과 같은 평가방법 등이 보다 확대되어야 할 것이다.

1. 기록관리

1) 기록관리의 정의

자원봉사조직의 기록관리는 기관의 정책 자료로서 중요할 뿐만 아니라 자원봉사자에게도 매우 중요한 일이다. 자원봉사자들은 기록들을 자신의 경력에 이용하거나 자신의 지식이나 기술들의 지표로서 활용할 수도 있다. 기록이 관리의 도구로서 활용되려면 서류의 분류방식은 기관의 특성에 따라 공식화된 분류체계를 갖추고 다양한 정보들을 일목요연하게 보존해야 한다(이성록, 2003a).

즉, 자원봉사활동 프로그램의 성과를 알리기 위해서, 그리고 자원봉사활동 실천과정의 마지막 단계로서 기록 관리를 통해야만 추후 자원봉사 프로그램의 발전이 가능하다. 자원봉사자들이 지역사회 또는 도움이 필요한 주민들에게 얼마나 긍정적인 결과와 영향력이 있었는지 그 기관과 후원자에게 설명할 수 있고, 기관의 역사에 남기면서 향후 발전을 위한 토대로서 의미가 있으려면 기록이 필수적으로 행해져야 한다. 많은 기관들이 일은 열심히 해놓고도 이를 체계적으로 기록하는 일을 하지 못해 자신의 성과를 지역사회와 후원자에게 알리지 못하는 안타까운 경우가 종종 있음(조휘일 외, 2013)을 명심할 필요가 있다.

2) 기록관리의 필요성

기록관리는 다음과 같은 사유로 그 필요성이 보다 강조되고 있다(대구광역시자원봉사센터, 2006).

첫째, 활동에 관해 개인, 그룹 그리고 팀별로 활동시간을 측정함으로써 자원봉사자들이 기여한 바를 구체적으로 드러냄으로써 자원봉사조정을 위한 예산요청과 그에 따른 활동계획에 필요하다.

둘째, 지역사회 참여, 기관을 위한 기여, 지역사회 욕구 혹은 기관의 욕구에 관한 문서를 제공하고 재정 지원을 신청하기 위한 자료로 활용할 수 있다.

셋째, 기관이 개인이나 단체를 위한 인정프로그램 개발을 위한 방법에 활용할 수 있다.

넷째, 자원봉사자에게 '승급' 혹은 '해고'와 관련한 근거자료를 제공한다.

다섯째, 기관과 자원봉사자에게 프로그램 평가를 위한 방법과 자료를 제공한다.

여섯째, 기관에 자원봉사자의 중요성을 인식하게 하는 공식적인 방법을 제공한다.

3) 기록관리의 과정

기록관리의 과정은 크게 4단계로 나누어 제시해 볼 수 있다. 이를 구체적으로 살펴보면 다음과 같다(대구광역시자원봉사터, 2006).

(1) 기록수집의 필요성과 원칙에 대한 지역사회의 합의

자원봉사활용기관은 물론 지역사회의 자원봉사활동 기록들을 진체직으로 수집하고 관리하기 위해서는 종합적인 자원봉사활동 기록체계를 만들어야 한다. 이를 위해서 관계 기관이 기록수집의 필요성을 인식하고 기록 원칙에 대한 지역사회의 합의 과정이 요청된다. 이러한 체계가 자원봉사활용기관 전체에 통용되기 위해서는 많은 노력과 시간이 필요하다.

(2) 종합적인 자원봉사활동 기록체계 수립을 위해 결정하고 합의

첫째, 자원봉사활동에 대한 기록들이 왜 필요한지에 대해 합의한다.

둘째, 자원봉사자들의 활동내용, 활동시간, 활동평가 등 자원봉사조정을 위해 기록해야 할 내용을 결정하고 각 기록형식에 대해 합의한다. 이때 보관하고 관리할 기록의 최소량을 결정해야 한다. 기록의 수집과 관리에 비용이

들게 되므로 그 양이 많다고 무조건 좋은 것은 아니다.

셋째, 각종 기록들을 어떻게 작성하고 수집하며, 유지 · 관리하고 갱신할지에 대해 합의한다. 이를 위해 기본적으로 필요한 자료수집을 위한 각종 양식을 개발하고 이의 사용에 합의한다. 또한 각 기관의 직원과 자원봉사자들은 적시에 필요한 양식을 작성하고, 입력하도록 훈련받아야 한다.

넷째, 기록이 활용될 곳과 시기 등을 고려하여 얼마 만에 한 번 씩 기록을 취합할 것인지 결정한다. 이때 정보의 유용성이 상실되지 않을 정도의 기간을 유지해야 한다.

다섯째, 기록에 대한 용이한 접근을 위해 어디에 기록을 보관할지 결정한다. 이것은 물리적 공간일수도 있지만 자원봉사센터의 홈페이지나 자료실 등의 가상공간이 될 수도 있다.

여섯째, 기록 작성과 기록의 수집과 관리에 누가 관여할지 결정한다.

일곱째, 기록을 얼마 동안 보관할지 결정한다.

(3) 기록 작성

기록의 작성은 각 기관별로 실행된다. 일반적으로 자원봉사활동 기록들 중 보관되어야 할 것들은 다음과 같다.

첫째, 자원봉사자 개인에 관한 기록보관 사항들

- 자원봉사 활동시간
- 비상시 연락처 및 연락할 사람
- 자원봉사활동 신청서
- 배치결과 : 배치받은 활동처 및 자원봉사 업무유형
- 자원봉사조정자의 이름
- 활동 시작과 종료일
- 수행평가 기록 : 자원봉사자, 자원봉사조정자, 함께 활동한 담당자가 작성한 평가서

- 참여한 훈련에 대한 기록
- 활동 종료 시 처리과정
- 자원봉사활동을 통한 수상경력이나 인정사항
- 자원봉사자가 가진 기술에 대한 증명서류
- 자원봉사자가 업무수행 과정에서 운전을 해야 할 경우(운전면허증의 유효 여부, 자동차를 소유하고 자가운전으로 자원봉사활동을 할 경우 가입한 보험회사 확인 등)

둘째, 기관의 전체 자원봉사자에 관한 기록

- 총 자원봉사자 수
- 자원봉사자의 특성별 분류(성별, 나이, 직업, 학력 등)
- 자원봉사자 총 활동시간 : 월별 및 연간 총계(업무 유형에 따라 걸린 시간, 자원봉사활동 시간의 추정된 가치)
- 자원봉사활동 동기유형
- 자원봉사활동을 그만두는 유형
- 자원봉사활동이나 기관을 알게 된 경로유형
- 월별 신규 자원봉사자 수와 떠나는 자원봉사사 수
- 자원봉사자들로부터 서비스를 받은 대상자의 수, 혜택을 입은 주민의 수(비록 추산치라 하더라도)
- 자원봉사자들의 물품기부
- 자원봉사자들의 물품기부 추산액
- 프로그램 전체 비용에서 자원봉사자 관리에 드는 비용
- 자원봉사자 활용유형(시간과 부서별)
- 각종 전문위원회에 참여하는 자원봉사자의 수

(4) 기록수집 및 보고체계 개발

자원봉사센터 혹은 자원봉사기관들에서 작성된 자원봉사 관련 기록들은 각 기관에서 수집되고 활용되어야 한다. 다음은 각 기관별로 흩어져 있는 기록들을 수집하고 서로 활용하기 위한 보고체계 개발에 필요한 내용이다.

첫째, 기록된 자료들을 어떻게 수집할 것인지 계획한다. 각 단체들이 자원봉사기관에 월례 및 분기별로 제공한 정보를 수집한다.

둘째, 수집된 자료들 중 어떤 내용을 보고서로 작성하고 활용할 것인지 계획한다.

셋째, 작성된 보고서를 지역사회의 모든 기관 및 단체, 관련자들에게 전달한다.

넷째, 기타 요청에 따른 특별보고서를 준비한다.

부 록

자원봉사 프로그램 계획서

구 분	자원봉사 프로그램	교육 및 회의	홍보 및 기타
1월			
2월			
3월			
4월			
5월			
6월			
7월			
8월			
9월			
10월			
11월			
12월			

※ 금년 신규로 수행되는 업무 및 프로그램은 (신)으로 구분할 것[예 간호간병 자원봉사자 육성 전문 교육(신)]

출처 : 안전행정부(2020c).

자원봉사실적 리스트

				활동기관 · 장소			
성 명	생년월일	활동일자	봉사내용	활동시간 (00:00~24:00)	연락처	정보제공 동의1)	비 고
				~			
				~			
				~			
				~			
				~			

1) 본인은 '자원봉사실적 리스트'에 기재한 개인정보를 나눔포털(1365 자원봉사시스템)에 실적등록의 목적으로 자원봉사센터에 제공하는 것을 동의합니다.

※ 자원봉사자의 신상정보는 '개인정보보호법'에 따라 보호되며, 영리목적으로 활용되지 않습니다.

출처 : 안전행정부(2020c).

자원봉사활동 결과 보고서

팀명 : ______________ 작성자 : ______________

<table>
<tr><td>활동일자</td><td></td><td>활동시간</td><td></td></tr>
<tr><td>프로그램명</td><td></td><td>수요처명</td><td></td></tr>
<tr><td>자원봉사 참여자 수</td><td></td><td>작성일</td><td></td></tr>
<tr><td colspan="4">활동내용</td></tr>
<tr><td colspan="4">● 주요 시간대별 활동내용 기재</td></tr>
<tr><td rowspan="2">활동결과</td><td colspan="3">● 잘된 점</td></tr>
<tr><td colspan="3">● 개선할 점</td></tr>
<tr><td colspan="4">● 다음 활동을 위한 준비사항</td></tr>
</table>

출처 : 안전행정부(2020c).

2. 평가 및 종결

1) 평가 및 종결의 정의

자원봉사 평가 및 종결은 자원봉사조정의 최종 단계로 향후 보다 업그레이드된 자원봉사활동을 수행하기 위해 지금까지의 활동을 평가하고 평가결과를 환류(feedback)하는 등의 종결활동으로 이루어진다. 여기서는 이 과정에서 가장 중요한 평가를 중심으로 종결을 위한 자원봉사조정자의 마지막 조정 행위를 살펴보고자 한다.

평가란 프로그램을 통해 문제가 해결된 정도, 즉 프로그램의 목표 달성 정도를 사정하는 것이다(김범수 외, 2014). 이것은 프로그램을 기획하고 수행한 후의 마지막 단계이기도 하지만, 프로그램 설계와 실행의 전 과정에 적용되는 개념이기도 하다.

특히 자원봉사 평가는 활동이 목표대로 잘 진행되는지의 여부를 파악하여 프로그램의 확대, 지속, 축소 등의 정책을 결정하고, 재원 제공자에게 재원의 효율적인 사용을 객관적인 자료를 통하여 알릴 수 있고, 자원봉사자와 자원봉사조정자의 사기를 진작시키기 위해 필요한 것이다(박태영 외, 2011).

이를 통해 평가는 다음과 같은 의의를 가진다. 첫째, 평가는 정부, 기부자, 지역사회, 경쟁자 등 이해관계자들의 실질적 성과에 대한 입증요구에 대응하고 사회적 가치를 입증할 수 있는 효과적인 수단이다. 둘째, 평가는 자원봉사활동에서 바람직한 것을 찾아내 유지 · 보존하고 잘못된 것은 개선하는 유일한 방법이다. 셋째, 평가는 자원봉사조직은 물론 자원봉사자와 자원봉사조정자의 사기 진작을 위한 매우 중요한 수단이다(이성록, 2003a).

2) 평가의 주요 요소

평가의 주요 요소는 무엇을 평가할 것인가?, 어떻게 평가할 것인가?, 누가 평가에 참여할 것인가?, 언제 평가할 것인가? 등이며, 자세한 내용은 다음과 같다(볼런티어21, 2004a).

(1) 무엇을 평가할 것인가?

① 활동의 목적과 목표
② 무엇이 달성되었는가?
③ 그 밖의 변화들은 무엇인가?

(2) 어떻게 평가할 것인가?

① 양적 평가(계량화) : 모집결과, 자원봉사자 수, 자원봉사자의 서비스 제공시간, 훈련에 참석한 자원봉사자 수, 인정을 받은 자원봉사자 수, 지속되는 자원봉사자 수, 자원봉사활동에 대한 금전적 기여 환산 등
② 구조화된 설문지를 통한 평가 : 자원봉사자의 노력의 결과로 프로그램 대상자에게 어떤 변화나 성과가 일어났는지를 측정한다. 평가설문지, 평가토론회, 특정한 평가척도를 이용한 프로그램 전후 검사 실시 등
③ 질적 평가(사례토의) : 1일 활동 후 간담회 개최, 활동소감 나누기, 대상자 및 지역사회 주민 간담회
④ 자원봉사자 개인의 목표에 대한 평가
⑤ 프로그램에 투입된 비용과 프로그램의 효과성을 비교하는 효율성 측정 : 프로그램 실행에 투입된 노력과 산출의 비율로서, 투입을 비용으로 보고 산출을 효과로 보면 '효율성=산출/ 투입=효과/ 비용'이 된다. 이를 동일한 서비스를 자원봉사자가 아닌 자원봉사조정자가 수행했을 경우에 투입되어야 하는 비용과 비교하는 것도 가능하다.

(3) 누가 평가에 참여할 것인가?

① 자원봉사자
② 운영자
③ 지역사회 및 대상자

(4) 언제 평가할 것인가?

① **계획시점 평가** : 프로그램 계획 자체의 합리성 평가
② **진행시점 평가** : 모든 분야의 진행상황에 대한 지속적인 평가
③ **결과시점 평가** : 프로그램 실행결과 변화된 정도와 목표달성 정도 측정

3) 평가 시 고려사항과 원칙

무엇보다 평가 시 고려해야 할 점은 평가양식, 평가팀, 평가계획을 수립하고 질문서, 조사서를 고안하여 면접자를 선정하고 훈련해야 하며, 활동 참여자 모두의 의견을 수렴하여 토론을 거치며, 평가결과에 의하여 데이터 분석 후 보완활동 계획을 수립하는 것이다. 또한 평가결과를 관련자에게 보고하고 기관의 기획과정에 반영하며, 가능하다면 외부 평가도 실시하는 것이 좋다.

평가의 원칙은 첫째, 정기적이고 예정된 피드백 원칙이다. 정기적으로 피드백할 수 있는 기회를 갖지 않으면 문제가 그대로 방치되어 작은 문제가 커질 수 있다. 둘째, 직원과 자원봉사자의 참여원칙이다. 셋째, 평가의 긍정적인 방향원칙이다. 가능한 한 평가의 대부분을 자원봉사자들이 한 일을 칭찬하는 긍정적 방법으로 한다(조희일 외, 2013).

자원봉사 평가 주관자

자원봉사 평가의 주관자는 우선 내부 평가자와 외부 평가자 등으로 나눌 수 있으며, 평가 주관자는 활동의 규모와 특성에 따라 달라질 수 있다. 활동의 규모가 크고 복잡한 경우 또는 공평하고 객관적인 평가를 해야 할 필요가 있을 경우에는 외부 평가자를 활용하거나 내부 평가자가 함께 참여하는 것이 바람직하다. 외부 평가자와 내부 연합팀에 의한 평가의 경우 내부자는 필요한 자료와 정보를 제공하고 외부 평가자는 의뢰자의 요청에 충족될 수 있는 도구와 방법을 동원하여 적절한 평가결과를 산출해 낼 수 있다.

평가 주관자	장 점	단 점
내부 평가자	프로그램에 대한 높은 인지도 비용절감	평가에 대한 전문성 빈약 객관적 평가 곤란
외부 평가자	평가에 대한 높은 전문성 객관적 평가	프로그램에 대한 낮은 인지도 비용증대
내부 평가자와 외부평가자 연합	높은 신뢰도 확보	서로 다른 평가결과

출처 : 이성록(2003a) 재구성.

4) 평가과정

평가과정은 초기단계, 중간단계, 종료단계로 구분이 가능하며, 세부적인 내용은 다음과 같다(이성록, 2003a).

(1) 초기단계 평가

자원봉사 평가는 활동 개시 직후, 활동 진행 도중, 활동 종료 후에 할 수 있다. 그런데 대부분의 경우 평가는 활동이 완전히 끝난 다음에 시행하는 것으로 생각하고 활동 시작과 동시에 시행하는 평가를 소홀히 취급한다. 그래서 새로운 정보나 상황의 변화에 적응하지 못하고 실패하는 경우도 흔히 일어난다. 특히 자원봉사활동 초기는 팀원들이 스스로 새로운 환경에 적응해야 하고 클라이언트를 적응시켜야 하는 어려운 기간이다. 자원봉사 업무수행에 대한 지식이나 기술도 부족하고 클라이언트와 동료 간의 관계도 서먹한 때이다. 따라서 초기단계에는 주로 계획에 반영되지 못한 정보와 상황을 파악하고 클라이언트와의 관계를 평가하여 직무훈련, 인간관계 개선노력 등의 대응방안을 강구해야 한다.

(2) 중간단계 평가

활동과정 중간에 평가하는 것은 이때가 팀원들이 초보단계를 벗어나면서 과업수행에 익숙해지는 반면, 불만이나 부여된 활동의 목표와 가치에 대하여 의문을 제기할 수 있는 시점이기 때문이다. 이때는 활동 자체 외에도 동료관계, 활동처 직원 및 자원봉사조정자와의 관계 그리고 클라이언트와의 관계가 형성되어 이에 영향을 받기 시작하며, 동기요인과 조직풍토에 민감하게 반응하는 때이기도 하다. 또한 여러 가지 상황변화를 예의 주시하고 이에 따른 계획의 적절한 변화를 판단하기 위하여 정기적으로 중간평가를 하여야 한다.

(3) 종료단계 평가

단기 자원봉사활동의 경우와 마찬가지로 중 · 장기 활동 역시 시작과 종료의 시점을 분명히 해야 한다. 그러나 많은 경우 자원봉사활동은 과업수행의 시작점은 있어도 분명한 종료시점은 갖고 있지 못하다. 그래서 중도탈락되거나 공식적인 평가과정 없이 직무가 변경되어 당초 계획과는 전혀 다른 모습으로 운영되는 것을 흔히 볼 수 있다. 따라서 평가과정 자체가 의미를 잃어버린다. 초기 및 중간 평가를 통하여 수립된 계획에 따라 목표달성을 위하여 다각적인 노력을 시도하고 비록 상황변화에 따라 조기 종료를 하게 되거나 심지어 실패했을 경우에도 최종평가가 이루어져야 한다.

부 록

자원봉사활동 평가서

자원봉사자 여러분!
자원봉사활동을 통한 지역사회의 변화와 자원봉사 프로그램의 향상을 위해 노력하는 본 기관의 지속적인 발전과 개선을 위해 다음의 사항들에 대하여 솔직하게 응답해 주시면 감사하겠습니다.

1) 귀하의 자원봉사활동 중에서 가장 좋았던 경험은 무엇입니까?

2) 자원봉사활동 참여 중 가장 좋지 않았던 것은 무엇입니까?

3) 귀하가 봉사활동을 참여하는 동안 문제나 갈등을 느낀 적이 있습니까?
구체적으로 설명해 주십시오.

4) 자원봉사활동을 더욱 가치 있게 수행하기 위한 방법을 제안해 주시거나 기타 하시고 싶은 말씀을 부탁드립니다.

5) 앞으로 지속적으로 자원봉사활동에 참여하실 의향이 있으십니까?

예 ______________ 아니오 ______________

6) 다른 사람에게 자원봉사활동을 할 것을 권유하시겠습니까?

예 ______________ 아니오 ______________

년 월 일

자원봉사자 성명 : ______________(서명 또는 인)

출처 : 행정안전부(2020c).

생각해 보기

1. 중앙정부에서는 매년 지방자치단체 자원봉사센터를 대상으로 운영 및 사업평가를 실시하고 있는데 평가항목 중 기록관리에는 어떤 항목들이 포함되어 있는지 조사해 봅시다.

2. 자원봉사 평가는 자원봉사활동 초기단계, 중간단계, 종료단계마다 이뤄져야 하는데 각 단계별 평가의 주요한 특징은 무엇이 있는지 생각해 봅시다.

CHAPTER 12

주체별 자원봉사활동의 실제

자원봉사활동은 청소년, 노인, 가족, 대학, 기업, 전문직 등 다양한 주체에 의해 다양한 형태로 이루어지고 있다. 여기서는 자원봉사 주체별 특성과 활동내용, 그리고 주체별 자원봉사현장에서 자원봉사조정자가 유의해야 할 내용을 검토해 보고자 한다.

1. 청소년 자원봉사

청소년기 성장과 관련한 경험들은 한 인간으로서의 행동기준과 가치관을 정립하는 데 지대한 영향을 미친다. 청소년은 성인의 부속물이 아닌 독립된 인격체로서 다양하고 전체적인 존재로 어떠한 상황에서도 존중되어야 할 사회적 존재이다. 따라서 인간으로서의 존엄성이 유지될 수 있도록 그들의 개별적이고 다양한 요구를 인정해야 한다. 특히 자원봉사활동의 경험과 교육은 청소년의 올바른 도덕관과 자아정체감, 그리고 책임 있는 사회인으로서의 역할을 다할 수 있도록 돕기 위해 필요하다.

청소년기 자원봉사의 효과는 개인, 학교, 지역사회 등의 다양한 측면에서 살펴볼 수 있다.

첫째, 개인적 측면에서는 정서를 포함한 성격발달, 지적발달에 긍정적인 영향을 미친다. 자원봉사 경험은 경험적 학습의 기회제공, 새로운 역할 수행, 자신의 유능감, 성인역할의 탐색, 여가시간의 활용, 자아성취감, 의사결정과 책임감, 사회의 다양성에 대한 이해 등에 특히 기여한다.

둘째, 학교의 교육적 기능의 보조적 역할 수행 측면에서 보면 교육과 현실의 통합, 부가적인 학습자원, 행동수정, 학교와 지역사회의 관계증진, 학생과 교사 간의 의사소통 및 관계 증진 등에 기여한다.

셋째, 지역사회 측면에서 보면 미래의 자원으로서 청소년 자원의 개발, 지역사회 자원의 확보, 청소년 및 학교와의 관계 증진, 공동체 의식의 함양, 지역주민 간의 이해폭의 확장 등에 기여할 수 있다.

청소년 자원봉사를 운영주체에 따라 학교중심 봉사활동과 지역사회 중심 봉사활동으로 구분해 볼 수 있다. 학교중심 봉사활동은 학교에서 직접 프로그램을 마련하는 것과 더불어 학생들이 개별적, 또는 또래집단이나 가족과 함께 지역사회의 여러 가지 봉사활동에 자율적으로 참여할 수 있도록 권장하는 노력이 필요하다. 서울특별시교육청에서 학생봉사활동으로 제시하고 있는 활동은 〈표 12-1〉과 같다.

〈표 12-1〉 교육부의 학생봉사활동 영역에 따른 구분

활동영역	세부유형	세 부 내 용	권장 시간
이웃돕기 활동	지역사회 개발발전	집짓기, 수리 보조(전기 및 보일러 수리, 도배장판, 도색 등)	6시간
		공동체 마을 만들기, 아파트 공동체 실천활동, 주민자치활동	4시간
		농촌봉사활동, 텃밭 가꾸기	4시간
		알뜰시장 및 벼룩시장 봉사활동	4시간
		지역사회 바자회	3시간
		꽃길 가꾸기, 놀이터 보수활동	4시간
		지역행사 지원활동	6시간
	문화, 관광, 예술, 체육 진흥	문화재 · 관광 가이드, 문화해설	4시간
		문화예술시설 견학안내	3시간
		문화, 예술, 체육행사 지원활동	4시간
		문화체험, 취약아동 대상 수련활동 보조지도	4시간
		문화, 예술, 체육 분야에서 (보조)지도자 활동	4시간

민주시민 사회구현	여성차별개선활동, 아동인권보호활동	3시간
	외국인 노동자 및 결혼이민자 지원활동	3시간
	인권옹호 및 평화구현 분야 봉사활동	4시간
	부패방지 및 소비자보호 분야 봉사활동	4시간
	선거관련 봉사활동	4시간
민원안내, 업무보조	공공기관 내 민원 안내, 사무협력, 서가정리	3시간
	장애인 및 노인 민원 접수 보조 및 안내	4시간
	병동 내 및 재가세대 대상 도서대출 및 회수	3시간
	헌혈자 접수 및 안내	4시간
	김장김치 만들기	4시간
	나들이 보조	4시간
	노인 · 장애인 수발	4시간
	노인 놀이, 말벗 봉사	3시간
	도시락, 밑반찬, 물품 배달	4시간
	급식소 봉사활동	4시간
	보육, 음식조리	4시간
	사무보조, 장애인 직업재활작업장 보조	4시간
	청소, 빨래, 주변환경 정리	4시간
	식사보조	4시간
	목욕 봉사활동	4시간
	체육 보조활동	4시간
	국제기구 및 단체 지원활동	4시간
	공공기관, 사회복지시설 등 행사 지원활동	4시간
일손돕기 재능나눔	음식조리(제과제빵 포함)	4시간
	이 · 미용 봉사활동	4시간
	통 · 번역 봉사활동(A4용지 10페이지 기준)	3시간
	영정사진촬영 및 제작지원	4시간
	장애우 점자입력 봉사활동(A4용지 10페이지 기준)	3시간
교통 안전 활동	등하교 횡단보도 지도	4시간
	교통안전교육 지도	4시간
	아동 안전지킴이 활동	4시간
지도활동 재능나눔	멘토링(멘토링사업 참가자) 활동	4시간
	학교 교과목과 관련된 학습지도	4시간
	교육관련 지도활동(예술, 컴퓨터, 언어 등)	4시간
위문공연 재능나눔	교도소, 감호소 위문(공연)활동	4시간
	공연 봉사활동	4시간

	재난관리, 구호활동	피해복구활동	6시간
		피해복구참여자 대상 급식활동	6시간
		피해지역 현장사무소 업무보조	6시간
		북한동포돕기 활동	4시간
		재해예방교육 보조지도	2시간
		피해지역모니터활동	2시간
환경보호 활동	환경보호, 시설정비 활동	환경정화활동, 재활용품 수거 및 분류	4시간
		문화재지역 환경정화활동	4시간
	환경감시	환경 보호 모니터링	4시간
캠페인 활동	의식개선 활동	모금활동 및 후원 캠페인	4시간
		헌혈 거리캠페인	4시간
		청소년 보호 관련 캠페인 활동	4시간
		북한동포돕기 캠페인	4시간
		부정주차금지 캠페인	4시간
		대민안전캠페인 및 재난재해모금 캠페인	4시간
		청소년유해업소 추방 캠페인활동	4시간
		의식계몽활동, 소비자보호 캠페인활동	4시간
		문화재보호 캠페인	4시간
		건전한 사이버 문화 조성 캠페인(1년 12시간 이내)	1시간
	헌혈	헌혈	4시간
기 타	– 기타 구체적 활동 내용은 학생, 학급, 학년, 학교 및 지역사회의 특성에 맞게 학교에서 기준을 정하여 자율적으로 운영 – 권장 시간은 성장 과정에 있는 학생의 발육 및 건강 보호에 목적이 있음		

출처 : 서울특별시교육청(2020). 2020학년도 학생봉사활동 활성화 운영 계획.

지역사회 중심 봉사활동은 지역기관이 중심이 되어 청소년 봉사활동을 조직하는 것이다. 청소년자원봉사활동의 대표적 기관으로는 청소년활동진흥센터가 있으며 이외에 청소년수련시설 등이 청소년자원봉사활동을 조직 · 운영하며, 종합사회복지관, 시 · 군 · 구 자원봉사센터 등이 청소년대상 자원봉사활동을 조직 · 운영한다.

학생 봉사활동 활성화 운영 계획

1. 추진방향

- 무보수성, 자발성, 공익성, 비영리성, 비정파성(非政派性), 비종파성(非宗派性)의 원칙 아래 수행
- 학생봉사활동 공정성 강화를 위한 학교의 자율성과 책무성 강조
- 지역 봉사활동 기관, 시민사회단체 및 NGO와 학교의 협력 · 강화를 통해 지역사회 문제 해결의 주체로 자리매김
- 학생이 주체가 되어 자신들이 생활하는 지역사회와 공동체의 문제를 해결하는 자기 주도적 봉사활동(프로젝트형 봉사활동) 강화
- 진로발달 단계를 고려한 다양한 프로그램 개설 · 운영
- 국가 인정 봉사활동 기관과 연계한 학생 봉사활동 지도 및 관리

2. 연간 권장 시수

학교급		학생 봉사활동 연간 권장 시수	비 고
초	1~3	5시간 이상	
	4~6	10시간 이상	
중		15시간 이상	고입 내신 성적 산출 시 총점의 4% (학년 당 4점 배점, 총 12점)
고		20시간 이상	

3. 학생 봉사활동 절차

1) 학교교육계획(정규 교육과정, 수업시간 외 포함)에 의한 봉사활동 절차

→ 학교교육과정 중 창의적 체험활동의 한 영역으로 실시되는 봉사활동으로 학교별 연간계획에 의해 추진

봉사활동 계획 수립 ➡ 봉사활동 참가자 확보 ➡ 봉사자 사전교육 (자세, 방법) 일반지식) ➡ 봉사장소 배치 ➡ 실무지식 현장교육 ➡ 실천 ➡ 반성 및 평가 ➡ 학교생활기록부 기재 / 차기 계획에 반영

2) 개인 계획에 의한 봉사활동 절차

→ 봉사활동과 관련된 일련의 과정들이 개인 차원에서 이루어지는 봉사활동

[학생]		[학교]		[학생]		[학교]		[학교]
봉사활동 계획서 제출 (담임, 담당교사의 지도 및 상담 등)	➡	봉사활동 계획 승인	➡	계획에 따른 실행 후 확인서 제출	➡	봉사활동 확인서 평가	➡	학교생활 기록부 기재

※ 나눔포털, VMS, DOVOL 이용 여부에 따른 승인

- 미이용하는 경우 : 사전에 봉사 활동 계획서를 제출하여 학교장이 승인한 경우에만 봉사활동 실적으로 인정
- 이용하는 경우 : 학생은 봉사활동 계획서 및 확인서를 학교에 제출할 필요 없으나, 실시 전 사전 상담 필요

4. 시간 인정 원칙 : 1일 8시간 이내

구 분	평일(6교시 수업기준)	휴업일(토, 공휴일)
인정시간	2시간	8시간

5. 학생 봉사활동의 지도 단계

구 분	단 계	지도중점	세부 지도 내용
학교교육 계획에 의한 봉사활동	1단계	사전 교육 (봉사활동 기본 교육)	- 봉사활동의 개념, 의의 및 절차 - 봉사활동에 임하는 태도 - 활동 영역 및 유의사항 등
	2단계	프로그램 구성	- 교사 · 학생 상호 협의 하에 봉사활동 프로그램 계획 및 구성 - 봉사활동 방법 교육 및 역할 분담
	3단계	봉사활동의 실행	- 봉사활동 장소 및 역할 점검 - 봉사활동 현장의 상황과 그에 따른 활동상의 유의 사항 이해 - 유사시 대책 및 안전교육 - 프로그램에 계획에 따른 봉사활동 참여
	4단계	봉사활동의 평가 · 발전	- 감상문 쓰기, 소감 발표 및 토론 - 봉사활동 내용 및 결과에 대한 반성 및 협의 - 봉사활동 결과에 대한 인정 및 격려 - 발전된 봉사활동 계획 수립 등
개인 계획에 의한 봉사활동	심화 단계	개별적 · 지속적 활동	- 계획 수립 - 사전 지도(사전계획서 제출) - 활동 및 평가 후 확인서 제출

6. 학생 봉사활동 운영방향
- 학생 봉사활동은 초 · 중 · 고 학교 급별, 학년별 발달 단계에 따라 단계적으로 계획을 세워 지도할 수 있도록 교육과정을 편성
- 정규 교육과정 이외의 봉사활동은 개인 계획에 의한 봉사활동뿐만 아니라, 학교교육계획에 의한 우수한 프로그램을 학생들에게 제공할 것을 권장
- 학생 중심으로 계획, 실행, 평가될 수 있도록 하며, 시간 확보를 위한 단순 봉사활동 및 일회성 봉사활동이 되지 않도록 편성
- 봉사활동의 목적, 취지, 필요성 등을 학습할 수 있도록 사전 교육을 반드시 편성
- 노인 대상 봉사활동을 학생 1인당 봉사활동 시수의 20% 이상 실시할 것을 권장
- 모둠별, 학급 단위의 프로젝트 봉사활동이 활성화되도록 프로그램 편성 · 운영 및 지도
- 지역사회와 연계한 다양한 봉사 프로그램을 개발하고 운영될 수 있도록 자원봉사 단체, NGO, 공익법인 등과 적극적 연계 협조
- 장애학생(특수교육대상자)에 대해 개별 학생의 수준에 맞는 봉사활동을 부여하거나 예외 인정(중증장애학생 면제) 등 학생의 장애정도 · 특성 등을 고려하여 학교 자율적으로 장애학생 봉사활동 배려 내용을 마련하여 시행

출처 : 서울특별시교육청(2020). 2020학년도 학생봉사활동 할성화 운영 계획.

특히 학교중심의 청소년자원봉사에서 적극적인 청소년을 제외한 대부분의 청소년은 의무시간을 채우기 위해 학기 말에 이르러 분주히 사방으로 뛰어다닌다. 공부는 공부대로 해야 하고 봉사점수는 봉사점수대로 따야 하는 부담이 한층 가중되는 결과를 초래하기도 한다.

이러한 문제를 극복하고 청소년 자원봉사활동이 보다 활성화되기 위해서 자원봉사조정자는 다음과 같은 역할이 필요하다(대구자원봉사포럼, 2009).

첫째, 자원봉사를 학교 정규과정에 포함하려는 노력이 필요하다. 학교에서 봉사활동을 체계적으로 교육하고, 학생들에게 봉사활동 지도만을 위한 단일 교과목은 아니라도 교과서의 1단원이라도 배울 수 있도록 배정되어야 한다. 학교에서는 자원봉사교육을 선택과정이 아니라 필수과정으로 할 수 있어야 더 효과적일 것이다. 자원봉사는 입학사정관제도에만 해당되는 것이 아니라 우리 공동체가 살아가는 데 중요한 과정이고 꼭 필요한 활동이다. 그래서 도

덕과 인성을 가르치는 중요한 단원이 될 수 있다.

둘째, 학교에서는 선생님과 함께 봉사활동에 참여하도록 유도한다. 자원봉사는 학교에서 학생들에게 숙제를 내주듯이 하는 활동이 아니다. 즉, 자원봉사는 학생만 하는 것이 아니라, 교사와 학생이 같이 해야만 더 값진 활동이 되고, 모델링 교육의 효과가 극대화될 것이다. 학급 전체 학생이 참가하는 봉사활동을 지양하고, 소그룹으로 진로나 적성, 취미 등이 유사한 학생들끼리 활동하면 더욱 효과적일 것이다. 물론 교사가 매번 많은 학생들과 함께 참여할 수는 없겠지만, 가끔은 학생들과 함께 봉사활동에 참여한다면, 학생도 선생님에게 더 가까이 다가갈 수 있고, 선생님은 학생들의 소질과 특성을 더 잘 찾아서 개개인의 진로지도를 할 수 있을 것이다.

셋째, 가정에서도 가끔 자녀와 학부모가 함께 봉사활동에 참여하도록 유도한다. 집에서 부모는 TV 보고 자녀만 공부하라고 하면, 자녀는 공부의 집중도가 높아질 수 없다. 가정에서도 같이 책을 보는 환경을 만든다면, 학생의 불만은 적을 것이다. 봉사활동도 이와 마찬가지이다. 자녀와 학부모가 봉사활동을 함께한다면 학부모도 내 아이의 집에서만 본 모습과 봉사활동할 때의 다른 모습을 볼 수 있고, 아이의 소질과 재능, 관심도를 더 잘 관찰하고 이해하여 미래 직업선택에 보탬이 될 수 있을 것이다.

넷째, 봉사활동을 할 때는 진짜 나를 필요로 하는 곳에서 나의 재능을 발휘하도록 지원해야 한다. 그동안의 봉사활동은 3D(어렵고 : Difficult, 더럽고 : Dirty, 위험한 : Dangerous)를 기피하는 현상이 있었다. 집 가까운 곳, 쉬운 것, 편한 것 등을 찾아서 했는데, 이제부터는 나의 소질과 특성을 찾아서 봉사활동을 하고, 더 나아가 대학입학사정관제에 이를 활용하는 것도 좋은 기회가 될 것이다. 인생에 있어서는 연습이 없다. 봉사활동을 통해서 사회의 여러 가지 체험이나 경험을 해봄으로써 이 또한 연습의 기회로 잘 활용한다면, 미래의 직업선택과 삶에 있어서 큰 보탬이 될 것이다.

다섯째, 지역사회가 청소년 자원봉사학습장으로 개방되도록 유도하여야 한다. 청소년들의 봉사활동은 단순히 일손 돕기, 시간 때우기 등으로 도움은

커녕 일거리만 만들고 간다고 생각하는 기관이 간혹 있다. 때론 청소년들이 아무 일이나 하고 도장만 찍어달라고 하고, 봉사활동 복장도 아닌 채 여러 명이 기관에 찾아와서 애로사항이 생기기도 한다. 그렇지만 청소년들이 지역사회의 다양한 체험을 할 수 있도록 봉사활동 장소를 제공해 주어야 한다. 그리고 단순히 청소년들에게 봉사활동만 시킬 것이 아니라, 청소년들에게 지역사회의 선생님이 되어주어야 한다. 청소년들에게 왜 봉사활동을 하는지, 어떤 마음으로 하는지, 봉사활동 후에는 활동소감은 어떤지, 시작 전과 후에 어떤 변화가 있는지 서로 대화를 하거나 소감문을 작성해 보는 것이 청소년들에게 좋은 교육기회가 될 것이다.

2. 노인 자원봉사

최근 우리 사회 노인인구의 급속한 증가는 노년기의 사회활동 참여를 더욱 강조하고 있다. 특히 노인 자원봉사는 노인의 활기찬 노후생활을 영위하는 데 있어서 빼놓을 수 없는 영역이다. 노인의 자원봉사활동은 다음과 같은 몇 가지 측면에서 중요성이 강조된다.

첫째, 자기 성숙이다. 인간의 기본적인 욕구를 대별하면 생리적인 욕구와 사회·심리적인 욕구로 구분할 수 있다. 사회·심리적인 욕구는 사랑을 받고 싶어 하는 애정의 욕구, 단체나 유력한 존재의 일부가 되고 싶어 하는 소속의 욕구, 사회적으로 가치 있는 것을 이루고 싶은 성취의 욕구, 남의 간섭을 받지 않고 자주적으로 행동하고 선택하려는 독립의 욕구, 자신의 존재를 인정받고 싶어 하는 승인의 욕구 등으로 구성되어 있다.

특히 노인의 경우 자녀의 분가, 배우자 및 친구의 사망, 퇴직으로 인한 역할 상실 등으로 인하여 사회·심리적 욕구를 충족하는 데 어려움이 있다. 이러한 사회·심리적 욕구를 적절하게 충족하지 못하면 삶의 의욕을 상실하게 되어 활기찬 노후생활을 영위하기 어렵게 된다. 이러한 사회·심리적인 욕구를 아주 효과적으로 충족시킬 수 있는 활동이 바로 자원봉사이다.

노인은 자원봉사활동을 통하여 자긍심 회복, 적극적인 자기 표현, 성취감의 경험, 적절한 가족관계의 유지, 지능저하의 예방, 노화방지 등의 효과를 얻게 되어 자기 성숙이 가능해질 것이다. 더욱이 여가가 많은 노인에게 있어서는 자원봉사가 정신적인 안정과 삶의 보람을 가져다 주는 좋은 활동이 될 것이다.

둘째, 공동체 의식 강화이다. 이상적인 지역사회(ideal community)는 지리적 · 공간적 영역을 가지고, 그 영역 내에 생활환경 기반이 잘 정비되어 있고, 주민들의 상호교류와 그 지역에 대한 주민의 귀속의식이 있어야 한다. 오늘날 우리가 사는 지역사회는 물리적 환경은 대체로 잘 갖추어져 있지만 정신적 환경은 황폐화되어 있다.

노인도 그 지역에 살고 있는 주민이므로 지역사회의 한 구성원으로서의 역할을 수행해야 한다. '젊었을 때 많은 고생을 했으니 이제는 좀 즐기면서 살고 싶다'는 말을 노인으로부터 들은 적이 있다. 오늘의 노인이 살아온 역사를 생각하면 수긍이 가기도 하지만 자칫 후손들에게 이기적인 모습으로 비춰질 우려도 없지 않다. 그뿐만 아니라 노인에 대한 인식도 부정적인 수준을 면할 수 없을 것이다.

노인이 인생의 선배로서, 생활의 지혜와 경험을 갖춘 자로서 공동체의 발전을 위해 나름대로의 역할을 다해 나갈 때에 지역사회의 복지문제, 특히 노인문제의 해결 · 예방에 기여할 수 있고, 지역사회의 유용한 일원으로서의 지위를 가질 수 있고, 지역사회 구성원들에게 새로운 노인상을 정립할 수 있게 되어 지역사회의 진정한 어른으로서의 존경을 받을 수 있게 될 것이다.

셋째, 자원봉사의 당사자성이다. 일방적으로 자원봉사를 해주는 사람과 자원봉사를 받는 사람의 관계는 대등한 관계로 이어지기 어렵다. 이러한 비대등적 관계를 대등한 관계로 전환시킬 수 있는 것이 자원봉사의 당사자성이다. 특히 노인은 자원봉사자로 활동할 수 있지만 자원봉사의 대상자가 될 수도 있다. 즉, 서비스를 제공하는 자와 서비스를 이용하는 자 간의 전환이 쉽게 일어날 수 있으며 '인간은 변한다'는 평범한 진리에 근거하는 것이 자원봉사의 당사자성이다(木原孝久, 1992).

자원봉사의 당사자성에는 몇 가지 장점이 있다(小田兼三 · 松原一郎, 1987).

첫째, 객체의 주체화로서 사회적 서비스를 받기만 하던 대상자에서 자신도 그 누구에게 의미 있는 역할을 할 수 있는 주체로의 전환은 자기존중감을 되찾게 될 것이다. 무기력한 요보호자에서 의미 있는 자신의 삶에 주체가 되는 대변화를 가져오게 하는 것이 자원봉사의 당사자성의 강점이다.

둘째, 탈낙인화로서 동료로부터 받는 서비스는 치욕적인 낙인이 아니다. 그것은 전통적인 상호부조의 영역에 속한다. 서비스를 주는 자와 받는 자가 서로 동등하게 대칭이 되는 관계를 형성 · 유지할 수 있는 강점이 있다.

셋째, 탈병리화로서 전문직은 클라이언트를 무한정적인 요치료자로 보는 경향이 있다. 문제를 가진 사람을 쉽게 클라이언트화해 버린다. 문제는 그 사람의 환경이고, 사회적 조건일지도 모른다. 문제는 그 사람의 일종의 개성과 같은 것이기 때문에 문제 자체를 완전히 나쁜 것으로 단정해 버리면 그 문제를 가진 사람을 부정해 버리는 것으로 받아들이게 될 수도 있다. 요보호자가 자원봉사활동을 하게 되면 그 대상자를 요치료자로 보는 것이 아니라 일정한 요건이 갖춰지면 극복할 수 있는 문제를 지닌 사람으로 보게 되는 탈병리화의 강점을 가질 수 있고, 이는 보다 정상화의 원리에 가까운 것으로 볼 수 있다.

넷째, 탈전문화로서 오늘날의 문제는 매우 복잡하고 중첩된 양상을 띠고 있다. 예를 들면, 노인과 함께 생활하는 가족의 문제는 의료문제, 경제적 문제, 복지서비스의 문제, 가족의 정신적 문제, 노인 자신의 죽음문제 등 다방면에 연결되어 있다. 각 영역의 문제를 전문적으로 담당하는 전문직은 있지만, 전체적인 문제를 담당하는 전문직은 존재하지 않는다. 이러한 전인적인 문제에 대하여 '전문적인 지식'은 없지만 '경험적인 지식'을 갖고 이를 제공하는 것이 자원봉사 당사자성의 강점이다.

이러한 자원봉사의 당사자성은 '고독의 보편화'와 '욕구의 다양화 · 특수화'

의 사회에서는 지리적으로 가깝고, 상황적으로 유사한 욕구를 지닌 사람이 자원봉사를 하게 될 때 발휘되는 것으로 당사자 본인뿐만 아니라 사회 전체적으로도 매우 중요한 의미를 가지게 된다.

노인의 자원봉사활동의 참여는 사회복지에 큰 공헌을 하고 나아가서 사회의 개선과 발전에 큰 기여를 하게 되어 비노인층이 노인을 보는 인상을 긍정적으로 변화시킬 수 있다. 이처럼 노년기의 자원봉사활동은 노인 자신과 서비스 대상자, 그리고 사회에 큰 이익을 주게 되는 것이다(김범수 외, 2002).

노인들이 보다 쉽게 자원봉사활동에 참여하도록 하기 위해서는 다양한 노인 자원봉사활동거리가 개발되어 있어야 한다. 자원봉사활동 프로그램 가운데 노인을 대상으로 하는 자원봉사활동거리는 많이 소개되어 있지만 노인이 할 수 있는 자원봉사활동거리는 별로 소개되어 있지 않다. 여러 가지 자원봉사활동거리 가운데서 노인이라도 할 수 있는 활동거리보다는 노인이기 때문에 할 수 있는 활동거리를 찾아야 한다.

여기서는 노인 자원봉사활동거리를 활동내용에 따른 구분을 중심으로 소개하면서 구체적인 활동거리도 소개하고자 한다(東京ボランティアセンター, 1995; 東京ボランティアセンター, 1980; 全國ボランティア活動振興センター, 1990).

① 젊은 세대에 대한 지식 전승 · 지도 활동

- 젊은 세대에게 조상으로부터 계승한 '생활의 지혜'에 대해서 가르친다.
- 젊은 세대에게 지역의 역사, 지역에 전해지는 예능, 사계절의 지역축제 등의 행사 실시방법 등을 전한다.
- 노인이 어렸을 때 했던 놀이, 손수 만든 장난감의 제작법, 동물사육법, 도구의 사용법 등에 대해 가르친다.
- 구체적인 예로는 전통음식 조리법, 장 담그는 법, 맛 내는 법, 전통 예절 교육, 지역 문화유적에 대한 소개, 전통 놀이기구의 제작 및 교습 등이 있다.

② 자원을 활용하는 활동

- 사용한 우표, 동전 등을 모아 복지기금을 조성한다.
- 각 가정에서 사용하지 않는 도서를 모아서 어린이 문고를 만들거나 다른 문고에 기증한다.
- 사용하지 않는 물품을 모아 바자회를 열거나 재생용품을 만든다.
- 구체적인 예로는 장난감을 수집 · 수리하여 소아병동에 장난감 놀이실을 개설할 수 있을 것이다.

③ 손수 복지활동에 필요한 물품을 만드는 활동

- 와상노인을 위한 기저귀나 잠옷을 만든다.
- 시각장애인을 위한 '확대사본'이나 '손으로 읽는 그림책'을 만든다.
- 와상노인이나 장애인을 위한 편리한 생활용구를 고안한다.

④ 거리를 아름답게 만드는 활동

- 거리의 클린(clean)운동을 한다.
- 가로수나 화단을 손질한다.
- 화단 만들기에 조를 짜서 활동한다.

⑤ 지역을 지키는 점검 · 조사활동

- 지역 내의 위험장소 점검활동이나 교통안전 운동을 실시한다.
- 유원지나 거리의 설비가 적절히 주민에게 이용되고 있는지의 여부를 조사한다.
- 지역 내에 매몰되거나 사라질 위기에 놓여있는 유적이나 문화재를 발굴한다.

⑥ 고독 · 고립을 방지하는 방문활동

- 손수 만든 물건을 와상노인이나 장애인 · 장기입원 환자에게 정기적으로

문안 가서 선물한다.

- 독거노인에게 식사배달 봉사와 더불어 말벗이 된다.
- 장애아나 와상노인을 두고 있는 가정에 가서 짧은 시간 동안 개호를 담당해 줌으로써 가족(보호자)에게 자유시간을 가지게 해 준다.
- 편지나 전화로 친구가 되어준다.

⑦ 서로 '만남의 장'을 만들어 사는 보람을 높이는 활동

- 작품전을 열어 누구나 자기의 특기, 취미를 발표할 수 있는 장을 연다.
- 아동과 노인의 예능대회나 대화의 장 등을 기획하여 개최한다.
- 아동들에게 옛날 요리를 먹으면서 옛날 이야기를 들려주는 모임을 개최한다.

⑧ 시설 노인이나 아동을 초청하는 활동

- 시설 아동을 초청하여 유원지나 센터 등에서 일일 할아버지, 할머니가 되어 함께하는 시간을 가진다.
- 자택에 시설 노인이나 혼자 사는 노인을 초대한다.
- 자신이 소속된 노인클럽이나 취미활동을 하고 있는 경로당에 시설 노인들을 초청하여 교류회를 연다.

⑨ 지역봉사지도원으로 활동(노인복지법 제24조)

- 민원인 상담 · 조언
- 도로 교통정리, 주 · 정차 단속 보조, 자연보호 · 환경 침해 행위 단속 보조, 청소년 선도
- 충효사상, 전통의례 등 전통문화 전수교육
- 문화재의 보호 · 안내
- 노인복지정책의 홍보 및 안내
- 노인복지시설에 입소한 노인에 대한 생활지도

노인 자원봉사활동은 단순히 노인이 자원봉사의 필요성을 인식하는 것으로, 혹은 자원봉사활동거리가 소개되어 있는 것만으로는 활성화되지 않는다. 노인 한 사람 한 사람이 살아온 환경은 물론이고 성격과 취미가 각각 다른 노인들이 자원봉사활동을 통하여 무엇인가를 발견해 내기 위해 자원봉사활동에 참여하게 된다. 이러한 노인이 주의해서 대처해야 할, 노인 자원봉사자가 노인자원봉사활동을 추진해 가는 데 있어서 유의해야 할 사항을 제시하면 다음과 같다(東京ボランティアセンター, 1993).

① 노인의 성격이나 습관을 파악한다

노인은 많은 연륜과 풍부한 경험을 가진 반면에 완고하거나 자기과시욕이 강하다. 특히 그룹 안에서 활동을 진행해 갈 때 매우 중요한 인간관계가 좋지 못한 경우도 많다. 한 사람 한 사람의 성격이나 습관을 파악하여 객관적인 시각을 가지고 접근해 나가는 것이 중요하다.

② 자원봉사활동을 인생 설계의 가운데에 둔다

노인이 자원봉사활동을 시작하는 동기에는 자기를 필요로 한다거나 그것을 실감하기를 원하거나, 마음 둘 곳을 찾기 위해서라는 경우가 많다. 제2의 인생을 활기차게 살기 위해서 한 사람 한 사람의 인생을 디자인한다는 자세가 필요하다.

③ 건강 · 안전에는 만전을 기한다

강좌나 실제의 활동을 할 때에는 반드시 의사, 간호사, 간병인을 곁에 두는 등 만선의 체제를 갖추어 두기를 원한다. 노인은 신체가 부자유스럽게 되거나, 체력이 약해지거나, 예상할 수 없는 일이 일어날 수 있다는 것을 명심해야 한다. 특히 사고에 대비하여 자원봉사보험이나 상해보험 등을 가입해 두는 것도 필요하다.

④ 주머니 사정에도 주의한다

노인에게는 새로운 수입이 적은 것이 보통이므로 자원봉사활동을 하는 만큼 교통비가 가중되어 경제적으로 부담을 느끼게 되는 일도 있기 때문에 충분한 배려가 필요하다. 가능하면 활동에 필요한 최소 경비의 지원을 고려하는 것이 필요하다.

⑤ 클라이언트라도 자원봉사활동을 할 수 있다

거동이 불편한 사람이 남을 격려하거나 남에게 친절함을 전하는 일이 있다. 이것도 자원봉사활동이다. 사회 속에서 노인이 어떤 역할을 담당하는가 하는 보다 폭넓은 시각에서 노인의 자원봉사활동을 받아들이면 이러한 발상을 할 수 있다.

⑥ 부부 · 가족관계를 배려한다

배우자나 자녀가 자원봉사활동을 이해해 주지 않는다는 고민을 가진 사람도 많기 때문에 부부나 가족과의 관계를 충분히 배려한다. 가능하면 부부 혹은 자녀와 함께 활동할 수 있는 프로그램을 제공하여 가족 자원봉사활동으로 이어질 수 있도록 해야 한다.

⑦ 노인은 자원봉사활동의 대상자이기도 하다

현재는 문제를 가지고 있지 않아도 머지않아 건강상의 문제, 서비스의 문제를 갖게 될 가능성이 있다. 동년배 간에 공통된 문제에 대하여 생각하고, 서로 격려하고, 서로 의지가 되는 자원봉사그룹 만들기의 시각도 잊어서는 안 된다.

⑧ 다양한 메뉴를 준비해서 활동의 계기를 만든다

특별한 기술을 가지고 있는 것도 아니고, 동기가 좀처럼 파악되지 않아 무엇을 하면 좋을 것인지 고민하는 사람이 있다. 선택의 폭이 넓으면 딱 맞는 활동도 발견하기 쉽다. 평소에도 폭넓은 시각에서 활동메뉴를 만들기 위해 관심을 가진다.

⑨ **활동에 들어가기 전에 교육을 충분히 해야 한다**

장애인에 대한 접촉방법이나 서비스 등을 전혀 경험한 적이 없는 사람에게 있어서는 큰 충격을 받는 경우가 있다. 사전에 충분한 훈련이나 교육이 필요하다. 예를 들어, 역할극이나 견학, 실습 등을 통하여 각자가 체험할 수 있도록 하여야 한다.

⑩ **남녀 비율과 연령 구성에 주의한다**

동성이나 같은 연령층끼리, 집단 또는 같은 그룹 내의 소수 사람들을 따돌리지 않는지, 또 구성원의 고령화가 가속화되는 것을 초래하고 있지는 않는지 등 그룹에서의 활동에 대하여 관심을 기울여야 한다.

3. 가족 자원봉사

사회문제의 해결을 위해서는 가족의 기능 회복이 무엇보다 중요하다. 특히 이를 위한 해법으로 가족 자원봉사의 중요성이 지속적으로 제기되고 있다. 우리나라의 가족 자원봉사활동은 1996년 부산자원봉사센터에서 시작된 이후 2000년 이후부터 전국적으로 확산되고 있는 추세이다.

대체로 가족 자원봉사는 가족을 자원봉사의 하나의 단위로 한 공공복지를 향한 가치이념과 동시에 민주적 방법에 의한 자주적 · 협동적 실천노력이며, 개인, 집단, 지역사회에서 발생되는 제반 사회문제를 예방 · 해결하고 사회적 환경을 개선하기 위하여 공사의 조직체를 통해 무보수로 서비스를 제공하는 일련의 활동이라고 정의할 수 있다. 이러한 광의적 개념에서 시작하여 가족 자원봉사는 개별적 자원봉사와 달리 최소한 2명 이상의 가족구성원이 함께 자원봉사활동에 참여하는 것을 말한다(장덕희 · 이경은, 2001).

Moore와 Joseph(1996)는 가족 자원봉사를 하게 됨에 따라 자녀들은 도움 받는 자만이 아닌 도움을 주는 자로서 자신을 인식하고 나아가 문제해결 능력과 리더십이 증가되며, 학문적 기술도 높아져 학업실패와 학교중퇴, 미혼모 문제 등의 청소년 문제도 감소되는 이점이 있다고 보고하였다. 박태영 외(2008)는 이를 통해 가족과 같이 지내는 시간이 많아지고, 자녀들에게 다양한 일과 새로운 기술을 경험하게 하며, 개인으로서, 그리고 한 가족으로서의 자긍심과 가족 구성원들 간의 인간애를 가지게 하는 효과가 있다고 하였다. 또한 가정의 중요성을 인식하여 건전하고 건강한 가정을 지켜나가기 위해 노력하게 되며, 사회적 책임을 자녀들에게 전달할 수 있고, 은혜와 감사, 긍정적이고 밝은 마음으로 가족의 추억을 만들 수 있다고 하였다.

성공적인 가족 자원봉사 프로그램은 처음부터 가족에게 부담을 주는 것이 아닌 작은 것으로부터 시작하여 가족이 그들의 봉사를 통해 지역사회에 기여했다는 느낌과 경험을 가지게 하는 것이 중요하다. 자원봉사조정자는 가족의 특성을 고려한 프로그램이 성공적인 가족 자원봉사활동의 주요한 열쇠가 됨을 알아야 한다. 성공적인 가족 자원봉사 프로그램의 특징은 다음과 같다.

① 단시간(대개 2~5시간)에 완성될 수 있는 일이며, 동시에 지속적인 활동으로 발전될 수 있어야 한다.

② 모든 가족구성원들에게 가치가 있는 일이어야 한다.

③ 가족 간 협동을 통해 완성될 수 있는 일이어야 한다.

④ 다른 가족들을 만나 함께 일할 수 있는 일이면 더 좋다.

가족들에게 적합한 자원봉사 프로그램을 개발하는 것은 개별 자원봉사 프로그램을 개발하는 것과는 본질적으로 다르며 기본적으로 더욱 많은 요소를 고려해야 하는 복합적인 활동이다. 가족 자원봉사 프로그램을 조직화할 경우 아래의 세 가지를 고려하는 것이 효과적이다.

① 가족에게 적합한 활동의 종류와 범위를 정한다. 현재 많은 자원봉사활동은 개인이 클라이언트와 1:1의 형태로 실시된다. 개인수준에서 이루어지는 자원봉사보다 가족 자원봉사활동은 흥미롭고, 의미 있는 결과를 가져올 수 있다. 왜냐하면 구성원이 다양하고, 또한 가족이 일하는 동안 대화를 할 수 있기 때문이다.

② 가족 자원봉사에 적합한 활동을 개발하기 위해 다른 직원과 함께 일한다. 가족 자원봉사는 다른 직원에게는 새로운 개념이고 또 다른 업무부담의 일종으로 판단될 수 있기 때문에 가족 자원봉사활동의 중요성과 이에 대한 기관의 노력에 대해 이해할 수 있도록 충분히 주지하는 것이 필요하다.

간혹 시설의 몇몇 직원들은 아이들과 함께 일하는 것을 기피할 지도 모른다. 이들은 어린 아동들을 다루고 감독하는 경험이 적을 것이고 처음부터 참여에 저항할지도 모른다. 그러나 아이들과 일하면 다음과 같은 장점도 있다.

- 아이들은 활동에 흥미와 열의를 제공해 주는 촉매제 역할을 하고, 이러한 것을 통해 클라이언트에게 긍정적인 동기를 부여할 수 있다.
- 아이들은 어른들과의 관계를 종종 쉽게 연결해 주는 역할을 한다.
- 아이들은 그들의 호기심을 통하여 그들 주위의 어른들을 자극할 수 있다.
- 아이들은 내일의 희망이고 자원봉사의 다음 세대이다.

어린 아동이 있는 가족 자원봉사자와 일할 때는 직원 중 한 명에게 아동을 전담할 새로운 임무를 부여하거나 함께 일할 수 있는 은퇴자를 자원봉사로 모집하는 것도 대안이 될 수 있다. 아동과 함께 일할 때는 아이들이 무엇을 좋아하는지, 가족과 함께 즐겨하는 것은 무엇인지, 가족이 이 활동에 참여하면 어떤 이익을 얻을 수 있는지 등을 항상 염두에 두어야 한다.

③ 다른 직원이 도움받기를 원하는 활동리스트를 작성한다. 이러한 것은 다른 직원의 참여를 자극하고 가족 자원봉사 활동분야를 다양하게 하는 데 도움이 된다. 직원들이 가족 자원봉사자에게 의뢰할 수 있는 활동의 예는 다음과 같다.

ㅁ 일상활동	ㅁ 가족상담
ㅁ 방문활동	ㅁ 화초심기
ㅁ 증정된 책을 분류하는 것	ㅁ 식사배달
ㅁ 자료수집	ㅁ 음식수집
ㅁ 쓰레기 청소	ㅁ 상담교육 보조
ㅁ 우편작업	ㅁ 학교이벤트
ㅁ 컴퓨터 디자인 또는 편집	ㅁ 도서관 봉사 등

그러나 매번 가족 모두가 함께 참여해야 하거나, 시간표 조정이 되지 않거나, 목적이 명확하지 않거나, 구체화될 수 없는 활동 등의 내용이 포함되면 가족 자원봉사활동은 효과적이지 못하다. 또한 가족 자원봉사에 참여하는 가족구성원의 연령에 따라 활동의 내용이 달라지는 것도 필요하다.

특히 초기 가족 자원봉사활동을 계획할 때는 ① 재미있고, 흥미 있는 쉬운 활동, ② 경험과 재능과 힘의 범주 안에서 할 수 있는 활동, ③ 나눌 수 있는 활동, ④ 새로운 경험과 환경을 가족에게 제공해 줄 수 있는 활동, ⑤ 가족에게 배움의 기회를 제공해 주는 활동, ⑥ 스케줄과 활동처가 융통성 있는 활동, ⑦ 어린 아동들에게 교육적 효과를 줄 수 있는 활동, ⑧ 다른 가족과의 상호작용이 있는 활동, ⑨ 눈으로 확인할 수 있는 직접적인 효과가 있는 활동 등을 고려할 필요가 있다. 그리고 기관의 프로젝트나 행사에 가족을 초대하는 것도 가족 자원봉사의 출발점이 될 수 있다. 만약 초기 경험이 긍정적이었다면 그들을 가족 자원봉사자로 유인하기가 쉬울 것이다.

〈표 12-2〉 **가족자원봉사활동 프로그램 예시**

활동 분야	활동 내용
다양한 가족지원	다양한 가족유형 : 다문화가족, 한부모가족, 조손가족 등
	시설지원 : 시설환경정화, 시설환경정비, 시설행사보조, 시설텃밭 가꾸기
	가사지원 : 세탁 및 관리, 청소, 정리정돈, 식사준비 및 취사, 식사보조, 시장보기, 음식물관리, 반찬만들기
	신체 및 정서 건강지원 : 간병, 안마, 목욕, 머리손질, 면도, 재활 활동보조, 말벗, 문안인사
	활동지원 : 병원동행, 산책, 신문 · 책 읽어주기, 편지 쓰거나 읽어주기
	자녀돌봄 및 지도 : 우유먹이기, 놀아주기, 학습지도하기, 체험활동 보조하기
지역 사회 활동	재활용품 수집 : 재활용품 분리 및 수거, 재활용품 교환 및 판매
	농 · 어촌돕기 : 벼 · 보리 베기, 잡초제거, 허수아비 만들기, 고구마 캐기, 콩 파종하기, 옥수수 수확 등
	이웃사랑실천운동 : 결식아동 찾기, 김장김치 담그기, 사랑의 집짓기, 군부대 위문 시설방문
	지역사회 문화재 및 시설보호활동 : 가로수 및 공원 정비, 담벽칠하기, 문화유적지 주변청소, 문화유적지 수리 및 청소, 불법광고물제거
환경	자연보호활동 : 휴가지에 버린 쓰레기 줍기, 강변 오물쓰레기 치우기, 꽃밭 만들기, 둔치 하구 및 운동장 청소, 나무심기, 등산로 청소
	환경캠페인 : 자연보호 캠페인, 동물보호 캠페인, 수질오염방지 캠페인, 휴가지 깨끗이 사용하기 캠페인, 산불예방 캠페인, 자연보호 포스터 붙이기
	환경정화활동 : 깨끗한 거리조성, 잡초제거, 거리 껌 제거, 묘역 · 묘비청소, 공원 · 놀이터 가꾸기
교육	교육참여활동 : 가족단위 자원봉사교육, 다양한 가족에 대한 교육, 시설에 대한 교육, 자원봉사 기본소양교육, 가족자원봉사활동 중간검검 및 평가
	견학활동 : 환경시설 견학, 폐기물치리괴정 견학, 생대 · 환경탐시 · 재활용매장 방문, 재활용품 분류작업 체험, 현장체험학습, 점자도서관방문 등
기타	기금마련활동 : 벼룩시장, 먹거리 판매, 안 쓰는 물건 모아 팔기, 농사 수확물팔기
	문화 · 예술참여활동 : 지역사회 문화행사 참여 및 보조, 문화, 유적지 탐방
	국제협력활동 : 홈스테이, 외국인 안내하기

출처 : 여성가족부. http://www.mogef.go.kr.

4. 대학 자원봉사

대학은 진리를 발견하고 창조하는 곳이다. 그리고 진리를 탐구할 뿐 아니라 탐구한 진리를 전달하고 교수하는 곳이며, 탐구되고 전달된 진리는 다시 지역사회로 환원되어야 한다. 따라서 지식의 보관자로서의 대학은 사회에 대한 직접적인 봉사를 통해서 대학이 보유하고 있는 지식을 효율적으로 이용할 수 있는 기회를 창출해야 한다. 특히 대학생 자원봉사활동은 무한한 잠재력과 가능성을 지니고 있기 때문에 보다 체계적이며 전문적인 활동을 통해 자원봉사활동의 활성화를 촉진시킬 수 있으며, 우리사회의 자원봉사활동 전체에서 차지하는 비중이 매우 높다. 그리고 초·중·고등학교로부터 실천되기 시작하는 자원봉사제도의 활성화와 정착화를 위해서라도 대학 자원봉사활동은 매우 중요한 의의를 갖는다(주성수, 1996).

이러한 대학 자원봉사는 학생, 대학, 사회적 측면에서 다른 분야의 자원봉사와는 구별되는 몇 가지 특성이 있다. 이를 구체적으로 살펴보면 다음과 같다.

첫째, 대학 자원봉사는 학생들의 바른 인성과 성숙한 자아형성을 돕는 활동이다. 대학생활 동안 학생들이 여러 사람들과 협력하고 사람들이 직면한 다양한 문제를 발견함으로써 가정과 사회를 새롭게 볼 수 있는 눈을 가지는 것은 참으로 중요하다. 자원봉사활동은 자발성과 이타성, 개척정신 및 지속성이 그 행동의 속성으로 요구되기 때문에, 봉사활동이라는 인내와 극기를 통해서 학생들은 자기 정체성을 확립할 수 있고(장명수, 2001), 이를 통해 사회적 약자에 대한 가치와 인간의 존엄성 등을 생각하고 자신을 발견하는 기회를 갖게 된다.

둘째, 대학 자원봉사는 학생들의 전문지식 및 기술의 적용과 연마를 지원하는 활동이다. 대학은 전문기술과 학문을 연마하는 곳이고 이를 더욱 정교화시킬 수 있는 다양한 교육환경을 찾고 있다. 대학 자원봉사활동은 학생들

각자가 자기 전공에서 학습한 전문지식과 기술을 현장에 적용하여 지역주민을 돕고 자신의 지식과 기술을 보완하는 학습의 연장으로 활용할 수 있다(현외성 외, 1998).

셋째, 대학 자원봉사는 학생들에게 사회적 책임감과 사회지도자로서의 능력을 배양하는 활동이다. 학문적 지식과 기술은 물론 인격적 역량에서도 타인을 이끌 수 있는 자질을 갖추어야 한다. 대학시절 다양한 사회봉사활동 과정과 경험을 통해 사회문제와 사회발전에 대한 올바른 이해와 인식을 가질 수 있으며, 학생 스스로가 사회적 책임감을 체득할 수 있도록 유도하여 미래사회를 이끌 수 있는 자질을 갖출 수 있게 된다.

넷째, 대학 자원봉사는 대학 내 건전한 대학문화의 정착을 위한 활동이다. 대학문화의 건전성은 대학교육 발전의 중요한 요소이다. 자원봉사활동은 불건전한 대학문화가 건전한 방향으로 전환될 수 있는 중요한 계기가 될 수 있다.

다섯째, 대학 자원봉사는 대학교육의 확충과 국제화를 촉진하는 활동이다. 21세기의 대학 변화와 국제화의 흐름 속에서 대학 자원봉사활동은 캠퍼스 내의 제한된 교육활동 차원을 벗어나 지역사회현장이나 국제사회와의 적극적인 교류를 강조하고 있다. 이에 따라 국내 자원봉사뿐만 아니라 해외자원봉사활동은 학생들로 하여금 지역화와 국제화의 흐름에 지혜롭게 대응할 수 있는 계기를 제공할 수 있다.

여섯째, 대학 자원봉사는 대학과 지역사회 간의 연계·협력을 통한 봉사네트워크 구축 활동이다. 대학과 지역사회는 불가분의 관계로서 대학은 지역사회 네트워크의 심장부이며, 지역사회는 학생들의 생활의 장인 동시에 학습의 장이다. 대학은 지역사회에 존재하며 그곳으로부터 교육, 연구, 봉사에 필요한 인적·물적 자원을 받고, 대학이 속한 지역사회의 욕구와 필요에 봉사해야 하는 의무를 가진다(장명수, 2001). 자원봉사활동은 이러한 대학과 지역사회 간의 관계를 더욱 밀접하게 연결하는 중요한 매개체로서의 역할을 수행할 수 있다.

일곱째, 대학 자원봉사는 지역 공동체 의식의 확산과 사회통합의 활동이다. 자원봉사활동은 학생들과 지역주민들 간의 심리적 연대를 가능하게 하고, 지역사회 체계 안에서도 지역 간, 영역 간, 개별 기관 간의 통합을 촉진시키는 역할을 수행한다. 이를 통해 학생들을 포함한 지역주민들 간의 공동체 의식을 확산시키고 사회적 정화와 보완을 통한 사회통합을 가능하게 한다.

대학생이 자원봉사활동에 참여하게 될 때, 대학생 연령대와 유사한 자원봉사자 혹은 타 연령대의 자원봉사자와 차이가 나는 점으로는 첫째, 수용성이 높다. 대학생이 자원봉사활동 과정에서 실수를 하더라도 좀 관용적으로 대하는 경향이 있다. 이러한 점 때문에 효과 검증이 미흡한 활동거리에 대학생 자원봉사자를 투입하는 경우도 있다. 둘째는 시간적으로 집중성이 높다. 대학생들은 학기 중 혹은 방학 등 시간적으로 일정 부분 고정되는 경향이 있다. 따라서 학기 내라는 짧은 기간이지만, 그 기간 동안은 활동의 지속성을 보장할 수 있다. 셋째는 인원 확보의 용이성이다. 대학생들은 학과 단위로 움직이는 경향이 있어서 전공과 관련된 자원봉사활동이라면 학과 혹은 동아리와 교섭하여 상당한 인원을 보다 쉽게 확보할 수 있다. 넷째는 비판성과 전문성이 상대적으로 강하다. 이를 잘 활용할 수 있는 자원봉사활동거리를 제안할 필요가 있다.

현재 우리나라 대학에서는 자원봉사활동과 접목한 다양한 형태의 자원봉사교육을 |그림 12-1|과 같이 실시하고 있다.

동아리 활동	기존의 학생회나 동아리가 스스로 활동을 할 때 대학에서 지원
중개 · 알선	대학의 봉사활동 담당 조직에서 학생 봉사활동을 지원하고 외부기관 단체와의 연계를 통한 공동 참여와 적재적소 배치를 지원
학점인정	학과 또는 해당 교과목에 대하여 학점을 인정해 주는 제도 도입과 개선
교과실습	전공 또는 교과목의 일부로 자원봉사활동을 포함시키는 경우이다. 교수가 선택할 수도 있고 대학 차원에서 인정하는 경우도 있음
과목 확대	사회봉사 교과실습을 학과 차원 또는 대학 차원에서 장려하는 제도
교양과목	특정 학과 또는 대학에서 독립과목을 개설하여 사회봉사이론과 실기를 학생들이 경험할 수 있도록 하는 제도 현재 많은 대학들이 이 모형을 따르고 있음
전공 필수	학과 또는 대학에서 해당 전공의 필수과목으로 사회봉사를 포함시키는 제도
졸업 필수	대학의 교육정책상 사회봉사를 '졸업필수' 과목으로 선택하는 경우

|그림 12-1| **대학 자원봉사교육을 위한 모형**

출처 : 김범수 외(2002). 자원봉사의 이해. 학지사 재구성.

이러한 활동이 보다 효과적으로 추진되기 위해 자원봉사조정자는 대학 내 · 외적으로 다음과 같은 내용을 구체적으로 살펴가며 활동할 필요가 있다.

첫째, 자원봉사에 대한 동기부여와 교육이 중요하다. 대학 자원봉사는 대학생들이 봉사활동에 자발적인 참여를 유도할 수 있도록 동기를 부여하는 것이 무엇보다도 중요하다. 이를 위해서는 봉사활동에 대한 홍보활동과 자원봉사에 대한 체계적인 교육이 필수적이다. 대학의 자원봉사활동이 순수하게 자발적으로 확산되기 위해서는 대학 내의 모든 홍보수단(학보, 방송, 공문, 유인물 등)을 이용하여 봉사활동의 필요성과 사례들을 지속적으로 홍보하여 자원봉사에 대한 분위기를 조성해야 한다.

한편 자원봉사자에 대한 교육이 비전문적 · 산발적으로 이루어져 참여 당시의 의욕에 비하여 실제 봉사활동에 임하여서는 적응력 부족으로 활동이 정기적 또는 지속적으로 되지 못할 뿐만 아니라 중도에 포기하는 원인이 되기도 한다. 자원봉사의 기본 이념에 대한 이해와 활동기법을 체계적으로 교육하여 자원봉사에 대한 확고한 신념을 가지고 참여할 수 있도록 도와야 한다. 그리고 수혜자의 다양한 욕구에 적절히 대처할 수 있는 능력 개발을 병행해야만 자원봉사자의 욕구가 충족될 수 있다. 교육은 필요에 따라 활동 전의 오리엔테이션, 활동 중에 실시하는 팀별 간담회, 보충교육, 개인 상담과 평가회 등을 기획할 수 있으며, 계획적이고 지속적으로 이루어질 필요가 있다.

둘째, 대학 자원봉사활동 지원체계의 구축이 요구된다. 대학생 자원봉사자들이 장기적으로 봉사활동을 지속할 수 있는 방안을 적극 마련하기 위해 대학 및 관련 기관의 노력이 필요하다. 자원봉사활동 영역이 다양화되고 전문화되어 가는 현실을 고려하여 대학생 자원봉사자가 자신에게 가장 적합한 업무가 무엇인지 스스로 탐색할 수 있는 기회를 갖고 자신의 관심과 수준에 맞는 영역에서 봉사할 수 있도록 안내하는 역할이 적극적으로 요구된다.

현재 대부분 대학의 자원봉사활동은 효과적인 육성 · 지원체계를 갖추지 못하여 많은 어려움을 겪고 있는 실정이다. 학생들의 폭넓은 참여와 사회적 기여 그리고 교육적 효과를 유도하기 위해서는 기본 체제 구축이 선행되어야 한다. 새로운 참여자들을 위한 적극적인 홍보와 의도적인 교육훈련 그리고 봉사자에 대한 정보제공, 상담지도, 적재적소 배치, 평가 등의 역할과 기존 활동자를 체계적으로 지원하는 기능을 담당할 조직 및 전문가가 봉사활동을 정착시켜 나가는 과정에서 반드시 요구되는 조건이다.

셋째, 지역사회와의 상호협조체계 구축이 필요하다. 자원봉사활동이 효과적으로 추진되기 위해서는 대학, 봉사자 활용기관 · 단체 또는 이용자와 긴밀히 연계되어야 한다. 자원봉사활동에 대한 인식이 매우 높은 점을 고려해 이러한 필요성에 대한 인식이 실천적 행동으로 옮겨질 수 있도록 그들의 지식과 기술이 사회에 유용하게 활용될 수 있는 장을 마련해 줄 필요가 있다. 그러기 위해선 대학뿐 아니라 지역사회와의 상호협조체계 아래 대학생 자원봉사활동이 활동실천의 장과 체계적인 연결이 될 수 있도록 하는 시스템 개발이 무엇보다 필요하다. 지역사회와의 상호협조체계를 구축하여 학생의 개인사정과 활용기관의 실정, 이용자의 요구사항을 면밀히 파악하여 양자를 항상 적절히 조정하고 역할을 부여하여 공동으로 봉사활동 프로젝트를 기획함으로써 효과적인 자원봉사활동을 할 수 있을 것이다.

대학 사회봉사의 주체별 역할

1) 대학 역할

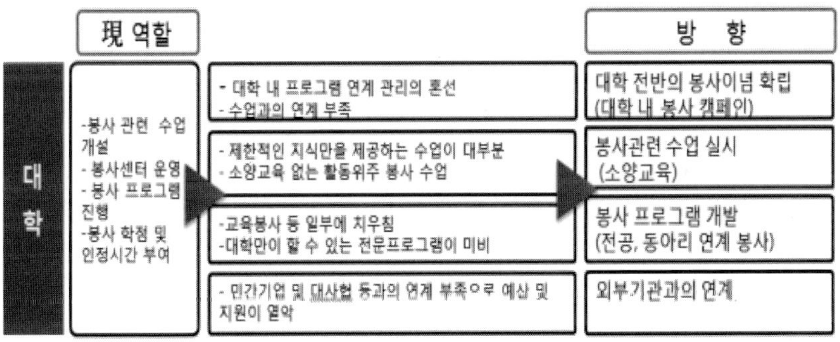

2) 한국대학사회봉사협의회 역할

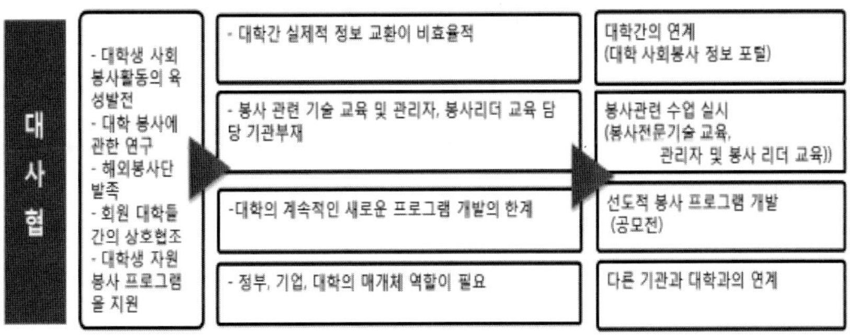

3) 정부부처 역할

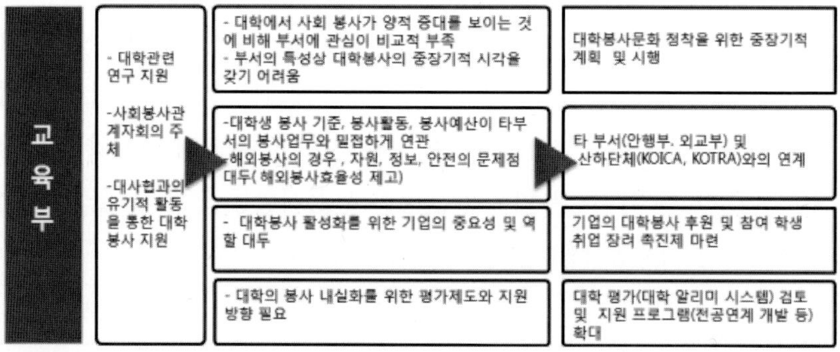

4) 기업 및 NGO 역할

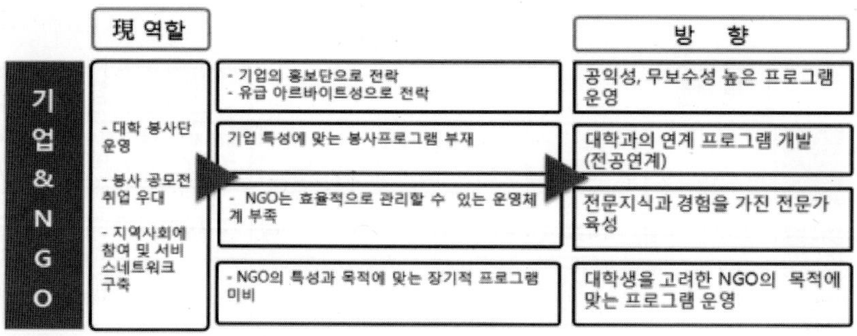

출처 : 교육부(2014).

넷째, 교과목과 연계된 프로그램의 개발이 요구된다. 최근 자원봉사활동에 대한 사회적 관심과 참여가 급격히 늘어나고 있으나 그 증가된 양만큼이나 질적인 문제를 야기하고 있다. 목적은 좋으나 방법상에 문제가 있다는 것이다. 즉, 자원봉사자는 엄청나게 늘었으나 필요한 자원봉사자는 없다는 것이다. 대학의 자원봉사는 지역사회의 관련 기관과 유기적 협력을 도모하고 한편으로는 전문성을 동원하여 지역사회의 자원봉사 노력이 보다 효과적으로 수행되도록 돕는 역할도 해야 한다.

대학의 봉사활동은 정규 교과목과 연계되어야만 성공할 수 있다. 학생들이 강의실에서 배운 이론을 현장실습을 통하여 검증할 수 있는 기회를 갖도록 해야 한다. 따라서 각 학과의 특성에 맞는 프로그램을 개발하여 봉사에 기초한 학습이 되도록 함으로써 학생들의 다양한 욕구와 기대를 최대한 수용하고 대학의 바람직한 문화로서 정착될 수 있다.

우리나라 대학생 봉사활동은 그 풍부한 인적자원과 정신적 동기에 비해 아직까지 충분한 발전이 이루어지지 않았다고 볼 수 있다. 그 이유들 중에 중요한 한 가지는 아직도 과거의 구국운동 또는 정치참여로서의 학생운동과 현대적 의미의 자원봉사활동이 미분화 상태에 있으며, 이를 정부, 국민, 그리고 학생들 자신이 제대로 인식하지 못하고 있다는 사실에 기인하는 것으로 볼 수 있다. 또한 대학생 자원봉사활동이 실패한 원인 중에는 첫째, 학생활동이 주관적 판단에 의해 계획하고 행동에 옮겨졌기 때문에 부작용이 많았다. 둘째, 감정적 동기, 기분전환의 방편, 호기심 또는 영웅주의적 사고방식으로 활동에 참여한다. 셋째, 미래지향적 사고방식 수립에 미흡한 점이 많았다. 넷째, 건전한 사회적 의지의 형성이 부족했다는 요인이 지적되기도 한다.

대학생 자원봉사활동은 이성적이고 합리적인 사고를 바탕으로 교육적 의의와 기능을 최대한 실현시키는 방향에서 체계적이고 조직적으로 이루어져야 할 것이다. 이제 대학생 자원봉사활동은 단순히 남을 돕는다는 것뿐만 아니라 자신의 시간과 노력의 투자를 통해서 사회에 봉사하며 지식과 경험을 체득할 수 있는 귀중한 기회로 인식되도록 하며, 지역사회 내의 부족한 일손을 덜어 주고 소외된 이웃의 불행을 나눠 갖는 참다운 인간교육으로의 역할을 수행할 때 활성화될 수 있을 것이다.

다섯째, 대학별 특성과 실정에 맞는 인정과 보상체계의 제도화가 필요하다. 대학이나 관련 기관에서는 대학생 자원봉사활동의 활성화를 위해 다양한 정보제공 및 각 대학별 특성과 실정에 맞는 인정과 보상체계를 제도화할 필요가 있다. 먼저 자원봉사활동을 학점으로 인정하거나 각종 유인책을 도입하여 봉사활동을 장려해 나갈 필요가 있다. 자원봉사활동에 대한 적극적인 지원은 물론 대학정책에 최우선으로 반영하여 봉사활동에 대한 학교구성원들의 폭넓은 공감대가 형성되어야만 지속적이고 효과적인 건전한 활동으로 정착될 수 있다. 그 밖에 학생회 및 동아리활동을 자원봉사를 겸한 활동이 되도록 적극적인 지도와 지원을 강화하고 활동이 활발하고 우수한 자원봉사자를 선정하여 표창하고 자원봉사의 날을 제정하여 기념행사를 개최하는 등 자원봉사자를 유인할 수 있는 제도를 개발해야 한다.

5. 기업 자원봉사

기업들은 시대의 요구에 민감하게 반응하여 사회에 대한 기업 수혜 환원을 구체적으로 실천하기 위해 다양한 사회공헌활동들을 전개하고 있다. 기업들은 종래 단순한 기부, 협찬 등에서 벗어나 조직적으로 사회공헌을 위한 재단을 만들고, 사내 전담부서를 두는 등 체계적으로 사회공헌활동을 하려고 노력 중이다. 특히 2000년대에 들어서면서 기업들은 직원들을 직접 다양한 지역사회문제 해결에 뛰어들게 하였다. 또한 신입사원의 채용이나 인사고과에 자원봉사의 경력을 반영하고, 임직원들의 교육과 훈련에 반드시 자원봉사를 포함하는 등 자원봉사를 중요시하는 분위기를 조성해 오고 있다.

기업은 사회의 생산단위이다. 기업에 모인 사람들은 생산을 위해서 모였지만 그보다도 각자의 물질적 · 정신적 욕구의 충족을 직접 혹은 간접으로 얻기 위해 모인 것이다. 기업경영에 있어 생산성 향상도 궁극적으로는 인간의 복지향상이라는 목적달성을 위한 수단이라고 할 수 있다. 이러한 사실을 기업들이 차츰 인식해 감에 따라 미국을 비롯한 많은 국가들에 있는 수천 개의 주요 기업들은 자신들의 사회공헌활동을 공식화하기 위하여 다양한 프로그램들을 개발해 놓고 있다(Wilson, 2000). 이제 기업의 사회공헌활동은 사회문제에 대한 온정주의적 개입이나 이타주의적 행동을 벗어나 경영전략의 하나로 여겨지고 있으며, 이러한 경향은 전 세계적으로 확산되어 가고 있다.

기업의 사회공헌활동이 적극적으로 일어나고 있는 미국의 경우에 Willson은 기업들의 사회공헌을 하게 되는 동기들을 다음의 10가지 유형으로 구분하여 설명하였다(Willson, 2000, 한동우 외, 2003 재인용).

① **이타주의**(altruism)

미국 버먼트주의 유명한 아이스크림 제조업체인 Ben & Jerry의 경우처럼 기업이 사회공헌을 하게 되는 것은 기업지도자들이 어떤 대의에 강력하게 동화되어 기업조직을 사회변화와 행동의 매개체로 조직화하기 때문이다.

② **기업시민정신**(corporate citizenship)

맥도날드처럼 기업 자신들이 어떤 지역사회와 자신들의 직원 및 고객들에게 공헌하고 있다고 보여지기를 바라기 때문에 사회공헌활동에 적극적으로 참여하게 된다.

③ **지역사회개발**(community development)

기업들은 지역사회를 지원하는데, 그 이유는 임직원들, 기업사무실과 운영 및 고객과 소비자들을 위해서는 자신들이 안정적이고 지지적인 지역사회에 의존할 수밖에 없기 때문이다.

④ **임직원 사기**(employee morale)

기업의 사회공헌은 임직원들의 관심사이며 또 욕구라는 이유에서 개발되는 경우도 있다.

⑤ **기업 정체성**(corporate identity)

스포츠 이벤트나 주요 예술쇼와 같은 명성 높은 활동들에 기부하는 경우처럼, 기업의 이미지와 정체성을 강화시키기 위해 기업들은 사회공헌활동을 한다.

⑥ **기술과 인적자원**(technology and human resources)

도요타재단의 과학과 수학교육 투자 프로그램처럼, 기업들은 잘 교육받은 미래의 노동력을 제공받기 위한 목적으로 학교와 대학들에게 점차 크게 지원하고 있다.

⑦ **마케팅**(marketing)

기업이 필요로 하는 특정 인구층을 갖고 있는 이벤트나 비영리단체 활동을 지원하는 일은 다른 방법으로는 접근하기 어려운 대상자들에게 접근하는 기회를 제공해 준다.

⑧ **정치적 후원**(political support)

기업의 사회공헌활동은 다양한 정치적 차원을 이용하여 기업의 의사결정이 정치인들과 일반인들의 정서에 맞도록 하는 방법들과 관련되어 있다.

⑨ **지도자의 관심**(leadership interests)

기업 지도자들의 관심사와 선호에 의해 기업이 지원하는 비영리단체에 대한 지원이 선택된다.

⑩ **세금 혜택**(tax incentives)

미국기업들은 납세 이전의 소득 전체의 10%까지 기여금에 대한 세금공제를 받은 수 있는데, 이것으로 전체 기부에 드는 비용을 낮추게 된다.

기업 자원봉사는 기업 자체가 추구하는 사회적 그리고 경제적 목적들을 달성하도록 도와줄 뿐 아니라 근로자 개인들의 기대와 욕구에도 창의적으로 반응하여 이들을 충족시키는 역할을 하고 있다. 따라서 기업 자원봉사는 기업 자체가 가진 자산과 인력으로부터 최대의 효과를 창출하기 위해서, 지역사회의 이익을 위해서, 그리고 양질의 노동력과 사업 자체를 위해서 기업들

간의 새로운 경쟁적 이슈로 등장하고 있다. 실증적 연구에서도(한동우 외, 2003) 기업이 사회공헌활동을 많이 할수록 그 기업에 대한 소비자의 평가는 향상되고, 자신의 회사가 사회공헌활동을 적극적으로 하고 있다고 인식하고 있는 집단의 직장만족도가 그렇지 않은 집단에 비해 매우 높았다. 그러므로 기업의 사회공헌활동은 기업의 이미지 제고와 근무자의 직장만족도를 높여준다. 사회공헌활동 중 기업의 자원봉사는 근무자가 직접 참여하므로 이러한 효과를 더욱 높일 수 있을 것이다.

자원봉사조정자는 다음과 같은 기업 자원봉사활동의 변화방향을 구체적으로 확인하며 기업 자원봉사활동을 활성화시켜야 한다.

(1) 기업의 사회기여활동의 변화

한때 기업에 의한 자선활동이 크게 강조되었던 적이 있었다. 기업에 의한 자선행사, 콘서트, 재단을 통한 기부, 기증 등 지금까지 화제가 된 기업의 사회공헌활동은 사람, 물건, 돈, 정보, 기업자본 등 물질적인 부분에 제한된 것이 많았던 것 같다. 최근에 우리나라에서도 대기업의 사회봉사활동이 점차 활발해지고 있어 기업이 새로운 복지서비스 제공자로 급부상하고 있다. 장학사업 일변도이던 기업의 사회공헌활동이 이제는 사회복지와 환경운동 등에 관심을 기울이는 등 활동의 영역도 다양해지고 있다. 그러나 최근에는 기업도 지역사회에 있어서 한 시민으로서 넓게 사회공헌활동을 해야 한다는 이른바 "좋은 기업정신"이라는 사고방식이 제창되기 시작하였다.

(2) 큰 회사에서 좋은 회사로

현대 기업이 사회 속에서 존속 · 번영하기 위해서는 그 경영활동을 합리적인 방향으로 이끌 수 있는 지도이념이 이윤지향에서 '사회적 책임' 지향이념이라는 새로운 지도이념으로 변화하게 되었다. 기업도 사회 속에서 다른 구성원과 더불어 잘살 수 있는 길을 모색해야 하며, 여러 가지 문제해결과 윤리준수의 주체로서 적극적으로 참여하여야 한다(조휘일, 1998)는 의도에서 기업 자원봉사활동을 권장하게 된 것이다.

특히 기업이 해외로 진출해 가는 과정에서 현지 기업의 자선활동을 보고 사회공헌활동 없이는 현지에서 받아들여질 수 없다는 실정을 경험했다. 그리고 사회에의 공헌활동이 기업으로서 당연히 완수해야 할 역할이라는 인식이 조금씩 확대되어 왔다. 기존에 수행해 왔던 활동을 토대로 하면서 다양한 자원봉사활동을 통해 넓게 사회에 공헌해 가고자 하는 기업의 자세가 "큰 회사에서 좋은 회사"라는 최근의 기업 슬로건의 변화에도 나타나 있다.

(3) 기업의 본업을 살린 자원봉사

사회봉사 전담부서를 설치해서 사회공헌에 몰두하려고 하는 기업도 늘어났다. 자원봉사 휴가, 휴직제도 등도 그 일환으로 구체적으로는 정보지와 인터넷을 통한 자원봉사 정보의 제공, 활동내용의 작성, 자원봉사 수납처와의 조정, 활동을 위한 환경조성 또는 금전적인 지원 등을 하는 것으로 사원의 자원봉사활동을 지원하고 있다.

최근 늘어난 기업 자원봉사로는 사원을 파견해서 본업을 살린 활동이 있다. 운송회사의 경우 배식서비스, 전송, 마중 등의 운전 자원봉사, 택배회사는 독거노인 가정을 정기적으로 방문해서 안부를 확인, 제조회사의 기술자에 의한 스마트폰 사용 교실과 강사파견, 복지시설에 대해서는 전력회사에 의한 전기설비의 안전점검 등 본업을 살린 자원봉사활동을 전개하고 있다.

최근 사회공헌 트렌드 및 현황

1) 진로탐색

- 삼성물산, 주거공간 직접 설계 및 디자인 실습이 가능한 '주니어 건설 아카데미'운영
- 삼성서울병원, 청소년 초청 병원 투어 및 의료진 멘토링 '해피드림'

- 현대오토에버, 저소득층 고등학생 대상 IT · 정보보안 교육 지원 '화이트해커 양성 사업'
- 한국수력원자력, 스포츠와 공학을 결합한 체험형 과학교육캠프 '아톰공학캠프'운영
- SK, 초 · 중 · 고등학생 대상 에너지 전문가 특강 등 에너지 진로체험 교육 '에너지투모로우'
- LG, 전국 사업장 인근 초등학교 대상 화학 · 환경 · 에너지 교육 '화학놀이터'
- 카카오, IT 기획 · 개발 · 디자이너의 역할을 배우는 진로체험프로그램 'how Me the IT'

2) 문화예술/ 생활안전

- SM엔터테인먼트, 'Mile'오디션을 통해 선발된 팀에게 소속 가수 멘토링 및 전문 트레이닝 제공
- 강원랜드, '스포츠 인재육성' 강원도 내 초 · 중 · 고 운동부 대상 선수 지원 및 학교 체육 활성화 지원
- 두산, '우리두리' 임직원 봉사와 연계, 장애청소년 생활체육 지도
- 한화손해보험, 초등학생 대상 안전교육에 무용을 결합, 위기 상황에서의 대처능력 교육
- 현대해상, 어린이 교통안전 뮤지컬 '교통안전 약속해주세요'제작 및 무료 공연

3) 교육환경 개선 및 격차 해소

- 삼성카드, 수학 · 빅데이터 교육용 게임 및 교사 매뉴얼 개발
- 미래에셋대우, 다문화 자녀 이중언어환경 조성을 위한 애니메이션, 학습교재 보급
- 제일기획, 새터민 청소년 학습 지원을 위한 모바일 남북한 언어번역 어플리케이션 '글동무' 출시
- 롯데면세점, 서울숲 인근 공터에 카페, 옷가게, 공방, 공연장, 식당 등 116개의 컨테이너로 구성된 창조적 공익 문화 공간(언더스탠드애비뉴)을 조성함으로써 청소년 · 여성 · 사회적 기업가, 지역 소상공인의 자립을 도모하고 시민들의 휴식공간을 마련
- KT, 백령도(기가아일랜드) · 청학동(청학동 기가창조마을) 등 IT의 손길이 미치기 어려운 낙후 지역에 통신 인프라를 조성하여 교육(원격 IT교육, 전자칠판 도입 등), 의료(스마트폰 건강검진 솔루션, 노약자 스마트 밴드 등), 안전(해상통신망 서비스 향상, 드론을 통한 조난사고 신속 대응 등) 등 주민 생활을 편리하게 개선

4) 지역 발전모델 제시

- 두산, 동대문 상권 활성화를 위한 '동대문 미래창조재단'설립, 인근 대형 쇼핑몰 · 관광지와 연계한 쇼핑타운 조성, 지역 내 역사 · 먹거리 탐방 프로그램 운영 등 지역 발전방안 제시
- 신세계, '남대문 글로벌 명품시장 육성 계획'발표, 백화점과 연계한 남대문 시장 우수상품 발굴 및 판로개척 지원, 매장 디자인 및 안내물 개선 지원 등

- CJ, 종자법인 설립, 농업 경쟁력 향상을 위해 부가가치가 높은 우수 종자를 연구 개발하고, 농가와의 계약재배를 통해 개발된 종자를 상품화하는 데 주력, 농업 고부가 가치화에 노력

5) 다양한 영역의 심리안정 지원
- 한화 갤러리아, 감정노동자 · 다문화 여성 등의 스트레스 해소를 위한 공예교육을 진행하고 이들의 작품을 '백화만발 백화만물상'전시회를 통해 소개
- ING생명, 직장인·콜센터 상담원·간호사·수험생 등에게 음악을 통해 위로와 행복을 전하고자 일상생활 공간을 찾아 콘서트 공연 '행복을 부르다–오렌지 플레이' 진행
- 유한킴벌리, 일과 육아를 병행하는 워킹맘을 정서적으로 응원하고자 강연과 토크쇼, 공연 육아웹툰 제작 등을 통해 공감대를 형성하는 '일맘 응원 캠페인' 진행
- 한화투자증권, 직장인과 시민을 힐링을 목적으로 사옥 앞 '한여름 밤 물고기공원 음악회' 개최
- 현대해상, 병원에 방문한 보호자와 환자들이 정서적 안정을 되찾고 마음을 힐링할 수 있도록 양질의 도서와 문화공간 '마음심(心)터' 개관
- DGB 금융지주, 학업중단 이후 학교를 떠난 청소년 대상 심리 치유 및 학업복귀 프로그램 'eeCafe 친구랑' 진행

6) 사회 취약계층에 대한 인식과 편견의 벽 해소
- 현대자동차, 과천 서울대공원에 시각장애 아동을 위한 '차카차카 놀이터' 개장, 현대차의 자율주행기술을 활용, 일반 아동은 물론 시각장애 아동들도 직접 운전하는 즐거움을 선사
- 한화, 새터민 청소년과 함께하는 서울–부산 자전거 국토종주 '다름의 동행'을 통해 서로에 대한 이해도를 높여 문화 다양성에 대한 인식을 개선할 수 있는 화합의 장을 마련
- 롯데, 장애인과 비장애인이 함께 달리는 장애인 인식개선을 위한 '슈퍼블루 마라톤' 개최

출처 : 전국경제인연합회(2016).

6. 전문직 자원봉사

최근의 자원봉사활동은 스스로 찾아오는 사람을 접수하여 활용하던 차원이 아니라 다양한 자원봉사 인력을 개발하기 위하여 전문직 종사자나 각 분

야의 숙련자들, 은퇴한 노인, 블루칼라 계층 등을 참여시키는 추세가 증가하고 있다. 그중에서도 전문직 종사자들의 자원봉사활동이 더욱 강조되고 있는데, 이것은 전문직들이 복지서비스 제공에 필요한 전문적 기술이나 지식을 소유하고 있어 자원봉사 대상자에게 고급화된 양질의 서비스를 제공할 수 있을 뿐만 아니라 자원봉사활동에 유리한 많은 장점을 가지고 있기 때문이다(김명숙, 2000).

전문직 자원봉사자는 전문직과 자원봉사자의 합성어로 전문직업을 가진 개인 또는 집단의 자원봉사활동을 의미한다. 여기서 전문직은 인간사회에 존재하는 수많은 직업 가운데 일부만을 포함하는 범주로 사용되고 있다. 전문직은 자신들의 일에 대한 배타적인 권한을 소유하고, 일의 내용이나 조건에 관해 외적 간섭 및 통제를 받지 않는 특성으로 인해 산업사회의 노동력 구성에 있어서 특수한 위치를 갖는 직업범주로 여겨진다(심윤종 외, 1992).

전문직이 가지는 특성을 Greenwood는 체계적인 이론의 존재, 전문인의 권위, 사회적으로 인정받는 특권, 공식 · 비공식으로 강행되는 윤리요강, 전문가적 문화 등의 다섯 가지를 제시하고 있으며, Hodson과 Sullivan은 복잡한 지식, 자율성, 권위, 이타성을 전문직과 비전문직을 구분하는 요소라고 제시했다(여금숙, 2001 재인용).

이러한 전문직을 한국표준직업분류(2000. 1. 7. 고시)의 직능수준을 참고해 살펴보면 전문직과 준전문직으로 구분된다. 전문직은 일반적으로 대학 및 대학원 교육과정 수준의 정규교육 또는 훈련을 필요로 하는 직무능력으로 정의되며, 준전문직은 기술전문 교육과정 수준의 직무능력으로 정의된다. 여기서 입법자, 고위 임직원 및 관리자와 군인 등의 전문 직업군은 전문직과는 별도로 구분되고 있다.

따라서 전문직 자원봉사자는 해당 분야의 기술전문 교육과정 수준 정도 이상의 교육 또는 훈련을 받은 사람으로 체계적인 지식, 권위, 자율성 등의 전문직 속성과 이타성, 무보수성, 자발성, 연대성 등의 자원봉사자 속성을 가진 사람을 의미한다고 할 수 있다. 즉, 전문직 자원봉사자는 그의 전문성을 활용하여 사회복지시설 · 기관을 포함하는 지역사회에서 자원봉사활동을 하는 사람을 의미한다.

이러한 전문직 자원봉사자에 의한 자원봉사활동은 전문직의 특성과 자원봉사의 속성을 반영하고 있으므로 일반적인 자원봉사활동과는 다른 다음과 같은 몇 가지 특성을 가지고 있는데, 이를 살펴보면 다음과 같다.

첫째, 전문직 자원봉사는 전문직의 노블레스 오블리주 문화를 형성하는 활동이다. 노블레스 오블리주(noblesse oblige)는 고귀한 신분에 따른 윤리적 의무를 뜻하는 프랑스어에서 파생된 말이다. 이것은 전문직이 사회 내에서 경제적 부와 사회적 위세를 독점하는 만큼 이에 대한 윤리적 의무를 가져야 할 사회적 책임성을 뜻한다. 따라서 전문직은 자기의 위치에 따른 책임을 자각하고 사회적 약자를 돕는 것이 공동체의 구성원으로서 가져야 할 당연한 윤리이며 전문직은 그러한 문화를 형성할 의무를 가진다. 전문직 자원봉사는 전문직 내에 이러한 문화형성을 유도하는 가장 좋은 방법이다.

둘째, 전문직 자원봉사는 전문적인 기술과 지식을 활용하므로 사회복지서비스의 질적 향상과 확대를 유도할 수 있는 활동이다. 전문직이 가진 전문지식과 기술은 인간의 기본적인 필수 욕구를 보다 효과적으로 충족할 수 있으므로 이들의 자원봉사활동이 가지는 파급성은 매우 크다고 할 수 있다.

셋째, 전문직 자원봉사는 사회복지기관의 효과성과 효율성을 높이는 활동이다. 사회복지기관은 이들이 가진 사회적 지위와 네트워크를 활용하여 최소한의 시간과 비용, 노력으로 경제적 효율성과 정치적 효과성 등을 거둘 수 있을 뿐만 아니라 기관 내부의 직원을 전문적으로 보조하거나 자문하는 역할을 수행할 수 있다.

넷째, 전문직 자원봉사는 사회계층의 통합활동이다. 이들은 건전한 가정생활과 직업생활을 유지할 가능성이 높은 계층으로 대체로 건전한 상식과 사회적 능력을 가지고 있어 서비스 대상자와의 원만한 관계 형성 및 유지를 통하여 사회계층 간의 통합에 이바지할 수 있다. 즉, 전문직 자원봉사를 통해 사회적 약자는 사회적으로 높은 위치에 있는 전문직 자원봉사자를 자신의 가용자원으로 활용할 수 있게 되며, 또한 이들은 자원봉사활동으로 사회적 책임성을 다할 수 있게 되는 것이다.

사회복지시설 · 기관, 특히 전문직 자원봉사가 가장 적극적으로 이루어지고 있는 사회복지관을 중심으로 한국표준직업분류에 의해 전문직 자원봉사활동을 구분하여 제시해 보면 〈표 12-3〉과 같다.

〈표 12-3〉 **한국표준직업분류에 의한 사회복지관의 전문직 자원봉사활동 분류**

구 분	분 야	해당 자격 예시	자원봉사활동 예시
전문 자원 본사	보건의료 전문	의사(치과의사, 한의사 포함), 약사, 간호사, 물리치료사, 언어치료사, 심리치료사, 영양사	- 양 · 한방진료, 치과진료 - 물리치료 - 장애아동 언어 및 심리치료 - 급식 · 밑반찬 · 도시락 조리
	교육전문	대학교수, 초중고 교사, 유치원 교사, 특수학교 교사, 직업훈련기관 강사, 입시 · 외국어 · 컴퓨터학원 강사	- 주민사회교육 - 장애아동교육
	행정 · 경영 및 재정 전문	공인회계사, 세무사, 공인노무사, 홍보전문가, 사회조사전문가	- 세무상담 - 외국인 노동상담 - 소식지 제작 - 지역사회 조사
	법률 · 사회서비스 및 종교전문	변호사, 법무사, 사회복지사, 수화통역사, 성직자(목사, 신부, 스님), 선교사, 포교사	- 법률상담 - 수화통역서비스 - 재가 요보호대상자 상담
	문화 · 예술 및 방송 관련 전문	사서, 번역가, 통역가, 언론기자, 화가, 만화가, 연극배우, 음악가, 국악인, 안무가	- 아동도서실 도서정리 - 외국인 상담 통역 - 주민사회교육 - 경로잔치 · 주민문화행사 지원

준 전문 자원 봉사	보건의료 준전문	간호조무사, 치과위생사, 치과기공사, 안경사, 안마사(발마사지사 포함), 전통의료치료사(수지침 포함)	- 진료 지원 - 틀니 제작 및 지원 - 돋보기 제작 및 지원 - 수지침 봉사 - 발마사지 봉사
	교육 준전문	초중등학교 보조교사, 꽃꽂이, 종이접기 · 조리 · 이미용 · 자동차 기술 · 간호조무학원 강사, 가정교사	- 재가 요보호가정아동 방문교사 - 이미용 봉사 - 세탁봉사 - 주민사회교육
	사회서비스 및 종교 준전문	아동 · 부녀자 복지상담원, 보육사, 전도사, 수녀, 수사	- 재가 요보호대상자 상담 및 가정봉사
	예술 · 연예 및 경기 준전문	대중업소 연예사회자, 가수, 악사, 에어로빅 강사, 태권도, 검도 등 사범	- 경로잔치 · 주민문화행사 지원 - 주민사회교육

이러한 전문직 자원봉사의 활성화를 위해 자원봉사조정자가 유념해야 할 사항은 다음과 같다(박태영 · 서혜석 · 채현탁, 2002).

첫째, 전문직 자원봉사자에 대한 가치 인식과 그 활동에 의미를 부여하는 일이 선행되어야 한다. 전문직 자원봉사자에 대한 시각 및 인식 변화는 이 활동의 필요성이 부각되고 있는 시점에서 반드시 가져야 할 중요한 관점이다. 또한 이러한 부분은 전문직 자원봉사자에 대한 사회복지시설 · 기관의 전문적이고 체계적인 관리와 활성화를 위한 기반 조성과 관련되어 있다. 따라서 사회복지시설 · 기관의 직원, 특히 관리자로부터 전문직 자원봉사자에 대한 가치를 인식하는 일이 우선되어져야 하며, 이것은 전문직 자원봉사에 대한 사회복지시설 · 기관의 관리체계 및 역할 변화를 유도할 것이다.

둘째, 전문직 유입을 위한 다양한 자원봉사 프로그램이 개발되어야 한다. 현재 사회복지시설 · 기관의 부족한 전문직 자원봉사 프로그램은 이 활동의 활성화를 저해하는 가장 핵심적인 요소이다. 전문직 자원봉사자들이 직접 사회복지시설 · 기관을 방문하여 활동할 수 있는 사회복지 프로그램의 수를 늘리고 지역사회 주민과 지역사회 내의 요보호가정을 위한 프로그램을 개발하는 것이 필요하다. 또한 지역사회 내에는 다양한 기능 · 기술인을 양성하는 직업훈련 프로그램이 대학과 직업훈련기관, 직업학교, 사회복지관 등에서 운영되고 있다. 이들은 교육 후 자격을 취득하여 전문가로 활동하게 되는데, 직업훈련 과정에서 이와 같은 사항을 고려하여 훈련과정과 연계된 프로그램을 개발하는 것 또한 의미가 있을 것이다.

셋째, 전문직이 있는 곳을 직접 찾아가서 홍보하는 모집방식의 개선이 필요하다. 전문직 자원봉사자를 모집하기 위해서는 기존의 언론매체를 통한 모집방법을 탈피하여 전문직 협회, 대학 학과, 학회, 연구모임 등을 직접적으로 접촉하여 다양한 모집 통로를 개발하는 것이 중요하다. 그리고 이들 단체의 회보나 소식지, 인터넷 홈페이지를 활용하여 홍보하거나 보다 적극적으로 관련 단체의 회원명부를 지원받아 개인적으로 이메일을 보내는 방법 등도 고려해 볼 수 있다.

넷째, 전문직 자원봉사자를 위한 별도의 교육 프로그램을 개설하고 그 운영을 참가집단의 단위별로 다양화할 필요가 있다. 전문직 자원봉사자 교육은 자원봉사 의식과 지속화 · 전문화 · 체계화 향상에 도움을 줄 수 있으므로 이들을 위한 교육 프로그램의 개설은 매우 중요하다. 따라서 일반 자원봉사자 교육과는 다른 별도의 전문직 자원봉사자 교육 프로그램 개설이 필요하며, 교육 운영 초기 사회복지사의 전문직 교육에 대한 인식 부족 및 부담감 증대와 전문직 자원봉사자의 시간 부족 요인 등을 고려할 때 이들을 위한 교육 프로그램은 사회복지시설 · 기관 내에서의 교육뿐만 아니라 전문직 협회의 보수교육이나 정기모임 등으로 다양화하여 운영할 필요가 있다. 그리고 전문직 자원봉사의 특성상 참가집단 단위 혹은 유사 직종 단위별로 묶어 교육 프로그램을 운영하는 방안을 강구해야 할 것이다.

다섯째, 전문직 자원봉사활동의 적합성 향상을 위한 참가 단위별 혹은 직업별 활동지도 방법이 개발되어야 한다. 이를 위해 참가 단위별, 특히 전문직 협회 단위의 활동 참가를 적극적으로 활성화할 필요가 있으며, 직업별 활동지도 혹은 유사 직업 간의 모임 구성을 통한 활동지도 방식을 개발하는 것도 필요하다. 유사 직업 간의 모임 구성은 타 전문직과의 새로운 만남에서 생기는 심리적인 만족감과 같은 이점이 있으므로 많은 인원이 자원봉사활동에 참여하는 준전문 직종에 우선 적용해 볼 수 있을 것이다.

여섯째, 시간 가치에 초점을 둔 실질적인 정신적 보상체계가 마련되어야 한다. 전문직의 경우 시간 가치의 수준이 타 직종에 비해 높고 그 통제력을 함께 가지고 있으므로 전문직 자원봉사자의 시간 가치 인정은 효과적인 보상책이 될 수 있다. 또한 전문직 자원봉사자의 경우 경제적 보상보다 정신적 보상에 집중하는 경향이 있으므로 이 두 가지 상황을 잘 활용할 필요가 있다. 예를 들어, 현재 몇몇 기관에서 사용하고 있는 200시간, 500시간, 1000시간 등의 자원봉사시간 기준을 마련하여 감사패를 전달하는 방식은 전문직 자원봉사자에게는 특히, 의미 있는 보상 방식이라고 사료된다.

일곱째, 활동의 지속화를 위한 참가집단 단위 중심의 평가방식이 마련되어야 한다. 개인 참가 단위 중심으로 이루어지고 있는 평가방식보다 단체·모임 단위 혹은 전문직 협회 단위로의 평가모임 개발과 운영이 더욱 효과적이다. 이 같은 집단의 경우 집단 내 규준, 지도력, 구성원 간의 상호작용, 응집력 등 집단역동을 활용할 필요가 있다. 이들의 자원봉사활동 평가는 활동의 지속화와 더불어 클라이언트에 대한 서비스의 질적 고급화와 자원봉사자의 전문기술 향상 등을 유도할 수 있을 것이다.

여덟째, 지역사회 내 자원봉사활동 관련 기관간의 전문직 자원봉사자 관리 업무의 연계방안이 마련되어야 한다. 자원봉사인력의 공급이 부족한 전문직의 경우에 적은 인력을 효과적으로 활용하기 위해서는 정보공유를 통하여 이들의 도움이 필요한 클라이언트에 대한 정보 및 프로그램 정보, 자원봉사를 신청한 전문직의 정보 등을 공유하는 업무 연계 및 정보공유체계가 구축되어야 한다. 또한 각 전문직 협회와의 공동협력사업 추진을 통한 연계통로를 개발해야 한다. 각 전문직 협회와 사회복지시설·기관의 공동협력사업 추진은 협회 내부의 연계조직 신설을 유도할 수 있을 뿐만 아니라, 전문직의 공식적인 자원봉사활동 참여와 보편화에 기여할 수 있을 것이다.

생각해 보기

1. 우리 주변에서 진행되고 있는 주체별 자원봉사활동의 사례를 찾아보고, 그 활동에 대하여 평가해 봅시다.

2. 주체별 자원봉사활동을 활성화시키기 위한 다양한 아이디어를 학생들 간에 함께 이야기해 보고, 그 실천 가능성을 논의해 봅시다.

Part 3

자원봉사의 방향과 과제

CHAPTER 13

자원봉사의 방향과 과제

우리가 앞으로 살아가야 할 시대를 여러 가지로 표현하고 있다. 즉, 제3섹터의 시대, 복지의 시대, 참여의 시대, 자원봉사의 시대 등으로 표현되는데, 이들 속에 공통되는 것이 공동체, 즉 지역사회를 강조한다는 것이다. 이는 앞으로 지역사회의 황폐화가 예견되므로 이에 대한 재구축 없이는 우리의 삶의 질을 확보할 수 없다는 인식에서 나온 것으로 보인다.

과거의 정겨웠던 이웃이나 마을의 모습과 그 안에서 이루어졌던 지역사회의 모습으로 되돌아갈 수는 없다. 앞으로의 사회에 걸맞은 새로운 지역사회를 만들어 가야 하는 것이다. 이를 만들어 가는 핵심주체가 자원봉사자이고, 주민참가이고, 지역복지이고, 제3섹터인 것이다.

지금까지 자원봉사활동은 이벤트성, 즉 국제 및 전국 규모의 스포츠 대회, 재난재해 등을 중심으로 전개되어 온 것이 사실이다. 이제부터는 이벤트가 있을 때만 자원봉사활동을 하거나 사회적 약자만을 대상으로 한 자원봉사활동에 머물러 있을 때가 아니다. 자원봉사활동의 주제가 행사중심에서 주민의 일상생활 과제로 확산되어야 하는 단계에 도달했음을 의미하는 것이다.

자원봉사활동의 획기적인 발전을 위해서는 지금과는 다른 여러 요소들의 변화와 재구조화가 필요하다. 이를 위해서는 상당한 노력이 요구되지만, 우리가 바라는 미래사회를 만들어가기 위해서는 반드시 지불해야 하는 대가이므로 그럴 만한 가치가 있다고 본다.

여기서는 앞으로의 자원봉사활동 추세와 지역 자원봉사활동의 발전방향 그리고 이러한 방향으로 나아가기 위하여 추진해야 할 과제를 중심으로 살펴보고자 한다.

이러한 노력은 지역 단위의 자원봉사활동을 토착화시키는 데 기여할 것이며, 지방화 시대의 지역사회복지 체제 구축에 있어서 인적 인프라를 마련하는 데 기여하게 될 것이고, 주민들은 자원봉사활동을 통하여 자신의 삶의 질을 높일 수 있는 기반을 마련하는 데 기여하게 될 것이다.

1. 앞으로 자원봉사활동의 추세

자원봉사활동이 개인수준에서 조직수준으로, 조직수준에서 사회수준으로 나아가기 위해서는 자원봉사활동 전반에 걸쳐 그 수준이 향상되어야 한다. 앞으로의 자원봉사활동은 지금까지 해온 활동을 바탕으로 하면서도 한 단계 높이지 않으면 안 된다. 여기서는 한 단계 높여야 하는 방향을 몇 가지로 나누어 제안하고자 한다.

1) 자기중심의 활동에서 공동체중심의 활동으로

자원봉사자가 활동에 참여할 때 그 참여 동기 가운데는 이기적인 동기가 상당한 부분을 차지한다. 자원봉사활동에 참여하여 횟수를 거듭하면서 그 동기가 이타적인 동기로 바뀌는 것이 바람직하다. 그렇지 않다면 진정한 의미의 자원봉사활동이 아니고, 자원봉사활동에서 얻을 수 있는 의미나 보람을 가지기가 어렵게 된다. 2020년 연구에 따르면(행정안전부), 자원봉사 참여동기 중 이기적 동기라고 할 수 있는 여가시간 활용과 다양한 경험이 가장 중요하게 나타났는데, 특히 청년층에서 타인이나 공동체보다 자신의 여가, 경험, 스펙을 위한 도구적 동기가 나타나고 있음을 알 수 있다.

자기의 집 안 청소만 깨끗이 하고 집 밖의 쓰레기는 그대로 방치한다면, 청소해 둔 집 안도 머지않아 더러워질 것이다. 집 안 청소뿐만 아니라 집 밖 및 마을 청소도 함께 해야 깨끗한 환경에서 살아갈 수 있게 되는 것이다. 자신이 살아갈 지역사회를 잘 가꾸기 위해 어떻게 기여하고 봉사할 것인가를 가르치는 것이 봉사학습 또는 복지교육으로, 학생들에게 자원봉사활동을 강제로라도 하도록 시키는 이유가 여기에 있다.

따라서 앞으로의 자원봉사활동은 자원봉사자 자기중심의 활동, 즉 자신의 관심사항에 대해서만 하던 활동에서 자신을 포함한 지역사회 전체의 과제해결 및 관심사항에 대한 활동으로, 이기적인 동기에서 이타적인 동기로 한 단계 업그레이드해 나가야 한다.

2) 행사중심의 활동에서 생활중심의 활동으로

이제까지의 자원봉사활동에서는 자원봉사자와 직접 관련된 활동거리가 많지 않았다. 대체로 독거노인, 중증장애인 등의 클라이언트, 사회복지시설 또는 기관, 스포츠나 박람회 같은 대규모 이벤트, 재난재해 등에서 활동해 왔다. 물론 이러한 영역의 활동은 꼭 필요하고, 앞으로도 지속되어야 한다. 그러나 앞으로의 자원봉사활동은 여기에 머물러 있어서는 곤란하다.

앞으로의 자원봉사활동은 자원봉사자와 직접 관련된 활동거리를 보다 많이 선택하여야 한다. 자원봉사활동의 일감은 지역사회 내에 다양하게 산재해 있다. 가능하면 자신의 생활근거지 주변에 있는 활동거리를 선택하는 것이 좋다. 왜냐하면 자원봉사활동 일감이 자원봉사자 자신의 생활과 관련되어 있어서 활동 중에 그 과제의 변동상황을 쉽게 파악할 수 있고, 이에 따라 적시에 개입할 수 있고, 활동을 위해 이동하는 데 소요되는 시간과 비용을 최소화할 수 있기 때문이다. 이러한 자원봉사활동거리의 확산은 자원봉사활동을 통한 이상적인 지역사회 만들기의 출발점이 되는 것이다.

3) 일방적 활동에서 쌍방적 활동으로

지금까지의 자원봉사활동은 능력 있는 자원봉사자가 자신들의 서비스를 필요로 하는 클라이언트 혹은 활동영역에 일방적으로 제공하는 것이 주류를 이루고 있다. 이러한 활동패턴에서는 자원봉사자와 클라이언트 간의 대등한 자원봉사활동 관계가 자원봉사자 중심으로 기울어져, 자칫 클라이언트에게는 상처를 줄 수 있으며 자원봉사자에게는 사회적으로 혜택을 받은 자에 대한 자기과시나 우월감을 가지게 할 가능성이 있다.

자원봉사활동은 인간이라면 누구나 해야 하는 활동으로 이는 인간의 의무임과 동시에 권리인 것이다. 따라서 자원봉사활동은 자원봉사자만 하는 것이 아니라 클라이언트도 참여할 수 있도록 인프라를 만들어 가야 하는 것이다. 궁극적으로 이러한 노력은 '전 주민의 자원봉사자화'로 이어지게 될 것이다.

클라이언트가 자원봉사활동에 참가하게 될 때 객체의 주체화, 탈낙인화, 탈병리화, 탈전문화라는 '자원봉사활동의 당사자성(小田兼三 · 松原一郎, 1987)'의 장점이 나타나는 것이다. 이러한 자원봉사활동의 당사자성은 '고독의 보편화'와 '욕구의 다양화 · 특수화'의 사회에서는 지리적으로 가깝고, 상황적으로 유사한 욕구를 지닌 사람이 자원봉사활동을 하게 될 때 발휘되는 것으로, 당사자 본인뿐만 아니라 사회 전체적으로도 매우 중요한 의미를 가지게 되는 것이다.

4) 비전문적 활동 중심에서 준전문적 · 전문적 활동도 포함하여

비전문가인 자원봉사자에 의해 무료로 제공되는 자원봉사활동은 유료의 서비스보다 질이 낮은 경우가 많고, 서비스가 필요할 때 제공받지 못하는 경우도 적지 않다. 이것이 자원봉사활동의 한계이자 특성이다. 그래서 자원봉사활동이 탈전문화, 탈병리화의 긍정적인 측면도 있는 것이다.

그러나 앞으로의 자원봉사활동은 기존의 비전문적 활동뿐만 아니라 전문가들의 자원봉사활동 참가폭이 확대될 것이므로 전문적 활동이 증가하게 될 것이다. 전문직 자원봉사활동은 전문직의 노블레스 오블리주(noblesse oblige) 문화를 형성하는 활동이며, 전문적인 기술과 지식을 활용하므로 자원봉사활동의 질적 향상과 양적 확대를 가져올 수 있으며, 궁극적으로는 사회계층 간의 통합에 기여하게 되는 것이다(박태영 외, 2004).

2. 지역 자원봉사활동의 발전방향

앞으로의 자원봉사활동의 추세를 감안하여 지역 자원봉사활동의 발전방향을 다섯 가지로 나누어 살펴보고자 한다.

1) 활동이념의 지역사회복지화

자원봉사자가 활동에 참가하는 목적이 자기만족 중심에서 지역사회복지 증진 중심으로 바뀌어야 한다.

최근에는 주 40시간 근무로 인하여 여가 시간이 늘어나게 되고 이를 의미 있게 보내려는 이들이 증가하게 되어 볼런테인먼트(voluntainment : volunteer와 entertainment의 합성어)라는 새로운 용어가 등장하였다. 개인의 삶의 의미를 키우는 활동과 이런 활동을 사회적으로 의미 있는 활동으로 연결짓는 좋은 방법이 바로 자원봉사활동인 것이다.

지역사회복지는 개인의 생활과제를 지역사회의 과제로 인식하는 데서부터 출발한다. 예를 들면, 가족 중에 치매노인이 발생했을 때 이러한 '자신의 문제'를 기점으로 하여 그 생활상의 과제(치매)를 '우리들의 문세'로 여겨 지역주민과 전문가가 문제를 공유하는 것에서부터 지역사회복지는 출발한다(박태영, 2003).

클라이언트 입장에서 보면, 자신의 생활문제는 자신만이 가지는 문제가 아니라 다른 사람들도 유사한 문제로 어려움을 겪고 있다는 사회적 인식

(social insight)이 필요하다. 이를 계기로 유사한 생활과제를 지닌 사람들과 자조집단을 구성하여, 공동으로 과제해결을 위한 노력을 기울일 수 있을 것이다. 또한 자신의 과제해결 경험을 유사한 어려움을 겪고 있는 클라이언트에게 나눌 수도 있을 것이다.

자원봉사자 입장에서 보면, 자원봉사활동거리가 '그들만의 문제'로 보고 좀 도와준다는 시각에서 '우리들의 문제'로 새롭게 인식하여 그 해결을 위해 스스로 참여한다는 시각으로 바뀌어야 한다.

이렇게 생활과제에 대한 사회적 인식을 키우기 위해서는 지속적인 복지교육이 이루어져야 할 것이다. 이는 학교교육과 평생교육을 통하여, 자원봉사자 양성교육과 연수를 통하여, 클라이언트 및 자조조직의 임파워먼트를 통하여, 관계자들의 연구회 구성 · 운영 등의 노력을 통하여 인식의 전환을 도모해 나가야 할 것이다.

2) 활동영역의 생활과제화

자원봉사활동 영역은 클라이언트 중심 및 행사중심에서 생활중심으로 바뀌어야 한다.

월드컵에 참가한 자원봉사자 가운데 97.2%가 '향후 지역사회 자원봉사활동에 참여할 의향이 있는 것'으로 나타나 '살기 좋은 지역사회 만들기'에 동참하도록 해야 한다는 주장이 있었다(대구광역시, 2002). 또한 유니버시아드대회 후 지역사회 다른 자원봉사활동에 참가하겠다는 응답이 93.7%로 나타나 있다(대구광역시, 2003). 물론 응답한 자원봉사자가 지역 자원봉사활동으로 전부 이어진다고는 볼 수 없으나 그 가능성은 높다고 평가할 수 있다.

따라서 지역사회 내의 생활과제를 자원봉사활동의 프로그램화하는 노력이 필요하다. 이를 위해서는 지역에서 시급히 해결해야 하거나 예방해야 할 생활과제를 찾아내고, 이를 해결 · 예방할 구체적인 실천계획을 세우고, 이를 근거로 하여 실천한 후, 평가와 피드백을 하는 일련의 과정으로 이루어져야 한다. 이러한 일련의 과정이 잘 이루어지기 위해서는 관련 전문가의 도움과 아울러 지역주민의 참여가 반드시 있어야 하며, 이것이 곧 자원봉사활동인 것이다.

각 지역사회마다 나름의 생활과제가 있을 것이고, 완급성을 고려하여 그 지역의 생활과제로 채택될 수 있을 것이다. 일반지역에 있을 수 있는 몇 가지 예를 들어보면, 거리 낙서, 청소년들의 아지트, 들고양이의 증가, 애완동물의 대변 방치, 골목길 과속 차량, 주차문제, 쓰레기 버리는 매너가 나쁨, 인사를 안 함, 마을공원 가꾸기, 놀이터 관리 안 됨 등이 있을 것이다.

3) 전 주민의 자원봉사자화

자원봉사자는 주부, 학생 등 특정 계층 중심에서 기업, 가족, 전문직, 클라이언트 등의 전체 주민으로 확산되어야 한다.

2017년 자원봉사활동 실태조사(행정안전부)에 따르면, 반전문기술직(전문/ 자유직)과 관리직의 참여율이 높다는 것이 확인되었으며 학생과 전업주부도 25~30% 수준의 안정적인 참여율을 유지하고 있다. 반면에 경제 침체의 요인 때문인지, 생산직, 판매/ 서비스직의 참여는 15% 내외로 다소 낮은 것으로 나타났다. 따라서 아직까지는 다양한 계층의 참여가 이루어지고 있는 것으로 보기는 어려울 것이다.

자원봉사활동에 다양한 계층의 주민이 참가하기 위해서는 특정화된 전략이 필요할 것이다. 그 한 방법이 자원봉사활동 참가자의 특성에 따라 보다 쉽게 자원봉사활동에 참가할 수 있도록 참가자별 센터를 만들어 지원하는 것이며, 자원봉사센터 내에 지원체계를 만들어 대응하는 것이다.

아울러 자원봉사 프로그램을 만들 때에는 클라이언트와 함께할 수 있는 프로그램, 클라이언트들만이 할 수 있는 프로그램, 클라이언트 자신들에게 활동하는 자원봉사자를 대상으로 한 프로그램 등의 다양한 클라이언트 참가 자원봉사 프로그램을 개발하여야 할 것이다.

4) 활동방법의 다양화

자원봉사활동의 추진방법은 매우 다양하게 전개되어야 한다. 단순한 서비스 제공방식에서 서비스 제공을 포함한 액션으로, 자원봉사자만의 활동에서 클라이언트도 포함한 활동으로, 단기간 혹은 주기적인 활동형태에서 장기간 혹은 정주형 활동형태로, 만들어진 활동에의 참가에서 만들어서 하는 활동으로, 자원봉사조직 단독활동 방식에서 타 조직과의 연계활동 방식으로 자원봉사활동 방법의 다양화가 이루어져야 한다.

자원봉사활동은 현행 사회적 서비스의 부족한 부분 혹은 틈새를 메우는 것, 즉 서비스 영역뿐만 아니라 사회제도의 변혁을 가져오게 하는 사회행동(action) 영역도 함께 가지고 있다. 액션이 없는 서비스 활동은 제도화에 방해가 되거나 무의미한 것이 될 수 있으며, 구체적인 서비스 없이 액션만을 주장하는 것은 공허한 것이 될 수 있다.

자원봉사활동의 형태를 서비스 영역과 액션 영역이 한 부분만 혹은 둘 다 이루어지고 있는지, 또 자원봉사활동에 클라이언트가 참여하고 있는지를 기준으로 분류해 보면, '한 케이스 완결 형태', '자원봉사자 중심 형태', '한 케이스 집중 형태', '집단 내 완결 형태', '바람직한 형태'로 구분할 수 있다(박태영·최경익 공역, 1993). 가능한 한 '바람직한 형태'의 자원봉사활동이 이루어지도록 해야 할 것이다.

지금까지 자원봉사활동은 몇 개월 동안 주 1회 혹은 월 2회와 같은 형태가 많았는데, 앞으로는 이런 형태뿐만 아니라 6개월 이상 활동처에서 생활하면서 활동하는 형태까지 다양해져야 할 것이다.

자원봉사센터나 자원봉사자 활용기관에서 만들어진 활동에의 참여가 주류를 이루어오고 있는데, 앞으로는 자원봉사자들이 자신의 관심영역이나 생활하고 있는 지역에서 스스로 자원봉사활동거리를 만들고 이를 실천하는 형태까지 다양해져야 할 것이다.

또한 자원봉사단체나 동아리단독 활동방식에서 타 조직과의 연계활동 방식까지 다양해져야 할 것이다. 이는 다양화되고 양질화된 지역의 생활과제에 효과적으로 대처하기 위한 방안으로 보다 많은 관심을 기울여야 할 것이다.

5) 활동추진의 체계화

자원봉사활동이 활성화되기 위해서는 추진 시스템이 잘 정비되어 있어야 하고, 그 작동도 원활하게 이루어져야 한다.

대구광역시는 2003년에 자원봉사과를 설치하여 운영하였으며, 자원봉사활동 지원 관련 조례가 제정되어, 각 기초자치단체에 자원봉사센터가 모두 설치 · 운영되고 있다. 또한 자원봉사박람회 및 자원봉사축제 개최, 재능나눔봉사단 조직, 8개 기초자원봉사센터와 자원봉사센터협회 구성, 사단법인 대구자원봉사포럼 및 대구노블레스봉사회 운영 등 자원봉사활동 시스템의 체계화를 도모해 나가고 있다.

그러나 아직 자원봉사활동의 인프라 구축(자원봉사 관련 기초통계 마련, 자원봉사계획 수립, 관련 조직과의 네트워크 형성 및 유지)이 취약한 실정이고, 자원봉사활동의 올바른 인식확산을 위한 복지교육 추진, 자원봉사인력 양성, 자원봉사센터의 제자리 매김, 자원봉사기금의 조성, 자원봉사단체와 지방정부와의 동등한 협력관계, 자원봉사활동에 대한 적절한 사회적 평가 등과 같은 부분에 많은 관심을 기울여야 한다.

3. 지역 자원봉사활동의 발전과제

다음으로는 지역 자원봉사활동의 발전을 위해 추진해야 할 것으로 사료되는 과제를 몇 가지로 나누어 제안하고자 한다.

1) 자원봉사활동 계획 수립

자원봉사활동은 사회적으로 필요한 것이기 때문에 보다 많이 하는 것이 좋다는 식으로 접근해서는 자원봉사활동을 활성화시키기 어려울 것이다. 자신과 자신이 관여하고 있는 단체가 왜 자원봉사활동에 참여해야 하는지, 그렇게 참여하면 우리 사회는 어떻게 좋아지는지, 어떻게 참여하는지 등에 대한 분명하고도 구체적인 방안이 제시되면 자원봉사활동의 추진은 탄력을 갖게 될 것이다.

앞에서 언급한 지역 자원봉사활동의 발전방향을 쫓아 지역 자원봉사활동의 밑그림을 그리고, 그 실현을 위한 구체적인 방안들을 세우는 것이 '지역 자원봉사활동 계획 수립'이다.

'지역 자원봉사활동 계획'을 만들기 위해서는 우선 '계획수립위원회'를 구성하여야 한다. 계획수립위원회는 다양한 영역, 즉 보수적 단체와 개혁적 단체, 복지 · 보건 · 의료 · 환경 · 노동 · 문화 · 교육 등의 조직들, 아동 · 청소년 · 장애인 · 노인 · 기업 · 종교 · 전문직 등을 대변할 수 있고, 또한 실질적으로 소속 단체 또는 조직과 추진위원회 간의 파이프 역할을 할 수 있는 인사로 구성하여야 한다.

계획수립위원회의 역할은 실질적인 주민참여에 의한 자원봉사활동계획 수립, 실천 및 평가, 실천 결과의 홍보 등을 해야 할 것이며, 자원봉사활동계획의 내용에는 기본 구상, 연도별 추진계획, 영역별 추진계획, 대상별 추진전략, 홍보전략, 평가지표, 기구 및 예산 확보방안 등이 포함되어야 할 것이다.

'지역 자원봉사활동계획 수립'은 보다 큰 그림인 '지역사회보장계획'과 연계되어야 할 것이다. '지역 자원봉사활동계획'을 만들 때 그 구체적인 방법에 대해서는 지역사회보장계획의 수립 및 실천 기법을 활용할 수 있을 것이다 (박태영 외 역, 2003).

2) 자원봉사인력의 양성

자원봉사활동의 확산을 위해서는 자원봉사활동에 대한 이해의 폭을 넓혀야 하고, 시민 삶의 각 영역에 자원봉사활동이 접목되어야 한다. 이를 위해서는 자원봉사인력의 양성이 필수적이다. 인력 양성에는 전문가의 양성과 일반인의 양성으로 구분할 수 있는데, 여기서는 일반인 중심의 인력 양성에 대한 내용을 다루고자 한다.

우선 기존의 자원봉사자들 가운데서 적극적인 자원봉사자를 자원봉사리더로 양성하는 것이다. 이들의 역할은 새롭게 자원봉사활동을 하려는 사람들을 상담하며, 활동하고 있는 자원봉사자에게 각종 정보를 제공하고, 자원봉사자와 자원봉사조정자(관리자, 활용기관직원, 센터) 간의 파이프 역할을 하는 것이다.

이들의 활동에는 몇 가지의 특성이 있다. 즉, 자원봉사활동 희망자 가까이 있으므로 활동 희망자와의 '접근성'이 있으며, 자원봉사자 입장에서 일정한 형식에 구애됨이 없이 자유롭게 활동할 수 있으므로 활동의 '유연성'이 있으며, 필요에 따라 신속하게 대응할 수 있으므로 '신속성'이 있다. 또한 다양한 분야에서 다양한 활동을 일정 기간 해온 경험을 바탕으로 활동에 임하므로 활용의 '다양성'이 있으며, 자원봉사자 입장에서 참가희망자의 의견을 담아내므로 자원봉사자의 '대변성'이 있고, 일반인 입장에서 자원봉사활동의 중요성을 확산시킨다는 면에서 참가의 '유인성' 등이 있다(全國社會福祉協議會, 1995).

일본의 경우 이들을 볼런티어 어드바이저로 호칭하면서, 어드바이저의 요건을 ① 대개 3~5년의 자원봉사활동 경험이 있어야 하고, ② 일정한 연수를 받아야 하고, ③ 활동을 위해 지속적으로 지원을 받을 수 있도록 자원봉사조정자가 있는 센터에 등록할 것으로 되어 있다(全國社會福祉協議會, 1995). 우리나라의 경우에는 우선 각 기관이나 단체에서 활동하고 있는 자원봉사단체의 리더들을 중심으로 리더양성교육을 마련할 필요가 있다.

다음은 지역의 각 영역의 리더 및 관계자들에게 자원봉사활동의 중요성과

계획 및 실천 방법 등에 대한 교육이 이루어져야 한다. 이들이 각자 관계하고 있는 단체나 조직에서 자기 조직의 기본적인 목적사업뿐만 아니라 적어도 자원봉사활동과 관련된 사업을 일정 부분 수행할 수 있도록 이들에게 자원봉사활동에 대한 역량강화가 필요하다.

나아가 각종 평생교육 프로그램에서도 반드시 일정 시간은 자원봉사활동에 대한 교육이 포함되도록 교과과정의 편성이 이루어져야 할 것이다. 이제까지의 평생교육이 '자기 지향적'인 것이었다면, 앞으로는 '타자 지향적' 또는 '공동체 지향적'인 것으로 방향을 전환해 나가야 한다. 평생교육을 통하여 개발된 자신의 능력은 자신뿐만 아니라 자신이 살아갈 지역사회를 위해 활용될 수 있도록 해야 할 것이다.

3) 자원봉사센터의 제자리 매김

행정자치부 관련 자원봉사센터는 대부분의 광역 및 모든 구 · 군에 설치 · 운영되고 있다. 그러나 자원봉사센터의 운영형태, 인력배치, 재정규모, 수행하는 주된 역할 등을 살펴볼 때 실질적인 센터로서의 역할을 수행하기 어려운 실정이다. 따라서 자원봉사센터가 자리매김하기 위해서는 최소한 다음과 같은 조건을 우선적으로 갖추어야 할 것이며, 책임 있는 관련 기관에서는 이에 대한 노력을 기울여야 할 것이다.

① 자원봉사센터의 운영형태는 직영, 위탁, 법인 등으로 구분할 수 있는데(행정안전부, 2020), 각각의 운영형태에 대한 장단점에 대한 견해가 다양해서 어느 하나의 운영형태가 적합하다고 말하기는 어렵다. 하지만 운영형태를 결정할 때 중요하게 고려되어야 할 사항은 자원봉사활동에 대한 전문성 확보, 지역 내의 네트워크 구축 및 활용 가능성, 안정적인 재정 확보 등을 고려해서 지역여건에 맞는 운영형태를 선정하는 것이 바람직할 것으로 사료된다.

② 지역자원봉사센터(2019년 기준)의 전문인력은 센터당 평균 6.2명 정도가 배치되어 있으나 시도별로는 3.9~11.4명으로 차이가 있다(행정안전부 · 한국중앙자원봉사센터, 2020). 실제로 한 센터가 얼마나 많은 업무를 수행하는지는 자치단체의 지원 정도와 직원들의 자질, 노력에 따라 차이를 보이고 있어 적정한 자원봉사조정자의 배치가 요망된다.

③ 자원봉사센터의 재원 부족은 과거로부터 지속적으로 제기되어 온 고질적인 문제라고 할 수 있다. 이미 제6장에서 이와 관련한 다양한 문제를 제기한 바 있다. 과거보다는 재원이 확대이 되고 있지만 여전히 행정안전부의 최소 기준에 미치지 못하는 경우가 많아 정부 및 광역 · 기초자치단체에서의 지원이 확대되어야 할 것이다.

④ 센터의 역할은 자원봉사활동 컨설팅, 자원봉사 프로그램의 개발 및 보급, 자원봉사 관련 조직 간의 네트워크 형성 및 활용, 관내 자원봉사단체에 대한 지원, 자원봉사인력 양성 등을 해야 한다. 물론 광역 및 기초 지방자치단체 자원봉사센터에 따라 그 역할의 차이는 있어야 할 것이다.

4) 자원봉사기금의 조성 및 운용

다음은 자원봉사기금의 조성 · 운용이다. 자원봉사활동은 무보수성이라는 특성을 가지고 있다. 그러므로 자원봉사자가 활동을 할 때에는 그에 상응하는 보수를 지급하지 않는다. 많은 사람들은 자원봉사활동의 이러한 특성 때문에 자원봉사활동의 계획 · 실천 · 평가를 위한 일련의 추진과정도 공짜로 이루어지는 것으로 착각하고 있다.

자원봉사활동 과정 중에는 활동재원이 없어서 활동이 축소되거나 부실화되거나 아니면 중단되는 사례가 많다. 민간단체 국고지원사업 가운데 자원봉사활동 영역에 대한 지원이 이루어지고 있지만 이는 비영리민간단체에 한해 신청자격이 주어진다. 따라서 다양한 단체나 조직의 자원봉사활동을 원활하게 추진할 수 있도록 활동에 필요한 재원을 지원할 자원봉사기금의 설치 · 운용이 필요하다(박태영, 2001).

기금 조성방법으로는 자주 재원(후원금, 기부금, 사업 수입 등), 민간 재원(기업 지원금, 공동모금회 지원금, 기관 부담금 등), 정부 보조금 등을 들 수 있다. 민간재원의 성격을 가지므로 가급적 정부보조금의 의존도를 줄이는 것이 바람직할 것이다.

기금의 사용 용도는 자원봉사활동의 시범사업이나 취약계층의 자원봉사활동 지원재원으로 활용되어야 한다. 예를 들면, 장기간 정주형 자원봉사활동 시 자원봉사자에게 기초경비 지원, 취약계층(학생, 장애인, 노인 등)의 자원봉사활동 확산에 지원되어야 할 것이다.

자원봉사기금 운용 시에는 다른 기금과는 달리 기금조성과 운용에 있어서 주민성, 즉 주민참가를 중시하고, 운용의 계획성을 높이고, 운용의 공평성과 효과성을 높여야 한다(全国社会福祉協議会, 1986).

5) 자원봉사조직 · 관련 기관과 지방정부와의 적절한 관계 설정 및 유지

자원봉사조직은 민간기관이다. 각각 다른 특성을 지닌 민간기관과 지방정부가 같은 목표, 즉 지역사회복지 증진을 위해 협력관계를 형성 · 유지해 나가야 한다. 그러나 현실에서는 재정지원과 이에 대한 지도감독이라는 형태로 동등한 협력관계를 찾아보기가 어렵다.

자원봉사조직이 정부의 지원을 받고 있다고 하더라도 'Support and Control'이 아닌 'Support but not Control'로 지방정부와의 관계가 설정되어야 하고, 자원봉사조직에 대한 통제는 전문가, 주민 등의 참여에 의해 이루어지는 것이 바람직하다. 자원봉사활동에 대한 전문성을 지닌 자원봉사조직이 지방정부의 하청 기관화되면 민간조직의 특성을 가진 자원봉사조직으로서의 역할을 수행하는 데 한계를 가질 수밖에 없다.

자원봉사조직과 지방정부 간의 역할 구분, 즉 지방정부는 자원봉사활동의 활성화를 위한 인프라 구축, 하드웨어 마련, 재원지원, 조례 등 제도적 장치 마련 등을 위한 노력을 기울여야 하고, 자원봉사조직은 지방정부가 형성해 놓은 자원봉사 인프라 위에서 다양한 자원봉사 프로그램의 개발 · 실천, 관련 조직 간의 네트워크 활용 등을 위한 노력을 기울여야 한다. 이들 양 조직은 상호 간의 역할 차이에 따른 협력관계를 이루어가야 할 것이다.

6) 자원봉사활동에 대한 적절한 사회적인 평가

자원봉사활동에 대한 사회적인 평가는 적절하게 이루어져야 한다. 그 이유는 새로운 자원봉사자를 모으는 데 효과적인 방법이고, 자원봉사활동에 대한 자기점검 또는 자기평가를 할 수 있는 기회가 되고, '음덕'에서 '사회적 책임'으로 자원봉사활동이 부각되고, 자원봉사활동의 역할 모델이 되고, 자원봉사자 활용 측에서 감사를 표할 수 있게 되고, '비난받는 사회'에서 '칭찬하는 사회'로의 분위기 확산에 긍정적으로 영향을 줄 수 있기 때문이다(ボランティア活動評価 · 表彰研究会, 1995).

현대사회에서는 자원봉사활동에 대한 사회적 평가가 그리 높지 않다. 그 단적인 예가 있는데 중앙선거관리위원회의 홈페이지에 나타난 총선에 출마한 국회의원 후보자의 경력사항과 주요 활동을 살펴보면 자원봉사조직이나 NGO에서 활동한 경력이나 내용을 밝히고 있는 후보자는 많지 않은 것으로 나타났다. 국회의원 후보자로 나선 인사가 NGO나 자원봉사단체 어느 한 곳도 관여하지 않은 후보자는 드물 것이다. 그럼에도 불구하고 경력이나 활동 내용에 밝히지 않는 후보자가 많은 것은 다른 경력이나 활동보다 자원봉사활동이 상대적으로 중요하게 평가받지 못한다는 인식에서 비롯된 결과라고 할 수 있다.

자원봉사활동에 대한 다양한 사례를 찾아내어 자료화하고 이를 적절히 평가하는 노력, 즉 포상, 지속적인 홍보, 인센티브 부여 등을 해나가야 할 것이다. 여기에는 특히 매스컴의 역할이 중요하다.

생각해 보기

1. 자신이 생활하고 있는 지역에서 실시할 수 있는 자원봉사활동거리를 찾아 봅시다.

2. 자신이 생활하고 있는 지역(지방자치단체)의 '자원봉사활동계획'을 찾아보고 그 내용과 실천에 대하여 차이점을 토론해 봅시다.

참고문헌

고수현(2001). 한국사회보장론. 서울 : 형설출판사.

교육과학기술부(2013). 봉사활동 시간인정 기준 시행계획.

교육부(2014). 대학사회봉사활성화를 위한 제도 구축 방안에 관한 연구.

구미시종합자원봉사센터(2007). 자원봉사활성화를 위한 기관 · 단체별 협력방안.

구자행(2005). 시민운동과 자원봉사활동의 연계 · 협력 : 자원봉사관리자포럼. 한국자원봉사관리협회.

김명숙(2000). 자원봉사활동에 있어서 전문인력 활용에 관한 연구 : 간호사 중심으로. 계명대학교 여성대학원 석사학위논문.

김범수 외(2002). 자원봉사의 이해. 서울 : 학지사.

김범수 · 권선진 · 신승연 · 이종복 · 손영희 · 정옥희 · 정용충 · 최은숙(2014). 자원봉사론. 서울 : 학지사.

김성이 외 편저(2003). 자원봉사총론. 서울 : 양서원.

김성이(1996). 자원봉사활동 체계화 방안에 관한 연구. 한국사회복지협의회.

김숙정(2001). 사회복지분야 자원봉사자의 지속적 활동에 영향을 미치는 요인에 관한 연구. 대구대학교 대학원 박사학위논문.

김영숙 · 김 욱 · 엄기욱 · 오만록 · 정태신(2002). 사회복지 프로그램 개발과 평가. 서울 : 교육과학사.

김영호 외(1998). 자원복지센터 설치 및 운영에 관한 연구. 경기 : 강남대학교출판부.

김영호(1997). 자원봉사활동의 활성화 방법. 서울 : 학문사.

______(2006). 자원봉사의 이론과 실제. 서울 : 창지사.

김창세(2001). 자원봉사활동의 활성화 방안 연구 – 지역자원봉사센터와 종합사회복지관을 중심으로. 전남대학교 대학원 석사학위논문.

김태진(2002). 여성복지론. 대구 : 대구대학교출판부.

노욱재(1997). 주부자원활동에 대한 여성학적 연구. 이화여자대학교 대학원 석사학위논문.

대구광역시(2002). 2002 FIFA 월드컵 한국/ 일본 대구자원봉사활동 조사연구 보고서.

_________(2003). 2003 대구 하계 유니버시아드 대구자원봉사 운영 보고서.

__________(2014). 자원봉사수요처 매뉴얼.

대구광역시자원봉사센터(2001). 제3기 자원봉사리더십아카데미 자료집.

____________________(2004). 제6기 자원봉사리더십아카데미 자료집.

____________________(2005). 제7기 자원봉사리더십아카데미 자료집.

____________________(2006). 제8기 자원봉사리더십아카데미 자료집.

____________________(2008). 제10기 자원봉사리더십아카데미 자료집.

____________________(2010). 제12기 자원봉사리더십아카데미 자료집.

____________________(2011). 제13기 자원봉사리더십아카데미 자료집.

____________________(2012). 제14기 자원봉사리더십아카데미 자료집.

____________________(2013). 제15기 자원봉사리더십아카데미 자료집.

____________________(2014). 제16기 자원봉사리더십아카데미.

____________________(2020). 2020 자원봉사워크맵.

대구광역시종합자원봉사센터(2000). 자원봉사 리더십 아카데미 일반교육과정.

______________________(2020). 코로나19 현장 기록집.

대구자원봉사포럼(2009). 대구자원봉사포럼 제25차 자료집.

대한민국 정부(2008). 자원봉사활동 진흥을 위한 제1차 국가기본계획(2008~2012).

___________(2013). 자원봉사활동 진흥을 위한 제2차 국가기본계획(2013~2017).

류기형 외(2000). **자원봉사론**. 서울 : 양서원.

류기형 외(2001). **자원봉사론**. 서울 : 양서원.

류기형 외(2003). **자원봉사론**. 서울 : 양서원.

박태영 역(1996). 자원봉사활동 담당자 지침서. 대구광역시사회복지협의회.

박태영 외 공역(2003). **지역복지계획의 이론과 실천**. 경기 : 현학사.

박태영 외(2001). 생산적 복지 향상을 위한 사회복지 기관 간의 연계·협력 방안에 관한 연구. 대구광역시 사회복지협의회.

박태영 외(2004). **자원봉사론**. 서울 : 백산출판사.

박태영 외(2008). **자원봉사론**. 경기 : 공동체.

박태영 외(2011). **자원봉사론**. 경기 : 공동체.

박태영(2001). 월드컵 자원봉사활동과 살기 좋은 지역사회. 월드컵 성공개최 자원봉사 심포지엄. 매일신문·중앙일보·대구광역시·월드컵문화시민운동중앙협의회.

______(2003). **지역사회복지론**. 경기 : 현학사.

______(2004). 대구자원봉사활동의 발전방향. 대구자원봉사포럼. 제3회 정기포럼 자료집. 대구자원봉사활동의 발전방향. 사단법인 대구자원봉사포럼.

______(2004). 지역 자원봉사활동의 발전 방향에 관한 연구. **사회복지개발연구**, **10**(2). 사회

복지개발연구원.

______(2006). 2006 대구자원봉사관리자 워크숍 자원봉사관리자의 전문성 강화방안 우리나라 자원봉사의 나아갈 방향. 대구광역시.

______(2013). 지역복지 패러다임의 변화와 대응. 박근혜 정부 복지정책의 방향과 지역의 역할. 대구광역시 중구 지역사회복지협의체.

박태영 · 서혜석 · 채현탁(2002). 지역사회 전문인력의 자원봉사활동 활성화 방안. 대구대학교 BK21 핵심분야 복지모형연구팀 연구보고서.

박태영 · 채현탁(2014). **지역사회복지론**. 경기 : 정민사.

박태영 · 최경익 공역(1993). **자원봉사활동조정자**. 서울 : 도서출판 은익.

반재정(2006). 지역사회복지관의 자원봉사자관리 실태 및 개선방안. 청주대학교 대학원 석사학위논문.

볼런티어21(2000). 제4차 자원봉사관리자 아카데미 강의교재(일반교재).

__________(2004a). 자원봉사관리자 아카데미 일반과정.

__________(2004b). 자원봉사관리자(일반과정) 교육매뉴얼.

__________(2005). 2005 한국인의 자원봉사 · 기부 현황 조사연구.

부성래 · 유판수(1987). **Volunteerism 사랑하고 일할 수 있는 능력**. 경기 : 소문출판사.

서울시자원봉사센터(2008). 자원봉사센터 경영매뉴얼.

서울특별시 사회복지협의회 · 서울사회복지정보센터 · 서울특별시교육연구원(1998). 학생봉사활동 지도자료 더불어 사는 삶.

서울특별시교육청(2014). 학생봉사활동 운영계획.

_______________(2020). 2020학년도 학생봉사활동 활성화 운영 계획.

신승연(2004). 자원봉사 관리자의 업무.

심윤종 외(1992). **산업사회학**. 서울 : 경문사.

안은영(2002). 자원봉사관리과정이 자원봉사활동 지속성에 미치는 영향에 관한 연구. 연세대학교 대학원 박사학위논문.

안전행정부(2014). 자원봉사활동 실태조사 및 활성화 방안 연구.

__________(2014a). 자원봉사센터 운영지침.

__________(2014b). 자원봉사센터현황.

__________(2014c). 자원봉사활동 실태조사 및 활성화 방안 연구.

__________(2014d). 자원봉사 활성화를 위한 자원봉사센터 운영지침.

안전행정부 · 한국중앙자원봉사센터(2014). 2014년 자원봉사센터 현황. 안전행정부 민간협력과.

여금숙(2001). 사회복지관 사회복지사 전문성에 영향을 미치는 요인에 관한 연구. 대구대학교 대학원 석사학위논문.
여성가족부(2014). 청소년활동진흥센터 운영지침.
연세대 사회복지연구소(1997). 전국자원봉사센터 모형개발에 관한 연구. 한국자원봉사단체협의회.
유성호(1997). **자원봉사 프로그램의 관리와 리더십**. 서울 : 아시아미디어리서치.
이강현(1997). 자원봉사센터의 설립과 운영, 역할. 21세기와 자원봉사활동. **볼런티어21**.
이강현 · 정진경(2006). 자원봉사조직 및 자원봉사자의 인정 · 보상 시행 경험에 관한 연구. **한국비영리연구**, 5(1).
이성록(2003a). **자원봉사 매니지먼트**. 서울 : 지식과 경영.
______(2003b). **자원봉사의 센터의 역할과 비전**. 전국자원봉사센터워크숍자료집.
______(2007). **자원봉사활동관리 이론과 실제**. 서울 : 미디어숲.
이수철(2002). 국내자원봉사분야의 최근동향 및 현황. 사회복지시설 · 기관실무자교육자료.
임천지(2002). 여성자원봉사 활동의 활성화 방안 연구. 단국대학교 대학원 석사학위논문.
장건기(2004). 자원봉사센터 프로그램 운영의 효율화 방안에 관한 연구. 계명대학교 정책대학원 석사학위논문.
장덕희 · 이경은(2001). 가족자원봉사 프로그램 개발에 관한 연구. 경북여성정책개발원.
장명수(2001). 대학사회봉사활동이 개인과 사회에 미치는 영향. 뉴스레터 사회봉사, 겨울호.
전국경제인연합회(2016). 2016 주요기업 기업재단 사회공헌백서.
전성호(2006). 여성자원봉사활동의 활성화 방안에 관한 연구 : 구미시 종합자원봉사센터를 중심으로. 영남대학교 대학원 석사학위논문.
정무성(2013). **사회복지프로그램개발론**. 경기 : 양서원.
정무성 · 정진모(2001). **사회복지 프로그램 개발과 평가**. 서울 : 양서원.
정진석 · 조미정 · 채현탁(2009). 자원봉사활동의 적극성과 지속성에 영향을 미치는 인정보상 요인에 관한 연구. **한국지역복지학**, 28.
조휘일(1996). 자원봉사 프로그램 관리과정 개발에 관한 연구. 사회복지시설 · 기관 자원봉사 실무편람. 서울특별시사회복지협의회.
______(1998). **현대사회와 자원봉사**. 서울 : 홍익재.
______(2002). **자원봉사프로그램 관리**. 서울 : 학지사.
조휘일 · 정재훈 · 원미순 · 박윤숙(2013). **자원봉사론**. 경기 : 공동체.
주성수 외(2014). 2014 한국인의 자원봉사, 기부, 이웃돕기. 한국자원봉사문화.
주성수(1996). 대학의 사회봉사, 어떻게 할 것인가?. **사회복지**, 127.
최성문(2004). 종합사회복지관의 자원봉사관리에 영향을 미치는 요인 및 개선방향 연구 – 관리자 요인을 중심으로. 서울여자대학교 대학원 석사학위논문.

최성재 · 남기민(2006). 사회복지행정론. 서울 : 나남출판사.

최일섭 · 이창호(1993). 사회계획론. 서울 : 나남출판사.

한국보건사회연구원(1998). 자원봉사센터의 현황과 효율적 운영방안. 한국보건사회연구원.

한국사회복지관협회(1997). 미국의 자원봉사 유래와 현황. 서울 : 동인.

한국사회복지협의회 사회복지정보센터(2003). 사회복지봉사활동 인증관리사업을 통한 전국 사회복지 자원봉사활동 현황분석과 경제적 가치평가연구. 한국사회복지협의회.

한국여성개발원(1984). 공공분야 및 사회복지 분야에 있어서 여성유휴인력활용에 관한 연구.

____________(1994). 자원봉사센터 운영의 실제.

____________(1999). 여성자원활동의 현황과 육성방안. '99연구보고서.

한국자원봉사협의회(2007). 자원봉사진흥 국가기본계획 연구(2008-2012).

한국중앙자원봉사센터(2011a). 자원봉사센터 업무매뉴얼 교육.

__________________(2011b). 자원봉사센터 업무매뉴얼 프로그램.

__________________(2012). 자원봉사센터 업무매뉴얼 모집 · 배치.

__________________(2020). 코로나19 대응 전국 자원봉사활동 현황.

한국청소년개발원(2005). 청소년 자원봉사 및 동아리활동론. 서울 : 교육과학사

한동우 외(2003). 사회공헌활동이 기업에 미치는 영향. 사회복지공동모금회.

행정안전부(2008a). 2008 자원봉사 인정보상 시행실태 조사 및 모형개발 연구.

_________(2008b). 자원봉사활동 관리 표준 매뉴얼 개발 연구.

_________(2017). 자원봉사활동 실태조사 및 활성화 방안 연구.

_________(2020). 자원봉사활동 실태조사 및 법 개정 연구.

_________(2020). 2020 자원봉사센터 운영지침.

_________(2020). 2020 자원봉사활동 실태조사 및 자원봉사활동 기본법 개정 연구.

행정안전부 · 한국중앙자원봉사센터(2020). 2020 자원봉사센터 현황집.

행정자치부(2014). 자원봉사활동 실태조사 및 활성화 방안 연구.

_________(2015). 2015년 자원봉사보험료 지원사업 시행계획.

현외성 외(1998). 대학사회봉사론. 서울 : 유풍출판사.

황성철(2008). 사회복지 프로그램 개발과 평가. 경기 : 공동체.

ボランティア活動評価 · 表彰研究会(1995). ボランティアの世紀 を迎えるために、ボランティア活動評価 · 表彰研究会報告書. さわやか福祉推進センター.

岡本榮一(2006). ボランティア活動の性格. 地域福祉事典. 日本地域福祉學會.

高橋陽子(1999). 60歳からのいきいきボランティア. 日本加除出版.

廣井良典(2011). コミュニティを問いなおす. ちくま新書.

東京ボランティアセンター(1980). 高齢者とボランティア活動, ボランティア活動シリーズ No.22.

_____________________(1993). シニアボランティア コーディネーターマニュアル.

_____________________(1995). シニアボランティアブックー入門編ー11名の活動メッセージ.

_____________________(1996). ボランティア・コーディネーター研修体系とその考え方.

木原孝久(1992). ボランティアセラピーの発想. 福祉教育研究会.

西山志保(2007). ボランティア活動の論理ーぼらん他リズムとサブシステンス. 東信堂.

小田兼三・松原一郎(1987). 変革期の福祉とボランティ. ミネルヴァ書房.

巡 静一(1996). ボランティア・コーディネーター. 中央法規.

新岐國廣(2005). 社會福祉施設ボランティア・コーディネーションのめざすこと. kumi.

全国ボランティア活動振興センター(1990). ボランティア情報. 第159号.

全國ボランティア・コーディネーター研究集會2000實行委員會(2000). 一步 前で! ボランティア・コーディネーター.

全国社会福祉協議会(1986). ボランティア基金設置運営の手引.

_________________(1995). ボランティアアドバイザーの役割と養成の進め方. 全国ボランティア活動振興センター.

_________________(2001). ボランテイアに対する個別活動支援ワークブック.

中嶋充洋(1999). ボランティア論ー共生の社会づくりをめざして. 中央法規.

仲村優一(1985). 現代社会福祉事典. 全国社会福祉協議会.

筒井のり子 外(1998). 施設ボランティア・コーディネーター. 大阪ボランティア協会.

板本一三郎 外(1997). ボランテイア新世紀. 第一法規.

Adam Grant(2013). *Give and Take.* 윤태준 역. 기브앤테이크. 한국물가정보.

Dan Ariely(2008). *Predictably Irrational.* 장석훈 역. 상식 밖의 경제학. 서울 : 청림출판.

Fletcher, Kathleen Brown(1987). *The Keys to 9 Successful Volunteer Program.* Washington, D.C. : The Taft Group.

Fredrik Backman(2015). *A Man Called Ove.* 최민우 역. 오베라는 남자. 경기 : 다산책방.

Jacobson, Ann(1978). *Standard and Guidelines for the Field of Volunteerism.* Association of Volunteer Bureaus.

McCurley & Lynch(1996). *Volunteer Management.* IL : Henitage Art Publishing.

Moore, C., & Joseph, A.(1996), "The effect of volunteering on the young volunteer". *Journal of*

Primary Prevention, 10.
NASW(1977). Encyclopedia of Social Work.
______(1987). Encyclopedia of Social Work.
Paul Dolan(2015). *Happiness by Design*. 이영아 역. 행복은 어떻게 설계되는가. 서울 : 와이즈베리.
Robert D, Putnam(2009). *Bowling Alone*. 정승현 역. 나 홀로 볼링. 서울 : 페이퍼로드.
Robert Kreitner & Angelo Kinicki(1992). *Organizational Behavior*. Burr Ridge : Irwin Inc.
Sha Cotdingley(2003). 천희역. 자원봉사관리의 표준화. 블런티어21, 34.
Skidmore, R. A.(1995). *Social Work Administration*. Noodham Heights, MA : Allyn & Bacon.
Sujan J. Ellis(1999). 최근 자원봉사활동 동향과 자원봉사 관리자의 역할 강연자료집. 볼런티어21.
Wilson M.(1976). *The Effective Management of Volunteer Programs*. Colorado : Volunteer Management Associates.
Wilson(2000). 기업사회공헌과 자원봉사. 전국경제인협회.

대구광역시자원봉사센터. http://dgvolunteer.co.kr
한국사회복지관협회. https://kaswc.or.kr.
1365자원봉사포털. https://www.1365.go.kr

찾아보기

저/자/약/력

■ **박태영**

대구대학교 대학원 사회복지학과 석 · 박사과정 수료(철학박사)
일본사회사업대학 사회사업연구소 연구원
평택대학교 사회복지학과 부교수
한국지역사회복지학회 회장
현 대구대학교 사회복지학과 교수

■ **채현탁**

대구대학교 대학원 사회복지학과 박사과정 수료(철학박사)
대구광역시 청곡종합사회복지관 부장
위덕대학교 사회복지학부 교수
한국지역사회복지학회 회장
현 대구사이버대학교 사회복지학과 교수

■ **정진석**

대구대학교 대학원 사회복지학과 석사과정 수료(사회복지학석사)
대구광역시자원봉사센터 사무국장
한국지역복지아카데미 연구위원
대구중구건강가정 · 다문화가족지원센터 센터장
현 경산시니어클럽 관장

■ **조미정**

대구대학교 대학원 사회복지학과 석사과정 수료
일본동양대학 대학원 복지사회디사인연구과 박사과정 수료(사회복지학박사)
달서구노인종합복지관 선임팀장
일본동양대학 복지사회개발연구센터 연구원
대구대학교 사회복지대학원 외래교수
현 부산복지개발원 지역통합연구부 선임연구위원

자원봉사론 [제3판]

|공저자| 박태영 · 채현탁 · 정진석 · 조미정

|1판 1쇄| 발행 2008년 3월 6일
|1판 7쇄| 발행 2015년 1월 15일
|2판 1쇄| 발행 2015년 9월 15일
|2판 4쇄| 발행 2020년 8월 3일
|3판 1쇄| 발행 2021년 3월 2일
|3판 2쇄| 발행 2022년 6월 15일
|3판 3쇄| 발행 2023년 3월 20일
|3판 4쇄| 발행 2025년 7월 30일

|발행인| 김 동 훈
|발행처| **공 동 체**

|주소| 경기도 고양시 일산동구 호수로 358-39, 동문타워 I 905호(백석동)
|전화| 031) 814-3000(대표)
|팩스| 031) 814-3100
|홈페이지| http://www.compub.co.kr
|전자우편| compub@naver.com
|출판등록| 2005년 10월 6일
|등록번호| 제396-2005-36호

|ISBN| 979-11-6105-969-3
정가 22,000원